THÉOPHILE GAUTIER

HISTOIRE
DE
L'ART DRAMATIQUE
EN FRANCE
DEPUIS VINGT-CINQ ANS

(1re série)

PARIS
ÉDITION HETZEL
LIBRAIRIE MAGNIN, BLANCHARD ET COMPAGNIE
59, rue Saint-Jacques

1858

HISTOIRE

DE

L'ART DRAMATIQUE

ÉDITION INTERDITE POUR L'ÉTRANGER

DROIT DE TRADUCTION ET DE REPRODUCTION RÉSERVÉ

BRUXELLES. — TYP. DE Vᵉ J. VAN BUGGENHOUDT
Rue de Schaerbeek, 12

AVERTISSEMENT DES ÉDITEURS

L'histoire du théâtre chez un peuple mobile et passionné comme le nôtre, qui veut de la variété, ou, tout au moins, le semblant de la variété dans ses plaisirs intellectuels, et, comme un sultan blasé, demande incessamment à ses amuseurs : « Du nouveau ! du nouveau ! » c'est, à proprement parler, l'histoire des goûts et des engouements littéraires de la foule. Aussi nous semble-t-il que, pour être réelle et vivante, pour ne pas se guinder dans les abstractions de la philosophie et de l'esthétique, une pareille histoire ne doit pas être écrite après coup et loin de l'événement. C'est là surtout qu'à notre avis, le narrateur a besoin d'être un témoin.

Le succès ou la chute, sur ce terrain chanceux du théâtre, ne préjugent pas toujours la valeur intrinsèque d'une œuvre dramatique ; mais ils ont au moins leur raison d'être à l'heure où ils se produisent, raison que l'on peut difficilement apprécier à distance, c'est-à-dire quand les circonstances ne sont plus les mêmes et que les impressions du moment se sont effacées. A part ces rares chefs-d'œuvre qui ont le privilége de rester toujours jeunes et qui brillent au ciel de l'art dans leur immortelle sérénité, il n'est guère de pièce, même ayant eu la vogue, qui, reprise au bout de quelques années, ne paraisse avoir vieilli, ou dans l'ensemble ou dans les détails, ou par le fond ou par la forme. Telle donnée dramatique que l'on acceptait dans un temps, n'est plus supportée dans un autre; tel agencement, telle coupe sont devenus surannés, et ne répondent plus à l'esprit du jour ou au perfectionnement matériel de la mise en scène.

Notre théâtre a donc ses modes, capricieuses et fugitives comme toutes les modes ; et où faut-il en chercher l'histoire sinon dans ces chroniques hebdomadaires qui sont une des spécialités du journalisme français et dont le public ne cesse de se montrer avide?

Parmi les écrivains qui se sont acquis une célébrité dans la critique dramatique, s'il en est un dont les *feuilletons* méritent de survivre à la publicité éphémère du journal, c'est, à coup sûr, M. Théophile Gautier. Au plus haut sentiment littéraire, il réunit des qualités de style, un talent de description qui l'ont fait reconnaître universellement pour un de nos plus savants maîtres en l'art d'écrire. Avec quelle verve humoristique et dans quelle langue brillante, colorée, pittoresque, il sait raconter une pièce, drame, comédie ou vaudeville, opéra, féerie ou ballet! Comme ses portraits d'acteurs et d'actrices sont admirablement touchés! quelle fermeté de lignes, quelle vigueur, quel relief! Décrit-il une décoration, sa plume est un pinceau qui rivalise avec la brosse magique des Cicéri et des Séchan! La moisson dramatique est-elle un peu maigre, jamais son feuilleton n'est plus nourri, sa verve plus abondante, son esprit plus étincelant!

Le cadre que nous nous étions imposé ne nous a pas permis de reproduire intégralement l'œuvre critique de M. Théophile Gautier; nous avons été forcés de faire un choix dans cet amas de richesses, et, certes, notre embarras a été grand. Mais, si nous avons dû laisser de côté beaucoup de pages charmantes, nous nous sommes bien gardés de rien modifier dans celles que nous avons recueillies pour former cette *Histoire de l'art dramatique en France depuis vingt-cinq ans.* On retrouvera donc ici les appréciations de l'auteur, ses jugements, ses critiques, fidèlement et sincèrement reproduits.

Nous insistons sur ce point, non-seulement pour la raison que nous avons exposée dans les premières lignes de cet avertissement, mais encore parce qu'en relisant avec attention les revues théâtrales de M. Théophile Gautier, nous avons fait une remarque curieuse et que le lecteur ne manquera pas de faire à son tour. — Comme tous les écrivains qui ont une originalité réelle dans la pensée et dans l'expression, et auxquels il arrive de heurter les préjugés du moment, M. Théophile Gautier a longtemps passé, et passe sans doute encore aux yeux de certaines personnes pour un esprit brillant mais paradoxal. Eh bien, nous ne craignons pas de le dire, ces prétendus paradoxes, qui n'étaient goûtés autrefois que dans un petit cercle d'artistes et de lettrés, sont devenus avec le temps l'opinion de tout le monde, exprimée seulement dans un style qui n'appartient pas à tout le monde.

C'est là le plus bel éloge qui puisse être fait d'un livre comme celui-ci, et nous ne doutons pas qu'il ne soit ratifié, non-seulement par le lecteur contemporain de M. Théophile Gautier, auteur, acteur, artiste ou spectateur, pour qui chacune des pages de ces curieux volumes aura la saveur d'un souvenir personnel, mais aussi par les générations nouvelles, que le tableau de nos luttes et de nos plaisirs littéraires tracé d'après nature, saisi sur le vif, au courant des événements, par cette plume fidèle et prestigieuse, ne pourra manquer d'instruire et de passionner.

Les Éditeurs.

I

JUILLET 1857. — Opéra : *les Mohicans*, ballet en deux actes, de M. Guerra. — La vraisemblance dans les ballets. — Le libretto d'un danseur. — L'Amérique de Cooper et celle de MM. Devoir et Pourchet. — Parenthèse à propos de maillots. — Mademoiselle Nathalie Fitzjames. — Cirque-Olympique : *Transylvain*, cheval sauteur. — Le *hop* de mademoiselle Lucie et le *la* d'Auriol. — La revanche du cheval blanc. — Une péripétie non prévue par l'affiche. — Palais-Royal : danseuses espagnoles. — Décadence regrettable de la paillette et du clinquant. — Quelques mots sur l'état actuel du théâtre. — Engagement de Duprez à l'Opéra. — Les pièces d'acteur. — Bouffé.

11 juillet 1857.

Opéra. *Les Mohicans*. — Notre début dans le métier de critique est marqué par un triste présage. Nous arrivons sur le champ de bataille dramatique juste pour constater une défaite et ramasser les morts de la veille ! — Hâtons-nous de rendre compte du ballet des *Mohicans*; car il ne fera probablement pas un long séjour sur l'affiche, et l'on peut lui appliquer prophétiquement le *Je n'ai fait que passer, il n'était déjà plus.*

Le choix du sujet était le plus malheureux du monde; — des soldats et des sauvages prêtent peu à la chorégraphie. Des hommes rouges tout nus et d'autres bardés de buffleteries n'ont rien de bien régalant à l'œil.

Un ballet demande d'éclatantes décorations, des fêtes somptueuses, des costumes galants et magnifiques ; le monde de la féerie est le milieu où se développe le plus facilement une action de ballet. Les sylphides, les salamandres, les ondines, les bayadères, les nymphes de toutes les mythologies en sont les personnages obligés. Pour qu'un ballet ait quelque probabilité, il est nécessaire que tout y soit impossible. Plus l'action sera fabuleuse, plus les personnages seront chimériques, moins la vraisemblance sera choquée ; car on se prête avec assez de facilité à croire qu'une sylphide exprime sa douleur par une pirouette, déclare son amour au moyen d'un rond de jambe ; mais cela paraît peu probable, malgré l'optique et la convention du théâtre, dans une personne habillée d'une robe de pou-de-soie bleue, ayant pour père un colonel légèrement ventru, porteur d'une culotte de peau blanche et de bottes à l'écuyère.

Nous avons regardé ce sauvage ballet des *Mohicans* jusqu'au bout avec l'attention la plus profonde et la plus soutenue, faisant des efforts désespérés pour y comprendre quelque chose ; nous ne voulions avoir recours à l'humiliante ressource du livret qu'à la dernière extrémité.

Voici ce que nous avions compris. — Il nous avait semblé que les Mohicans voulaient prendre aux Anglais un petit violon auquel, selon toute apparence, ils attachaient des propriétés merveilleuses ; les Anglais défendaient de leur mieux le petit violon, mais pas si bien cependant que les Mohicans ne l'enlevassent ; à la fin, par l'intervention d'Œil-de-Faucon, le bon génie de ce conte de *Ma mère l'Oie*, le petit violon retournait dans les mains de ses légitimes propriétaires. — Ce dualisme nous paraissait très-suffisant pour un ballet.

Quand nous avons eu parcouru le livret, nous n'avons plus rien compris du tout. Ce n'est pas une raison pour ne pas faire l'analyse du ballet. En rendant compte d'une chose incompréhensible, nous serons incompréhensible : la faute en est à M. Guerra, auteur de cette belle production, et qui danse mieux à coup sûr qu'il n'écrit.

Le théâtre représente un site pittoresque de l'Amérique du Nord, qui nous fut donné il y a quelque temps pour une forêt vierge de l'Amérique du Sud, dans le ballet de *Brésilia* : — le site, n'en déplaise à MM. Devoir et Pourchet, n'est ni pittoresque, ni américain; ce n'est même pas un site. C'était cependant une bonne fortune pour des décorateurs que d'avoir à peindre une de ces immenses forêts d'Amérique, avec leurs arbres géants, leurs arbustes aux formes singulières, leurs hautes herbes remuées par des fuites de bêtes fauves, leurs clairières lointaines illuminées d'une traînée de lumière, leurs flaques d'eau miroitantes où les daims inquiets viennent plonger leurs mufles noirs; cette nature vierge, si admirablement décrite par Cooper, prêtait à composer une décoration d'un caractère grandiose et bizarre : MM. Pourchet et Devoir se sont contentés d'aligner quelques arbres comme des feuilles de paravent, le tout terminé par un ciel d'un gris désagréable, et des rochers comme il y a longtemps qu'on n'en fait plus nulle part et comme on ne devrait pas en faire à l'Opéra.

A droite, on aperçoit une cabane impossible en bois et en feuillage, gardée par deux sentinelles. Le jour se lève. Beaucoup de figurants sont étendus par terre; la perspective de tous ces dormeurs, couchés, qui sur le dos, qui sur le ventre, quelques-uns sur le côté, n'a rien de bien voluptueux en soi-même, et rappelle involontairement l'idée du marché de Sceaux ; — trois ou quatre peaux-rouges en maillot violet sortent de la coulisse, et traversent le théâtre en ayant soin de ne pas marcher sur les figurants horizontaux; attention délicate! « Ils paraissent comploter une attaque, » dit le livret. O livret affirmatif et triomphant! ils ne paraissent rien comploter du tout, et se contentent d'aller de gauche à droite en faisant des grimaces horribles.

« Au roulement des tambours, au bruit des clairons, » tout le monde se lève. Le major sort de la cabane. Il passe ses troupes en revue; il annonce que l'on va quitter le campement. « Les soldats profitent du temps qui leur reste avant le départ pour se livrer à divers jeux, » dit le programme. Le moment nous semble mal choisi : ce n'est guère lorsque l'on va partir, et que l'on a huit ou dix lieues à faire dans sa journée, que l'on se livre à divers jeux. Ces divers jeux ne consistent, du reste, que dans un bal que les soldats donnent aux Indiennes *sauvages*. Alice, qui est sortie de la cabane impossible avec une robe de soie bleu de ciel improbable, pour vaincre la timidité des jeunes sauvages, se met à danser elle-même ; le major Arwed danse très-proprement aussi avec ses bottes, ses éperons et son épée ; la danse, conduite par Jonathas, personnage grotesque de la pièce et propriétaire du petit violon, devient générale.

Ici, nous interromprons cette poétique analyse, pour faire une observation de costume. Les jeunes Indiennes sauvages, dont plusieurs nous semblent vieilles et privées, ont pour vêtement une espèce de pagne de mousseline — de la mousseline dans les inextricables forêts de l'Amérique ! — enjolivé de rubans et de plumes, ce qui fait supposer qu'elles sont nues jusqu'à la ceinture ; leurs épaules, leur cou, leur poitrine et leurs bras jaunes, rouges ou bleus, ou même blancs, ce qui est plus rare, sont effectivement nus, mais là où la chair finit commence le maillot qui a la prétention de continuer la chair : prétention absurde ; le maillot est, d'ordinaire, rose vif ou violet tendre. Rien n'est plus indécent et plus laid. — Puisque la nudité n'est pas dans nos mœurs et qu'il est impossible de présenter au théâtre les Grâces et l'Amour dans leur costume naturel, — puisque nous n'aimons plus assez la forme pure et la beauté pour les supporter sans voile, il vaut mieux choisir des sujets qui n'exigent pas cette légèreté de vêtement ; — des femmes dont la poitrine et le dos sont représentés par un corset rose blessent le goût, la vraisemblance et la pudeur. — Ceci soit dit en passant. Nous ne croyons pas non plus que les sauvages aient les cheveux nattés à la grecque ; mais c'est un mince grief. Revenons à nos soldats qui se livrent à *divers jeux.*

Œil-de-Faucon, appuyé sur sa longue carabine, regarde les danses avec un air soucieux ; il n'a pas à beaucoup près aussi bonne opinion de l'expédition que le major, auquel il exprime ses craintes ; le major répond, nous ne savons trop comment, qu'il ne craint rien puisque Alice sa fiancée est avec lui, et qu'il saura mourir pour la défendre. Il faut être bien major et avoir une culotte de peau bien blanche pour se livrer à un raisonnement pareil. C'est précisément parce qu'Alice est avec toi, qu'il faut craindre ! Que vois-tu de si rassurant à promener une jeune fille défendue par une simple robe bleu de ciel et quelques mauvais figurants, parmi ces populations de Mohicans revêtus de maillots zébrés, tatoués et d'un rouge insociable?

Pendant qu'Œil-de-Faucon se livre à ses tristes réflexions, les danses continuent; les soldats s'amusent à enivrer Jonathas, un maître de danse à mollets fantastiques qui semble s'être taillé un habit dans une tulipe gigantesque.— Alice monte en litière; la troupe défile, et Jonathas reste seul endormi, la tête sur une pierre d'un ton criard et agaçant qui nous a inquiété les yeux tout le temps qu'a duré cet acte, hélas! si long!

Un sauvage s'approche et dérobe à Jonathas sa tabatière et sa montre; celui-ci s'éveille, et se trouve nez à nez avec une face rouge et flamboyante, du plus menaçant aspect; le sauvage rentre dans la coulisse, et Jonathas, effrayé de cette rencontre et de la solitude où il se trouve, se met à trembler de tous ses membres, et se jette à genoux pour prier Dieu. Heureusement, il aperçoit Œil-de-Faucon, qui le rassure, et sonne dans une trompe pour rappeler l'escorte du colonel; l'escorte revient, et le colonel, touché par les prières d'Alice, consent à emmener Jonathas; les soldats facétieux le hissent sur un cheval poussif (le cheval est réellement poussif), et la petite caravane se met en marche. On entend une vive fusillade; la caravane est attaquée par les Mohicans. — Œil-de-Faucon *ressort* de la cabane, et voit venir à lui une citrouille enjolivée de longues bandes de diverses couleurs; cette citrouille, ou *cabochon de bois* (textuel), n'est autre que le jongleur de la tribu ennemie, *personnage vénéré*. Œil-de-Faucon fait le mort, et, tandis que le jongleur s'approche pour le dépouiller, il le perce d'un coup de poignard, s'empare de son cabochon de bois, de son tomahawk, de ses mocassins, de son couteau à scalper et de tout son accoutrement incongru. Alice et Jonathas sont faits prisonniers. Voilà le premier acte. — Le second est pareil, et nous ne prendrons pas la peine de l'analyser exactement. La décoration change et représente le temple du fétiche. Nous demanderons à MM. Devoir et Pourchet pourquoi ils ont placé un moraï otaïtien dans une décoration de l'Amérique du Nord. — Jonathas doit être mangé tout vif; maigre repas! Alice doit appartenir au chef. Œil-de-Faucon, coiffé du *cabochon de bois*, les protége autant qu'il le peut sans se compromettre. Jonathas, qui a retrouvé son violon, fait danser les sauvages; Alice, à qui l'on a fait prendre le costume de *sauvage*, c'est-à-dire une cotte de gaze garnie de rubans, ce qui est plus commode pour danser que sa grande robe du premier acte, exécute avec Jonathas un pas assez joli, dans l'intention de sauver Arwed, son fiancé, qui vient d'être pris aussi par les sauvages; Jonathas débarrasse les Mohicans de leurs casse-têtes et de leurs arcs, sous prétexte que ces armes les gênent pour danser, et, au signal d'un coup de pistolet tiré par le major, qui a desserré ses liens, les troupes anglaises embusquées dans les environs arrivent et délivrent les prisonniers. Joie universelle, cabrioles exorbitantes. Jonathas, en récompense de sa brillante valeur, est nommé tambour-major. — Roulements et sifflets.

Tout le comique de la pièce porte sur la poltronnerie de Jonathas, maître de danse. Un maître de danse n'est pas forcé d'être un héros, au contraire ; et puis, après tout, les terreurs de Jonathas n'ont rien de chimérique ni d'exagéré ; il a grandement raison d'avoir peur : on veut le scalper, le scier entre deux planches, le mettre à la broche, le faire rôtir et le manger, cela est très-sérieux et n'a rien de risible ; nous partagions son anxiété et comprenions tout le désagrément de sa position ; un colonel du Gymnase aurait peur, un sergent de l'héroïque Franconi se trouverait mal à l'idée d'être mis en pièces et assaisonné à diverses sauces par des Mohicans anthropophages. Pour que les terreurs d'un personnage comique soient divertissantes, il faut que le danger n'existe que dans sa tête ; mais, ici, il est réel, et très-réel : la position cesse donc d'être risible pour devenir digne de pitié. — Quoi qu'il en soit, Élie, chargé de ce rôle, l'a joué avec une fantaisie spirituelle. Élie ressemble à ces tailleurs singuliers, à ces perruquiers enthousiastes des contes d'Hoffmann, qui ont des habits extravagants avec des boutons en miroirs, et des culottes en satin jaune à ramages ; il a quelque chose de Peregrinus Tyss, l'amant candide et naïf de la petite Élisa Doertje.

Quant à mademoiselle Nathalie Fitzjames, la débutante, il est à regretter qu'elle ait paru dans une si pauvre pièce ; mademoiselle Nathalie Fitzames est fort jeune, d'une jolie figure, avec un air de distinction et d'élégance remarquable ; quoique d'une apparence un peu frêle, elle est agile et forte ; elle nous paraît destinée à prendre rang parmi nos meilleures danseuses ; ses mouvements sont dessinés avec netteté et franchise ; elle rebondit bien, les pointes sont fermes et bien arrêtées. Malgré l'insignifiance et le manque de caractère des pas de ce ballet, mademoiselle Nathalie a trouvé le moyen de montrer de précieuses qualités ; il ne lui faut qu'un rôle plus heureux pour être complétement adoptée du public.

24 juillet.

Cirque-Olympique. *Transylvain*. — Nous ne voulons point nous en cacher, nous aimons à la passion le Cirque-Olympique, et nous sommes consciencieusement forcé d'en dire du bien.

D'abord, le grand avantage du Cirque-Olympique est que le dialogue y est composé de deux monosyllabes, du *hop* de mademoiselle Lucie, et du *la* d'Auriol. Cela ne vaut-il pas mieux que les furibondes *tartines* des héros de mélodrame, les gravelures du Vaudeville, les phrases entortillées des Français, toutes les platitudes sans style et sans esprit qui se débitent souvent sur les autres théâtres ?

Hop ! voilà qui est significatif et péremptoire ; *hop* est, du reste, un monosyllabe très-honnête et qui peut être admis dans la poésie. Burger l'a employé avec un rare bonheur dans sa ballade de *Lenore*, admirable poëme éclairé des plus fantastiques rayons du clair de lune allemand, et nous aurions mauvaise grâce à être plus difficiles que Burger. Les délicats se plaignent d'entendre sortir des lèvres d'une femme, après un gracieux sourire, ce *hop !* qui sent un peu son palefrenier et son écurie ; aimeraient-ils mieux un couplet de vaudeville sur l'air *A soixante ans, il ne faut pas remettre ?* Et, d'ailleurs, les chevaux, pour leur bonheur, ne comprennent rien aux couplets ; *hop* leur suffit.

Quant au petit glapissement de satisfaction qu'Auriol pousse après avoir exécuté un tour difficile, nous ne trouvons rien à y objecter. Ce *la*, enfantin et grêle comme un bêlement de chèvre, a le don de nous faire rire aux éclats ; Auriol le jette d'une façon si étrange, qu'il ne semble pas saillir d'un gosier humain.

Voilà donc un théâtre où l'on est à l'abri de toute faute de français, de tout calembour, où l'on n'est pas forcé d'écouter, où l'on peut causer avec son voisin, où l'on n'est pas asphyxié comme dans les autres étouffoirs dramatiques : l'air court et circule, les écharpes volantes des écuyères vous éventent doucement; et, si vous levez les yeux, vous apercevez, par les interstices du *velarium*, le manteau de velours bleu tout piqué d'étoiles de la belle nuit d'été; la lune vient quelquefois mêler familièrement son reflet bleuâtre aux feux rouges des quinquets. Qu'y a-t-il de plus agréable? Le seul inconvénient que nous y trouvions, c'est qu'il n'y ait pas de dossiers aux banquettes. Mais, après tout, il n'en est pas besoin, car personne n'a envie de dormir.

C'est toujours, nous dira-t-on, le même cheval blanc qui tourne en rond avec un homme debout sur un pied. — Oui; mais l'on regarde toujours le cheval avec son écuyer posé en Zéphire, et il tournerait ainsi jusqu'à la consommation des siècles, qu'on le suivrait toujours de l'œil. L'intérêt de ce drame monté sur quatre jambes consiste dans l'attente où l'on est de savoir si l'homme tombera et se cassera le cou. Rien de plus simple et de moins compliqué, et cependant il n'est aucun théâtre où les spectateurs soient aussi attentifs qu'au Cirque-Olympique.

Comme le gamin d'Henry Monnier, qui disait : « Mon Dieu, ai-je du malheur! je n'ai jamais pu voir quelqu'un tomber du *cintième*, » on espère toujours qu'il va tomber quelqu'un ou quelque chose.

L'autre jour, nous avons assisté au début d'un cheval nommé *Transylvain;* c'est un sauteur qui était monté par un petit enfant pesant tout au plus une quinzaine d'onces; ce cheval avait l'air beaucoup plus vivant que ne le sont les chevaux de Franconi, qui, à force d'être bien dressés, semblent se mouvoir par des ressorts et devoir se monter avec une clef comme les pendules ou les tournebroches; il piaffait et regimbait tout de bon, et paraissait avoir une volonté à lui. On lui fit sauter une barrière, deux barrières, trois barrières; on augmentait, on élevait de plus en plus les morceaux de bois bariolés de diverses couleurs dont Auriol fait de si fréquents abus sur les épaules des pauvres valets de théâtre. Le Cirque, ainsi disposé, avait l'apparence d'une grande roue couchée à plat, dont *Transyl-*

vain, le débutant, enjambait les rayons avec une merveilleuse facilité.

Jusque-là, tout allait le mieux du monde. Le tour achevé, les barrières enlevées, on amena un autre cheval, — le même cheval blanc que vous savez, ce cheval si patient, si impassible, que ne font pas seulement tressaillir les coups de fusil et les coups de canon, qui passe héroïquement à travers les feux d'artifice et les apothéoses en flamme du Bengale; — on le mit à la place du bâton qu'on avait retiré; *Transylvain* le sauteur prit du champ et se disposa à le franchir comme les barrières précédentes; mais tous les outrages dont on l'avait abreuvé se présentèrent avec une nouvelle amertume à la mémoire de ce pauvre et honnête cheval blanc. Il se dit en lui-même : « Voici bien longtemps que l'on se moque de moi et que l'on me bafoue; on m'a comparé à la fameuse jument de Roland, qui n'avait d'autre défaut que d'être morte; on a prétendu que j'étais un cheval de carton avec des ressorts de cuivre; d'autres ont affirmé que j'avais été effectivement un cheval dans les temps primitifs et que ma peau, empaillée, continuait à tourner autour du manége; je vais faire voir que je suis réellement un cheval capable de se remuer par lui-même. » Ayant dit cela, il fit un soubresaut, et, comme *Transylvain* se trouvait précisément au-dessus de son dos en ce moment-là, deux jambes d'un côté, deux jambes de l'autre, il l'envoya rouler à une quinzaine de pas avec l'imperceptible jockey perché sur ses épaules, comme un singe habillé sur le cou d'un chameau.

Cette péripétie inattendue fit le plus grand effet. Pour la première fois, cette file d'écuyers en pantalon blanc et en habit bleu boutonné, que le peuple prend pour des colonels, et qui pivote éternellement sur elle-même, Franconi en tête, suspendit son mouvement de rotation; toute la salle criait; quelques hommes sensibles, que leurs épouses effrayées s'efforçaient de retenir par la basque de leur habit, firent mine de descendre dans le cirque pour venir au secours de l'enfant. *Transylvain*, qui s'était relevé, voyant que ces messieurs faisaient irruption sur son territoire, se mit à galoper à travers l'arène et montra une envie très-prononcée de sauter sur les gradins; le drame se compliquait et devenait palpitant d'intérêt, comme on dit aujourd'hui ; les femmes se retiraient vers les régions supérieures en glapissant en façon de poules effarées. Quant à l'enfant, qui devait être infailliblement écrasé comme une mouche sur laquelle se serait assis un éléphant, il n'était pas écrasé du tout, et il voulut remonter sur son cheval, que l'on était enfin parvenu à saisir. Alors ce fut un tapage assourdissant ; les mêmes hommes sensibles, dont les femmes avaient lâché la basque, criaient : *Non!* non! NON! d'autres hommes, moins tendres de cœur, criaient de leur côté : *Si!* si! SI! L'enfant se remit en selle dans tout ce bruit; et fit faire à *Transylvain* cinq ou six tours au grand galop; l'expression de colère de ce petit bonhomme, fouettant cette grande bête, était vraiment très-belle. Après *la course rapide*, il sortit du cirque au milieu d'un tonnerre d'applaudissements et de coups de grosse caisse.

Le début de *Transylvain* n'est-il pas aussi intéressant, après tout, que celui de M. Joseph ou de M. Brévanne?

PALAIS-ROYAL. *Danseuses espagnoles.* — Mesdames Fabiani, danseuses espagnoles, ont dansé hier au Palais-Royal, dans une représentation à bénéfice, le boléro et la cachucha; elles sont sœurs comme Thérèse et Fanny Elssler, et d'une tournure assortie.

Elles ont dansé avec l'ardeur et la vivacité de leur pays, et de façon à se faire applaudir; mais elles sont bien loin de Dolorès, dont la place naturelle serait à l'Opéra, et qui danse maintenant à un certain théâtre du Panthéon, qu'on dit être situé de l'autre côté de l'eau.

La manière de se costumer des danseuses espagnoles est de beaucoup préférable à celle des danseuses françaises, qui paraissent vouées à la mousseline blanche depuis mademoiselle Taglioni.

Les paillettes sont d'un effet charmant; elles accrochent la lumière par points brusques et inattendus, et fourmillent vivement à l'œil; cependant, elles sont reléguées depuis longtemps sur les jupes des saltimbanques de carrefour, les habits d'arlequin et de marquis ridicule.

Ce qu'il faut à une danseuse, ce sont des plumes, du clinquant, des fleurs fausses, des épis d'argent, des clochettes dorées, toute la folle et fantasque toilette de comédienne errante. Outre leur grâce et leur gaieté, ces costumes invraisemblables ont l'avantage de ne gêner en rien les mouvements et de donner de la probabilité aux ballets; car on ne peut attendre autre chose de personnages ainsi vêtus que des cabrioles et des pirouettes, et l'on est toujours plus ou moins choqué de voir des gens en costume exact battre des entrechats et lever la jambe à la hauteur de l'œil.

31 juillet.

ÉTAT ACTUEL DU THÉATRE. — La semaine a été peu fertile; le flot incessant de vaudevilles et de mélodrames qui inonde ordinairement les théâtres jusqu'aux frises a baissé de plusieurs mètres. — Somme toute, ç'a été une bonne semaine, et il serait à souhaiter qu'il y en eût souvent de pareilles. On pourrait alors causer d'art et de littérature, au lieu de se livrer à d'absurdes analyses!

Analyser une pièce où il n'y a rien, ô misère! faire le procès-verbal du néant, se souvenir, huit jours après, d'un je ne sais quoi, *without name*, comme l'œuvre des sorcières de *Macbeth*, et que les auteurs eux-mêmes ont déjà oublié; retenir des noms comme Fromageot, Gadouillard, et autres semblables; car il n'est plus question maintenant de Sylvia, de Frosine, de Lelio, de Léandre, noms charmants, épanouis et parfumés comme des fleurs; dire sans se tromper : Tel personnage est entré, tel autre est sorti; ceux-ci se sont mariés, ceux-là se sont poignardés ou empoisonnés; on a demandé les auteurs : ce sont M. Scribe et M. Alfred, M. Scribe et M. Louis, M. Scribe et M. Nicolas, M. Scribe et M. Hégésippe.

Ce qui manque, en général, au théâtre moderne, c'est l'idéalité, c'est la poésie. Le prosaïsme envahit tout, il n'y a plus place nulle part pour la fantaisie; les acteurs jouent avec les habits qu'ils portent à la ville, avec le même nez, les mêmes façons dont ils se servent dans la vie privée, ce qui est peu varié et peu réjouissant; un salon pistache et un salon nankin suffisent aux besoins du répertoire. J'avoue que j'ai souvent éprouvé le désir de voir un salon rouge ou un salon bleu de ciel, et que l'habit noir ou la redingote puce du jeune premier m'ont fait regretter la cape rayée de rouge comme une tulipe des effrontés valets napolitains de l'ancienne comédie; le costume actuel est-il donc si agréable à voir pour qu'on le reproduise sur le théâtre? Je ne comprends pas que des acteurs qui ont la liberté de s'habiller de soie et de velours, de se chamarrer de broderies éclatantes, d'arborer à leur feutre des plumes écarlates de trois pieds de haut, de porter le manteau sur le coin de l'épaule avec la rapière poignardant le ciel, se résignent à garder leurs pantalons à sous-pieds, leur gilet à châle et leurs chapeaux tromblon; il est vrai qu'avec leur prétention ridicule à être des bourgeois et des gardes nationaux, ils trouvent indigne de leur gravité de citoyen de se déguiser tous les soirs comme des masques de carnaval.

L'art ne peut exister sans convention; l'absence de convention amènera la ruine du théâtre. Il y a pour la scène des exigences d'optique que l'on méconnaît aujourd'hui; un drame ne doit pas être vrai, il faut qu'il y ait des parties sacrifiées, d'autres exagérées; le contour de chaque caractère doit être tracé d'une manière précise et sculpturale, de façon à mettre les personnages en relief et à les faire se détacher nettement sur le fond lumineux ou sombre de l'action; le langage naturel du comédien est le vers : la prose fait disparate avec les arbres de carton peint, le rouge végétal, les sourcils tracés avec du bouchon brûlé, la rampe de quinquets fumeux, le clinquant du roi et les faux cheveux de l'ingénue; elle est trop vraie, et rompt cet ensemble d'harmonieuse fausseté; elle produit l'effet qu'une maison réelle bâtie en pierres ou un arbre véritable transplanté d'un jardin produirait à côté des châssis de toile barbouillée qui forment les coulisses.

Beaucoup de morceaux de vaudeville ressemblent tellement à la conversation usuelle, qu'en vérité ce n'est plus la peine de les écouter. Il serait aussi amusant d'entendre les personnages eux-mêmes. Je ne pense pas que personne aille épier, par plaisir, l'entretien d'un fabricant de bas de filoselle avec sa femme légitime. Ces niaiseries, transportées sur le théâtre, sont d'une haute insipidité! Ce n'est pas que nous demandions des tartines emphatiques, toutes boursouflées des ampoules de l'hyperbole; mais le grotesque, pour être admis dans l'art, a besoin d'être travaillé et martelé par la fantaisie; il faut concentrer les traits épars chez plusieurs individus pour en composer un type unique. Callot est un peintre de premier ordre; Biard ne s'élèvera jamais au-dessus de la médiocrité. La farce de *Pourceaugnac* est immortelle; qui se souviendra de *Madame Gibou et madame Pochet* dans quelques années d'ici? Cependant cette pièce est plus littéralement vraie que la pasquinade de Molière.

Nous voudrions que le romanesque, le fantasque, l'idéal, le poétique, eussent une part plus large dans le théâtre moderne; il est vraiment triste de songer que, depuis *le Roi s'amuse* et *les Enfants d'Édouard,* on n'a pas représenté une seule pièce en vers à Paris, la ville la plus lettrée du monde.

L'Opéra seul n'est pas alourdi par cette atmosphère de gaz hydrogène et de mélasse qui pèse sur les autres théâtres; il échappe à la prose, par la musique : admirable faux-fuyant! Ses personnages sont habituellement des rois, des empereurs, des princes, des chevaliers, des pages, de nobles dames et de belles demoiselles; des génies, des anges et autres êtres peu probables; l'Opéra a toujours dédaigné la réalité, comme il convient. Forcé de supprimer son Olympe, un peu vieilli, il a serré à regret dans son magasin le tricot rose passé de Vénus, la molle déesse, et l'armure à écailles vertes de la guerrière Pallas. Mais, au moins, il n'est pas tombé plus bas que le prince et la princesse.

Le charme principal de l'Opéra, charme dont on ne se rend pas compte, et qui le fait demeurer debout entre les ruines des autres théâtres, c'est que nulle part la convention n'est aussi forcée ni aussi éloignée de la nature. En effet, quoi de moins naturel que de voir un conspirateur recommander le silence en chantant à tue-tête; une femme affligée exprimer son désespoir en faisant des cabrioles! Cependant tout cela fait un plaisir infini, pourquoi? Parce qu'il y a de l'art, du travail, de la difficulté vaincue, et qu'on sent qu'il n'est pas possible, avec l'alphabet de la musique ou de la danse, de rendre plus exactement la joie ou la douleur; pourtant, il y a loin de la joie ou de la douleur véritable à une cavatine de Meyerbeer ou un pas de mademoiselle Taglioni.

C'est ce besoin sourd de se soustraire à la vie de tous les jours qui pousse la foule à l'Opéra, lequel finira par devenir pour les populations modernes, le lieu attrayant et central.

Les vers de libretti sont assez médiocres, il est vrai; mais on ne les entend pas et la musique prête des ailes aux plus boiteux, et transfigure les plus difformes en sylphes ou en amours. D'ailleurs, maintenant que Duprez est à l'Opéra, les poëtes, sûrs d'être entendus, se piqueront d'amour-propre et soigneront davantage leur poésie. Le *Don Juan* de M. Émile Deschamps et l'*Esmeralda* de Victor Hugo ont prouvé tout récemment que les beaux vers ne sont pas incompatibles avec la musique.

Le succès de l'Opéra ne peut qu'aller croissant. L'engagement de Duprez assure à ce théâtre de nouveaux éléments de prospérité. Tous les motifs de vogue dont nous avons parlé tout à l'heure n'existeraient pas, que Duprez seul suffirait pour amener la foule.

Je ne crois pas que les dilettantes les plus difficiles puissent rêver un chanteur plus parfait. Quelle pureté de timbre, quelle belle tenue de son! quelle prononciation nette et franche! Jamais plus belle voix ne fut plus habilement gouvernée : c'est une sonorité, une plénitude, une vibration dont on n'a pas d'idée; et puis quelle sagesse de méthode! quelle élévation de style! quelle sobriété d'ornements! Aucun chanteur ne respecte autant que lui la note du maître; toutes les beautés de la partition sont mises en lumière avec un soin religieux; les rôles les plus connus, lorsque Duprez les chante, prennent une physionomie nouvelle. Beaucoup de phrases perdues dans l'ombre s'illuminent subitement; les lignes molles s'accentuent, tout prend du style et du caractère. Quelques journaux, ne pouvant se refuser à reconnaître un talent si notoire et d'une évidence si rayonnante, se sont avisés de contester à Duprez le talent de comédien : Duprez est, à notre avis, un des plus grands acteurs lyriques que l'on ait entendus; il produit avec sa voix de puissantes émotions dramatiques, sans gestes forcenés, sans exagération de mélodrame; il n'emploie pour cela que les ressources de l'art qui lui est propre, et c'est en quoi il prouve qu'il est un grand acteur lyrique, puisqu'il émeut, intéresse, et fait vibrer toute la salle avec une note plus ou moins soutenue. Cela ne veut pas dire que la pantomime de Duprez soit défectueuse. Elle est très-belle et très-naturellement expressive. Quand on a une intelligence si profonde des plus intimes arcanes de l'art, il est impossible que le geste ne suive pas la voix et que la figure ne reflète pas l'inspiration intérieure. — Duprez est un Atlas qui portera longtemps sur ses épaules tout le ciel étoilé de l'Opéra.

Ainsi point de pièces nouvelles; les feuilletons en sont réduits à faire de l'esthétique ou à constater *les rentrées*. Elles sont heureuses la plupart, et font plus d'argent à coup sûr que des premières représentations. Nous devons avouer un fait, malheureux pour l'art, c'est que les succès au théâtre deviennent de plus en plus des succès d'acteurs ; le génie de l'acteur dramatique consiste à créer des *rôles*, ou plutôt à copier des rôles ; car tout acteur se réduit à un rôle, qu'il s'agit de reproduire en différents ouvrages. L'auteur reprend la position qu'il avait au xvie siècle et qu'il a encore dans les troupes lyriques d'Italie ; ce n'est plus que le poëte, *il signor poeta*, quelque chose qui est au-dessous du *régisseur* ou du *metteur en scène*, et qu'on prendra bientôt *aux gages*. Shakspeare s'abaisse insensiblement à la position de Ragotin.

Il faut prendre garde à cette situation, fatale aux acteurs eux-mêmes. Du moment que l'un d'eux a obtenu un grand succès dans un certain rôle, tous les autres doivent être taillés sur le même patron. De plus, il faut que cela devienne une sorte de monologue, au travers duquel les autres acteurs ne fassent que jeter quelques répliques banales. Telle est la prétention de tout comédien distingué. Il résulte de là d'étranges monstres dramatiques. Nous en revoyons beaucoup dans ce moment-ci. Ces sortes d'ouvrages ne gagnent pas à vieillir.

Bouffé vient de reparaître dans le *Muet d'Ingouville*. Ceci est un autre genre de rôle, plus restreint encore et plus monotone. Il se trouve des auteurs qui consentent à se plier non-seulement au goût, mais encore à la santé et aux indispositions de l'acteur. On a inventé cela pour les théâtres qui n'en ont qu'un, chose fort commune aujourd'hui. L'acteur se trouve enrhumé, vite on lui fait un rôle d'enrhumé ; il perd sa voix, on lui fait un rôle de muet ; il devient paralytique, on lui fait un rôle où il n'a pas le moindre mouvement à faire. Soyez sûr qu'on trouvera moyen d'employer sa fièvre, son délire, et toutes ses infirmités possibles. Au besoin, la scène deviendra une chambre de malade, où la maladie se jouera devant le public jusqu'à la mort. Que parlez-vous de Molière expirant au sortir de la scène, entre deux sœurs de charité ! Aujourd'hui, l'on se fût bien gardé de le transporter hors du théâtre : on eût relevé la toile, et donné ce spectacle au public, comme un acte bien plus saisissant que les autres, et qui ne manquerait pas d'être redemandé.

II

AOUT 1837. — Opéra : reprise de *la Juive.* — Duprez dans le rôle d'Éléazar. — Ses précédents débuts dans le répertoire. — Révélations dues au talent de ce chanteur. — Palais-Royal : *l'Hôtel des Haricots*, vaudeville de MM. Dumanoir et Dennery. — *Le Mémoire de la blanchisseuse*, par MM. Brazier et de Villeneuve. — Ambigu : *le Corsaire noir*, mélodrame de MM. Albert et Labrousse. — Lutte brillante entre les *s* et les *r*. — Cirque-Olympique : Auriol. — Opéra-Comique : *la Double Échelle*, paroles de M. Planard, musique de M. Ambroise Thomas. — Le système d'opéra italien, et le genre national. — Porte-Saint-Martin : *la Guerre des servantes*, gros mélodrame de MM. Théaulon, Alboize et Harel. — Mademoiselle Georges. — Opéra : Début de madame Rosine Stoltz.

8 août.

OPÉRA. Reprise de *la Juive.* — La représentation de *la Juive* est ce qui réalise le mieux l'idée que l'on se faisait autrefois d'un opéra parfait,

> Où les beaux vers, la danse, la musique,
> De cent plaisirs font un plaisir unique.

Ajoutons à cela la pompe du spectacle, l'intérêt d'un poëme habilement conduit; ne prenons pas trop au sérieux l'expression de *beaux vers*; et nous trouverons, en effet, dans *la Juive*, de quoi remuer les sensations les plus variées et les plus délicates. Il est cependant des organisations qui ne s'accommodent pas d'être ainsi frappées par tant de côtés à la fois et qui ne peuvent, sans fatigue, distribuer leur attention entre tant de beautés diverses; il est encore vrai que chacun des arts mis à contribution pour ce merveilleux ensemble perd quelque chose de son importance particulière et ne reconquiert qu'à la longue toute l'estime qu'il mérite. C'est ce qui est arrivé, par exemple, à la musique de *la Juive*, peu appréciée d'abord, quoique favorablement accueillie. Cette partition, on peut le dire maintenant, a placé M. Halévy au plus haut rang des compositeurs modernes ; large dans son ensemble, finie et spirituelle dans tous ses détails, c'est une œuvre entièrement écrite de main de maître, savante et dramatique à la fois, et dont l'instrumentation est aussi claire que bien travaillée. Aura-t-elle gagné à reparaître sous les auspices de Duprez? C'est ce qui ne nous paraît point douteux.

On ne loue pas assez la conscience et l'abnégation dont ce chanteur a fait preuve depuis son entrée à l'Opéra. En quatre mois, il vient de jouer les rôles les plus importants du répertoire, et ce que ses prédécesseurs avaient mis six ou huit mois à apprendre avec le secours d'une mise en scène dirigée par les auteurs eux-mêmes, il a su le faire en quelques semaines, seul, et avec un petit nombre de répétitions. Cette fois, il se montrait sous un aspect tout à fait nouveau. Ce n'étaient plus là ces scènes terribles et passionnées des *Huguenots*, cet amour filial si pur et si élevé de *Guillaume Tell*, où sa voix trouvait des accents si tendres et si déchirants ; c'était maintenant un rôle de comédien profond, composé de nuances infinies, le meilleur peut-être de Nourrit, celui du moins qui avait été le plus habilement composé selon ses qualités et ses défauts, et où toutefois il négligeait une foule d'effets importants pour s'en ménager deux très-beaux, au trio *Anathème!* et à l'air *Rachel, quand du Seigneur*, etc. Qui connaissait cette belle phrase du finale du premier acte : *O ma fille chérie!* que Duprez chante avec un abandon, une désinvolture de rhythme admirable? Qui connaissait la prière du deuxième acte, où il déploie surtout cette large manière de phraser et cette profondeur de style qui font de lui plus qu'un chanteur, un grand artiste? N'avait-on pas négligé avant lui toute la partie bouffe, dans le trio du même acte, où le juif s'applaudit de tromper les chrétiens, et que Duprez a fait ressortir d'une façon si comique et si spirituelle? Qui n'a pas été saisi de l'effet de ce duo du quatrième acte, dans lequel on ne peut, certes, lui reprocher de ménager ses moyens pour le grand air qui le suit immédiatement? Il est impossible de s'imaginer avec quelle pureté et quelle énergie il chante la phrase *Et pardonne, s'il te donne la couronne*, etc., et quelle onction touchante il met dans sa voix quand il exprime la douleur de sa fille, qui le supplie de la laisser vivre, *elle, si jeune, et qui tient à la vie!*

Le principal reproche que nous ayons entendu faire à Duprez, c'est qu'il manque de voix mixte pour lier les sons de poitrine aux sons du fausset. Ordinairement, les ténors — et nous disons les meilleurs — finissent au *sol*, prennent en voix de tête le *la* et le *si*, et montent à l'*ut* et au *ré* avec le fausset. Cela réussit à quelques-uns, surtout à Rubini, qui a su préserver ces notes d'une sonorité métallique insupportable chez le plus grand nombre des ténors, et dont la voix de poitrine a, d'ailleurs, trop peu de force pour ne pas se marier facilement avec la voix de tête.

Mais Duprez a, de franche poitrine, le *la*, le *si*, quelquefois l'*ut*, et, en raison même du diapason de ces notes, il est impossible de les adoucir assez pour les lier, sans *suture*, aux sons du fausset. Nous croyons que Duprez fait peu de cas de cette voix *mixte* que les ténors de l'Opéra avaient mise à la mode avant lui, et nous l'approuvons sincèrement : la rouerie ne convient pas à un talent de cette force et de cette conviction.

Il est vrai de dire que la taille de Duprez lui donne du désavantage dans quelques-uns des effets de scène du rôle d'Éléazar. C'est un inconvénient dont on ne peut accuser que l'auteur du poëme, qui a conçu pour un ténor un rôle qui naturellement devait appartenir à une basse; pour tous les autres rôles du répertoire français et italien, la taille de Duprez est certainement suffisante, et elle convient mieux que celle de Nourrit dans les rôles très-jeunes, comme ceux d'Arnold et de Raoul. Ajoutons que le personnage du juif Éléazar est posé de manière à exciter peu d'intérêt; l'avarice, la haine et le fanatisme sont les principaux traits de ce sombre caractère, et l'expression même de l'amour paternel que les auteurs lui supposent perd beaucoup de son effet lorsque l'on apprend que Rachel n'est que sa fille adoptive. Dans le duo du quatrième acte surtout, l'intérêt passe aussitôt du côté du cardinal, et il faut se distraire entièrement de la pensée du poëme pour comprendre, au point de vue dramatique, l'air si tendre et si touchant qui succède à cette péripétie imprévue.

Puisque nous en sommes à la critique du poëme, remarquons qu'avec des éléments supérieurs à ceux qui composent la plupart des livrets d'opéra, il présente un grand vice de combinaison et d'unité : il semble fait de deux idées principales très-différentes et maladroitement soudées, et ce défaut s'expliquera en partie si l'on songe que l'action se passait primitivement en Amérique, et que le poëme fut reçu sous cette forme, à une époque où l'on n'eût pas osé mettre en scène un cardinal du saint-empire romain.

21 août.

PALAIS-ROYAL. *L'Hôtel des Haricots.* — *Le Mémoire de la blanchisseuse.* — La seule prison dont la philanthropie ne s'occupe pas, c'est la prison de la garde nationale ; le sort des détenus et des forçats préoccupe une foule d'âmes généreuses. L'oreiller du remords n'est plus rembourré d'épines, comme on disait autrefois au boulevard ; il est de crin, de plume ou d'édredon, selon les degrés de la bonne conduite du coupable ; chaque cachot devient à peu près le *hoc erat in votis* d'Horace, ou la petite demeure aux contrevents verts de Jean-Jacques Rousseau. Le mobilier de sapin s'est transformé déjà en ameublement de noyer ; la philanthropie n'en demeurera pas là, et compte passer incessamment à l'acajou : quand chaque prisonnier pourra trouver sa cheminée ornée d'une pendule en albâtre et de deux vases de fleurs ; quand il aura quelques lithographies encadrées, de Vigneron et de Maurin, pour égayer les murs de sa retraite ; les œuvres de Voltaire, de Béranger et de Parny dans sa bibliothèque, pour adoucir ses mœurs, alors la philanthropie croira peut-être avoir fait assez pour le criminel et s'occupera de l'innocent.

Nous ne prétendons pas donner ce nom au garde national réfractaire, être immoral, qui mérite à coup sûr toutes les rigueurs de la Thémis disciplinaire ; mais nous ne pouvons nous empêcher de le plaindre dans son malheur et dans son abandon. Pour lui, point de voiture cellulaire aux coussins élastiques, point de lit moelleux, point de nourriture saine et abondante ; la nuit, un dortoir d'hôpital ; le jour, une chambre enfumée, aux grilles épaisses, aux murs obscènes, où la société se trouve mélangée de maçons, de fils de pairs de France, de trempeurs d'allumettes phosphoriques, d'hommes de génie et d'ouvriers carriers, le tout buvant, fumant, hurlant à tue-tête, ce qui n'est guère supportable que dans la première heure de la détention. Voilà le tableau que le vaudeville du Palais-Royal nous présente, du reste, assez exactement. On peut se figurer, après l'avoir vu, qu'on a fait une heure de prison à l'hôtel Bazancourt. La censure a, dit-on, exigé des auteurs qu'ils peignissent ce séjour sous le plus triste aspect, afin d'exciter dans les spectateurs une crainte salutaire. Une addition a même été faite au titre, afin de préciser davantage la leçon ; la pièce est intitulée : *l'Hôtel des Haricots, ou Il vaut mieux monter sa garde!* De sorte qu'elle peut faire pendant à un autre vaudeville populaire du même théâtre : *la Tirelire, ou Il vaut mieux mettre à la caisse d'épargne!*

Cette petite pièce, assez faible, a réussi, grâce à la donnée, et n'est pas mal jouée par Levassor et Boutin.

AMBIGU. *Le Corsaire noir.* — Ce corsaire n'a aucun rapport avec celui de Cooper, qui est un corsaire *rouge*, ni avec celui de Byron, dont la couleur n'est pas déterminée, ni avec celui du capitaine Marryat, qui change sa couleur selon les événements. La plupart de ces pirates sont foncièrement honnêtes et capables de sentiments délicats; mais celui de l'Ambigu est bien noir des pieds à la tête, ainsi qu'à l'intérieur; c'est un de ces bons types de l'ancien mélodrame qui n'admettent pas de nuances.

Les deux acteurs Saint-Ernest et Delaistre, chargés des principaux rôles, ont produit un effet brillant. Chacun sait que, dans tous les mélodrames, on réserve toujours une scène à effet pour ces deux acteurs à forte poitrine. C'est un beau tournoi de paroles ; l'un fait sonner toutes les *r*, l'autre toutes les *s;* il arrive un moment où le débit s'échauffe au point qu'on n'entend plus qu'un ronflement d'un côté, et qu'un sifflement de l'autre; toutes les autres voyelles et consonnes sont absolument supprimées. Voici quelques phrases que nous avons retenues, au moment où l'on pouvait encore distinguer les mots : « Sais-tu, disait Saint-Ernest, que je n'aurrais qu'un mot à dirre pourre te fairre prrécipiterre en bas des murres de cette demeurre? — Et toi, répondait Delaistre, ssais-tu, que ssi je te ssaisissais sseulement avec cette main que voici, tu tomberais à l'insstant, pâle et glacé, ssouss ce genou qui le presserait ssans merci, inssenssé!... »

Cette représentation a vivement impressionné le public de l'Ambigu. Chaque succès donne lieu, dans ce théâtre, à des ovations sans pareilles. On rappelle tous les acteurs. Tous reviennent, avec les comparses, les auteurs, les machinistes, le souffleur et les employés du théâtre; on jette des pluies de fleurs, on couronne tout le monde, et peu s'en faut que les ouvreuses n'aillent prendre part au triomphe général.

Cirque-Olympique. *Auriol.* — La représentation au bénéfice d'Auriol a dû être très-fructueuse. La salle était pleine à faire craindre que ses murailles de toile ne crevassent et ne laissassent échapper le public à travers leurs déchirures. A la fin du spectacle, l'affluence était si grande, que le cirque était à moitié envahi, et qu'Auriol, outre les vingt-quatre fusiliers qu'il avait promis de franchir, s'est vu obligé de sauter par-dessus une douzaine de bourgeois additionnels, qui n'étaient pas portés sur le programme. Auriol méritait à coup sûr cet empressement du public; car c'est le clown le plus spirituel et le plus charmant que l'on puisse imaginer. Les singes sont boiteux et manchots à côté d'Auriol; les lois de la pesanteur paraissent lui être complétement inconnues : il grimpe comme une mouche le long des parois vernissées d'une haute colonne; il marcherait contre un plafond, s'il le voulait : s'il ne vole pas, c'est par coquetterie.

Le talent d'Auriol est d'une merveilleuse souplesse; il est encyclopédique dans son art : il est sauteur, jongleur, équilibriste, danseur de corde, écuyer, acteur grotesque, et à toutes ces qualités, il joint des forces prodigieuses. C'est un Hercule mignon avec de petits pieds de femme, des mains et une voix d'enfant. Il est impossible de voir des muscles mieux attachés, un cou plus athlétique, une structure plus légère et plus forte; le tout surmonté d'une tête jovialement chinoise, dont une seule grimace suffit pour exciter l'hilarité de toute la salle. Jamais l'effort ne se fit sentir dans les tours du merveilleux clown : il exécute les choses les plus difficiles avec une sûreté, une facilité et une grâce charmantes; il ne produit pas l'effet pénible des autres faiseurs de tours qui vous tiennent en inquiétude à l'endroit de leurs bras et de leurs jambes. Cependant, à sa représentation, il a été d'une témérité et d'une folie à donner de l'appréhension aux gens les plus sûrs de lui ; il se précipitait du haut des frises, s'enlevait dans des roues d'artifice aussi intrépidement que le fameux bouledogue Maroquin ; franchissait toute l'armée du Cirque-Olympique, composée, ce soir-là, de vingt-quatre hommes, et se livrait à toutes sortes d'essais infructueux pour se casser le cou. Il a été couvert d'applaudissements, c'était justice. Quant à moi, je ne vois rien au-dessus d'Auriol. On conçoit à toute force qu'on pourrait être Homère ou Raphaël, même Napoléon ; il semble qu'on arriverait à jouer la tragédie aussi bien que Talma ; mais comment comprendre que l'on se tienne à un poteau par un seul pied, ou que l'on fasse avec son corps l'aile d'un moulin à vent ? On n'admire pas assez les saltimbanques ; il faut à la fois de l'agilité, du courage et de la vigueur, trois précieuses qualités, pour faire ce que fait Auriol. De plus, les saltimbanques ont de grandes facilités pour gagner le prix Montyon et se livrer à des actions vertueuses dans les incendies et autres sinistres. Je les préfère de beaucoup aux danseurs d'Opéra, qui professent pour eux le plus ineffable mépris.

28 août.

OPÉRA-COMIQUE. *La Double Échelle.* — Le dilettantisme a entraîné l'Opéra-Comique dans de graves erreurs ; on avait pris le système italien par le mauvais côté. « Commençons, disait-on, par avoir des poëmes insignifiants comme les *libretti* des Bouffes, et nous aurons de la grande musique à coup sûr ; tâchons que nos artistes soient de mauvais comédiens, et rien ne les empêchera d'être de merveilleux chanteurs. » Auteurs et acteurs ont trouvé cela fort à leur goût, et l'on a beaucoup réussi dans la moitié de cette grave innovation. Le public s'est obstiné à ne point se contenter de ce demi-progrès ; et, après deux ou trois ans de malheurs, force a été à l'Opéra-Comique d'en revenir à ce pauvre genre national, si dédaigné par la haute critique. *Le Chalet,* charmante comédie de Gœthe, traduite avec esprit par M. Scribe, a commencé cette salutaire réaction, à laquelle la grande vogue du *Postillon* est venue imprimer un caractère de durée. Il faut l'avouer, l'intérêt et la gaieté de ces deux poëmes ont été pour beaucoup dans le succès ; *la Double Échelle* vient encore, après l'échec du *Remplaçant*, fournir un nouvel argument aux partisans de l'opéra-comique pur. Celui-là est presque un pastiche, et pourrait passer à la rigueur pour une opérette posthume de Saint-Just et de Dalayrac. Au lever de la toile, il semblait que le spectacle fût changé par indisposition, et qu'on allât nous donner *les Deux Jaloux* ou *le Nouveau Seigneur*. Des bosquets, des pavillons et des bancs de verdure ; tout le matériel des séductions, des trahisons, des quiproquos, des surprises. Mais on perçoit, en outre, une double échelle peinte en vert ; c'est le premier acteur de la pièce, c'est le plus important. Imaginez que la moitié de cet opéra se joue en l'air, ou du moins à dix pieds au-dessus du plancher ; tantôt sur les balcons, tantôt sur l'échelle, et je crois un peu sur le mur... D'abord, une fenêtre s'ouvre et deux amants y paraissent, prêts à se quitter parce que le jour vient, comme Roméo et Juliette : « Non, ce n'est pas le jour, etc. » Mais écoutez bien : les deux amants sont deux époux. C'est un galant sénéchal et une coquette marquise qui se sont depuis peu mariés en secret. Pourquoi ce mystère ? Nous ne le savons pas trop ; peut-être seulement afin que l'on puisse chanter : « Quel est donc ce mystère ? etc. » Peut-être, en ce XVIIIe siècle, si dévoué au paradoxe, une femme a-t-elle plus de honte d'un époux que d'un amant ; peut-être sa pudeur consiste-t-elle à feindre le vice comme on feint aujourd'hui la vertu. Peu importe, après tout, le motif ! ces époux ont des raisons pour cacher leur mariage, voilà tout ce qu'il nous faut savoir.

Admettons encore une autre convention. La marquise était vivement pressée par un chevalier auquel elle a préféré le sénéchal. Par suite d'une étourderie plus vive que les autres, la marquise a déclaré qu'elle ne consentirait plus à le recevoir, qu'il ne fût marié. De sorte que le chevalier se voit forcé de feindre d'avoir une femme, pendant que la marquise feint de n'avoir pas de mari. Il fait jouer le rôle par une paysanne nommée Georgette, qu'il habille en grande dame et qu'il amène en triomphe à sa belle ennemie. Or, Georgette est justement la femme du jardinier de la marquise ; c'est une charmante scène que celle où le jardinier hésite à reconnaître sa femme sous ces beaux atours, et où elle le réduit au silence en le traitant d'insolent et de faquin ; pourtant, en la retrouvant seule un instant après, il reprend sa position d'époux ; et la marquise, témoin secret de leur entrevue, ne sait trop que penser de la nouvelle épouse du chevalier. La nuit même, pour éclaircir ses soupçons, elle enferme le chevalier avec Georgette ; celui-ci descend par la fenêtre à l'aide de la double échelle, pendant que le jardinier monte chez sa femme, de l'autre côté, sans le voir. La double échelle va jouer encore un jeu double. Le chevalier la transporte sous les fenêtres de la marquise, qu'il espère bien réduire cette fois ; mais, pendant qu'il monte d'un côté, le sénéchal monte de l'autre ; ils se rencontrent nez à nez en haut de l'échelle : excellente situation pour un duo bouffe. « Descendons, s'écrie le sénéchal, la querelle ne peut se vider ici. » Le confiant chevalier descend en effet ; mais son rival, au contraire, monte sur le balcon et entre chez la marquise. Le chevalier fait grand bruit ; toute la maison s'éveille et paraît aux fenêtres en robes de chambre, avec des flambeaux. Le chevalier seul se trouve en bas, dans la cour. Georgette reprend son mari ; la marquise avoue son mariage. — Ce dénoûment est un des plus comiques que nous connaissions.

La partition est le premier ouvrage de M. Thomas. Ce jeune compositeur, lauréat de l'Institut, s'était déjà fait connaître dans le monde musical par quelques productions plus appréciées des artistes que du public, et qui rappelaient beaucoup la forme mystique et abstraite de Schubert. Félicitons-le d'avoir su plier son talent naturellement sérieux aux petites exigences de son *libretto*. Il a voulu n'être que gai, vif et gracieux, là où tant de jeunes débutants auraient été certainement prétentieux et solennels : c'est une preuve de tact et d'esprit dont il faut lui savoir gré. Les gens assez maîtres d'eux pour se faire, au besoin, plus petits qu'ils ne sont, sont rares, et, en faisant ainsi, M. Thomas a prouvé qu'il comprenait son poëme, son théâtre et son public.

PORTE-SAINT-MARTIN. *La Guerre des Servantes.* — Le titre de cette pièce excitait depuis longtemps une vive curiosité. On se demandait comment mademoiselle Georges consentirait à remplir un rôle de *servante*, et bien des gens pensaient qu'abandonnant le mélodrame, comme elle avait abandonné la tragédie, mademoiselle Georges allait essayer de rivaliser, d'un bout à l'autre du boulevard, avec mademoiselle Flore des Variétés, passer de Lucrèce Borgia à la sensible Victoire, et adopter un couteau de cuisine pour poignard. C'était là, sans doute, une grande nouveauté ; mais nous savions bien, quant à nous, que mademoiselle Georges ne consentirait jamais à devenir une servante dans l'acception triviale du mot : mademoiselle Georges ne pouvait être servante que comme Nausicaa était blanchisseuse, comme Marie-Antoinette était laitière ; une servante tout au plus de ce beau pays d'Eldorado, où les hôteliers sont des princes couronnés, où les marmitons récurent les casseroles d'or avec du sable de diamants, où les porchers gardent leurs bêtes à cheval, où de bienfaisantes fées font la layette des petits enfants ! Cette fantaisie de mademoiselle Georges nous rappelle l'ancienne description d'un ballet des *Truands*, où Louis XIV voulut danser en personne sous le costume d'un cagou. Toute la cour prit part à ce divertissement, dont Benserade a chanté les merveilles. Les malheureux de la Cour des Miracles, manchots, culs-de-jatte, boiteux, se trouvaient représentés au naturel par les plus beaux cavaliers de la cour ; les plus grandes dames n'avaient pas dédaigné les oripeaux déchiquetés et les haillons des mendiantes et des bohémiennes ; seulement, c'étaient de magnifiques haillons de velours et de satin, chargés de broderies et de dentelles, qui, déchirés, coupés, froissés, imitaient d'un peu loin les livrées de la gueuserie ; de pareils pauvres eussent pu faire l'aumône à bien des riches, et force honnêtes gens n'eussent pu résister à la tentation de détrousser des voleurs si bien couverts. C'était ainsi que l'on traduisait la misère à la cour de Louis XIV. Notre public, qui a sifflé les truands exacts d'*Esmeralda*, les eût mieux accueillis sans doute ajustés de cette façon.

Eh bien, imaginez que les servantes de MM. Théaulon, Alboize et Harel ressemblent un peu aux mendiantes du ballet des *Truands* ; celles-là peuvent aller *faire leur halle* en carrosse, comme dit Victoire. La principale d'entre elles, Vasla, n'est pas seulement une servante-maîtresse, c'est une servante-reine ; le vieux roi de Bohême, Prémislas, lui faisait la cour du vivant de sa femme Libussa, et lui a juré de l'épouser un an après la mort de la re^{ine}e.

Or, Libussa est morte, Vasla a donné un fils au roi depuis plusieurs années, et, le terme expiré, elle vient sommer Prémislas de tenir sa promesse.

Ici commence une discussion qui dure fort longtemps : « Épouser une servante! s'écrie à tout moment le vieux roi. — Une servante comme moi vaut bien un roi comme vous ! » lui répond Vasla. Le roi ne sait trop que répondre ; il prétexte un grand ennui de la royauté, et veut abdiquer la couronne en faveur du prince Ludger, son fils. La servante l'accable de mépris et le traite comme un *valet*. Prémislas se décide à réunir sa cour pour céder la couronne à son fils. Au milieu de la cérémonie, il tombe tout à coup dans les bras de ses gardes, il sent qu'il va mourir, et, faisant appeler Vasla, il lui offre de l'or. Celle-ci refuse avec indignation et l'accable d'injures : « Que l'on chasse cette servante ! » s'écrie le vieillard mourant. Les gardes la mettent à la porte du palais malgré ses menaces et ses cris.

Le second acte commence sur la place publique de Prague, et nous assistons presque à une scène d'Aristophane. Les servantes de la ville puisent de l'eau à la fontaine, en riant et causant, quand Vasla accourt au milieu d'elles et les appelle à la vengeance. Voici quel est son projet : le gouverneur de l'arsenal est amoureux d'elle, et elle veut entrer à son service ; une fois dans l'arsenal, elle y introduira en secret toutes ses compagnes ; elles enivreront les gardes et délivreront trois mille Saxons, captifs de Prémislas, qui les aideront à soumettre la ville. Ce projet est accueilli avec enthousiasme, et tout se prépare pour l'expédition. On voit que c'est une scène de la comédie grecque de *Lysistrata*, où les femmes athéniennes s'emparent du Parthénon au moyen d'une ruse exactement pareille. Mais il manque à Vasla un compagnon courageux qui la seconde et se fasse l'instrument de ses projets : justement, un mendiant se présente : « Je suis l'homme que tu cherches ! — Tu es l'homme qu'il me faut. » La conversation s'engage entre la servante et le mystérieux étranger : « Qui es-tu ? — Je ne sais. — Tes parents ? — Je n'en ai pas. — Tu es donc un enfant perdu ? — Je suis un enfant trouvé. — Quel est ton pays ? — Le monde. — Que fais-tu ? — Je me vends à qui m'achète. — Tu sers donc les autres ? — Dites que je me sers des autres. — Je ne te comprends pas. — Je ne me comprends pas moi-même. — Que ferais-tu si je te donnais une armée? — Je te donnerais l'Allemagne! »

Ce dialogue, qui est textuel, établit bien la position. Vasla découvre ses projets au mendiant; le mendiant la suit. A la faveur d'un changement à vue, nous assistons à la prise de la ville; les servantes paraissent armées en amazones; les Saxons se joignent à elles. Le mendiant, qui s'appelle Graff, arrive en triomphe, revêtu de l'armure de Witikind et de sa cuirasse d'écailles, qui semble être un anneau du grand serpent de mer. Il ne demande à Vasla, pour prix de son courage, que la tête du prince Ludger, qu'on vient de faire prisonnier, ainsi que toute sa cour. L'armée des *servantes* défile, les *sapeures* en tête, pour aller prendre possession du palais; les *officières* portent des hausse-cols d'argent. Ce triomphe des *droits de la femme* a excité dans le public une vive admiration.

Le troisième acte nous montre Vasla dans sa gloire, reine de la Bohême et de tous ses châteaux. Elle interroge l'*Inconnu* qu'elle n'a pas encore *compris;* celui-ci raconte son histoire, et dépeint ainsi son caractère : « Le ciel a mis deux natures en moi, comme si j'étais né de l'alliance monstrueuse de l'homme et de la lionne ! » Cette définition, qui rappelle un peu celle de l'animal singulier, *né de l'accouplement incestueux d'une carpe et d'un lapin*, ne nous apprend rien de plus; seulement, Graff hait Ludger, parce que ce prince est le fiancé de la princesse Marie, qu'il aime. Vasla lui propose un échange. Elle a des vues sur Ludger : que Graff lui abandonne sa vengeance, et elle lui abandonnera Marie; seulement, il faut qu'il l'enlève et sorte à l'instant de Prague; car Vasla a résolu d'épouser le prince, et l'amour de Graff sert le sien. Graff consent à tout.

Débarrassée de sa rivale, Vasla donne à ses compagnes un festin magnifique; elle fait venir le prince et ses seigneurs, et les oblige à servir à table leurs anciennes servantes : « A nous les plaisirs, maintenant ! s'écrie-t-elle; à nous les caprices ! à vous la peine et le travail ! Chacun son tour, mes nobles maîtres ! » Cependant, le peuple au dehors pousse des cris et demande le prince et ses ministres, prisonniers de Vasla. Vasla veut leur faire jeter la tête des ministres. Ludger ne peut les sauver qu'en consentant à épouser la servante victorieuse. L'hymen va donc s'accomplir, quand une femme en deuil accourt. C'est le Phorbas d'*Œdipe* en jupon ; c'est la nourrice de Ludger. « Que vas-tu faire? crie-t-elle à Vasla ; Ludger est ton fils ! ton fils, que tu avais perdu et que j'ai élevé ! — Mon fils, s'écrie tendrement Vasla ; et moi qui tout à l'heure voulais l'envoyer à la mort !... » Cette phrase nous a rappelé celle qu'on avait tant applaudie dans une pièce de M. de Rougemont : « Un père peut envoyer son fils à l'échafaud ; une mère, jamais ! » Vasla, toute au bonheur d'avoir retrouvé son enfant, envoie à la poursuite du ravisseur de Marie, et pose la couronne de Bohême sur le front de Ludger. D'après son avis, elle congédie les Saxons, fait rentrer ses servantes dans le devoir, et remet à Ludger toute son autorité. Quand Vasla s'est ainsi désarmée, Ludger ordonne qu'on l'arrête : « On vous a trompé, lui dit-il, vous n'êtes pas ma mère... »

En effet, Régine a trompé Vasla pour sauver Ludger. La pauvre servante est maintenant condamnée au *supplice du créneau*. Selon les auteurs, ce supplice consiste à être précipité du haut d'une tour entre deux créneaux. Tout le peuple est rassemblé pour jouir de ce spectacle ; il se trouve que le bourreau manque ; un inconnu se présente pour remplir cet office ; c'est Graff. Graff, à qui Vasla a fait enlever Marie au moment où elle a cru que Ludger était son fils, tient à ce que Vasla périsse de sa main. Elle monte, en effet, sur la tour et en est précipitée. Au moment où cette justice vient de s'accomplir, Graff apprend que c'était lui-même qui était le fils de Vasla : Graff, éperdu, s'élance entre les créneaux et pique à son tour une tête dans l'éternité.

Ce dénoûment rappelle celui du vieux mélodrame de *Kenilworth*. Mademoiselle Georges, la tragédienne, ne tombe-t-elle pas bien bas à se faire *précipiter* ainsi, bien que ce ne soit qu'en effigie? — Les décorations sont fort belles ; les costumes, dessinés par Gavarni, sont pleins de goût et de caractère. Mademoiselle Georges a rencontré d'heureuses inspirations ; Mélingue ne manque pas de chaleur et représente assez bien Bocage ; il s'est fait beaucoup applaudir au troisième acte avec un geste à la Frédérick ; pourquoi n'est-il pas plus souvent lui-même ?

La nomination de M. Harel, parmi les auteurs, n'a pas été l'un des plus médiocres agréments de la soirée. Après avoir tant abusé de l'affiche, il ne restait plus à l'habile directeur qu'à y exploiter sa propre renommée. Il semble, du reste, que rien n'ait été pris au sérieux dans cette représentation; mais qu'on y songe pourtant! il y a quelqu'un qui a plus d'esprit que les auteurs, gens d'un talent incontestable; plus d'esprit que M. Harel lui-même : c'est le public.

OPÉRA. *Début de madame Stoltz.* — Un public nombreux encombrait, l'autre soir, la salle de l'Opéra, attiré par la belle musique de *la Juive*, la présence de Duprez et le début de madame Stoltz. Cette jeune dame, élève de l'école Choron, a obtenu beaucoup de succès. Douée d'une voix magnifique de soprano, d'une jolie figure et d'une taille charmante, elle a joué et chanté le rôle de Rachel avec un talent d'expression vraiment remarquable. Quoiqu'elle semblât dominée par une vive émotion, elle a su rendre avec une grande vérité, sans imiter personne, les nuances différentes de ce rôle si difficile. La romance du deuxième acte : *Il va venir*, celle du trio qui suit, et surtout le cinquième acte, ont prouvé qu'elle savait donner à sa voix autant de charme que d'énergie, et nous ne doutons pas qu'elle ne tienne un rang distingué parmi les meilleurs sujets de l'Opéra, surtout si elle parvient à maîtriser la fougue un peu exagérée qui l'emporte trop loin dans les scènes passionnées, et qui lui fait trouver des effets quelquefois un peu hasardés. Il faut que madame Stoltz conserve longtemps cette voix si pleine et si étendue, et, dans son intérêt, nous lui conseillons de se ménager davantage. Elle avait dans cet ouvrage à côté d'elle, dans Duprez, le chanteur qui pouvait le mieux lui prouver qu'on peut être en même temps énergique et pur, et que la grâce est une qualité essentielle de l'art qui doit s'allier à toutes les autres.

III

SEPTEMBRE 1857. — Vaudeville : *Mon Coquin de neveu*, un acte de M. Rochefort. — Lepeintre jeune réduit à lui-même. — Madame Guillemin. — M. Émile Taigny. — Variétés : *le Matelot à terre*, par MM. Fenimore Cooper, Eugène Sue, Édouard Corbière et ***. — Début de M. Félicien. — Le *flambard*. — Palais-Royal : *Bruno le fileur*, vaudeville de MM. Cogniard frères. — Le vaudeville moral. — Opéra : mademoiselle Fanny Elssler. — Sa danse et celle de Taglioni.

4 septembre.

VAUDEVILLE. *Mon Coquin de neveu.* — Le Vaudeville a retourné sous toutes ses faces la position de *l'oncle* et du *neveu;* il nous donnait dernièrement, sous le titre de *Un Parent millionnaire*, une pièce qui aurait pu s'intituler *Mon Coquin d'oncle*. Aujourd'hui, l'âge et la position sont intervertis à la fois : c'est Taigny qui joue l'oncle, c'est Lepeintre jeune qui fait le neveu. Lepeintre est un gros neveu, simple et naïf, en perruque blonde bouclée, venu de Rotterdam par le paquebot, grand amateur de tulipes et chasseur de papillons. Cette caricature est assez bouffonne ; mais Lepeintre jeune ne tremble-t-il pas de s'abandonner si fort à la charge en l'absence d'Arnal? Lepeintre jeune sans Arnal, c'est Odry sans Vernet, Serres sans Frédérick ; il est imprudent de dédoubler ces alliances heureuses, et de poser, à défaut du *chiffre*, un énorme *zéro* qui lui ajoutait tant de valeur, et qui n'en avait que par lui.

Comme nous sommes convenus qu'il n'y a rien de nouveau sous le lustre, non plus que sous le soleil, et que, si le Français, *né malin*, a créé le vaudeville, le vaudeville, lui, n'a rien créé, observons que l'idée première de cette pièce appartient encore à Marivaux. Dans une de ses plus jolies comédies, on rencontre de même un oncle rival de son neveu, et plus jeune que lui. La donnée n'est que romanesque dans Marivaux ; le vaudeville a essayé de la pousser au comique : malheureusement, cela ne donne qu'une scène, et même qu'une entrée ; du moment que Lepeintre jeune a sauté au cou de Taigny, en l'appelant son oncle, tout est fini, la pièce est vue, l'idée est usée. Et il n'y a, en effet, pas grand'chose de plus. Le neveu est un riche fiancé, cultivateur de tulipes, qui vient mettre *ses oignons aux pieds* de sa fiancée : on voit comme la plaisanterie vient de loin ! il pourrait aussi bien être facteur d'instruments, et lui mettre des *cors aux pieds :* le public n'en rirait pas moins. Le public a donc ri un peu de cela, un peu de Lepeintre, jouant un rôle *très-jeune*, un peu de madame Guillemin, vêtue d'une robe de chambre à ramages et débitant des phrases romantiques. Il n'a pas ri d'Émile Taigny, persécuté par cette femme *au-dessus* de trente ans, qu'il finit par marier à son énorme neveu : il épouse lui-même la belle Cornélie. Ce double nœud forme le dénoûment.

Cette pièce est de M. Rochefort, l'auteur du célèbre vaudeville de *Verther* et de la farce de *Jocko*.

VARIÉTÉS. *Le Matelot à terre*. — *Le Matelot à terre* a servi de pièce de début à M. Félicien. M. Félicien se présente-t-il comme comique ? Il l'est médiocrement. Cet acteur appartient à cette classe d'acteurs douteux, tels que M. Matis et M. Joseph, auxquels il faut faire des rôles de grognards, de matelots, de paysans, de mauvais sujets ; il leur faut nécessairement une grande orgie où ils se grisent, quelques couplets de facture, une scène d'attendrissement ; puis on dit partout qu'ils sont appelés à recueillir l'héritage de Gontier. Si l'on veut parler de son ventre, à la bonne heure ; ils ont tous de fort belles dispositions.

Le matelot à terre est toujours le même matelot de Cooper, d'Eugène Sue et d'Édouard Corbière : le *flambard* qui fait d'énormes farces avec sa part de prise ou l'arriéré de sa paye, qui chante à tout propos la ballade : « Buvons du grog et cassons-nous les reins ! » qui jette tout par la fenêtre et la maison au besoin, comme on le voit dans un de ces récits ingénieux, où une société de *flambards* s'amuse à démolir l'hôtellerie dans laquelle ils boivent, et qu'ils ont payée, laissant une seule fenêtre debout de tout l'édifice, afin qu'il soit dit que la *maison* a été jetée littéralement par la fenêtre ; c'est se donner bien de la peine pour une facétie, qui n'est pas même un calembour. Le matelot des Variétés ne pousse pas les choses jusque-là ; il se contente de payer du punch à tous les paysans, de rosser un nègre qu'il a pris pour valet et de se mettre sur le corps une foule de costumes plus ou moins bizarres. Outre son domestique, il a pris une maîtresse, un carrosse ; il se fait accompagner par des violons ; il casse les chaises et les verres tant qu'il peut, et, malgré tout cela, il ne peut arriver à dépenser tout son argent avant le départ de son vaisseau. Son capitaine vient le chercher à son auberge et l'engage à se tenir prêt pour repartir le lendemain ; mais comment faire ? Il lui reste huit cents francs encore, et c'est tout ce qu'il peut faire de les dépenser en quatre jours, avec son carrosse, sa maîtresse, son nègre, etc. « Eh bien, lui dit le capitaine, prends deux carrosses, deux maîtresses, deux nègres, deux habits, deux chapeaux, ainsi de suite, mets les *morceaux doubles*, et bois pour deux ! » Le matelot ne tarde pas à reconnaître la difficulté d'agir selon ce conseil. Il propose à Louisette, la fille de l'aubergiste, de l'aimer pour ses huit cents francs. Louisette refuse ; elle aime un batelier nommé Jacquet. Le matelot s'aperçoit qu'il n'a rien de mieux à faire que de jouer le rôle du soldat Stanislas, de *Michel et Christine ;* de grognard à flambard il n'y a que la main. Il dote avec ses huit cents francs Louisette et s'embarque en donnant un soupir à son sacrifice :

Un *matelot* sait souffrir et se *taire*
Sans murmurer !

PALAIS-ROYAL. *Bruno le fileur.* — Encore un vaudeville moral et manufacturier ! Avant cette saison qui est si proche et qui nous ramène les piquantes gravelures de Déjazet, la mère peut, quelques jours encore, permettre le Palais-Royal à sa fille, l'oncle peut le recommander à son neveu, le maître à son domestique, le sergent-major à son garde national, le portier à son locataire, et surtout le *bourgeois* à son ouvrier. La société a été moralisée tout cet été dans ces diverses positions par les vaudevilles Cogniard, Deslandes et Didier ; ils ont prêché tour à tour la caisse d'épargnes, le service de la garde nationale, l'acquittement régulier des impositions, les sociétés de tempérance, la philanthropie et les voitures cellulaires. Ils reprennent, cette fois, une thèse traitée déjà dans le vaudeville de *Riquiqui* : à savoir, que l'ouvrier ne doit épouser qu'une femme de sa condition et serait déplacé dans la haute société par ses manières, quoique, sous le rapport des vertus, il soit susceptible d'en faire l'ornement. Ceci a été démontré par l'exemple du savetier Riquiqui aux gens de son état. Il s'agit maintenant de faire pénétrer la même conviction dans le cœur des ouvriers de la filature.

Si l'on nous demande pourquoi MM. Cogniard frères ont choisi de préférence les ouvriers *fileurs*, nous répondrons que ce mot prête merveilleusement au calembour et au couplet de facture. Le public n'a pas manqué d'accueillir chacune de ces équivoques avec une extrême hilarité. Au lever du rideau, on pleure la mort de M. Blainville, manufacturier, à Saint-Ouen; tout manufacturier de vaudeville est un modèle de vertus. Aussi, la filature est plongée dans l'affliction : l'oraison funèbre de ce bon M. Blainville, qui était le père de ses ouvriers, et qui avait nécessairement servi sous le grand homme, se produit en une foule de couplets sur l'air *T'en souviens tu?* et *Mon pauvre chien*. Mais M. Blainville est surtout sincèrement regretté par Bruno, son contre-maître, homme également vertueux et sensible. De nombreux parents comptent sur l'héritage de M. Blainville, et se réunissent dans la maison pour écouter la lecture du testament. Mais M. Blainville, qui détestait sa famille, les a tous déshérités, et lègue tous ses biens au contre-maître Bruno. Le père d'une charmante nièce du défunt, nommée Adèle, se trouve compris dans la même proscription. Bruno, voulant réparer le malheur de cette fille intéressante, ne voit qu'un moyen de lui restituer en quelque sorte la fortune sur laquelle elle avait dû compter : il lui offre de l'épouser.

Une fois marié avec une femme d'une éducation supérieure à la sienne, Bruno se voit forcé de changer ses habitudes. Dans cette société nouvelle, où son manque d'usage et d'instruction l'expose à une foule d'humiliations, il ne tarde pas à regretter son ancienne vie d'ouvrier. De plus, un jeune homme élégant fait la cour à sa femme; Bruno surprend une lettre et provoque le galant. Il est blessé comme Danville, par suite de son ignorance à manier une épée; mais sa femme, repentante ainsi qu'Hortense, finit par se décider à fuir le monde, et se retire à la campagne avec lui.

Le second acte de cette pièce ne manque pas d'intérêt, et MM. Cogniard ont su broder quelques jolies scènes sur une trame usée à toutes ses faces, coupée à tous ses plis.

11 septembre.

Opéra. *Mademoiselle Fanny Elssler.* — Mademoiselle Fanny Elssler vient de faire sa rentrée dans le rôle d'Alcine, de *la Tempête*. Le ballet de *la Tempête* est un ballet, c'est tout ce qu'on peut en dire de plus favorable. Il a, en outre, l'avantage de gâter un des plus beaux sujets d'opéra qui se puisse rêver. On ne sait trop pourquoi Obéron se trouve dans cette pièce au lieu de Prospero ; Obéron est inséparable du *Songe d'une nuit d'été*, il ne peut aller sans sa femme Titania ; Alcine, cette prestigieuse création de l'Arioste, a l'air toute dépaysée dans l'île des Tempêtes, à côté de Caliban, et je doute fort que Fernando lui fasse oublier Roger, le brillant chevalier. Mais nous ne pousserons pas plus loin nos observations sur le mérite intrinsèque du livret ; la littérature des jambes n'est guère discutable ; avisons au plus vite à Fanny Elssler. De nombreux applaudissements ont éclaté lorsque le voile de gaze, s'écartant, a laissé voir la séduisante magicienne, et personne ne doutait que le vertueux Fernando ne devînt bientôt infidèle à la pensée de Léa, la protégée d'Obéron.

La danse de Fanny Elssler s'éloigne complétement des données académiques, elle a un caractère particulier qui la sépare des autres danseuses ; ce n'est pas la grâce aérienne et virginale de Taglioni, c'est quelque chose de beaucoup plus humain, qui s'adresse plus vivement aux sens. Mademoiselle Taglioni est une danseuse chrétienne, si l'on peut employer une pareille expression à propos d'un art proscrit par le catholicisme : elle voltige comme un esprit au milieu des transparentes vapeurs des blanches mousselines dont elle aime à s'entourer, elle ressemble à une âme heureuse qui fait ployer à peine du bout de ses pieds roses la pointe des fleurs célestes. Fanny Elssler est une danseuse tout à fait païenne ; elle rappelle la muse Terpsichore avec son tambour de basque et sa tunique fendue sur la cuisse et relevée par des agrafes d'or ; quand elle se cambre hardiment sur ses reins et qu'elle jette en arrière ses bras enivrés et morts de volupté, on croit voir une de ces belles figures d'Herculanum ou de Pompéi qui se détachent blanches sur un fond noir et accompagnent leurs pas avec les crotales sonores ; le vers de Virgile,

Crispum sub crotalo docto movere latus,

vous revient involontairement à la mémoire. L'esclave syrienne qu'il aimait tant à voir danser sous la blonde treille de la petite hôtellerie devait avoir beaucoup de rapport avec Fanny Elssler.

Sans doute, le spiritualisme est une chose respectable ; mais, en fait de danse, on peut bien faire quelques concessions au matérialisme. La danse, après tout, n'a d'autre but que de montrer de belles formes dans des poses gracieuses et de développer des lignes agréables à l'œil ; c'est un rhythme muet, une musique que l'on regarde. La danse se prête peu à rendre des idées métaphysiques ; elle n'exprime que des passions : l'amour, le désir avec toutes ses coquetteries ; l'homme qui attaque et la femme qui se défend mollement, forment le sujet de toutes les danses primitives.

Mademoiselle Fanny Elssler a compris parfaitement cette vérité. Elle a plus osé qu'aucune autre danseuse de l'Opéra : la première, elle a transporté sur ces planches pudiques l'audacieuse *cachucha*, sans presque rien lui faire perdre de sa saveur native. Elle danse de tout son corps, depuis la pointe des cheveux jusqu'à la pointe des orteils. Aussi, c'est une véritable et belle danseuse, tandis que les autres ne sont qu'une paire de jambes qui se démènent sous un tronc immobile !

IV

OCTOBRE 1837. — Opéra : Reprise de *la Muette de Portici*. — Duprez dans le rôle de Masaniello. — Mesdames Noblet et la cachucha. — Dolorès. — Mademoiselle Fanny Elssler dans le rôle de Fenella. — Le Vésuve de M. Duponchel — Cirque-Olympique : *Djenguiz-Khan*, drame à spectacle, de M. Anicet Bourgeois. — Opéra : *Nathalie ou la Laitière suisse*. — Les comédiens d'autrefois et les comédiens d'aujourd'hui. — Trop grande personnalité des acteurs et des actrices. — *La Chatte métamorphosée en femme*, ballet de M. Duveyrier. — Fanny Elssler. — Variétés : *Le Père de la Débutante*, vaudeville de MM. Théaulon et Bayard. — Vernet. — Le vaudeville *bien fait*.

2 octobre.

Opéra. Reprise de *la Muette de Portici*. — Un triple intérêt faisait courir la foule à la reprise de *la Muette de Portici* : d'abord, le début de Duprez dans le rôle de Masaniello, rempli autrefois par Nourrit; ensuite, celui de Fanny Elssler, à qui mademoiselle Noblet, par une générosité peut-être un peu perfide, avait cédé le personnage de Fenella ; à cela se joignait le ragoût d'un nouveau pas espagnol, dansé par madame Alexis Dupont et sa sœur, et le désir de juger l'effet que produirait la musique de M. Auber, après les grandes et solennelles partitions des *Huguenots*, de *Guillaume Tell* et de *la Juive*. Vous voyez que cette représention était du régal le plus friand et le plus exquis.

Duprez a complétement confirmé ce que nous avions dit de lui à propos du rôle d'Éléazar, auquel il avait imprimé un si puissant cachet judaïque, à savoir qu'il était un des plus grands, sinon le plus grand, des acteurs lyriques de l'époque.

Il a rendu à Masaniello, dont Nourrit avait fait un conspirateur de salon, un prince méconnu que l'on doit reconnaître à la fin de la pièce pour fils de roi, sa véritable couleur historique et locale.

Masaniello, quel que soit le rôle qu'il ait joué, n'était après tout qu'un lazzarone ; une émeute le rendit maître de Naples ; mais la tête lui tourna, et le vertige le prit quand il se vit tout à coup sur le plus haut sommet du pouvoir, car il n'était pas au niveau des événements qu'il avait provoqués. Duprez a parfaitement compris cette vérité ; il est entré profondément dans le caractère napolitain ; il a repeint d'un bout à l'autre la terne esquisse du livret, et nous a montré Masaniello lui-même, un Masaniello dont, à coup sûr, M. Scribe ne s'était pas douté.

Il a été au commencement familier, goguenard, jovialement trivial, pétulant dans ses gestes, avec des mouvements de tête et d'épaule pleins de cette insouciance bienheureuse qu'inspire le beau ciel de Naples, et je ne sais quel puissant laisser aller comme d'un lion au repos ; puis ont éclaté de soudaines éruptions de colère pareilles à celles du Vésuve ; les grands cris et les grands mouvements tragiques sont arrivés ; le lazzarone s'est transformé en héros : il est devenu le dieu d'une population délirante. Cependant Duprez, même dans les endroits les plus héroïques, a su garder sa physionomie de pêcheur. Ainsi, dans la pompe triomphale du quatrième acte, il indique par un dodelinement joyeux une ébriété de satisfaction d'être monté sur un beau cheval avec des pages devant et derrière, un orgueil naïvement enfantin de se voir couvert d'un riche manteau de brocart d'or, qui montrent chez le grand chanteur la plus savante analyse des passions humaines et une profonde entente de la mimique.

Le grand succès de la soirée a été pour le pas espagnol de mesdames Noblet. On attendait leur entrée avec impatience : elles ont paru avec la basquine de satin blanc, lamée et pailletée d'argent, la rose dans les cheveux, le grand peigne à galerie, toute la folle toilette de Dolorès Serral. Puis, au son d'une mélodie naïve, comme tous les airs nationaux, et coupée à temps égaux par le ricanement des castagnettes, elles ont dansé le pas le plus osé, le plus ardemment dévergondé qu'on ait jamais exécuté à l'Opéra. C'était prodigieux, exorbitant, incroyable ; c'était charmant. Figurez-vous des frétillements de hanches, des cambrures de reins, des bras et des jambes jetés en l'air, des mouvements de la plus provoquante volupté, une ardeur enragée, un entrain diabolique, une danse à réveiller les morts.

L'effet de cette danse, sur des spectateurs habitués aux pointes, aux entrechats et à toutes les poses anguleuses de la chorégraphie française, a dépassé assurément les espérances les plus hardies des partisans de mademoiselle Noblet. — Les deux sœurs ont été applaudies comme jamais personne ne l'a été, et, chose peut-être inouïe dans les fastes de l'Opéra, on les a fait revenir, et recommencer le pas *el Jaleo de Jerès*.

Mademoiselle Noblet a donné Fenella à mademoiselle Elssler, mais elle lui a pris sa cachucha; ces dames ne se doivent rien, ou plutôt elles doivent beaucoup toutes les deux à Dolorès Serral, qui, la première, a importé la cachucha à Paris, et qui a été imitée d'abord par Fanny Elssler, et ensuite par mademoiselle Noblet. Malgré la haute réputation et la position plus favorable de ses rivales, Dolorès Serral n'en est pas moins la première danseuse de cachucha et de boléro que nous connaissions.

Son talent a un caractère tout particulier : dans les écarts les plus excessifs de cette danse si vive et si libre, elle n'est jamais indécente; elle est pleine de passion et de volupté, et la vraie volupté est toujours chaste; on la dirait fascinée par le regard de son cavalier; ses bras se dessinent pâmés d'amour; sa tête penche en arrière, comme enivrée de parfums et ne pouvant supporter le poids de la grande rose au cœur vermeil qui s'épanouit dans les touffes noires de ses cheveux; sa taille ploie avec un frisson nerveux, comme si elle se renversait sur le bras d'un amant; puis elle s'affaisse sous elle-même en rasant la terre de ses bras, qui font claquer les castagnettes, et se relève vive et preste comme un oiseau, en jetant à son danseur son rire étincelant.

La cachucha est pour Dolorès une foi, une religion : on voit qu'elle y croit; elle l'exécute avec toute l'âme, toute la passion, toute la candeur et tout le sérieux possibles. Fanny Elssler et mademoiselle Noblet la dansent un peu en incrédules, plutôt par caprice ou pour éveiller un peu les lorgnettes du public, ce sultan blasé, que par conviction réelle; aussi y sont-elles toutes deux vives, coquettes, spirituelles et point amoureuses, crime impardonnable dans une cachucha ou un boléro.

Pourquoi Dolorès Serral, dont les pas obtiennent tant de succès avec les jambes de Fanny et de Noblet, n'est-elle point elle-même à l'Opéra, où sa place est marquée depuis longtemps, ainsi que celle de Camprubi?

L'essai de mademoiselle Elssler n'a pas été des plus heureux. Le rôle de Fenella, placé au milieu d'une infinité de personnages qui ne sont pas muets, a quelque chose de contrariant et d'ennuyeux. Il fait songer à l'histrion des farces romaines, qui faisait les gestes de la tirade que débitait un acteur placé à côté de lui, ou à ces anciens spectacles forains où un seul acteur avait droit de parler.

Quand elle est entrée, pâle, effarée, ses yeux bruns faisant tache au milieu de sa longue figure blanche, ses cheveux noirs et lustrés plaqués sur son crâne en façon de serre-tête de taffetas, elle m'a rappelé—pardonne-moi, ô Terpsichore!—Jean-Gaspard Debureau, paillasse des Funambules, et cette ressemblance a frappé plusieurs personnes comme moi. Ce rapprochement n'a, du reste, rien d'injurieux pour mademoiselle Elssler ; car Debureau, que beaucoup de gens s'obstinent à croire un spirituel paradoxe de Janin, est, en vérité le plus grand mime de la terre. Mademoiselle Fanny Elssler, qui a tiré le meilleur parti du monde d'un rôle ingrat, a eu un moment magnifique: c'est lorsque, repoussée par les gardes de la chapelle où le mariage de son séducteur se célèbre, elle s'assoit à terre et laisse tomber sa tête dans sa main en poussant des sanglots; on eût dit une figure de Bendemann, le peintre de *Jérémie*, ou une des Troyennes d'Euripide; elle était belle comme une statue antique. Son costume napolitain, d'une exactitude et d'une sévérité extrêmes, s'arrangeait en grands plis austères et d'un style incomparable; on eût voulu la dessiner. Mademoiselle Fanny joue son rôle sans coquetterie envers le public; elle est toute à son désespoir, et cette conscience a pu nuire à son succès, qui ne s'est pas prononcé nettement.

Nous ne terminerons pas cet article sans gourmander M. Duponchel sur son Vésuve, qui était des plus misérables, et qui n'a fait éruption qu'après toile baissée. C'était bien la peine de faire monter de terre des nuages d'un gris odieux pour préparer un effet de pyrotechnie si mesquin! le Vésuve ne s'est pas piqué d'exactitude locale, comme Duprez-Masaniello; il avait l'air de la lanterne d'un estaminet flamand. Quand on fait d'aussi belles recettes que M. Duponchel, on devrait être un peu moins chiche de feux de Bengale.

Toutes ces menues critiques, aiguillons de guêpe aux flancs d'un bœuf, n'empêchent pas que la reprise de *la Muette* n'amène tous les soirs la foule à l'Opéra. Les uns viennent pour Duprez ; les autres pour mademoiselle Elssler ; ceux-ci pour madame Alexis Dupont ; ceux-là pour mademoiselle Noblet ; quelques-uns pour M. Auber ; tout le monde vient !

9 octobre.

Cirque-Olympique. *D'jenguiz-Khan*. — D'jenguiz-Khan n'est autre que Gengis-Khan barbarisé et chinoisé à l'imitation de M. Augustin Thierry, qui a si bien restitué leurs véritables noms aux princes francs, gaulois ou celtes, qu'à moins de savoir le haut allemand ou le théotisque, il est impossible d'en reconnaître un seul. Ce D et ce J, séparés par une apostrophe, prêtent au nom du conquérant tartare quelque chose d'étrange et d'incongru qui lui sied on ne peut mieux, et l'on ne saurait que louer M. Anicet Bourgeois d'avoir bourré le nom de son héros de toutes ces romantiques consonnes.

La pièce écrite n'est guère qu'un prétexte à décorations, une espèce de livret pittoresque ; nous aurions pu ne parler que de la pièce peinte. — Mais, comme nous sommes naturellement consciencieux, nous apprendrons aux lecteurs, curieux de le savoir, que l'empereur de la Chine se trouve dans un grand embarras ; comme l'Agamemnon *anax andrôn*, il faut qu'il sacrifie sa fille au bien public, c'est-à-dire qu'il la marie à D'jenguiz-Khan. Or, tout père qui a le cœur un peu bien situé répugne naturellement à donner sa fille en mariage à un homme hérissé de toutes parts, comme un oursin de mer, de lettres extravagantes et d'apostrophes incroyables, quoiqu'un père chinois, capable de s'appeler lui-même Fou-Tsée, Hoang-Kong ou Tchi-Kao, doive se montrer moins difficile que tout autre. L'impératrice, Clytemnestre de paravent avec une robe de satin jaune semée de dragons verts, renouvelle les prières antiques et fait une ceinture perpétuelle de ses bras suppliants à sa fille Etmaï, que l'on veut entraîner. Quand cela a duré assez longtemps, on emmène la jeune vierge dévouée au cruel minotaure tartare, au camp de D'jenguiz-Khan, qui (pardon, Euphonie à voix flûtée!), au lieu de l'épouser lui veut faire couper la tête à propos de je ne sais quelle violation de traité. Marco-Polo, le voyageur vénitien, se trouve là, à point nommé, et propose au khan d'empoisonner Elmaï, ce qui est beaucoup plus décent et convenable pour une jeune personne mineure; il se charge lui-même de l'opération. Ne soyez pas étonné de voir l'honnête Marco-Polo, à qui personne n'a jamais reproché d'autre vice que d'être un peu hâbleur, se charger de gaieté de cœur de la besogne de bourreau; il est amoureux de la princesse Elmaï. Vous trouverez peut-être que c'est là un étrange motif; mais, pour peu que vous ayez l'habitude des moyens dramatiques, vous comprendrez tout de suite que la fiole est remplie du poison de Juliette et de la Tisbé, c'est-à-dire d'un narcotique puissant qui fait ressembler le sommeil à la mort et le corps au cadavre. On emporte la princesse Elmaï dans une litière fermée; D'jenguiz-Khan, homme de procédés tout à fait incivils, envoie à l'impératrice la princesse Elmaï empoisonnée. A cette vue, la mère éclate en cris furieux, elle appelle terre et ciel à la vengeance et fait fort mauvaise mine à Marco-Polo, qu'elle ordonne même *d'entraîner à la mort.* Marco-Polo, qui ne veut pas être *entraîné,* ouvre les rideaux de la litière, où l'on voit tout d'abord percer le nez pointu de la princesse, qui revient à la vie. Spectacle agréable! « Ma mère! — Ma fille! ma fille! — Ma mère! ma mère! » tel est le dialogue attendrissant qui s'engage. Bref, après plusieurs marches et contre-marches, combats réglés à *l'hache* et au sabre, batailles avec accompagnements de canons vert-pomme comme il convient à des canons chinois, la ville de Pékin est prise d'assaut, l'empereur décapité, et l'impératrice et sa fille se réfugient en Europe sous la conduite du brave Marco-Polo, qu'épouse sans doute la princesse. Grand bien lui fasse, et puisse-t-il n'avoir pas beaucoup d'enfants! La toile tombe sur un magnifique incendie en feux de Bengale verts et rouges de beaucoup supérieur à l'éruption du Vésuve à l'Opéra.

Cette pièce n'est pas plus mauvaise que beaucoup d'autres qui se jouent dans les salons pistache et beurre rance des théâtres qui ont de plus hautes prétentions littéraires; elle est assez adroitement arrangée et ne manque pas d'intérêt ; en outre, elle est montée de la manière la plus somptueuse, et les décorations sont d'un effet magique.

Trois de ces toiles nous ont paru vraiment remarquables : ce sont des tableaux que l'on peut critiquer sérieusement, car ils ont une valeur réelle et sortent tout à fait du barbouillage de la décoration.

La première représente une ville chinoise ; les coulisses sont formées par des pavillons et des kiosques pavoisés de longs étendards flottants dont les couleurs vives et gaies font fuir les derniers plans à une grande profondeur. La ville s'étend à perte de vue, avec ses maisons peintes et vernissées, aux combles recourbés comme une pantoufle de mandarin, et portant à leurs angles des œufs d'autruche ou des clochettes d'argent, ses tours de porcelaine fine, à dessins blancs et bleus, dont chaque étage est marqué par des toits semblables à des parapluies retournés dans un grand vent ; avec ses jardins hérissés de rocailles factices, ses ponts en forme de dragons, ses grands pots de faïence craquelée, où se ratatinent des arbres nains et des végétaux de forme bizarre ; ses pêchers couverts d'une neige de fleurs, ses saules trempant le bout de leurs cheveux verts dans les eaux claires et miroitantes où le héron à aigrette d'or plonge craintivement sa maigre patte ; ses treilles aux mailles rouges laissant passer les petites têtes rêveuses des jeunes filles prisonnières qui suivent d'un œil d'envie le vol fuyard des libres hirondelles ; avec son ciel bleu comme un pot du Japon, où flottent des nuages ventre de carpe, de formes baroques et semblables à des griffons volants ; ses montagnes décharnées, bossues, pleines de verrues et de gibbosités, risibles à voir comme des magots de biscuit ; — une réalisation parfaite de la Chine, que nous rêvons d'après les tasses, les soucoupes, les pots et les paravents, seuls documents authentiques que nous ayons de ce mystérieux et singulier pays, où les oiseaux sont plus grands que les maisons, où l'ombre et la perspective semblent ne pas exister.

Le camp des Tartares, vu de nuit, forme le sujet de la seconde décoration : c'est un effet de lune froid et vaporeux, tout baigné de brumes bleuâtres où scintillent, comme des milliers de vers luisants, les feux des soldats au bivac. On dirait un ciel renversé dont les étoiles sont des lanternes; rien de plus original et de plus fantastique.

La troisième représente une vue du grand pont de Pékin pris par le travers. C'est une toile blonde, lumineuse, aérée, comparable aux plus belles du Diorama; ses eaux, toutes chargées de jonques aux voiles de bambou, sont d'une transparence et d'une limpidité charmantes; les édifices, d'une architecture bizarre et gracieuse, s'y mirent complaisamment, et le soleil du matin dore d'un rayon enjoué les blancs escaliers de marbre qui descendent au fleuve Jaune; on dirait une Venise chinoise, un Canaletti sur porcelaine.

Ajoutez à cela des processions, des lanternes, des palanquins, des courses de bagues par des écuyères amazones, un rôle de gros mandarin poltron, grand buveur de thé, grand mangeur de nids d'hirondelles salanganes et de jeunes chiens cuits dans leur graisse; des ballets entremêlés de sonnettes et de sauts périlleux; vous aurez un spectacle des plus agréables.

16 octobre.

OPÉRA. *Nathalie.* — Mademoiselle Nathalie a joué le rôle de Nathalie; ce rapprochement de noms amusait et surprenait beaucoup de braves gens. — Ils se demandaient si mademoiselle Nathalie avait été faite pour la pièce ou la pièce pour mademoiselle Nathalie; et plusieurs honnêtes provinciaux se sont retirés très-persuadés que le ballet n'était autre que l'histoire authentique et consciencieuse de la débutante. Cette erreur est, du reste, fort excusable, maintenant que les acteurs ont, comme nous le disions naguère, pris l'habitude de substituer opiniâtrément leur individualité aux caractères des différents personnages qu'on leur confie.

Il n'existe plus aujourd'hui ni pièces, ni rôles; chaque comédien un peu célèbre, et tous sont célèbres, a son répertoire de mots à effet qu'il demande à l'auteur; les uns disent fort bien : « O mon Dieu! MON DIEU! MON DIEU! » D'autres sanglotent avec une grâce parfaite cette phrase : « Je suis bien malheureuse, allez! » Celui-ci jette le juron moyen âge d'une façon toute chevaleresque et toute féodale; celui-là possède un certain ricanement méphistophélique qui enlève les applaudissements et qu'il tient beaucoup à placer. Que le rôle soit gai ou triste, il faut que le ricanement y entre tant bien que mal ; certains rôles de mademoiselle Georges sont des merveilles du genre ; ils ne contiennent pas un seul mot qui n'ait été applaudi précédemment : c'est un travail de casse-tête chinois, une mosaïque de phrases on ne peut plus curieuse. — Après cela, viennent les exigences de costume : quelques actrices, à qui le turban ne sied pas, ne joueront jamais dans une pièce orientale ; d'autres qui ont de vilains bras proscrivent les rôles grecs et romains, et ainsi de suite. Les acteurs refusent de couper leurs favoris et leurs moustaches, et bientôt l'on ne pourra plus représenter que des pièces contemporaines, parce que les comédiens ne voudront plus quitter leur frac à queue de morue, ou leur redingote à brandebourgs. L'auteur, avant de faire une pièce, est obligé d'aller prendre mesure à l'acteur ; l'acteur est maigre, il lui faut un rôle maigre ; l'acteur prend du ventre comme un amoureux du Gymnase, il faut chercher pour lui des types pansus, démesurés, hippopotamiques. Odry a le nez taillé en bouchon de carafe : c'est là une grande partie de son talent ; l'auteur est obligé de ne jamais perdre de vue ce nez magistral et triomphant, et de pratiquer dans son action toutes sortes de trèfles et de lucarnes, pour le laisser voir sous toutes ses facettes. Lepeintre jeune est d'une énormité si joviale, que, dès qu'on le roule sur la scène, tout le monde éclate de rire ; un rôle de tonneau ou d'éléphant est indispensable à tout vaudeville qui veut réussir. Par suite de cette substitution de l'acteur au personnage, on ne dit plus Buridan, Robert Macaire, Adèle d'Hervey ; on dit Bocage, Frédérick, madame Dorval ; — c'est une grande faute : un bon acteur ne devrait pas être reconnu quand il entre en scène dans un rôle nouveau ? la personnalité du véritable acteur n'existe pas, et c'est ce qui fait que, tant qu'ils ont eu du talent, l'on n'a pas considéré les comédiens comme des hommes. En effet, ils étaient Scapin, le valet matois, l'Yago jovial au manteau zébré de blanc et de rose, à la plume sournoisement penchée ; Léandre, le bel amoureux, l'adorable marquis, en juste-au-corps à brevet avec sa perruque in-folio, ses canons qui sont du grand volume, ses manchettes et son rabat de la bonne faiseuse ; Turcaret, boutonnant à peine, sur son ventre hydropique d'écus, les boutons de diamants de sa veste mordorée ; Orgon, le rabâcheur sempiternel, qui s'appuie sur sa canne à pomme d'or et gourmande incessamment monsieur son fils, qui ne fait qu'en rire ; Lisette ou Marton, l'effrontée soubrette, le nez et la gorge toujours au vent, les mains dans les poches de son tablier de mousseline, l'œil vif, la joue allumée et la bouche en cœur ; ou bien Dorimène, l'élégante et perfide marquise, qui joue de l'éventail à ravir, mieux qu'une dona de Séville ; Éliante, l'honnête et la raisonnable discoureuse, que l'on épouse toujours à la fin de la pièce : ils étaient tour à tour, les braves comédiens, ces types adorables, éternellement vrais, éternellement jeunes, mais, à coup sûr, ils n'étaient jamais monsieur un tel ou madame une telle.

Ils avaient même si peur de détruire l'illusion théâtrale et d'être pris pour des êtres réels, que, descendus de leurs planches, pilori infâme et glorieux, ils s'appelaient de noms de guerre tout à fait fabuleux et impossibles : Mondonville, Bellerose, Larancune, Floridor et autres noms romanesques et peu chrétiens.

Aujourd'hui, les choses sont bien changées ! les comédiens ne prennent plus de sobriquets ; ils ne répondent qu'à leur véritable nom de famille ; ils se marient, font des enfants, payent leurs dettes, montent la garde, achètent des châteaux, obtiennent la croix d'honneur, et vivent de la vie la plus prosaïque du monde ; Célimène spécule sur la rente ; Alceste intrigue pour être nommé sergent dans sa compagnie ; Marton vient au théâtre avec des socques articulés et en parapluie *coulant-Cazal ;* elle est d'une vertu ignoble et monstrueuse ; c'est une vestale. Déjà les danseurs de corde gagnent les prix Montyon ; les soubrettes de comédie concourront bientôt pour être rosières. — O sainte morale ! frotte de joie tes mains jaunes aux ongles noirs ! mais, avec ces façons, que deviennent l'éclat de rire insolent, la gaieté hardie, la verve et l'entrain endiablé des comédiens d'autrefois ? où est la folle vie d'artiste, le gaspillage effréné, l'or des traitants noblement jeté par les fenêtres ? où sont ces jeunes et belles créatures du bon temps, ces Gaussin si tendres et d'une pitié si douce aux amoureux sans argent ? Laguerre, la bacchante échevelée, avec sa fauve fourrure tigrée de noir, qui demandait au vin de Sillery ses fougueuses inspirations ? la Duthé, la Sophie Arnould, toutes ces charmantes sangsues qui pompaient l'argent des financiers et des grands seigneurs, l'éparpillaient ensuite à droite et à gauche, en fantaisies extravagantes et gracieuses, et mouraient toutes à l'hôpital, comme de véritables poëtes, après avoir dévoré des millions?

Nous ne demandons pas le retour de cette vie excentrique et bohémienne; mais il ne faudrait cependant pas que les acteurs, dans leur désir de réhabiliter une profession autrefois décriée, abusassent de la vertu. Les comédiens en sont venus à ce point de délicatesse qu'ils ne veulent plus accepter des rôles odieux ou criminels : madame Volnys a refusé le rôle de Messaline dans le *Caligula* de M. Alexandre Dumas, sous prétexte que Messaline était quelque peu suspecte à l'endroit des mœurs, et qu'une honnête femme ne pouvait la représenter sans blesser les convenances. C'est très-spirituel, vraiment! Cet exemple ne peut manquer de trouver des imitateurs, et surtout des imitatrices : les comédiennes n'accepteront plus pour amoureux que leurs maris; leur délicatesse répugnerait à se laisser faire la cour par un autre, et l'emploi de jeune premier sera supprimé dans quelque temps, comme attentatoire à la pudeur théâtrale; bientôt les comédiens exigeront qu'on les appelle, sur le théâtre, de leurs véritables noms; par une exagération de probité, de peur qu'on ne les accuse d'avoir essayé de se faire passer traîtreusement et frauduleusement pour d'autres, et commis le délit de *substitution de personne*, prévu par le Code, article tant.

Pour satisfaire à ces exigences, l'on fera des pièces intitulées *Frédérick*, drame en cinq actes; *Mademoiselle Déjazet*, vaudeville.

Mais, dans tout cela, que devient l'art? que devient la poésie, la grande et belle littérature? Aucune initiative dramatique n'est possible. Un poëte en est réduit au triste rôle de l'*abbate* italien, chargé de la fabrication des libretti. Il n'y a, dans Paris, qu'une douzaine d'acteurs, sachant à eux tous une demi-douzaine de rôles qu'ils jouent depuis cinquante ans à la satisfaction universelle. Mademoiselle Georges, qui est aujourd'hui la seule tragédienne que nous ayons, ne peut représenter convenablement que des rôles énormes : que de grosses reines et d'impératrices démesurées n'a-t-on pas déterrées pour elle dans l'histoire! Maintenant, il ne reste que des princesses de taille et d'embonpoint médiocres. Comment faire? Mademoiselle

Georges serait improbable dans une reine seulement potelée : c'est pour cette raison, et non pour une autre, que, depuis trois ou quatre ans, il ne s'est fait aucune tragédie.

Aussi, l'on ne peut se figurer la misère et la pauvreté de la littérature dramatique actuelle. C'est quelque chose qui n'a ni fond, ni forme, ni esprit, ni bêtise, ni intérêt, ni portée ; c'est le néant palpable ; on lève la toile, on la baisse ; ces messieurs et ces dames se promènent sur le théâtre, en marmottant je ne sais quoi. Puis l'on s'en va et tout est dit. Il n'y a réellement d'amusant au théâtre que les entr'actes ; on se plaint, en général, qu'ils sont trop courts. Pour voir des bourgeois et des gens du monde, nous aimons beaucoup mieux regarder ceux qui sont dans la salle. Quel amusement d'assister éternellement à la même pièce du même auteur, représentée par le même acteur ! Un de mes confrères prétend qu'il n'y a jamais eu qu'un seul vaudeville. Je vais plus loin que lui : je doute que ce vaudeville unique ait jamais existé. Il y a les gilets en poil de chèvre, queue de serin pâmé, d'Arnal, et le pantalon collant de Lafont : rien de plus. C'est vraiment quelque chose d'admirable que la patience et la longanimité du peuple le plus léger de la terre.

Nous voici bien loin de l'innocent ballet de *Nathalie, ou la Laitière suisse;* mais l'analyse à perpétuité de ce vaudeville, toujours renaissant, à laquelle nous sommes condamné, nous laisse si peu de place et de loisir, que, dès que nous voyons le moindre jour à la libre causerie, nous donnons à corps perdu dans cette ouverture. Nous aurions beaucoup de choses à dire sur la poétique et l'architectonique, sur la protase et l'épitase, ni plus ni moins qu'un savant en *us* du temps de Chapelain ; sur la plastique, l'esthétique et l'ésotérique, ni plus ni moins qu'un professeur allemand, d'Iéna ou d'Heidelberg ; mais le public veut avant tout savoir où en est son cher vaudeville.

Le ballet de *Nathalie* appartient au genre niais ; le *chalet* y abonde, comme de raison. Tout ce que j'ai pu y comprendre, c'est que Nathalie est enlevée par un monsieur en habit rouge, accompagné d'une ou de plusieurs dames en amazones (en amazones dans les montagnes !) Le monsieur rouge met un mannequin à sa place, et Nathalie, enfermée dans son château, s'habitue insensiblement à son air stupide et à son frac écarlate ; le monsieur se substitue ensuite au mannequin préparatoire et reçoit un baiser de la jeune fille. Là-dessus, les parents entrent, les dames en amazones reviennent, et Nathalie épouse le jeune seigneur couleur de homard. Tout cela est entremêlé du comique désespoir d'Élie, cet excellent mime, que la maigreur élégiaque et plaintive de ses mollets fait repousser de toutes les jeunes filles qu'il courtise avec une inépuisable patience.

Mademoiselle Nathalie a tiré le meilleur parti d'un rôle insignifiant; elle a dansé d'une manière qui ne manque pas de nouveauté; elle a du rebondissement, de la *raquette*, et promet de devenir avec du travail une danseuse remarquable. Seulement, elle est encore trop anguleuse et elle garde en dansant une mine triste et contrariée qui ôte du charme à sa figure. Sans doute, le sourire des danseuses est quelque chose de stupide et de plus horrible que le ricanement décharné de la mort elle-même; mais une physionomie plus gaie et plus sereine siérait mieux à une jeune fille enjouée et naïve, comme doit être une petite laitière suisse.

La seule chose qui nous ait amusé à cette représentation, c'est le retour périodique d'une grande tache d'huile dans les eaux du torrent.

25 octobre.

Saison d'hiver. — Le cataclysme dramatique est arrivé! Les théâtres ont ouvert leurs écluses tous à la fois; et ballets, mélodrames, vaudevilles ont coulé à grands flots. Quel déluge, bon Dieu! Que de français étrange, que d'inepties plus ou moins laborieuses n'avons-nous pas été forcé d'entendre! La critique théâtrale devient de jour en jour plus impraticable : un pauvre critique n'a pas le don d'ubiquité, et nous ne savons trop le moyen d'être à la fois dans trois endroits différents. Quand les théâtres sont voisins, comme le Cirque-Olympique et la Gaieté, ou comme la Porte-Saint-Martin et l'Ambigu-Comique, on peut aller, à la rigueur, voir un acte chez l'un et un acte chez l'autre; mais cela n'a pas toujours lieu, et alors le déplorable feuilletoniste ne sait où donner de la tête. Il n'y a que deux moyens pour obvier à cet inconvénient : il faut prendre à ses gages deux jeunes hommes de cœur et de style que l'on envoie à sa place, ou acheter une voiture et trois chevaux bai-cerise. Cela n'est pas à la portée de tout le monde.

. Cette averse de pièces a lieu de deux semaines l'une, et peut s'assimiler aux pluies périodiques de la haute Égypte.

Pour cette fois, nous avons eu, d'une seule ondée, *la Chatte métamorphosée en femme, Margot, le Corrégidor de Séville, Deux vieux Garçons, Ce bon M. Blandin! Rita l'Espagnole.* Hélas et holà! six analyses! c'est-à-dire six squelettes qu'il faut aller chercher sous les chairs flasques de vaudevilles ou de mélodrames malsains, afin de montrer au public l'enchâssement des vertèbres et les jointures des os; — six *charpentes* dramatiques à dépouiller de leur vêtement de tirades, pour les exposer aux yeux, tout éventrées et crevassées comme des maisons qu'on démolit, avec leur enchevêtrement bizarre, leurs angles contrariés, leurs mortaises grossièrement chevillées, leurs poutres emboîtées à faux, toutes les pauvretés intérieures de la construction. — O misère! répéter six fois : « La princesse aime le jeune homme, le père s'oppose à cette union; l'Hymen couronne leurs amours. Monsieur un tel rentre, madame une telle fait une sortie; tout se débrouille à la fin, *l'inconnu est reconnu;* l'on s'embrasse, vaudeville final, la toile tombe. »

Contentons-nous d'analyser le ballet de l'Opéra, auquel nous devons la préférence par motif hiérarchique.

La Chatte métamorphosée en femme n'a pas obtenu tout le succès qu'on en attendait; la donnée est tirée d'un vaudeville de M. Scribe, où le principal rôle est rempli par mademoiselle Jenny Vertpré; seulement, l'action se passe en Chine, au lieu de se passer en Allemagne, lieu naturel de toutes les imaginations fantastiques et saugrenues.

Oug-Lou, jeune lettré, aime éperdument sa chatte, et vit retiré dans une cabane d'assez piteuse apparence avec une vieille servante : il a les femmes en horreur, il préfère sa chatte blanche.

C'est un goût comme un autre; il est dans la nature.

La princesse de la Chine qui aime Oug-Lou (pourquoi?) imagine de faire prendre le mors aux dents (est-ce aux dents ou à la trompe qu'il faut dire?) à l'éléphant qu'elle monte, et s'arrange de façon à être sauvée par Oug-Lou, qui l'emporte dans sa cabane et la fait revenir d'un feint évanouissement.

Nous en demandons bien humblement pardon à M. Duveyrier; mais comment s'y prend-on pour faire qu'un éléphant s'emporte à point nommé et pour qu'un homme appelé Oug-Lou et puissamment amoureux d'une chatte se trouve sur votre passage et vous sauve?

Cela nous paraît difficile, même pour la fille de l'empereur de la Chine, pays drolatique et bouffon, si l'on doit croire les paravents, les ballets et les mimodrames.

La princesse Kié-Li signifie à son gouverneur Kiang-sse-Long, ou *Qui en sait long*, chef du tribunal des mathématiques, qu'elle veut épouser Oug-Lou, et lui ordonne de faire venir Oug-Lou et Kan-Kao à la fête qui va se donner dans le palais impérial. Avant de partir, la princesse donne sa main au bel Oug-Lou et lui témoigne l'intérêt le plus tendre; mais Oug-Lou, dominé par sa manie, retourne bientôt à sa chatte (livret textuel); la princesse s'irrite et s'étonne; il y a vraiment de quoi : abandonner mademoiselle Elssler pour un affreux lapin empaillé, qui a la prétention tout à fait dénuée de fondement de ressembler à une chatte blanche! La vieille nourrice tâche d'ajuster les choses et explique à la princesse la passion extravagante d'Oug-Lou pour sa chatte et sa non moins extravagante horreur à l'endroit des femmes. Kié-Li sourit et remonte dans son palanquin. Quand Oug-Lou saura qu'elle est fille de l'empereur de la Chine, il abandonnera sa chatte au premier matou de la gouttière. C'est du moins l'espoir de la princesse.

La scène change et représente, dit le livret, un immense amphithéâtre dans le palais de l'empereur. Nous donnons la définition du livret faute d'autre, car nous n'avons jamais pu trouver nous-même ce que le théâtre représentait. A gauche, il y a deux grands rochers joints par un pont, et puis un soleil qui a passablement l'air d'un œuf sur le plat; ajoutez à cela l'accompagnement obligé de bannières flottantes et de tours de porcelaine avec des toits en parapluie. Cette décoration est d'un ton assez brillant; mais elle a le défaut d'être inhabitable, défaut commun à beaucoup de décorations.

On exécute toutes sortes de danses, on promène une infinité d'étendards et de parasols. Oug-Lou et Kan-Kao, portant dans un panier peu chinois le même lapin blanc médiocrement empaillé dont nous avons parlé plus haut, sont placés à la droite du spectateur; le soleil (notez bien ceci) continue à papilloter sur la gauche, et ressemble toujours à un œuf sur le plat; la princesse refuse des populations de princes incongrus, que son père veut lui faire épouser : — un coup de tam-tam frappé à la porte de l'enceinte annonce Kiang-sse-Long, gouverneur de la princesse et chef du tribunal des mathématiques; il vient dire à l'empereur que le soleil va être mangé par le dragon. « C'est l'idée matérielle que se font les Chinois d'une éclipse, » dit le livret. O bienheureux, ô mirifique et sacro-saint livret! Il faut que la princesse épouse le premier homme qu'elle rencontrera lorsque les ténèbres s'effaceront; en effet, un pain à cacheter noir commence à s'avancer sur le disque du soleil, la rampe se baisse, et il règne sur la scène ce qu'on est convenu d'appeler l'obscurité au théâtre. Kiang-sse-Long, qui est moins stupide que sa simarre rouge à ramages prodigieux et son ventre de poussah pourraient le faire croire, conduit la princesse à côté d'Oug-Lou; le pain à cacheter disparaît, et la lumière du soleil, entièrement sorti de la gueule du dragon, éclaire la belle princesse Kié-li donnant la main au jeune étudiant Oug-Lou.

À l'acte suivant, nous sommes dans une forêt; il y a là un ours qui met sa tête sous son bras et que nous n'avons jamais pu comprendre, surtout en nous aidant du livret. — Kiang-sse-Long se trouve dans cette forêt et donne à Oug-Lou un bonnet de forme bizarre dont la propriété consiste à changer les chattes en femmes. — Ici, une difficulté se présente : si Oug-Lou aime les chattes et ne peut souffrir les femmes, pourquoi est-il si content d'avoir ce bonnet qui va faire d'un animal qu'il adore un être qu'il exècre? Mais le ballet n'y regarde pas de si près.

Ce bonnet est une invention de la princesse Kié-Li, qui est vraiment beaucoup trop inventive pour une personne de son âge. Oug-Lou n'a rien de plus pressé que d'essayer le pouvoir du bonnet sur sa chatte. Il lève le voile qui couvre le panier qui sert de nid au lapin gris que le livret s'obstine à désigner sous le nom de chatte blanche. O surprise! il aperçoit mademoiselle Elssler accroupie, se frottant le museau le long d'une de ses pattes. Mademoiselle Elssler saute hors du panier en faisant toutes les chatteries imaginables; elle saute sur les meubles, joue avec les pelotons de fil, décroche les cages de serins, boit du lait dans une assiette, fait le gros dos, quitte son amant pour une souris qu'elle entend trotter derrière une armoire, et se sauve sur les toits. La princesse Kié-Li a voulu faire voir au jeune étudiant que les chattes ne valent pas mieux que les femmes, qu'elles sont encore plus insupportables, s'il est possible. La scène change et représente une terrasse dominant la ville de Pékin; les pages s'y livrent à toutes sortes de jeux. La princesse, que le jeune Oug-Lou prend toujours pour sa chatte métamorphosée, se conduit on ne peut plus légèrement avec les jeunes pages impériaux. Oug-Lou est au désespoir, quand, tout à coup, le véritable lapin blanc, que la vieille Kan-Kao a vendu dans un moment de détresse, débouche d'une gouttière et traverse le théâtre en remuant tour à tour les deux jambes du même côté. Tout se découvre. Oug-Lou épouse la princesse dans un palais splendidement illuminé.

Voilà une analyse aussi consciencieuse que possible et consciencieusement ennuyeuse. N'aurait-il pas été plus agréable pour nous et pour nos lecteurs de parler de mademoiselle Elssler, qui a été aussi charmante qu'à son ordinaire, et qui a déployé une vraie souplesse de chatte dans le pas ajouté à la deuxième représentation? Il est impossible de déguiser plus gracieusement la monstrueuse nullité du canevas.

30 octobre.

Variétés. *Le Père de la Débutante.* — Cette semaine n'a produit qu'un vaudeville; mais il est vrai que ce vaudeville est en cinq actes; ce qui vaut bien trois vaudevilles. Ledit vaudeville en cinq actes est de M. Théaulon, qui l'avait déjà fait tout seul, et qui vient de le refaire en compagnie de M. Bayard. Il s'appelait autrefois *le Bénéficiaire*, et il était joué par Potier; il s'appelle maintenant *le Père de la Débutante*, et il est joué par Vernet.

Vernet donc, ou, si vous aimez mieux, M. Gaspard, est un vieux comédien de province, sifflé à outrance et criblé de pommes cuites et autres, pendant trente-quatre ans de sa vie. Il adore son art; il ne rêve que tragédies, tirades à effet, grands airs d'opéra; et, ne pouvant réussir par lui-même, il espère parvenir au moyen de sa fille; car il possède en propre une perruque noire laissant passer des cheveux d'un blanc verdâtre, un pantalon de nankin, et une fille beaucoup trop fardée.

Un jeune comte — un de ces jeunes comtes fashionables et impossibles dont le vaudeville abuse — fait la cour à la jeune fille et lui propose de l'emmener en Russie ou en Italie ; la jeune fille refuse : elle ne veut d'engagement qu'à Paris. Honnête jeune fille !

A tout cela se trouve mêlée une prima donna de je ne sais quel théâtre, du nom d'Anita, avec qui le jeune comte Ernest entretient des relations assez intimes, et à qui la fille du vieux comédien parvient à escamoter un rôle de vierge du soleil, dans la pièce de M. Castor, auteur en vogue. N'oublions pas un journaliste vêtu à la François Ier, avec une simarre de velours noir, un bonnet moyen âge, et qui habite un logement plein de bahuts de la renaissance, de fragments du Palissy, de meubles sculptés et de toutes les somptuosités imaginables, à qui les actrices viennent souhaiter sa fête, des bouquets à la main, et qui, du haut de son feuilleton, semble faire la pluie et le beau temps, comme un autre Jupiter Tonnant. Le journaliste nous paraît avoir pris des dimensions exagérées aux yeux de MM. Théaulon et Bayard ; leur feuilletoniste est investi de droits bien seigneuriaux et bien féodaux. Nous ne croyons pas, pour notre part, que la profession de feuilletoniste ait d'autre privilége que de vous faire haïr par un peu plus de monde que vous ne l'auriez été naturellement. Toutefois, nous encourageons de tout notre cœur cette tendance respectueuse de MM. les vaudevillistes à nous regarder comme des êtres supérieurs, doués du pouvoir de lier et de délier, de créer et de détruire.

Vernet est adorable dans le rôle de Gaspard ; il est impossible de mieux dessiner une physionomie comique. Comme c'est bien le vieux comédien de province, le comédien monomane incurable, qui ne voit rien au monde que les coulisses, qui regarde le soleil comme peu de chose à côté d'un lustre de théâtre, le comédien éreinté, usé jusqu'à la corde, plus râpé que son habit, la joue bâve et flétrie par le fard grossier des saltimbanques, la langue pendante, la bouche démeublée, l'œil enfoncé, meurtri, entouré de grands cercles bruns, mais brillant encore d'une passion fiévreuse, la cravate lâche, le gilet en désarroi, la culotte riant par toutes les coutures, les souliers tirant la langue, tout le désordre du génie, sauf le génie !

L'opiniâtreté et l'enthousiasme de ce Gaspard ont fini par nous effrayer. Quelle véhémence continue ! quelle passion sans repos ! Il vient, il ne s'arrête pas un instant ; il flatte celui-ci, il flatte celui-là ; il dit des mots agréables au sergent de ville, il embrasse le pompier ; on le chasse par la fenêtre, il revient par la porte ; vous ne voulez pas de lui comme premier rôle, comme comparse, il saute dans l'orchestre, toujours suivi de sa fille inévitable, et se fait timbalier ou grosse caisse. Le grand Inco-Manco-Capac est enrhumé, il propose au directeur sa fille pour le remplacer ; la prima donna refuse de jouer dans la pièce, sa fille sait le rôle. Dès qu'une brèche s'ouvre quelque part, cet homme se présente avec sa fille pour la boucher. Ils savent tout faire : ils sont chanteurs, tragédiens, comédiens, acrobates, funambules, tout ce que vous voudrez. Ils vous demandent quatre mille francs, ils descendent à quatre cents francs, à moins encore, à rien, pourvu qu'ils jouent, pourvu que mademoiselle Marie débute sur un théâtre de Paris. C'est un acharnement, un emportement dont on n'a pas d'idée et qui, à la longue, prend une couleur sinistre et tragique. La vocation sans talent, chose plus commune qu'on ne le pense, l'amour insensé pour une muse qui ne vous le rend pas, la médiocrité tenace et persistante, s'accrochant, avec ses pinces de crabe, à la moindre saillie et s'y cramponnant en désespérée ; quoi de plus triste, de plus humain et de plus symbolique ! Talma eût échoué vingt fois, là où Gaspard a réussi.

Tout cela n'empêche pas le vaudeville de MM. Théaulon et Bayard d'être bouffon et amusant.

Une chose nous paraît surtout louable dans ce vaudeville, c'est qu'il est complétement dénué de prétentions, c'est-à-dire qu'il est franchement décousu, sans nœud, sans intrigue, sans style, sans conduite ; un véritable vaudeville, une succession de scènes qui vous passent devant les yeux on ne sait trop pourquoi, et qui vous font rire ; quelque chose de débraillé et de vulgaire dont l'acteur fait tout le mérite ; un canevas suffisant pour y broder des jeux de mots et des calembours.

Le vaudeville *bien fait*, le vaudeville qui veut arriver à la comédie est la plus insupportable mixture que l'on puisse imaginer. Maintenant, tous les vaudevilles sont *bien faits*. Corrigés par les plaisanteries incessantes des feuilletons, les faiseurs de vaudevilles se sont moins abandonnés à leur facilité naturelle; les oncles d'Amérique et les coquins de neveux ont complétement disparu; l'on a cessé de chanter le couplet :

> Du haut des cieux, ta demeure dernière,
> Mon colonel, tu dois être content !...

Les colonels du Gymnase n'osent plus se reproduire, même au Gymnase; les grognards ventrus et les officiers en retraite, si avantageusement représentés par Gontier et Ferville, sont tout à fait hors d'usage; on ne se hasarderait pas à donner un pendant au célèbre morceau d'ensemble qu'on a chanté si longtemps :

LE GROGNARD.

Je reconnais ce militaire !

CHOEUR.

Il reconnaît ce militaire !

LE GROGNARD.

Je l'ai vu sur le champ d'honneur !

CHOEUR.

Il l'a vu sur le champ d'honneur !...

LE GROGNARD.

Un sentiment involontaire
Près de lui fait battre mon cœur !

CHOEUR.

Près de lui fait battre son cœur !

Le vaudeville actuel est sobre, contraint et retenu; il craint d'être stupide ou absurde; il tâche de justifier les entrées et les sorties de ses personnages; il travaille ses couplets, rime de trois lettres, et fait si bien, qu'il arrive à n'être qu'une comédie manquée, la pire chose qui soit au monde ! Dans le plus petit acte joué, soit au Vaudeville, soit au Gymnase, on voit l'intention de parvenir à la Comédie-Française et, de là, au fauteuil académique. Les palmes vertes de M. Scribe empêchent de dormir son armée de collaborateurs.

Le rôle de critique est assez difficile avec cette manière de faire les pièces. On ne saurait leur reprocher autre chose que d'être prodigieusement ennuyeuses et plus soporifiques que les pavots de Morphée lui-même. Comment cribler des dards aigus de la moquerie ce brouillard grisâtre et impalpable? à quoi s'accrocher, où se prendre, pour l'éloge ou pour le blâme? — Cela ne manque pas d'une certaine adresse d'agencement; cela est écrit à peu près en français, et n'est guère en arrière que d'un an ou deux sur les plaisanteries des petits journaux. Il est malaisé d'appeler quelqu'un imbécile pour avoir commis une de ces choses sans nom ; il serait encore plus difficile de l'appeler grand homme, ou seulement homme d'esprit.

V

NOVEMBRE 1837. — Opéra-Comique : *Piquillo*, paroles de MM. Alex. Dumas et Gérard de Nerval, musique de M. Hipp. Monpou. — Mademoiselle Jenny Colon. — Chollet. — Gymnase : *le Rêve d'un Savant*, problème de MM. Bayard et de Biéville. — Le Balthazar Claës de M. de Balzac. — Palais-Royal : *Ma Maison du Pecq*. — Les chemins de fer pris comme moyen dramatique. — Porte-Saint-Martin : *le Baron de Montrevel*. — M. Victor Hugo contre la Comédie-Française. — Opéra : *le Dieu et la Bayadère*. — Mademoiselle Louise Fitzjames. — Porte-Saint-Martin : Mademoiselle Georges dans la *Sémiramis* de Voltaire.

6 novembre.

Opéra-Comique. *Piquillo.* — Enfin, voilà une pièce qui ne ressemble pas aux autres et qui ne tient en rien à ce vaudeville éternel qui nous poursuit de théâtre en théâtre ; au milieu de ce fouillis inextricable de chardons aux dards acérés, d'orties au duvet brûlant, de folle avoine et de plantes stériles qui croissent entre les planches poussiéreuses de la scène, sous les pâles rayons du lustre, nous avons été tout heureux de voir s'épanouir une belle fleur de fantaisie, avec une tige côtelée d'argent, des feuilles bizarrement dentelées, de ce vert glauque et prasin, vert idéal et fabuleux, où l'outremer domine et que les peintres appellent vert Véronèse, une fleur au calice évasé, zébrée et tigrée de rayures flambantes, une fleur moitié papillon, moitié oiseau, d'où s'élancent, en guise de pistils, des aigrettes de paon, des barbes de héron, et des vrilles de filigrane d'or.

Don Mendoce a poussé un coup d'épée, une botte d'un goût supérieur, à travers le pourpoint de satin d'un cortejo, don Fabrice d'Olivarez, fils du ministre : le tout parce que le susdit hidalgo donnait des aubades sous le balcon de sa sœur, doña Leonor. Don Fabrice risque d'aller porter aux rives de l'Achéron le dernier échantillon des modes de Madrid, et son vieux père, qui n'a pas la fatuité de croire qu'il pourrait se faire un héritier, et que désespère l'idée de voir son grand nom s'éteindre, met à prix la tête du meurtrier. Don Mendoce, prévenu à temps, se sauve avec doña Leonor, qu'il fait passer pour sa femme, et se cache dans une petite maison isolée au milieu des bois, non loin de Séville, si notre mémoire géographique est exacte, chose peu importante en fait d'opéra-comique et d'imbroglio espagnol.

Sous le nom de don Diègue, don Mendoce vit là, dans ce nid, caché sous les feuilles comme un ermite, comme un sage, évitant tous les regards ; mais, si détourné que soit le bois, si séparée que soit la maisonnette, les yeux de doña Leonor, comme deux lumières propices qui guident dans l'ombre le voyageur vers le but désiré, font filtrer leurs rayons à travers les portes closes au verrou et les fenêtres calfeutrées. — Un porteur de guitare, le sombrero sur les yeux, le manteau couleur de muraille sur l'épaule, rôde à pas de loup sous le balcon inaccessible de la belle Leonor.

Malheureusement pour l'incognito qu'il désirait garder, de jeunes cavaliers en partie de chasse ont fait halte devant la maison même, en festoyant les bouteilles et les pâtés de venaison, sous l'abri d'une tente dont les coins sont attachés aux branches séculaires des arbres de la forêt.

Sylvia — dame de tout point charmante, qui sera, si vous voulez, une cantatrice d'un grand théâtre de Madrid, ou une veuve de quelque gouverneur mort à propos dans les Indes ou ailleurs — mêle les roulades perlées de son chant de rossignol aux refrains un peu avinés des jeunes seigneurs; elle déclare, en vers d'une préciosité adorable, qu'elle n'est pas *Phœbé, la déesse voilée*, qui punit Actéon d'avoir surpris, sous la transparence de l'eau, le mystère de sa beauté virginale; elle ne ressemble en rien à la sévère chasseresse, dont les épaules de marbre ne reçoivent d'autres baisers que ceux des branches amoureuses qui s'écartent sur son passage; bien qu'elle soit en compagnie de chasseurs, elle n'en veut pas aux sangliers écumants, aux faons tachetés, aux biches qui descendent boire à la source, mais bien au cœur des hommes : c'est le but dans lequel vont se planter les flèches de son carquois d'œillades. Tout en faisant cette profession de foi avec les plus délicieux ramages que l'on puisse imaginer, elle aperçoit la première le promeneur inconnu; elle devine don Fabrice sous cet accoutrement : les chasseurs vont tour à tour saluer don Fabrice, qui, se voyant découvert, s'exécute de bonne grâce.

La mandoline dont il est porteur le fait convaincre du crime d'amour flagrant; il avoue sa faute et raconte son histoire. Sylvia lui promet son aide, et le débarrasse du mari au moyen de la ruse suivante : Elle fait simuler aux cavaliers une attaque de voleurs sur sa personne, et appelle à grands cris au secours. Don Mendoce sort l'épée à la main, les prétendus brigands prennent la fuite; il ne trouve plus que Sylvia, qu'il s'offre d'accompagner à la ville pour la préserver contre une seconde attaque. Sylvia laisse ses bijoux chez don Mendoce, se ménageant ainsi une seconde entrevue avec lui; car, en aidant Fabrice, Sylvia n'a pas agi tout à fait en désintéressée : elle aime don Mendoce depuis longtemps.

Par malheur, Piquillo, le plus illustre tire-laine de toutes les Espagnes, un drôle qui rendrait des points à Figaro et à Gil Blas, contrarié dans ses goûts par la police de Séville, et ne pouvant plus demeurer nulle part, perché pour le moment sur le grand arbre qui est à la gauche du spectateur; il a entendu toute la conversation; le dépôt des bijoux a réveillé son humeur entreprenante. Piquillo a la plus furieuse passion pour l'orfévrerie ; il aime à la rage les colliers, les bracelets, les boucles d'oreilles ; et, comme il a la bosse de la collectivité, il en fait de petites collections à son usage. Il y a trois manières d'entrer dans les maisons : par la porte, chemin du mari ; par la fenêtre, chemin de l'amant ; par la cheminée, route du ramoneur. Piquillo, lui, dédaigne ces moyens vulgaires ; il passe tout bonnement à travers les murs ; mais, comme c'est un voleur artiste, plein de goût et d'adresse, il soigne son trou comme un morceau d'architecture et le découpe en trèfle gothique, de façon à donner au moins au maître de la maison la consolation de penser qu'il a été volé par un homme ingénieux, passé maître en l'art de la pince et du croc. Pendant que notre homme d'art fait tomber des briques de la muraille, la ronde de nuit vient à passer. Piquillo, qui est doué d'un aplomb remarquable et qui ne se décontenance pas pour peu de chose, se transforme tout de suite en amant, grâce à la mandoline oubliée par Fabrice : du voleur à l'amant, la nuance est imperceptible, surtout la nuit ; aussi le bon alcade s'y trompe-t-il, et, quand Mendoce veut rentrer chez lui, il s'efforce de le retenir pour donner à Piquillo le temps de s'échapper ; deux alguazils font la courte échelle, et Piquillo se sauve en jetant à l'alcade un remercîment ironique. A peine a-t-il gagné au large, que l'alcade aperçoit le trou fait à la muraille, et reconnaît la manière de l'artiste ; les bijoux de Sylvia ne se retrouvent plus, et don Mendoce, désolé de ce contretemps, prend les diamants de sa sœur pour les porter à Sylvia.

Au second acte, nous revoyons Piquillo chez Sylvia ; il est vêtu avec une magnificence exagérée ; son pourpoint est couvert de broderies, d'aiguillettes, de passequilles et de nœuds de rubans ; les plumes de son chapeau se tortillent d'une manière triomphante ; ses moustaches, goudronnées soigneusement, se contournent en fer de lance ; sa royale est taillée dans le dernier goût, sa rapière poignarde le ciel ; il porte à la main une canne dont le pommeau est fait d'un diamant énorme ; c'est un cavalier parfait et du meilleur air. Vous pensez bien que Piquillo ainsi harnaché ne s'appelle plus Piquillo : c'est maintenant don Alfonse Oliferno y Fuentès y Badajos y Riolès, etc., etc., troisième fils du vice-roi du Mexique, à qui son père a donné les mines d'or de Guadalajara pour ses menus plaisirs.

Ce noble seigneur veut prendre un peu l'air de la cour, et, différent de ses illustres aïeux qui ont été chercher un trésor, d'Espagne en Amérique, il en vient chercher un d'Amérique en Espagne. Ce trésor n'est autre que la belle Sylvia, l'étoile de Vénus, la perle d'Orient, le diamant des Espagnes, la Circé moderne, l'enchanteresse de Madrid! Mais le malencontreux don Alfonse Oliferno y Fuentès y Badajos y Riolès offre à la cruelle beauté, pour lui faire dépouiller la peau de tigresse hyrcanienne dont ses appas sont recouverts, précisément les mêmes bracelets qu'elle a laissés dans la maison de don Mendoce. Sylvia envoie secrètement chercher l'alcade, et fait rendre gorge à Piquillo, qu'elle force, en outre, à dicter son signalement à l'alcade. Cette scène est d'un excellent comique. Piquillo, qui est mince, brun et fluet, fait écrire : « Un homme énorme, yeux bleus et cheveux roux. » L'alcade, muni de ces précieux renseignements, se fait fort de mettre bientôt la main sur l'introuvable Piquillo.

A peine Piquillo est-il sorti, qu'on entend un coup de feu : don Fabrice fait enlever dona Leonor, et c'est Piquillo qui s'est chargé de cette belle œuvre.

Don Mendoce, qui a reconnu dans Piquillo le seigneur don Alfonse Oliferno, qu'il a vu le matin chez Sylvia, arrive chez elle tout en désordre et lui demande l'explication de ce qui se passe; Sylvia, qui prenait Leonor pour la femme de Mendoce, et voyait en elle une rivale qu'il fallait écarter à tout prix, tombe aux genoux de Mendoce, avoue sa faute et lui promet que sa sœur lui sera rendue.

Au troisième acte, nous sommes chez Fabrice. Dona Leonor est retenue captive dans une salle latérale. On n'attend plus que la chaise de poste et les chevaux. Piquillo, satisfait du succès de ses dernières expéditions, songe à se retirer des affaires en attendant Fabrice, qui va lui payer la somme convenue. On frappe à la porte : c'est Sylvia qui demande à voir Leonor, qui la fait sortir et s'enferme dans le cabinet à sa place. Piquillo veut s'opposer à ce manége; mais Sylvia connaît la manière de le prendre. Un de ses valets est allé chercher l'alcade; à cela, Piquillo n'a rien à objecter. Fabrice revient et se fait rendre compte de l'enlèvement. Piquillo, qui flaire l'alcade de loin, tire toujours du côté de la porte, et, au moment où il va la franchir, il aperçoit deux familiers de la Sainte-Hermandad, automates roides et impassibles, qui ne savent que mettre leurs escopettes en travers.

L'alcade arrive bientôt, suivi de ses estafiers; la mèche est éventée. Piquillo a un quart d'heure pour se préparer à être pendu ; Fabrice a quinze minutes pour se décider à épouser la femme qu'il a enlevée. Piquillo se jette aux pieds de l'alcade, et, désespérant de l'attendrir, il lui coupe sa poche, tout en embrassant ses genoux. L'alcade sort et laisse nos deux seigneurs fort piteux ; car, au lieu de Leonor, on a trouvé Sylvia dans le cabinet; ce qui n'est pas le compte de Fabrice. Enfin, tout se débrouille au moyen de la poche de l'alcade coupée par Piquillo, et de laquelle on tire premièrement une bourse assez plate, un mémoire des vols de Piquillo dans les différentes villes d'Espagne, des lettres de noblesse pour l'alcade, plus la grâce de don Mendoce. Piquillo se fait capucin; Fabrice épouse Leonor; Mendoce n'épouse pas Sylvia, qui est trop veuve pour être jamais épousée, et la toile tombe au bruit des applaudissements de toute la salle.

Nous avons tâché de suivre dans ses détours les plus fuyants cet imbroglio compliqué tout à fait dans le goût des pièces de Calderon, de Lope de Vega et d'Alarcon. Nous ne nous flattons pas d'avoir tout dit ; les événements sont tellement serrés, qu'une analyse exacte serait aussi longue que la pièce elle-même.

Le style rappelle souvent les allures des petites pièces de Molière : c'est un style net, vif, coupé, prompt à la riposte, le panache au vent, l'air matamore et tout à fait différent de la prose empâtée et filandreuse des opéras-comiques ordinaires ; les vers, écrits soigneusement, la plupart, ressemblent aux vers libres d'*Amphitryon*, de *Psyché* et des intermèdes de Quinault.

La musique est remarquable par la richesse et la profusion des motifs. Cette profusion même, jointe à l'originalité de la forme, doit nuire un peu, peut-être, à M. Monpou dans les premières représentations; mais c'est une qualité qui assure aux ouvrages un succès durable, parce qu'à chaque fois qu'on les entend, on y découvre de nouvelles choses.

Mademoiselle Colon a déployé, dans le rôle de Sylvia, une grâce idéale et capricieuse qui la fait ressembler à ces charmantes figurines des eaux-fortes de Della Bella, ou à ces belles dames des chasses de Wouvermans qui montent des chevaux à croupes satinées, et dont la blonde chevelure, légèrement débouclée par la brise du matin, baise les joues lustrées et vermeilles ; son feutre, fantasquement retroussé et posé avec mutinerie sur le coin de l'oreille, lui donne un petit air délibéré et triomphant le plus charmant du monde ; c'est une véritable héroïne d'intrigue romanesque et tout à fait à sa place dans une comédie de cape et d'épée. Cette fantaisie du costume, très-spirituellement comprise par mademoiselle Colon, s'ajuste parfaitement avec le goût espagnol et raffiné de la pièce ; certaines choses, qui ne seraient pas probables sous un costume plus positif, deviennent toutes simples et toutes naturelles avec ces dentelles découpées en truelle à poisson, ces cascades de rubans, ces neiges de plume, ces tours de perles au blond reflet, ces passequilles, ces paillettes et toutes ces délicieuses extravagances de toilette qui font voir que les personnages n'appartiennent aucunement à la vie matérielle et prosaïque. Mademoiselle Colon est dans ce rôle excellente comédienne et ravissante chanteuse ; elle a en elle de quoi faire deux réputations ; sa voix fraîche et pure, d'un timbre clair comme l'argent, monte et descend avec une légèreté extrême, et, après avoir filé un son ténu et mince comme le sillon d'une fusée qui s'élève, s'épanouit et retombe en une pluie de notes étincelantes ; elle a été applaudie avec enthousiasme, et ce rôle, le plus important qu'elle ait encore rempli, fait pressentir dans sa carrière de cantatrice une longue suite de triomphes (1).

Chollet a joué Piquillo avec un entrain, une verve admirables ; il est impossible de mieux rendre cette physionomie picaresque ; c'est un

---

(1) La dernière création de Gérard de Nerval a été une nouvelle du nom de *Sylvia*. Les amis du bon Gérard se sont souvent demandé quel mystérieux souvenir avait pu inspirer au poëte cette étrange et douloureuse fantaisie. Nous n'avons pu nous défendre, en relisant cette page de l'*Histoire de l'Art dramatique en France* de Théophile Gautier, de rapprocher la Sylvia de *Piquillo* de la Sylvia posthume de l'excellent et à jamais regrettable Gérard.

Note de l'Éditeur.
J. H.

très-agréable coquin, à qui l'on pardonne volontiers ses petites peccadilles ; il rappelle heureusement, dans la grande scène chez Sylvia, le marquis de Jodelet des *Précieuses ridicules*, et il a des airs excessifs et prodigieux à faire mourir de rire ; il exprime aussi très-bien le côté poétique de son rôle, et, dans la sérénade, il s'est montré gracieux, élégant, plein de rêverie et de passion, tout en jetant çà et là quelques intonations railleuses pour rappeler qu'il aimait mieux, après tout, les bracelets que les bras.

Le succès sera la seule chose que *Piquillo* n'aura pas volée.

20 novembre.

GYMNASE. *Le Rêve d'un savant*. — Le Gymnase, au bout de ses ressources et ne sachant plus de quel bois faire pièce, a eu cette idée ingénieuse d'employer l'algèbre comme moyen dramatique ; sans doute, il s'ennuyait d'entendre tous les mathématiciens de feuilletons lui demander à propos de ses vaudevilles : « Qu'est-ce que cela prouve ? » Alors, au lieu de titre, il lui a paru triomphant et sans réplique d'imprimer sur son affiche la formule suivante :

$$a \times M\, Z = O \times x.$$

Ce qui veut dire : Étant donné un délicieux roman de M. de Balzac, diviseur M. Bayard, multiplicateur M. de Biéville, on a pour résultat un vaudeville très-misérable.

Balthazar Claës est un de ces personnages courbés sous une idée dominante, que M. de Balzac excelle à peindre. Claës cherche l'*absolu*; il veut faire de l'or et décomposer l'azote ; il espère arriver au diamant : voilà tout le livre, rien n'est plus admirablement conduit. Vous voyez d'abord une maison flamande ; cent pages de descriptions plus intéressantes que le drame le plus vif : M. de Balzac donne aux pierres, au bois, à toute la nature morte une vie et une expression singulières ; Gérard Dow, Metzu ou Mieris, n'atteignent pas à cette patiente perfection. Les tapis de Perse, travaillés point par point ; les vaisselles d'étain, piquées de paillettes lumineuses ; la vitre blonde et rousse, où flotte l'ombre des feuilles de houblon ; les boiseries de chêne brun ; les dressoirs glacés çà et là de *luisants* subits ; le pot du Japon à grands dessins bleus, où s'épanouissent, dans leur robe de chambre zébrée de pourpre et d'or, les belles tulipes de Leyde et de Harlem ; le rayon furtif qui glisse sous les rideaux de damas, et trace une bande d'or sur le champ de sable de l'obscurité : tous ces mille petits détails recueillis et mystérieux de la vie intime sont rendus avec une finesse de touche et une préciosité de pinceau toute hollandaise.

Quand cette maison, si propre, si bien rangée, si nette, si vernissée, si récurée, si pleine d'argenterie, de verres de Venise, de tableaux de bons maîtres, est racontée d'un bout à l'autre, vous éprouvez un frémissement étrange. Vous sentez qu'il y a là-dessous quelque chose de suspect et d'anormal ; en y regardant de bien près, les figurines de bois sculpté qui vous semblaient rire d'un cœur si joyeux et si franc aux chambranles des portes, aux piliers des buffets et sous le manteau de la cheminée, n'ont plus qu'une grimace ironique et menaçante. Cette dame, dont vous admiriez le maintien tranquille et doux, le linge d'une blancheur flamande, la jupe étoffée, la carnation reposée et les belles mains à fossettes, vient de pleurer tout à l'heure ; cette goutte d'eau avec son point brillant, son reflet, sa transparence et son ombre portée, pareille aux perles qui roulent sur les fleurs veloutées des tableaux de Van Huysum, ce n'est pas une goutte de pluie ou de rosée secouée par le vent, d'une branche d'arbre du jardin ou de la vigne vierge de la fenêtre ; c'est une larme, vous dis-je, une larme amère et corrosive, qui brûlera comme l'eau-forte la joue qu'elle sillonne.

Hélas ! toute la vie d'une femme est dans cette larme. Madame Claës vient de s'apercevoir qu'elle n'est plus la première pensée de son mari. Elle vient de tomber à la seconde place, chute plus profonde que celle des anges en enfer. Sur cette seule larme, peinte avec un soin curieux et travaillée comme un bijou d'orfévrerie, on sent que cette femme est perdue ; le lecteur le moins clairvoyant devine qu'elle n'a plus qu'à mourir ; dans ce point de lumière métallique posée sur cette perle tremblante avec le plus fin poil d'un pinceau de martre, il y a plus d'agonie que dans les sept glaives flamboyants qui traversent le flanc de la Mère de douleurs. On y lit en toutes lettres : *Irréparable !*

Bientôt Claës arrive, il fait trois pas : vous le savez tout entier ;

ses pieds traînent pesamment sur les dalles marquetées du corridor; au son de ce pas, vous comprenez que toute la vie de cet homme s'est retirée au cerveau, et qu'il est un ivrogne de science, qui boit à pleines coupes le vin dangereux des recherches occultes. Sous ces paupières alourdies et relâchées, scintille un regard à la fois terne et vivace, aveugle pour le réel, clairvoyant pour l'idéal. A cette démarche chancelante, à ce regard vertigineux, l'on voit que la pensée lutte dans cet homme avec la monomanie et qu'il marche sur la crête étroite qui sépare le génie de la folie. De quel côté tombera-t-il?

Peu à peu, les dressoirs se dégarnissent de leur belle vaisselle armoriée; les buffets sculptés de Verbruggen suivent bientôt la vaisselle; les tulipes disparaissent avec leurs pots de céladon craquelé, les Jordaens, les Otto Venius, les Quentin Metsys vont retrouver les tulipes.

Cependant un filet de fumée continue toujours à s'élever en spirale de la cheminée presque calcinée; une lueur rouge tremble nuit et jour à la lucarne du grenier. Claës travaille avec son valet Lemulquinier, à qui il a inspiré son fanatisme; car toute passion violente est contagieuse.

La misère entre à pas de souris dans cet intérieur si moelleusement assoupi et d'un ton si harmonieux. Claës vend ses terres, ses maisons de campagne, pour acheter du charbon; son fourneau dévore tout: les forêts s'envolent en fumée, les fermes tombent en cendre, l'insatiable fourneau demande toujours. Claës lui jette cinq ou six fortunes; que lui importe! Demain, il fera de l'or; demain, il fera du diamant; il a presque trouvé la poudre de projection. Par pitié, un boisseau de charbon à ce grand homme, il ne lui faut plus que cela pour cuire à point sa mixture; regardez la belle couleur qu'elle a dans l'alambic, comme ce précipité est d'un beau rouge; ni Paracelse, ni Raymond Lulle, ne sont arrivés à ce degré! Mais le feu refroidit, la liqueur se fige en brouillard contre le verre de la cornue. « O mon Dieu! plus de charbon, plus de bois, pas un seul meuble à jeter dans ce feu qui s'éteint; ô mon travail de dix ans perdu! ô mon espérance à jamais évanouie! »

C'est ici que le livre de M. de Balzac s'élève à une hauteur de passion admirable; pour avoir de l'argent, le vieux Claës devient rusé comme un loup-cervier, comme un enfant, comme une vieille chatte, comme un comédien de province ; il est souple, dissimulé, bonhomme, pathétique, niais, tendre, cruel, dénaturé : il parcourt toute la gamme des passions humaines. Sa femme meurt, il y prend à peine garde ! il l'aurait jetée dans son fourneau, cette femme autrefois adorée, et, à coup sûr, il regrette le bois perdu à lui faire un cercueil. Maintenant, c'est sa fille qu'il tâche de dépouiller ; il l'entoure de ses replis écailleux, il la circonvient, il flaire son argent comme un corbeau sa proie, il se traîne à ses genoux, il baigne ses pieds de larmes, il lui parle de ses cheveux blancs comme Robert Macaire, le vieux scélérat de savant qu'il est ; il dit qu'il va se tuer et il se tuera peut-être. « Donne-moi ces cinquante mille francs, ma fille, je te rendrai des tonneaux de diamants. » On ne peut s'imaginer toutes les coquetteries, toutes les chatteries de ce vieux drôle pour soutirer à cette pauvre fille le reste de sa fortune ; jamais courtisane n'a obsédé plus étroitement un vieillard à qui elle veut faire dicter un testament en sa faveur ; il pleure comme une hyène, il rit comme un crocodile, il a toujours vingt griffes étendues en avant comme un sphynx, prêtes à saisir et à empocher le moindre écu qui se montre à l'horizon. La fortune de sa fille bue, il mange les épargnes de son valet Lemulquinier ; il volerait sur la grande route, il assassinerait, il prostituerait son enfant vierge pour entretenir le feu sous son alambic : il est arrivé à l'égoïsme féroce du savant, qui ne voit que son idée au monde.

Après plusieurs alternatives de richesse et de misère, Claës, épuisé de cette débauche de science, tombe malade et meurt. Dans l'agonie, la taie qui couvrait les yeux de son esprit se détache, un rayon suprême traverse cette intelligence près de s'éteindre, il trouve la formule si vainement et si laborieusement cherchée ! « Eurêka ! eurêka ! » s'écrie-t-il comme Archimède, avec un cri de joie surhumain, mélange d'une amertume inexprimable ; puis un dernier spasme d'agonie l'agite sous les couvertures froissées de son lit, et son secret est à jamais perdu.

$$a \times M Z = O \times x.$$

Nous doutons que le Gymnase fasse de l'or avec cette formule ;

MM. Bayard et de Biéville n'ont pas recueilli le dernier mot du vieux Claës.

Ne pas faire d'argent avec Bouffé est un problème aussi difficile que de faire de l'or avec du plomb ; le Gymnase l'a victorieusement résolu.

Ce théâtre est maintenant l'endroit le plus désert de Paris ; l'herbe pousse dans les couloirs, les cryptogames ouvrent leur parasol vénéneux dans l'humide solitude des loges, le lierre grimpe aux colonnes d'avant-scène, les hiboux et les griffons y habiteront bientôt comme dans les ruines de Babylone.

On parle de composer une *Flore* particulière des plantes qui poussent au Gymnase, pour faire pendant à la *Flore* de la place Vendôme, qui compte trois cent soixante et dix espèces.

PORTE-SAINT-MARTIN. *Le Baron de Montrevel.* — Le théâtre de la Porte-Saint-Martin se livre immodérément à la vertu et à la simplicité depuis les drames à trois queues de M. de Rougemont. La critique s'est tant plaint des tueries de *la Tour de Nesle* et du poison de *Lucrèce Borgia*, on a tant crié contre l'horreur et l'effroi tragique, que l'on en est revenu aux innocences les plus pastorales. Il n'y a plus une seule goutte de sang versé dans les mélodrames ; les morts ne sont qu'endormis, les empoisonnés se trouvent n'avoir bu que de la limonade ou du sirop pectoral ; au lieu de se tuer à la fin, l'on s'épouse, l'on a beaucoup d'enfants.

Ce système dramatique se rapproche beaucoup de celui des romans d'Anne Radcliffe, où l'on finit par découvrir, après les plus suffocantes terreurs, que le spectre n'était qu'un torchon sur un balai et où tout s'explique au moyen de trappes et de ficelles plus ou moins compliquées.

Le Baron de Montrevel est construit de cette manière ; il commence par la Saint-Barthélemy, avec force coups d'escopette, clameurs et hurlements, pour aboutir à un mariage ou à une réconciliation. C'était bien la peine de faire tant de bruit !

Il ne faut pas nous dissimuler que, si nous en sommes déjà à l'hiver relativement à la température, la qualité des pièces que donnent les théâtres nous maintient toujours en plein été. Aucun succès ne s'est encore bien dessiné dans les théâtres de vaudeville.

A quoi faut-il attribuer ce symptôme ? La concurrence des concerts nuit-elle décidément aux théâtres ? Nous pensons que cela peut bien y être pour quelque chose ; la masse flottante du public se compose de désœuvrés, de provinciaux, d'hommes aimables qui ont des dames à distraire, et beaucoup de ces personnes trouvent commode de passer une soirée entière, éclairées, chauffées et re-gardées, pour la bagatelle de 1 franc. Mais il faut aussi tenir compte de l'épuisement des sujets dramatiques. Voilà dix ans que le vaudeville vit sur le théâtre étranger ancien et moderne. On ne saurait croire jusqu'à quelles sources remontent ces investigations savantes. Une grande partie du théâtre grec y a passé ; les théâtres espagnol, anglais et allemand ont fourni la moitié, pour le moins, de nos *comédies mêlées de couplets.* Les romans et contes de tous les temps ont donné lieu à presque tout le reste ; de sorte qu'il devait naturellement arriver, après tant de fécondité, une époque non moins stérile que les sept années maigres de l'Égypte. Nous entrons dans cette période fâcheuse où nos vaudevillistes seront obligés d'avoir recours enfin à leur imagination.

Le grand événement dramatique de la semaine est le procès de M. Victor Hugo, contre la Comédie-Française, qui doit se dénouer aujourd'hui. L'issue n'en paraît pas douteuse, et nous nous réjouissons à l'idée de voir enfin au Théâtre-Français autre chose que des comédies sans couplets fabriquées par des vaudevillistes à la retraite. Il est très-curieux que Victor Hugo, le plus grand poëte de France, soit obligé de se faire jouer par autorité de justice comme M. Laverpillière, auteur des *Deux Mahométans.* Heureusement, M. Victor Hugo aura pour lui, en premier et en dernier ressort, tous les juges, le tribunal et le public.

27 novembre.

Opéra. *Le Dieu et la Bayadère.* — Certainement, on ne pouvait avoir une idée plus malheureuse que de faire remplir le rôle de la bayadère par mademoiselle Louise Fitzjames!

Il est toujours désagréable pour nous d'attaquer une femme à cause de ses défectuosités physiques, et nous sommes affligé de dire des vérités maussades à mademoiselle Fitzjames. Nous savons qu'il ne dépend pas d'elle d'être plus grasse; cependant l'aspect de cette misère de formes est tout à fait pénible.

Il ne faut pas oublier que la première condition qu'on doive exiger d'une danseuse, c'est la beauté; elle n'a aucune excuse de ne pas être belle, et l'on peut lui reprocher sa laideur, comme on reprocherait à une actrice sa mauvaise prononciation. La danse n'est autre chose que l'art de montrer des formes élégantes et correctes dans diverses positions favorables au développement des lignes; il faut nécessairement, quand on se fait danseuse, avoir un corps sinon parfait, tout au moins gracieux. Mademoiselle Louise Fitzjames n'a pas de corps; elle ne serait même pas assez substantielle dans l'emploi d'ombre; elle est diaphane comme une corne de lanterne, et laisse parfaitement transparaître les figurants qui se trémoussent derrière elle. La danse est essentiellement païenne, matérialiste et sensuelle; les bras de mademoiselle Louise Fitzjames sont, en vérité, trop spiritualistes, et ses jambes sont esthétiques; elle est maigre comme un lézard, comme un ver à soie, plus maigre que la fameuse mademoiselle Guimard, qui vivait cependant sur une bonne feuille, la feuille des bénéfices de M. de Jarente; à sa place, nous essayerions pendant six mois du kaïffa d'Orient, du sagou analeptique et du racahout des Arabes.

La seule raison que nous puissions trouver à cette distribution de rôle, c'est que Lafont étant un dieu fort lourd, pour ne pas rendre *son vol* impossible quand il remonte au ciel d'Indra, l'on a jugé à propos de lui adjoindre une danseuse impondérable.

Les bayadères sont divisés dans ce ballet-opéra en bayadères chanteuses et bayadères danseuses. Ces deux divisions en renferment deux autres : les bayadères couleur de chair et les bayadères café au lait. Ces dernières (ô désastreux sacrifice à la couleur locale!) ont aux bras des bas de filoselle et aux mains des gants de soie ou de coton d'une teinte inqualifiable. Leur figure est négligemment barbouillée d'ocre ou de jus de réglisse, ce qui les fait plutôt ressembler à des ramoneurs qu'à ces voluptueuses enchanteresses dorées avec un rayon de soleil, qui font sonner les clochettes d'argent de leurs bracelets devant la porte des chaumières et sur les marches des pagodes. Il nous semble qu'il serait facile de composer une teinture d'un blond assez chaud pour rendre cette belle nuance d'ambre jaune des teints orientaux, où les yeux s'épanouissent comme des fleurs noires; on éviterait ainsi cette affreuse teinte chocolat et ces bas de filoselle, inadmissibles même aux yeux les plus myopes; ou bien il faudrait admettre tout bonnement que les négresses sont blanches. Pour notre part, nous nous prêterions volontiers à cette convention : les peaux rouges des *Mohicans* et les peaux jaunes de la *Bayadère* nous ont dégoûté de la *couleur*.

PORTE-SAINT-MARTIN. Mademoiselle Georges dans *Sémiramis*. — C'était une grande curiosité littéraire que de voir une pièce aussi complétement oubliée que la *Sémiramis*, une de ces pièces que l'on n'a jamais lues et pour lesquelles on nourrit un sentiment vague d'admiration traditionnelle, dont on ne cherche pas à se rendre compte.

Sémiramis a été composée par Voltaire à son retour d'Angleterre; c'est *Hamlet* médiocrement babylonisé : tout est imité, jusqu'à l'ombre si vaporeusement bleuâtre du père d'Hamlet; mais, au lieu de la pâle et mélancolique figure d'Ophélia, avec sa couronne de folle avoine et de brins de paille, nous avons Azéma, singulier nom pour une princesse assyrienne! *Sémiramis* est un mélodrame rimé plutôt qu'une tragédie; les moyens sont grossiers et maladroits. M. Guilbert de Pixérécourt revendiquerait l'apparition de l'ombre et le meurtre dans le tombeau. Il y a loin de là aux douces larmes et aux soupirs poétiques de Racine, ou à l'horreur sombre et solennelle des anciens tragiques grecs.

Les acteurs, déshabitués de ce style et de cette manière, ont présenté un spectacle assez divertissant : les uns jouaient d'après les règles et traditions anciennes; les autres comme dans un drame de M. Anicet Bourgeois ou de M. Francis Cornu. Mademoiselle Noblet n'avait pas même jugé à propos de quitter le costume moyen âge : elle avait une couronne de comtesse et un corsage à pointe comme Valentine de Milan; les autres étaient habillés avec des rideaux dont les anneaux et les tringles étaient à peine retirés.

Mademoiselle Georges seule faisait exception à ce laisser aller général. Son costume, d'une grande magnificence et d'un beau caractère antique, rehaussait merveilleusement sa prestance royale.

Un diadème sidéral, à pointes aiguës, étincelant de pierreries, d'un style asiatique et babylonien, tenait le milieu entre l'auréole de la déesse et la couronne de la reine, pressait sous un cercle d'or ses cheveux noirs, tout étoilés de diamants comme les cheveux de la Nuit. Un grand manteau impérial, vert prasin et semé de palmes d'or, tombait de ses blanches épaules en plis abondants et riches, sur des tuniques blanches brodées et drapées dans le grand goût. Mademoiselle Georges, ainsi arrangée, remplissait admirablement l'idée que l'on se fait de Sémiramis, la reine colossale d'un monde démesuré; Sémiramis, dont la main puissante soutenait en l'air les jardins suspendus, l'une des sept merveilles de l'univers antique, et qui, du haut de son trône, commandait à un cercle de demi-dieux et à des nations de rois.

VI

DÉCEMBRE 1857. — Porte-Saint-Martin : reprise de *Lucrèce Borgia*. — Mademoiselle Georges. — La queue du diable. — Opéra-Comique : *le Domino noir*, paroles de M. Scribe, musique de M. Auber. — Madame Damoreau. — Italiens : *Lucia di Lammermoor*, libretto du signor Commarano, musique de Donizetti. — Début de madame Persiani dans cet opéra. — L'exécution et la mise en scène. — Les décorations du célèbre Ferri.

4 décembre.

PORTE-SAINT-MARTIN. — *Lucrèce Borgia*. — Cette reprise avait attiré beaucoup de monde; à l'affluence des spectateurs, on eût dit une première représentation. La recette s'est élevée à quatre mille francs : éloge positif et mathématique. Quoi qu'on dise, les œuvres des poëtes ont autant d'action sur le public que les *charpentes* des faiseurs; les vrais succès d'argent sont encore les succès littéraires; l'intérêt de curiosité amorti, il reste l'intérêt de style et de détail, auquel la foule est plus sensible qu'on ne le croit et qu'elle ne le croit elle-même.

Nous ne saurions dire le plaisir que cette représentation nous a causé. Après tant de fatras, tant d'inepties, de fautes de français, de couplets de vaudeville, voir cette grande et noble passion, ces belles phrases aux plis riches et soutenus comme ceux d'une étoffe de brocart, qui montent et descendent d'un pas si ferme et si vif les degrés de marbre de leurs périodes, cette intrigue simple et forte qui se noue sur la terrasse d'un palais vénitien, dans une joyeuse fête, pour finir par ce funèbre souper de Ferrare, plus sinistre et d'une plus haute terreur que le repas des Atrides : une pareille joie nous est rarement donnée.

La scène qui termine le premier acte est une des plus belles qui soient au théâtre. Tous ces beaux jeunes seigneurs, ruisselants de soie et de dorures, se changeant tout à coup en autant de spectres accusateurs, qui marchent le doigt en avant vers la pâle victime, renversée et ployée à terre, comme les Furies qui poursuivaient Oreste, le parricide et l'incestueux : voilà un effet digne de la tragédie antique et de la plus haute poésie ; les faiseurs, avec toute leur habileté, ne trouvent point de ces choses-là.

Mademoiselle Georges a joué Lucrèce en actrice consommée : elle a dit la scène conjugale du second acte avec toute la finesse d'intention de mademoiselle Mars. Le charmant sourire, la voix veloutée, argentine, le regard moelleux et provoquant, rien n'y manquait ; l'on aurait dit que mademoiselle Georges n'avait fait autre chose toute sa vie que de jouer Célimène et Sylvia. Mais, à la moindre résistance d'Alphonse d'Este, on entendait rugir des tonnerres étouffés sous les langoureuses roulades, et l'on voyait la blanche main abandonnée frissonner et se crisper comme pour saisir le manche d'un poignard. Il est impossible de mieux rendre cette admirable situation.

Le fameux *hein?* du dernier acte, a été poussé avec un râlement guttural tout à fait léonin, à faire trembler les plus intrépides.

La critique s'est beaucoup acharnée sur les cercueils, la croix noire, les moines voilés et tout l'attirail fantasmatique du dénoûment ; nous ne sommes pas de l'avis de la critique. L'attention haletante et le saisissement du public prouvent que l'effet de terreur a été bien calculé par le poëte et ne dépasse pas les limites tragiques. Les tragiques grecs employaient la terreur avec si peu de ménagement, que les femmes accouchaient dans le théâtre même, ce qui n'est pas encore arrivé à la Porte-Saint-Martin. Dans la pièce d'*Oreste*, les Euménides, qui le poursuivent et le reconnaissent partout à l'odeur du sang de sa mère dont il est couvert, avaient des masques si horribles, que plusieurs personnes moururent de frayeur à la première représentation.

Nous avons remarqué avec plaisir un progrès dans les spectateurs. La phrase de Gubetta sur la queue du diable, tournée et troussée d'une façon si triomphante et si cavalière, qui faisait siffler autrefois chaque loge comme un nœud de vipères, a été accueillie par de vifs applaudissements et de francs éclats de rire. Nous terminerons en demandant à M. Harel pourquoi la toile de fond qui se lève derrière les fabriques de la première décoration, représente un site montagneux? Il ne faut pas oublier que la scène n'est pas en Bohême, mais bien à Venise, pays peu montagneux, comme chacun sait.

11 décembre.

OPÉRA-COMIQUE. *Le Domino noir.* — L'héroïne du *Domino noir* est une digne sœur de *la Dame blanche*. Sous cette soie et sous ces dentelles sombres, comme sous les blanches draperies et sous le voile transparent de la fée protectrice d'Avenel, se cache une malicieuse beauté qui prend plaisir à désoler son adorateur, jeune homme enthousiaste et naïf qui ne sait s'il a affaire à un démon ou à un ange et qu'un hymen bien terrestre et bien positif vient détromper au dénoûment. Avec la Dame blanche, un pauvre lieutenant écossais devient le maître d'un château magnifique; avec la Dame noire, un pauvre secrétaire d'ambassade espagnol entre en possession du magnifique héritage des Olivarès. Après tout, ce sont là de petites personnes bien hardies et bien malicieuses toutes les deux: l'une courant les champs la nuit, se glissant parmi les ruines pour effrayer les bonnes gens; l'autre courant les bals et les rues de Madrid, et n'échappant à une patrouille que pour tomber dans une petite-maison de grand seigneur. Mais qu'importe! ce sont là des vertus d'opéra-comique très-suffisantes et des aventures très-vraisemblables au point de vue poétique et musical.

Seulement, à l'époque où a paru *la Dame blanche*, le *Domino noir* était impossible. Il a fallu une révolution pour que ce charmant tableau trouvât son pendant. Sous le règne de la censure, la religieuse Angèle n'eût été tout au plus qu'une élève de pensionnat, et la pièce eût perdu ce contraste du bal et du couvent, de la guimpe et du domino, qui jette dans l'action tant d'intérêt et de nouveauté.

Le Domino noir nous a rappelé un épisode des Mémoires de Casanova, qui ressort délicieusement parmi tant de folles intrigues et de galanteries vulgaires dont ce livre est rempli. La charmante religieuse, qui s'échappait la nuit d'un couvent de Venise, et se rendait par mer à la petite maison de M. de Bernis, n'était pas une héroïne moins aventureuse que l'abbesse de M. Scribe, et pourtant elle risquait davantage. Cette beauté, qui, dans Casanova, n'est nommée que par les initiales M. M., était une vraie religieuse, cloîtrée à tout jamais, tandis qu'Angèle d'Olivarès n'est qu'une abbesse de convention, une abbesse qui n'a pas même fait de vœux. Expliquez-vous ce détail, si vous pouvez.

L'élégant et spirituel livret de M. Scribe devait inspirer beaucoup le compositeur. M. Auber a produit une partition qui ne le cède en rien à ses aînées. On pourrait lui reprocher d'avoir trop sacrifié à un seul rôle, mais c'est une critique qu'on n'a pas la force de faire en écoutant madame Damoreau, son interprète.

L'exécution de cet opéra est très-complète et fait honneur au théâtre. L'Opéra-Comique a obtenu déjà cet hiver deux succès bien prononcés. Avec madame Damoreau et Chollet, il n'y a pas de *petits jours*, comme on dit en style de répertoire ; grande question pour un théâtre royal, et que tous n'ont pas résolue.

21 décembre.

ITALIENS. *Lucia di Lammermoor.* — Enfin, voici un opéra nouveau. Il était temps ! Si résignés et si patients que soient les habitués des Bouffes, ils commençaient à être bien fatigués de l'audition des mêmes chefs-d'œuvre, chantés par les mêmes acteurs ; les *bravo* et les *brava* devenaient rares ; l'enthousiasme des dilettanti baissait considérablement ; les mascarons des peintures se tordaient ; les mâchoires et les portes des couloirs bâillaient d'ennui ; les acteurs eux-mêmes s'endormaient en scène, excédés de dire toujours les mêmes phrases. *Lucia di Lammermoor* va réveiller un peu toute cette somnolence.

Nous nous sommes beaucoup inquiété, pendant la représentation, de savoir pourquoi ce libretto était intitulé *Lucia di Lammermoor*; nous avouons en toute humilité de conscience qu'il nous a été impossible de le deviner : en effet, l'on n'y retrouve rien de la fable du roman de Walter Scott; le nom de Lammermoor est la seule ressemblance. Le signor poeta Commarano aurait bien dû ne pas oublier la figure si grotesque du vieux Caleb ; toutefois, en écartant le souvenir du roman, qui vous préoccupe malgré vous à travers l'action du livret, le poëme de M. Commarano ne manque pas d'effet dramatique et renferme des situations bien disposées pour la musique.

Donizetti, l'émule de Bellini, est à la tête de la nouvelle école italienne qui prétend succéder à Rossini. Sa réputation est grande par delà les monts, c'est le maestro en vogue; ses opéras font *fanatisme* à Naples. Donizetti mérite cette faveur : il a une excessive facilité, de la sensibilité, du pathétique; ses cantilènes sont heureuses, il excelle à grouper les voix; son instrumentation est vigoureuse et savante, sans exagération ni pédantisme ; son style se fait remarquer par l'abondance et la limpidité : *Anna Bolena* est un des opéras les plus remarquables qui se soient faits depuis Rossini; le Théâtre-Italien a donc bien mérité du public en montant cette nouvelle pièce.

Voici à peu près la fable imaginée par le seigneur Commarano : Lord Asthon a une sœur, Lucia di Lammermoor, qui est aimée d'Edgard de Ravenswood, l'ennemi de la famille. Le sir de Ravenswood erre comme une ombre sous les arbres du parc autour du château d'Hènri Asthon, cherchant un instant favorable pour parler à sa bien-aimée. Asthon, qui n'est pas à beaucoup près aussi crédule que les choristes, ne doute pas que le *fantôme* ne soit Edgard de Ravenswood ; il fait une querelle horrible à sa sœur, et veut lui faire épouser lord Arturo, représenté par Zamboni, qui a bien le nez le moins épousable qu'on puisse voir. La petite n'écoute pas les menaces de son grand frère, et va dans le parc au rendez-vous d'Edgard; là, ils chantent des cavatines, échangent des anneaux, et se fiancent à la face du ciel.

A l'autre acte, Lucia, trompée par une fausse lettre, consent à épouser le déplorable nez d'Arturo ; mais, au moment où le contrat se signe, Edgard se présente, accable Lucia de sa colère, et lui reproche *d'avoir trompé le ciel et un homme.* Lucia s'évanouit, Edgard sort au milieu du tumulte général. Lucia devient folle et tue son mari, et le sire de Ravenswood se poignarde en entendant sonner les funérailles de Lucia. Nous omettons la scène obligée de défi entre Arturo et Edgard, le frère et l'amant.

Tamburini a chanté avec sa perfection ordinaire ; cependant les rôles bouffes, ou de *mezzo carattere*, vont mieux à son talent ; Tamburini a la mine éminemment peu dramatique.—Rubini, dans la grande scène du second acte, s'est élevé jusqu'au tragique, et s'est montré aussi grand acteur que chanteur accompli.

Madame Persiani est petite ; elle a des yeux bleus dont le cristallin est très-blanc et très-large, des cheveux châtain clair chauffés sourdement de tons fauves, le front haut et le nez un peu long ; ses bras sont assez jolis et sa tournure ne manque pas de grâce ; elle est sinon belle, du moins très-convenable. Quant à sa voix, elle a une étendue, une douceur et une vibration surprenantes ; c'est une des plus merveilleuses qu'il ait été donné aux dilettanti d'entendre ; elle va sans effort jusqu'au *ré* et au *fa* aigus. La méthode de madame Persiani est sûre, large, irréprochable. C'est la même perfection de détail, le même fini de fioriture que madame Damoreau, à cette différence près que madame Damoreau n'a à gouverner qu'une voix assez faible, et que madame Persiani maîtrise et dirige avec une admirable facilité un organe d'une puissance extraordinaire. Nous croyons madame Persiani appelée à s'asseoir très-prochainement sur le trône d'or des Grisi, des Sontag et des Malibran.

Nous ne finirons pas sans nous occuper de la mise en scène, toujours si étrange aux Italiens. Rien n'est plus burlesque que l'accoutrement des choristes. L'action se passe en Écosse ; l'Écosse, le pays des plaids, des tartans et des étoffes bariolées : le costumier a été déterrer, nous ne savons où, des guenilles incroyables, plus ou moins à carreaux et d'une misère sans pareille. Les comparses, au lieu de la plume d'aigle ou d'autruche qui décore la toque du highlander, portent bravement de bonnes et naïves plumes de dinde, arrachées sans doute à quelque balai hors de service. Madame Persiani a d'abord une robe rose à carreaux blancs, bordée d'un velours noir et d'un galon d'argent, puis une robe noire à carreaux bleu de ciel. Lord Arturo est affublé d'un pourpoint écarlate, également à carreaux jaunes, avec une toque d'un troubadour odieux. Rubini n'est pas en redingote abricot avec des agréments noirs, comme il en avait bien le droit ; mais, en revanche, il a un vêtement d'une forme bizarre, de cette couleur que nous avons baptisée *raisin de Corinthe exorbitant*, et qui ne se voit qu'à la Gaieté et aux Italiens. De plus, il a d'immenses favoris naturels qui s'accommodent fort mal avec une royale et des moustaches peintes à l'encre de Chine.

Les décorations sont du *célèbre* Ferri. En honneur, les décorations du célèbre Ferri ne valent pas le diable ; il y a surtout un certain intérieur de palais dans le genre moyen âge pendule avec des vitraux coloriés, qui aurait le plus grand succès chez M. Comte ; le dernier, représentant un effet de clair de lune, est mieux entendu, sans cependant s'élever au-dessus du médiocre. Nous signalons à l'attention des amateurs un tableau dans la décoration du premier acte, où est figuré le combat de Jupiter contre les Titans : on ne saurait rien imaginer de plus saugrenu. Ces décorations, toutes mauvaises qu'elles sont, ont au moins cet avantage d'être neuves, fraîches et propres, chose rare aux Italiens, théâtre fashionable par excellence, et qui est inférieur à madame Saqui et aux Funambules pour le costume et la mise en scène. Chose encore plus rare, les chœurs ont passablement chanté.

VII

JANVIER 1838. — Où en est l'art théâtral. — Les collaborations. — Le moule dramatique. — Les directeurs et les auteurs. — M. Alexandre Dumas et son *Caligula*. — M. Victor Hugo et son procès avec la Comédie-Française. — Opéra : la pièce qu'on attend. — Singulier choix du sujet. — Mademoiselle Falcon. — Gymnase : *Vingt Ans après, ou le Précepteur de grande maison*, vaudeville de MM. Paul Duport et Decé. — Théâtre-Français : reprise d'*Hernani*. — La pièce et le public. — Madame Dorval dans le rôle de doña Sol. — Variétés : *la Dame de la Halle*. — Porte-Saint-Martin : *Charles-Quint et François Ier*, drame de M. de Rougemont. — Variétés : *les Saltimbanques*, vaudeville de MM. Varin et Dumanoir. — Le grand Odry.

1er janvier 1838.

Où en est l'art théâtral.—Les théâtres se sont montrés fort gracieux pour le public et pour les critiques : voulant donner des étrennes à leur manière, ils n'ont représenté aucune pièce nouvelle; le procédé est délicat et mérite de la reconnaissance : les feuilletonistes ont pu rédiger exclusivement des cartes de visite et jouir du sommeil de la digestion, dont ils sont si cruellement privés dans les temps ordinaires.

Nous profiterons de cette trêve si rare accordée à l'analyse pour jeter un coup d'œil sur l'état présent de l'art dramatique en France. Nous sommes fâché de le dire, la situation est loin d'être brillante : c'est une décadence complète; la manufacture envahit tout; une pièce se fabrique absolument comme un habit : l'un des collaborateurs prend la mesure de l'acteur, l'autre coupe l'étoffe, et le troisième assemble les morceaux; l'étude du cœur humain, le style, la langue, tout cela est regardé comme rien. La collaboration, pour une œuvre de l'intelligence, est quelque chose d'incompréhensible, et dont il ne peut résulter que des produits hybrides et monstrueux, en admettant même que les collaborateurs accouplés soient des gens d'esprit, ce qui est rare. Avec un pareil mode de travail, toute inspiration est impossible; le génie est essentiellement solitaire. Prométhée, qui avait voulu ravir le feu et la vie au ciel, était seul sur le rocher avec son vautour aux ailes palpitantes; à peine si, de loin en loin, les nymphes marines, les vertes filles de l'Océan, touchées de sa plainte, se soulevaient sur le coude et venaient causer un moment avec lui, pendant le sommeil de Jupiter. Figurez-vous Prométhée avec un collaborateur assis devant lui, le menton dans la main, le regardant d'un air stupide se débattre sous l'inspiration de ce vautour au bec acéré qui sait si bien trouver le cœur et le foie, et prenant des notes avec un crayon Conté sur un petit carré de papier !

La collaboration est une des plaies de l'art, une cause de ruine qui, si l'on n'y prend garde, fera bientôt crouler tous les théâtres. C'est une erreur de croire que l'esprit d'un homme puisse s'augmenter de l'esprit d'un autre : l'esprit est comme l'expérience, une chose d'usage tout à fait personnel et qu'on ne peut transmettre; la collaboration suppose, d'ailleurs, une critique anticipée et réciproque de chaque auteur; toute idée est discutée aussitôt qu'elle est éclose ; et le raisonnement lui arrache presque toujours le duvet de l'aile, avant qu'il soit passé à l'état de plume, en sorte que l'idée retombe à terre au lieu de s'élever au ciel; heureuse encore celle à qui l'on ne coupe pas du même coup l'aile et le pied, et qui peut marcher, si elle ne peut plus voler. N'est-ce pas, en outre, une chose honteuse pour les hommes de ce temps-ci, d'être si faibles de muscles et si courts d'haleine, qu'ils soient obligés de s'y prendre à plusieurs pour tailler une charpente de mélodrame ou souffler une de ces folles bulles de savon que l'on appelle vaudeville.

A quelques rares exceptions près, le théâtre est la proie des médiocrités; il faut plus de patience et de résignation que de talent pour y arriver; les talents jeunes et fiers s'en éloignent presque tous, ou n'y viennent qu'après de longues excursions dans la poésie ou le roman. Pour empêcher les poëtes d'occuper la scène, on a imaginé de dire qu'ils ne connaissent pas *les planches*, qu'on nous pardonne cette expression de l'argot des coulisses : c'est une phrase dont la médiocrité, toujours envieuse et jalouse, se sert pour décourager les gens de génie; l'art dramatique se réduit à ceci : *connaître les plan-*

ches, c'est-à-dire ne rien risquer qui n'ait été déjà plusieurs fois applaudi et qui ne soit d'un succès certain; faire entrer et sortir les acteurs d'après certaines conventions; finir chaque acte par une scène ou un mot à effet. La connaissance des planches est à l'art dramatique ce que la versification est à la poésie; sans doute, il y a quelques conditions d'optique au théâtre; il est bon d'ébarber certains détails, certaines ciselures trop saillantes qui empêcheraient l'œuvre de s'adapter au cadre étroit de la scène; mais il y a loin de ces nécessités, bien vite comprises par les esprits supérieurs, aux exigences actuelles.

Rien de nouveau ne peut se produire avec cette méthode; et l'on joue partout et toujours la même pièce; l'on est arrivé à produire des vaudevilles qui ne peuvent tomber, étant entièrement composés de morceaux déjà applaudis vingt ou trente fois dans d'autres vaudevilles : tout cela est taillé sur un patron commun et qui sert à tout le monde. Le public, qui n'a aucune raison pour siffler ce qu'il a applaudi la veille, laisse les claqueurs bruire et fourmiller sous le lustre, et s'en retourne chez lui médiocrement réjoui, et s'étonnant de ne plus s'amuser au spectacle. Le vaudeville reste sur l'affiche quelque temps, et l'on en fait un autre tout pareil qui aura le même sort.

Le mouvement si énergiquement imprimé à l'art dramatique par *Christine*, *Hernani*, *Henri III*, ne s'est pas continué; nous avons cru un moment que nous allions avoir un théâtre moderne; mais nos espérances ont été trompées : les deux chefs, qui s'étaient vaillamment portés en avant, la bannière d'une main et l'épée de l'autre, ont été lâchement abandonnés par leurs troupes; quand ils se sont retournés, ils se sont vus seuls. Il est bien étonnant que MM. Hugo et Dumas n'aient produit dans le drame aucun élève remarquable. Nous croyons que les directeurs de théâtre y sont pour beaucoup; bien que l'on ait prétendu qu'aucun chef-d'œuvre n'était resté inconnu, et que tout ce qui valait la lumière avait toujours fini par se produire au jour, nous pensons néanmoins que des gens qui auraient pu faire des pièces remarquables ne les ont pas faites, soit par découragement, soit par répugnance à se soumettre à des exigences triviales.

Le public est plus maniable et plus facile à la nouveauté qu'on ne veut bien le dire : il se laisse aller tout naïvement à ses impressions, et ne demanderait pas mieux que d'être étonné et surpris. Mais les directeurs, personnages qui se croient presque des académiciens, et qui ont des habitudes littéraires chroniques et invétérées, ne veulent rien admettre en dehors des combinaisons qu'ils ont expérimentées sur leur théâtre; ils ont aussi horreur des accessoires, des changements à vue, et demandent que toutes les actions se nouent et se dénouent dans le salon vert-pomme et dans le salon nankin.

Sans changements à vue, le drame moderne est impossible; le drame moderne est complexe de sa nature et représente une action sous plusieurs de ses faces; les combinaisons simples sont épuisées depuis longtemps; or, comment encadrer une action multiple dans une décoration unique, ou même changée d'acte en acte. Otez à Shakspeare la mobilité de la scène et vous supprimez son théâtre. Que de génie Corneille a perdu inutilement à lutter contre l'unité de lieu!

Cette conversation a lieu tous les jours entre un directeur quelconque et un auteur quelconque. « Mon cher, tenez-vous donc beaucoup à cette scène de valets qui causent entre eux sous le portique, pendant que les maîtres devisent au salon? Voilà une décoration pour bien peu de chose! d'ailleurs, ces valets ne disent rien de bien important; un petit récit de quatre ou cinq lignes, que l'on amènerait adroitement, ne suffirait-il pas? » Le pauvre auteur, qui craint toujours de n'être pas joué, retranche les valets. Le lendemain, le directeur dit au poëte : « Est-il bien nécessaire qu'à l'entrée du héros son jeune fils vienne à sa rencontre et lui monte sur les genoux? Nous n'avons pas d'enfant pour le moment : il faudra en louer un quinze sous à une portière ou à une marchande d'oranges. Nos frais sont déjà bien assez considérables, et puis l'enfant peut faire quelque gaucherie, cela pourrait compromettre la pièce; si nous ôtions l'enfant? » L'auteur résiste quelque temps et finit par se résigner : il retranche l'enfant. Tantôt c'est un accessoire, tantôt un costume, que le directeur affirme sur sa vieille expérience être parfaitement inutile. Petit à petit, l'action se fond en récit; la trame du canevas se dégarnit de ses belles fleurs de soie nuancée, pour apparaître grenue, rude et pauvre, tout à fait misérable à voir, et l'on arrive à quelque chose qui n'est pas très-différent d'une tragédie de Campistron, ou d'un drame vertueux de M. Balissan de Rougemont.

Nous savons donc un très-grand gré à M. Alexandre Dumas des tentatives de nouveauté qu'il a essayées dans *Caligula;* l'opiniâtreté avec laquelle il exigeait des chevaux est tout à fait louable. En effet, une grande partie de la question est là : si l'on représente la vie humaine, accordez l'accessoire, le costume et le changement de décoration ; la vie réelle est ambulatoire, compliquée et diffuse ; l'ancien répertoire tragique ne se compose que de monologues coupés en actes et flanqués de confidents, échos complaisants qui donnent la rime et font les récits. A cette tragédie, il suffit, en effet, du portique à colonnes vertes, du fauteuil de bureau recouvert en cuir, d'un ou deux figurants, et de cinq ou six rideaux arrachés aux premières croisées venues pour faire les manteaux et les draperies. On nous répondra que l'ancienne tragédie valait mieux que le drame moderne ; à quoi nous répliquerons que l'on ne recevrait aujourd'hui à aucun théâtre une pièce de Racine, et que, si elle était reçue, par hasard, elle serait sifflée assurément. Chaque siècle a ses modes littéraires : les aïeux sont vénérables ; mais, dans tous les théâtres du monde, les pères et les grands-pères sont toujours ridicules.

Caligula est la seule œuvre poétique et consciencieuse qui ait paru en 1837 ; écrire six grands actes en vers nous semble une action héroïque par le temps qui court ; en beaux vers bien rhythmés, bien rimés, d'une facture cornélienne et d'une saveur tout antique. Nous ne voulons pas dire que ce soit une œuvre sans défaut, mais, à coup sûr, elle méritait de la part de la critique un accueil plus bienveillant : des vaudevilles, dont le meilleur ne vaut pas deux vers du prologue, sont accablés d'éloges et portés aux nues ; la critique ne trouve que des objections et des réserves contre un ouvrage d'une valeur et d'une portée littéraire incontestables.

M. Hugo, fort occupé de ses dissidences avec la Comédie-Française, n'a rien donné au théâtre depuis un an, et c'est grand dommage. Nous en voulons doublement à M. Védel : un drame en vers de M. Hugo aurait aujourd'hui un grand succès ; les questions de césure et d'enjambement sont assoupies, et tout le monde reconnaît M. Hugo pour un admirable poëte. *Lucrèce, Marie Tudor, Angelo,* ont prouvé que c'était un grand dramaturge, et qu'il connaissait *les planches* aussi bien que le plus habile charpentier scénique.

A défaut de pièces nouvelles, la reprise récente de *Lucrèce Borgia* a obtenu un succès qui n'est point encore près de se ralentir. Quelle fermeté de lignes ! quel caractère et quel port de style ! comme l'action est simple et sinistre à la fois ! C'est une œuvre, à notre avis, d'une perfection classique ; jamais la prose théâtrale n'a atteint cette vigueur et ce relief. *Marie Tudor*, que l'on vient aussi de reprendre, n'a pas moins réussi ; jamais mademoiselle Georges n'a été plus familièrement terrible et plus royalement belle ; la grande scène de la fin, d'une anxiété si suffocante, a produit le même effet qu'aux premières représentations.

Comme on est heureux de revoir, après tant de mimodrames, d'hippodromes, de vaudevilles, avec ou sans couplets, une œuvre d'une conception large et grande, exécutée sévèrement en beau style magistral ! Nous voudrions seulement que M. Hugo eût un peu plus pitié de nous et nous fît plus souvent des drames en prose ou en vers ; une pièce nouvelle s'accorderait merveilleusement bien avec les reprises d'*Hernani* et de *Marion Delorme* qui vont avoir lieu.

8 janvier.

Opéra. — On s'occupe à l'Opéra de *Côme de Médicis, ou la Peste de Florence* ; les répétitions se succèdent avec activité. Nous trouvons le choix du sujet assez singulier, et nous ne comprenons guère ce qu'il y a de musical dans une maladie. Des chœurs de pestiférés, cela doit être bouffon. Les comparses qui font *espalier* ne sont-ils pas, de leur naturel, assez jaunes, assez rouges, assez bleus, sans leur donner la peste ? Nous conseillons à M. Duponchel de faire monter un ballet intitulé : *le Choléra asiatique*, pour accompagner *la Peste de Florence*. M. Scribe a des penchants bien lugubres en fait d'opéra : des massacres et des épidémies. L'horreur du sujet est tempérée, dit-on, par des scènes imitées du *Décaméron*, de Boccace. Le gracieux tableau de Winterhalter, qui a fait tant de plaisir au salon dernier, y est mis en action. Nous doutons que le metteur en scène arrive à l'élégance romanesque de la composition peinte, surtout depuis que le quatuor de décorateurs, Feuchères, Séchan, Despléchins et Diéterle, à qui l'on doit de si belles toiles, ne travaille plus pour l'Opéra; eux seuls auraient bien compris ces arbres maniérés et coquets, inclinés à la brise comme des panaches de plumes vertes, ces lointains capricieux où les tons oranges se mêlent si doucement aux nuances vert-pomme de l'outremer vieilli, les fontaines de marbre étincelantes sous leur réseau de cristal, les jets d'eau estompés par le vent et dissous en vapeur argentée, le gazon ras et fin comme le velours, piqué çà et là de marguerites au cœur d'or, toute cette nature idéale et poétique, si bien sentie par l'élégant Allemand Winterhalter. Quoi qu'il en soit, il est grandement temps que *Côme de Médicis* vienne varier un peu la monotonie du répertoire. *Les Huguenots*, tout admirables qu'ils sont, fatiguent à la longue, et feraient prendre Meyerbeer en horreur. Le public est un peu comme ce paysan qui bannissait Aristide, parce que cela l'ennuyait de l'entendre toujours appeler Aristide le Juste.

Mademoiselle Falcon va partir pour l'Italie, où Duprez a trouvé son fameux *ut;* elle veut essayer si l'air tiède et balsamique de ce mélodieux pays lui rendra sa voix perdue. On raconte, de mademoiselle Falcon, des choses aussi fantastiques et aussi singulières que l'histoire de Bettina dans le conte du *Sanctus* d'Hoffmann : mademoiselle Falcon jouit de toute la plénitude de sa voix pendant la journée; à cinq heures, la voix s'envole; elle ne peut plus que parler; la première lueur du jour lui ramène toutes ses notes pures, nettes, vibrantes, admirables, comme à ses plus triomphantes soirées. A quelle maligne influence, à quel mauvais œil, à quel charme cabalistique peut-on attribuer cet enrouement subit qui vient serrer la gorge de la belle chanteuse, à cinq heures précises ? M. Duponchel est au désespoir et ne sait où donner de la tête; il pense, dit-on, à donner des opéras diurnes, puisque mademoiselle Falcon, sa première chanteuse, n'a de voix que pendant le jour. Espérons que quelques gorgées de l'air de Naples feront cesser le sortilége.

GYMNASE. *Vingt Ans après, ou le Précepteur de grande maison.* — La moralité, l'affabulation, le ὁ μῦθος δηλοῖ ὅτι de cette pièce, consiste dans la phrase suivante, que prononce le principal personnage en levant les yeux et les bras au ciel :

« Les parents ne comprendront-ils jamais le danger qu'il y a à confier l'éducation de leurs filles à un maître jeune encore?... »

Cette idée de MM. Paul Duport et Arsène Decé a été déjà exprimée et développée par un nommé Jean-Jacques Rousseau.

La nouvelle *Nouvelle Héloïse*, dont le Gymnase vient d'occuper ses rares spectateurs, a été plus coupable que l'ancienne : elle a cédé complétement à l'amour d'un Saint-Preux représenté par Saint-Aubin, et que la pièce ne nous présente que vingt ans après son indélicatesse, c'est-à-dire âgé d'une cinquantaine d'années, bouffi, plissé, ventru, passé à l'état de grand parent et orné d'un remords plus ou moins pathétique, qui fait alternativement le sujet de sa conversation et de son silence.

L'action s'égaye ou plutôt se complique au moyen d'un lycéen espiègle, représenté par mademoiselle Eugénie Sauvage, en redingote bleue (que d'actrices auraient tenu à jouer en habit!). Le lycéen, qui s'appelle Justin, a surpris un mystère dans la maison : « Quel est donc ce mystère? » Une vieille servante passe avec un panier. Quel mystère est déjà contenu dans ce panier? C'est un pain de carton, un poulet de bois et une grosse bouteille au cachet rouge, que la vieille confesse être *du bordeaux*. Elle porte ce panier dans un pavillon du jardin. Quel autre mystère contient ce pavillon? Ce n'est rien de moins qu'une jolie fille, nommée Cécile, qui fuit d'injustes parents.

Un jeune homme aux cheveux incultes qui a le malheur d'être représenté par M. Cachardy, joint à ce désagrément physique le chagrin de ne point connaître son père. C'est lui qui cache la jeune fille dans le pavillon, et la nourrit solidement, comme on a pu voir.

Maintenant, voici le Lovelace émérite, l'ancien Saint-Preux, qui fait son entrée à la manière de Falkland. Falkland n'avait éteint qu'une vie d'homme; mais lui a brisé *un honneur de femme*. Professeur d'une jeune fille, il a abusé de sa confiance : c'est ce qu'il avoue à Gustave, en lui conseillant de se livrer à l'état ecclésiastique, afin d'échapper au danger d'en faire autant. Le jeune homme témoigne peu de vocation pour cette carrière, et son protecteur ne tarde pas, grâce au lycéen, à découvrir le mystère du pavillon. Heureusement, la jeune Cécile possède des papiers qui éclaircissent la position de tous les personnages ; la lecture en étant faite, l'un d'eux s'écrie : « Quoi ! vous êtes mon père ? » l'autre répond : « Me le pardonnes-tu, mon fils ? » Gustave épouse alors Cécile sans difficulté, et il faut espérer qu'ils auront beaucoup d'enfants.

> Mais un vertueux père est un bien précieux
> Qu'on ne *tient qu'une fois* de la bonté des cieux !

22 janvier.

THÉATRE-FRANÇAIS. Reprise d'*Hernani*. — C'est samedi dernier qu'a eu lieu la reprise d'*Hernani*, — par *autorité de justice*. — A vrai dire, la physionomie de la salle n'avait rien de très-judiciaire, et l'on ne se serait guère douté qu'une si nombreuse affluence de spectateurs se portât à une pièce jouée de force ; beaucoup d'ouvrages représentés librement sont loin d'attirer une telle foule, même dans toute la fraîcheur de leur nouveauté.

Outre sa valeur poétique, *Hernani* est un curieux monument d'histoire littéraire. Jamais œuvre dramatique n'a soulevé une plus vive rumeur, jamais on n'a fait autant de bruit autour d'une pièce. *Hernani* était le champ de bataille où se colletaient et luttaient, avec un acharnement sans pareil et toute l'ardeur passionnée des haines littéraires, les champions romantiques et les athlètes classiques ; chaque vers était pris et repris d'assaut : un soir, les romantiques perdaient une tirade ; le lendemain, ils la regagnaient, et les classiques, battus, se portaient sur un autre point avec une formidable artillerie de sifflets, appeaux à prendre les cailles, clefs forées, noyaux percés, et le combat recommençait de plus belle. Qui croirait, par exemple, que cette phrase si simple : « Quelle heure est-il ? — Minuit, » ait excité des tumultes effroyables ? Il n'y a pas un seul mot, dans *Hernani*, qui n'ait été applaudi ou sifflé à outrance ; en effet, *Hernani*, si l'on se reporte à l'époque où il a été joué, est une pièce de la plus audacieuse étrangeté ; tout y est nouveau : sujet, mœurs, conduite, style et versification. Passer tout d'un coup des pièces de MM. Delrieu, Arnaud, Jouy et autres, à ce drame de cape et d'épée ; après cette fade boisson édulcorée, boire ce vin de Xérès, haut de bouquet et de saveur, la transition était brusque.

Huit ans se sont écoulés : le public a fait comme le prophète, qui, voyant que la montagne ne venait pas à lui, alla lui-même à la montagne ; il est allé au poëte. *Hernani* n'a pas excité le plus léger murmure ; il a été écouté avec la plus religieuse attention et applaudi avec un discernement admirable ; pas un seul beau vers, pas un seul mouvement héroïque n'a passé incompris ; le public s'est abandonné de bonne foi au poëte et l'a suivi complaisamment jusque dans les écarts de sa fantaisie ; ces beaux vers cornéliens, amples et puissants, s'enlevant aux cieux d'un seul coup d'aile, comme des aigles montagnards, ont excité les plus vifs transports. Le sentiment de la poésie n'est pas aussi mort en France que certains critiques, qui sans doute ont leurs raisons pour cela, veulent bien le dire ; l'art est encore aimé ; et nous n'en sommes pas réduits à ne pouvoir digérer comme nourriture intellectuelle que la crème fouettée du vaudeville : les œuvres sérieuses et passionnées trouveront toujours des approbateurs intelligents dans ce beau pays de France, dont la littérature *nationale* ne consistera pas, nous l'espérons bien, en opéras-comiques et en flonflons.

Le mérite principal d'*Hernani*, c'est la jeunesse : on y respire d'un bout à l'autre une odeur de séve printanière et de nouveau feuillage d'un charme inexprimable : toutes les qualités et tous les défauts en sont jeunes : passion idéale, amour chaste et profond, dévouement héroïque, fidélité au point d'honneur, effervescence lyrique, agrandissement des proportions naturelles, exagération de force ; c'est un des plus beaux rêves dramatiques que puisse accomplir un grand poëte de vingt-cinq ans.

Les autres pièces de M. Hugo, égales pour le moins en mérite à *Hernani*, n'ont pas cet attrait particulier. *Hernani* est la fleur ; *Lucrèce Borgia* est le fruit : peut-être aussi cette sensation se joint-elle pour nous à des souvenirs d'adolescence et de juvénile ardeur ; mais cet effet était généralement ressenti, et tout le monde semblait surpris de se trouver encore tant d'enthousiasme après huit ans révolus. C'est M. Hugo lui-même qui l'a dit : « Il ne faut guère revoir les idées et les femmes que l'on aimait à vingt ans ; elles paraissent bien ridées, bien édentées, bien ridicules. » *Hernani* a subi victorieusement cette chanceuse épreuve. Doña Sol a retrouvé ses anciens amants plus épris que jamais ; il est vrai qu'elle avait emprunté les traits et la voix de madame Dorval.

Il est inutile de faire l'analyse d'*Hernani;* on sait la pièce par cœur ; nous dirons quelques mots de la manière dont les acteurs ont joué, et nous constaterons les progrès du public. La magnifique scène des portraits de famille, si profondément espagnole, et qui semble écrite avec la plume qui traça le *Cid*, a été applaudie comme elle le mérite ; autrefois, elle était criblée de sifflets. Le monologue de Charles-Quint au tombeau de Charlemagne n'a paru long à personne ; cette sublime méditation a été parfaitement écoutée et comprise.

La singularité et la sauvagerie de quelques détails n'ont distrait personne de la beauté sérieuse de l'ensemble, et le succès a été aussi complet que possible. *Hernani*, consacré par l'épreuve de la première représentation, de la lecture et de la reprise, restera à tout jamais au répertoire avec le *Cid*, dont il est le cousin et le compatriote.

Jamais le génie de M. Hugo, plus espagnol que français, ne s'est développé dans un milieu plus favorable : il a le style à larges plis, la phrase au port grave et hautain, le grandiose pointilleux qui conviennent pour faire parler des hidalgos. Personne n'a, d'ailleurs, un sentiment plus intime et plus profond des mœurs et de la famille féodales ; aucun poëte vivant n'aurait inventé Ruy Gomez de Sylva.

M. Védel s'est exécuté de bonne grâce : la pièce est convenablement montée, et de manière à couvrir bientôt les six mille francs de dommages-intérêts alloués à l'auteur par le tribunal.

Firmin (Hernani) a rempli son rôle avec sa chaleur et son intelligence ordinaires ; il est à regretter que cet acteur, plein de sentiment, manque un peu de moyens d'exécution et soit trahi par ses forces. Joanny est magnifique dans Ruy de Sylva ; il est ample et simple, paternel et majestueux, amoureux avec dignité, bon et confiant au commencement de la pièce, implacable et sinistre dans l'acte de la vengeance : il a merveilleusement conservé à ce rôle sa physionomie homérique ; dans la scène de l'hospitalité, il a été d'une onction et d'une simplicité tout antiques. Quant à madame Dorval, nous ne savons comment la louer : il est impossible de mieux rendre cette passion profonde et contenue, qui s'échappe en cris soudains aux endroits suprêmes ; cette fierté adorablement soumise aux volontés de l'amant; cette abnégation courageuse, cet anéantissement de toute chose humaine dans un seul être, cette chatterie délicieuse et pudique de la jeune fille qui dit au Désir : « Tout à l'heure ! » et, à travers tout cela, l'orgueil castillan, l'orgueil du sang et de la race, qui lui fait répondre au vieux Sylva :

> On n'a pas de galants quand on est doña Sol,
> Et qu'on a dans le cœur de bon sang espagnol.

Madame Dorval a exprimé toutes ces nuances si délicates avec le plus rare bonheur. Au cinquième acte, elle a été sublime d'un bout à l'autre ; aussi, la toile tombée, elle a été redemandée à grands cris et saluée par de nombreuses salves d'applaudissements. Nous l'attendons dans *Marion Delorme* avec la plus vive impatience. — N'oublions pas Ligier, qui a été très-convenable dans tout son rôle et qui a particulièrement bien dit le grand monologue.

VARIÉTÉS. *La Dame de la Halle.* — Une grave question occupait les spectateurs de ce vaudeville : à savoir si la motte de beurre placée sur la montre de la grosse fruitière représentée par l'hippopotamique mademoiselle Flore, était en beurre *censé*, comme disent les enfants, ou en beurre naïf et sincère. « C'est du vrai beurre, disait l'un ; voyez plutôt le fil de laiton qui sert à le diviser. — C'est du carton peint, disait l'autre. — Je parie que non. — Je parie que si. — Vingt-cinq louis contre rien, contre une orange, contre une loge au Gymnase, ou une stalle à l'Opéra, quand mademoiselle Fitzjames danse la bayadère. — C'est du beurre. — C'est du carton. — C'est du beurre frais ; qui tient pour moi ? etc. » Cette motte de beurre a beaucoup distrait du vaudeville, dont il nous serait impossible de vous dire clairement le sujet.

PORTE-SAINT-MARTIN. — *Charles-Quint et François Ier.* — Vous voyez cela d'ici : Charles-Quint est en velours noir, François Ier en satin blanc ; l'un marche à pas comptés comme un traître de mélodrame ; l'autre le nez au vent comme un tranche-montagne de comédie romanesque. Le théâtre représente l'Alcazar ; les gardes font leur ronde, et Charles-Quint, qui ne se confie qu'à l'œil du maître, rôde incessamment autour de la prison. Les dames de Madrid, enflammées par la renommée galante du roi prisonnier, vont jouer de l'éventail sous les fenêtres grillées du captif; une Mauresque du nom d'Aïxa (mademoiselle Théodorine, qui paraît vouée aux rôles de couleur) est éprise entre toutes de la plus vive passion pour le roi chevalier. — Un certain Indien exorbitamment frotté de réglisse circule à travers tout cela, vêtu du plus hétéroclite costume de sauvage qu'on puisse imaginer dans un rêve de Courtille ou de bal Musard; c'est un roi péruvien amené prisonnier en Espagne, dont on a fait cuire assez inhumainement la famille, et qui, lui-même, a subi deux ou trois tours de broche; ce qui lui donne cette couleur rissolée, etc... O M. Balissan de Rougemont! pourquoi avoir quitté le drame simple pour le drame historique? Nous doutons fort que les neuf queues visibles à l'œil nu de la *Duchesse de Lavaubalière*, viennent s'adapter à la maigre échine de cet avorton dramatique. Comment M. Harel, qui pourrait faire, s'il le voulait, un second Théâtre-Français de la Porte-Saint-Martin, se méprend-il, avec tout l'esprit qu'il a, jusqu'à ce point de recevoir d'aussi misérables pièces?

29 janvier.

Variétés. *Les Saltimbanques*. — Raconter l'intrigue de ce vaudeville, fort amusant d'ailleurs, n'est pas une chose aisée; il s'agit vaguement d'une certaine Zéphyrine, enlevée à l'âge de six ans par le saltimbanque Bilboquet, et qui se trouve à la fin rencontrer un père, ou quelque chose de semblable, dans un monsieur enrhumé, nommé Ducantal. Ledit monsieur a des chaussons de lisières et d'énormes gants fourrés, un habit noir dont les basques, par une bizarrerie que nous ne pouvons nous expliquer, sont couleur tabac d'Espagne, un chapeau à grands bords, comme un quaker, et poursuit, dans tous les carrefours, en toussant et en avalant de la pâte de jujube, son coquin de fils, ou son coquin de neveu, qui est amoureux de Zéphyrine, et tâche de s'en faire aimer en portant des chaises sur le nez, en jouant de l'ophycléide, et en prêtant une surface complaisante au pied de Bilboquet, le chef de la troupe. Il y a, en outre, là dedans une malle et un portefeuille qui jouent un rôle très-compliqué : le portefeuille renferme, comme c'est le devoir de tout portefeuille de vaudeville, un grand nombre d'adresses de Désirabode, qui servent à doter la jeune première ; le portefeuille appartient à l'asthmatique Ducantal, et il est remis par l'intègre Bilboquet à l'intéressante Zéphyrine. Voilà tout ce que nous avons pu comprendre de l'action à travers le feu croisé de lazzi, de calembours, de jeux de mots, de pointes, d'arlequinades et de charges toutes plus bouffonnes et plus exhilarantes les unes que les autres, qui détonnent comme des pétards de tous les coins du dialogue ; si nos lecteurs désirent en savoir davantage, ils n'ont qu'à aller voir le vaudeville lui-même : c'est le meilleur antidote qu'il se puisse trouver contre la mélancolie et le spleen. Nous le recommandons aux Anglais millionnaires, prêts à se couper la gorge, et aux poëtes intimes décidés à s'asphyxier.

C'est Odry, le grand Odry (Altesse, saluez !) qui fait Bilboquet.

Comme la nature l'a traité en enfant gâté ! Avec quelle curiosité complaisante elle a soigné sa laideur ! Comme c'est une laideur parfaite, idéale, sans rivalité possible. Quasimodo lui-même est moins laid, car il arrive au terrible par le fantastique et le monstrueux ; mais Odry ! comme on voit qu'il a été fait exprès pour le théâtre des Variétés : un nez en bouchon de carafe, martelé de méplats et de facettes, allumé d'un rouge véhément, épaté au milieu de la figure et écrasé par le poing de la trivialité et de la sottise, des yeux de poisson cuit au regard hébété, une bouche fendue comme un grelot et faisant deux ou trois fois le tour de la tête ; des épaules voûtées, des jambes si comiquement cagneuses et dénuées de mollets ; des mains rugueuses, courtes, violettes, carrées ; puis, sur tout cela, cette admirable fatuité de bêtise et cette insolence d'ânerie que vous savez. O grand, inimitable, surprenant, ébouriffant Odry ! Jamais casse-noisette de Nuremberg, jamais tête chimérique sculptée dans les nœuds d'une canne, n'offrit un profil plus risiblement grotesque. Le comique d'Odry ne dépend pas des pièces qu'il joue ; mais il ressort naturellement de lui-même ; ce n'est pas un acteur ni un personnage, c'est Odry, voilà tout ; c'est assez. Il entre, on rit ; il ouvre la bouche, on rit ; il fait quelques pas avec un air étonné, on rit plus fort; il croasse de sa voix enrouée quelque calembour stupide; il chante comme une crecelle ou comme un verre à patte deux ou trois lignes de cette prose patoisée qu'on nomme des couplets : tout le monde se tient les côtes de rire, et se tord sur les banquettes en proie à des spasmes d'hilarité convulsive. Odry rit lui-même et partage la gaieté qu'il excite. Les accès redoublent; Odry se dandine comme une oie sur une plaque de tôle rouge, ou comme un ours debout sur ses pattes de derrière; alors, ce sont des transports indescriptibles. Aussi, il faut voir les étranges plis que font sur le dos d'Odry les carricks de cocher de fiacre et de tireur de cartes, dont il s'affuble ordinairement; comme les couleurs se salissent sur lui et tournent à des tons suspects. Dans quel recoin du Temple ou des piliers des Halles va-t-il pêcher ces chapeaux éreintés, sans bords, sans fond, plus bossués que de vieilles casseroles, et près desquels le couvre-chef de Robert Macaire est un castor supérieur, un feutre de Gibus ou de Bandoni; ces pantalons prodigieux, *derniers débris des races disparues*, garnis de cuir jusqu'aux genoux, étoilés de graisse, mouchetés et constellés de boue, dans lesquels il entre jusqu'aux aisselles et disparaît tout entier; ces gilets d'un jaune serin chimérique, et d'un poil de chèvre introuvable; ces *fracs* particuliers qu'on ne voit qu'à lui, ces perruques de filasse plus embrouillées et plus misérables que celle de Chapelain, satirisée par Boileau et Furetière, et toutes ces guenilles qui laissent bien loin en arrière la friperie du *Roman comique*.

Qu'Odry va bien à ces guenilles! que ces guenilles vont bien à Odry! quel parfait sentiment de l'ignoble ! Ce n'est pas là assurément de la *haute comédie*, et le rire soulevé par un haillon excentrique n'est pas à beaucoup près d'aussi bon aloi que celui qui naît d'un mot spirituel; il y a peut-être même quelque chose de féroce et d'immoral dans ce rire excité par la difformité et la bêtise; mais, dans une époque comme la nôtre, on rit comme on peut et non pas comme on veut. — *Solventur risu tabulæ, tu missus abibis.*

Le concert donné par les saltimbanques, dans l'espérance de payer leur écot à l'auberge, est d'une bouffonnerie désopilante; Odry, s'acharnant après sa grosse caisse et frappant la peau comme une enclume, avec une ardeur enragée, comme un homme qui n'a pas mangé depuis huit jours, et dont le dîner dépend de la quantité de bruit qu'il fera, est bien la figure la plus drolatique que l'on puisse voir. Mademoiselle Flore, cette tour de Babel de chair humaine, dont l'embonpoint contraste grotesquement avec le régime diététique auquel Bilboquet soumet forcément sa troupe, a la plus joviale tournure de joueuse de harpe ; elle fait dans la pièce le rôle de la femme sauvage, qui mange des cailloux et de la viande crue ; ce sont là les bénéfices de son emploi, envié par le famélique Gringalet.

Au troisième acte, Bilboquet, qui a prudemment quitté la capitale, ayant engagé sa signature pour un de ses amis qui avait fondé une société en commandite pour l'extirpation des cors et qui *manque de tout*, dirige les réjouissances dans une ville de province, à l'occasion de l'arrivée d'un nouveau préfet. On se figure aisément la suite de parades extravagantes qui en résulte : mademoiselle Flore fait la grande géante, « qui a huit pieds six pouces au-dessus du niveau de la mer, » ajoute Bilboquet entraîné par le lyrisme effréné qui lui est habituel ; les tambours-majors, les Patagons, les chasseurs à plumes vertes qui montent derrière les voitures, sont des Mathias Gullia à côté de mademoiselle Flore, moyennant une rallonge de deux jambes postiches que Bilboquet, homme ingénieux, s'il en fut, lui a fort adroitement adaptée. La naine, antithèse naturelle de la géante, est représentée par Gringalet plié en deux avec des souliers rouges ajustés aux genoux. A un moment pathétique, mademoiselle Flore accourt portant ses jambes sous ses bras comme des tuyaux de poêle ; Gringalet se déploie et se présente devant la foule ébahie avec ses souliers en genouillère, qui relèvent le bord de sa robe comme l'épée d'un raffiné relève le manteau dont elle est couverte. Mais la scène hyperdrolatique, l'œil, la perle du vaudeville, est l'endroit où Bilboquet, dit l'Incomparable Espagnol, danse la *caoutchoucha* avec la petite Zéphyrine, costumée en Andalouse ; Odry en troubadour, en comte Almaviva, tout de satin blanc de la tête aux pieds, avec des crevés, des passequilles et des bouffettes, Odry élégant, beau et splendide à voir ; Odry en grand costume moyen âge ! ajoutez à ces magnificences une immense perruque de Scapiglione, un vrai prospectus de la pommade du lion, vous aurez une des plus extravagantes caricatures que puisse trouver l'imagination en débauche d'un ou de plusieurs vaudevillistes.

Les castagnettes lancent leur rire insolent et grêle ; Odry, plus fièrement cambré que Camprubi, s'avance avec sa Dolorès ; il se renverse amoureusement en arrière, il déploie et ramasse ses bras, il penche sa tête d'un air de coquetterie avantageuse on ne peut plus divertissant, il laisse tomber ses mains pâmées ou mortes d'amour, où pendent, aux lèvres des castagnettes, des grappes de notes pétulantes ; il jette sa cuisse plate et maigre, avec un certain tic nerveux, comme pour faire ballonner sa jupe de gaz ; il fait, ce vieux animal d'Odry, tout ce que faisait la jeune et charmante Dolorès Serral, tout ce que fait l'Elssler du *Diable boiteux*. Eh bien, la cachucha est une danse d'une élégance si divine, d'une allure si passionnément voluptueuse, que la parodie d'Odry ne peut lui ôter sa grâce et sa saveur natives ; la cachucha a presque fait Odry gracieux. Fanny Elssler, qui assistait à la première représentation de cette parade, dans une loge d'avant-scène, paraissait inquiète de voir Odry s'avancer ainsi sur ses domaines.

Cette parade a complétement réussi ; pour notre part, nous aimons beaucoup ce vaudeville de MM. Varin et Dumanoir, parce qu'il est absurde et n'a ni queue ni tête, ainsi que doit être tout vaudeville véritable ; le caprice doit avoir la plus large place dans les bluettes sans conséquence ; un vaudeville raisonnable est quelque chose de particulièrement odieux, et c'est le défaut des vaudevilles actuels, qui sont, en général, plutôt de petites comédies manquées que des vaudevilles réussis ; il faut entendre tinter les grelots de Momus (vieux style) dans les œuvres du Français né malin. *Les Saltimbanques* auront un succès de vogue.

VIII

FÉVRIER 1838. — Odéon : *le Camp des Croisés*, drame en vers de M. Adolphe Dumas. — Ce que doit être la poésie dramatique. — Cirque-Olympique : *Bijou*, féerie. — Un machiniste pris au dépourvu. — Les jongleurs anglais. — Les bals masqués en l'an de grâce 1838. — Ambigu : *l'Élève de Saint-Cyr*, mélodrame de M. Francis Cornu. — Vaudeville : *les Industries forcées*, par M. Cordier. — Pudeur trop rare du public.

5 février.

ODÉON. *Le Camp des Croisés.* — Notre situation ne laisse pas que d'être embarrassante ; nous voudrions dire du bien et beaucoup de bien de ce drame, qui est le début d'un jeune homme de mérite, M. Adolphe Dumas, auteur de la *Cité des hommes*, recueil de poésies où étincellent çà et là des morceaux remarquables. Nous aurions désiré le louer d'avoir eu le courage de tenter une œuvre de longue haleine par le vaudeville qui court et à travers la vie hachée et confuse que l'on mène aujourd'hui ; il nous aurait été doux de voir un nouveau nom augmenter la liste un peu restreinte de nos dieux littéraires ; mais, malheureusement, nous en sommes pour nos bonnes intentions. Le drame joué hier à l'Odéon n'a pas réussi, et le nom de M. Adolphe Dumas, lancé à grand'peine par Geffroy, fatigué d'un rôle au-dessus de ses forces, s'est perdu comme une note confuse dans la vaste symphonie en *la* exécutée par les sifflets du public.

Pour porter un jugement sur cette œuvre, consciencieuse après tout, nous aurions besoin d'une seconde et même d'une troisième audition ; le mérite de M. Adolphe Dumas n'est pas la clarté ; la conduite de son drame est embrouillée et confuse ; le style symbolique, chargé en couleur, lyrique sans mesure et sans à-propos, ne contribue pas à rendre compréhensible cette intrigue insaisissable ; ajoutez à cela que presque toutes les scènes se passent la nuit, à la clarté tremblotante des étoiles, et que l'obscurité palpable se joint à l'obscurité intellectuelle ; — c'est une rêverie jouée par des ombres dans un crépuscule où se perdent tous les contours et toutes les idées.

Nous ne sommes pas de ceux qui admirent exclusivement les préparations scéniques et cette habileté matérielle que l'on appelle *avoir de la planche*, en argot dramatique ; nous n'avons pas des admirations bien véhémentes pour ce mécanisme grossier, qui réduirait le poëte à n'être qu'un *charpentier* théâtral ; nous croyons à la possibilité de mille combinaisons nouvelles, et nous souhaitons plus que personne que l'on ne taille pas perpétuellement la robe des héros de tragédie sur les cinq ou six patrons en usage depuis un temps immémorial ; mais M. Adolphe Dumas nous paraît s'être mépris complétement sur la nature de la poésie dramatique ; une pièce doit être conçue dans le même système qu'une décoration : il faut qu'elle soit au point de vue et satisfasse à l'optique de la scène. Le dessin a besoin d'être agrandi et simplifié, avec des contours arrêtés vigoureusement, qui ne puissent pas s'estomper à distance ; la couleur doit être vive, franche et crue, posée par touches larges et nettes ; indiquer les détails, fondre moelleusement les nuances, serait un mauvais calcul ; les détails papillotent et embarrassent l'œil ; les nuances s'éteignent et se faussent à la lueur échauffée des quinquets. Un tableau véritable ne ferait nul effet sur la scène ; il faut la brosse et le balai ; un peu de brutalité ne messied pas au dramaturge.

Il ne faudrait pas inférer de ceci que nous excluons de la poésie dramatique les finesses et les recherches de l'art, que nous voulons en bannir le lyrisme ; bien au contraire ! mais nous pensons que les subtilités, les intentions mystiques, les coquetteries de forme ne sont point de mise au théâtre ; le lyrisme doit y être passionné, et non purement descriptif ; quelle figure peut faire l'action avec ses comédiens inoccupés lorsque le poëte s'amuse à cueillir les marguerites emperlées de rosée dans les sentiers de la rêverie et de l'inspiration personnelle ?

Nous ne doutons pas que la pièce de M. Adolphe Dumas ne renferme beaucoup d'élégies et de morceaux poétiques pleins de charme et de grâce ; mais, à coup sûr, ce n'est pas une pièce. Grand défaut pour une pièce !

Ce drame est monté avec luxe ; toutes les décorations, au nombre de quatre, sont peintes par MM. de l'Opéra et Cicéri ; ainsi le théâtre a fait pour le jeune auteur tout ce qu'il était possible de faire. Geffroy, Beauvallet et madame Dorval, toujours si passionnément et si gracieusement poétique, ont lutté avec plus ou moins de bonheur contre des rôles ingrats et sans réalité. Le début du drame humanitaire et panthéistique n'est pas des plus heureux.

CIRQUE-OLYMPIQUE. *Bijou.* — Cette innocente parade a déjà fait brûler deux ou trois théâtres ; il est vrai que M. Brazier en est l'auteur, et c'est un nom prédestiné pour une pièce incendiaire. *Bijou*, quoiqu'il ait allumé tant d'incendies, est cependant un ouvrage assez froid. On joue chez M. Comte des féeries d'une saveur bien autrement relevée ; c'est la lutte du bien et du mal, la dualité perpétuelle Dieu et Satan, Ahrimane et Oromaze. Bijou est le fils d'un bonnetier nommé Poireau ; un astrologue prédit au bonhomme Poireau que son fils est destiné à de grandes choses, s'il peut parvenir à vaincre certaines influences malignes. L'ange de lumière et l'ange de ténèbres se disputent Bijou, qui, à vrai dire, nous paraît peu digne d'exciter de semblables querelles : l'acquisition de l'âme d'un petit bonnetier n'est pas, après tout, d'une importance si majeure. Le diable, sous la forme du nègre Domingue, donne les plus mauvais conseils du monde au jeune Poireau ; la Sagesse, sous la forme d'un quart de punch qui voltige au bout d'une ficelle et d'une grosse fille très-décolletée et à jupe très-courte, tâche de corriger l'influence pernicieuse de Domingue. Il n'est pas besoin de dire que Bijou préfère de beaucoup la morale facile du nègre tentateur aux homélies un peu soporifiques de la déesse ; conseillé par Domingue, il joue, court les aventures, vole son père et se livre à une multitude d'excès prématurés ; car Bijou, et c'est une galanterie pour l'actrice qui remplit ce rôle, n'a guère plus de quinze ans. — Après une suite d'épreuves qu'il vous sera facile d'imaginer, Bijou, devenu prince indien, épouse la princesse Dahlia, fille de la Sagesse, devant une roue faite de rayons dorés qui tournent rapidement en sens inverse dans un incendie de feux de Bengale.

Il est impossible de rendre compte, scène par scène, de pareilles billevesées ; tout le mérite en revient au décorateur et au machiniste ; le public a si bien compris cela, que, sans vouloir entendre le nom des auteurs, il a redemandé le machiniste à grands cris. On lui a apporté le machiniste, qui se nomme M. Sacré ; ledit M. Sacré, qui n'était pas préparé à une semblable ovation, a paru avec un majestueux gilet de tricot et une casquette de loutre non moins recommandable.

Bijou n'est pas au-dessous du fameux *Pied de Mouton* pour les changements à vue, les *vols* et les surprises. Les canapés deviennent des secrétaires ; les meubles les moins suspects changent de forme comme des Protées ; les portraits bâillent dans les cadres ; les enseignes se détachent et vont se promener ; les pâtés soulèvent leurs croûtes et laissent passer des figures grimaçantes ; les bouteilles de vin de Champagne lancent des jets d'artifice ; l'eau des fontaines se transforme en pluie de feu ; les objets de l'apparence la plus innocente cachent tous un piége ou un calembour. Tout cela n'empêche pas le prince d'épouser la princesse, à la fin de la pièce.

La décoration qui représente une vue de Chandernagor est fort jolie ; les minarets des pagodes se reflètent dans l'eau bleue et profonde ; des végétations bizarres et vigoureuses, des aloès, des palmiers, des bambous, des caroubiers entourés de gigantesques lianes se tortillent et s'enlacent pittoresquement sur le premier plan.—La place de village où se tient la foire, avec son auberge délabrée et sa vigne cuite au soleil, est exécutée avec beaucoup de croquant et de ragoût ; on dirait une des eaux-fortes les plus capricieusement égratignées de Paul Huet ; les arbres du fond sont cependant par trop lâchés, et d'une couleur un peu trop idéale. Le palais de la princesse Dahlia ne manque pas d'effet, et la monstrueuse magnificence indienne y est assez bien comprise et rendue.—Mais ce qu'il y a de plus curieux dans *Bijou*, ce sont les jongleurs anglais : il est impossible de s'imaginer quelque chose de semblable ; c'est effrayant et c'est charmant. Figurez-vous deux hommes, deux démons, pour qui la pesanteur ne semble pas exister ; ils nouent et dénouent leurs bras et leurs jambes comme des bouffettes de rubans ; ils n'ont ni os ni articulations : ils se ploient en deux, en trois, en quatre ; ils marchent sur la tête, ils se fendent comme des compas forcés, ils sautillent entre leurs pattes à la façon des crapauds et des araignées, ils dépouillent entièrement la figure humaine et forment des enlacements incompréhensibles où l'on ne voit plus que des nœuds de membres fourmillants qui tourbillonnent sur eux-mêmes; il y a des instants où ils paraissent coupés en plusieurs morceaux, et se tordent en rampant comme des tronçons de serpent qui cherchent à se rejoindre. Ces exercices nous jettent toujours en des stupeurs admiratives dont nous avons toutes les peines du monde à revenir : Aristote, Homère, Napoléon, nous paraissent des drôles et des faquins à côté de ces glorieux saltimbanques. Faire *l'Iliade*, conquérir le monde, qu'est-ce que cela? Mais faire la pyramide humaine et marcher couramment sur les mains, *o altitudo!*

12 février.

BALS MASQUÉS. — La fureur des bals est, en ce moment, portée au plus haut point, et il ne va guère de monde au théâtre que pour y danser; il semble que l'on ait hâte que les représentations finissent, et que les machinistes passent sur le parterre les faux planchers qui le doivent recouvrir, avec tant de précipitation, que plus d'un spectateur attardé doit s'y trouver pris. Nous ne marchons jamais sur un parquet de bal sans penser à la situation tragico-bouffonne d'un pauvre diable endormi pendant la pièce et tombé sous une banquette, qui se réveillerait au trépignement cadencé des quadrilles, et comme un homme enterré tout vif, « cherchant à lever le couvercle trop lourd. »

Il serait assez grotesque qu'au milieu d'une contredanse, le spectateur souterrain, parvenant à rompre une planche, surgît tout à coup comme un Triton du sein des ondes, dans un opéra Louis XV; un *débardeur* shakspearien frapperait du pied en l'entendant grogner sourdement dans les noires profondeurs, et lui adresserait majestueusement la célèbre interpellation d'Hamlet à l'ombre de son père : « Silence, là-dessous, vieille taupe ! » Nous pensons qu'il y a là un beau sujet de roman à la façon de M. de Maistre ou de M. Saintine; on l'intitulerait : *Sensations intimes d'un libre penseur recouvert par un parquet.*

Nous ne savons pas si ces idées sont partagées par la foule fourmillante qui piétine sans repos sur ces planchers mobiles; toujours est-il que la furie du bal n'a jamais été poussée plus loin. C'est une chose singulière que cette soif de plaisirs violents avec nos mœurs sérieuses et constitutionnelles !

Samedi, l'on s'étouffait au bal de l'Opéra, dans la salle et dans le foyer : le bal de l'Opéra est double maintenant. Au bal Musard, il réunit l'ancien bal d'opéra, le bal des dominos masqués jusqu'aux dents, des promenades mêlées de chuchotements et de rires. Ce sont deux bals parfaitement distincts : l'un se tient dans le foyer, et l'autre dans la salle. Ici, la sévérité de costume, d'allure et de tenue est beaucoup moindre. Un orchestre tonnant fulmine des contre-danses, le quadrille piétine, la valse pirouette, le galop tourbillonne, les mains se cherchent, les éclats de voix se confondent, les jupes sont plus courtes et plus hardies, les corsages moins discrets; çà et là, l'on voit luire quelques blanches épaules à travers la noirceur des fracs tachetés d'un petit nombre de costumes plus brillants. C'est évidemment un autre public que celui du foyer, public fashionable, littéraire, artiste et ennuyé qui se soucie fort peu de danses, et ne va à l'Opéra que pour causer.

A propos d'ennui, nous voudrions bien savoir pourquoi l'on va au bal. Les phrases que l'on entend le plus dans ces mille lambeaux de conversations que l'on saisit au passage sont celles-ci : « Vous avez la mine de vous divertir médiocrement; vous amusez-vous? — Non; et vous? — Que c'est ennuyeux! que c'est fatigant! On étouffe, on s'assomme, on s'écrase les pieds, on se défonce les côtes ! » Et mille autres interjections plus ou moins plaintives. Cependant tous les gens qui se plaignent n'auront rien de plus pressé que de revenir le samedi suivant; ils ne manqueront pas une nuit; ils iront de Valentino à Musard, de Musard à l'Opéra-Comique, au Casino, partout.

La raison, qui fait braver cet ennui très-réel, c'est le désir de l'inconnu, la partie aventureuse de notre âme que l'arrangement et la symétrie de la vie moderne n'ont pu complètement détruire, et qui s'élance avec empressement au-devant du hasardeux et de l'imprévu; ce n'est pas qu'il arrive jamais aucune aventure au bal, et qu'il s'y dise un seul mot spirituel; mais enfin il y a possibilité; le domino, linceul de satin, pourrait cacher une princesse tout aussi bien qu'une cuisinière ou une grisette. Les conversations, il est vrai, se bornent à ceci : « Je te connais, » à quoi l'on répond inévitablement : « Tu as une mauvaise connaissance; » mais elles pourraient être aussi spirituelles que les étincelantes réparties de Mercutio. Il n'en est rien. On dirait que les femmes sont découragées par la laideur volontairement acceptée du domino et que la barbe du masque intercepte l'esprit comme la respiration ; au moins, quand une femme parle le visage nu, l'on peut se récréer à ses traits fins et délicats, et la bouche donne du prix aux paroles ; mais ce hideux masque, modelé, dit-on, par Michel-Ange, qui a le profil bestialement cambré de la chèvre et la laideur camarde de la tête de mort, inspire plus d'indulgence que les phrases nasillardes qu'il laisse filtrer à travers ses déchiquetures.

19 février.

AMBIGU. *L'Élève de Saint-Cyr.* — Nous étions encore près de la *sublime porte* de M. Harel, que nous entendions déjà fort distinctement le prologue de l'*Élève de Saint-Cyr.* — Vous savez que le théâtre de l'Ambigu est le théâtre de Paris où l'on crie le plus ; — les mugissements de Beauvallet empêchent Albert et Saint-Ernest de dormir. — Il ne s'agit pas ici de nuances, d'inflexions ; tous les rôles sont hurlés comme avec des porte-voix ; c'est Guyon, gigantesque gaillard, orné d'une basse-taille dans le goût de celle de Lablache, qui a introduit ce formidable diapason, qui doit, dans un temps donné, rendre tous les acteurs de l'Ambigu, poussifs, asthmatiques et poitrinaires. Cette fois-ci, ce n'était plus un dialogue de tonnerres entre Albert et Saint-Ernest, une bataille des *r* de l'un contre les *s* de l'autre, une lutte des *liquides* contre les *sifflantes*, pour nous servir de termes de grammaire, mais bien une belle et bonne fusillade nourrie, drue et crépitante à faire envie au Cirque-Olympique dans ses plus glorieuses campagnes.

En entrant, nous avons distingué à grand'peine, à travers les masses de fumée abaissées sur le théâtre comme les nuages qui servent de fiacres aux divinités dans les opéras mythologiques, une espèce de décoration représentant une ville espagnole, balcons à trèfles moresques, campaniles de couvent, flèches d'église, pots d'aloès, caisses d'orangers et autres ustensiles plus ou moins andalous ; puis, au balcon de la coulisse de droite, Saint-Ernest tirant des coups de fusil à l'armée française, composée d'un Français unique, le reste étant sans doute caché derrière une borne, comme, aux figures de cire de Curtius, les trente mille hommes de l'armée du duc d'Angoulême *qu'un buisson empêchait d'apercevoir*. Le tambour bat, les pétards éclatent, on roule des brouettes pleines de pierres sur les combles du théâtre, on frappe sur des tonneaux vides pour imiter le bruit du canon ; la fumée devient de plus en plus épaisse, déborde de la scène dans la salle, enveloppe le lustre, qui paraît tout rouge comme le soleil dans le brouillard, et provoque des salves d'éternuements. De tout cela, il résulte que l'élève de Saint-Cyr a pris la ville de Tarragone. Tudieu ! quel élève !

Albert a donc pris Tarragone ; c'est bien ; voici le drame qui commence. L'Espagnol représenté par Saint-Ernest, qui s'appelle peut-être bien Gil, Nunez, Pedro, ou autrement, mais que nous appellerons Perez pour la commodité de notre récit, a une fille nommée Isabelle ou Léonore, il n'importe ; cette fille est jolie comme le sont au théâtre toutes les filles de pères quelconques ; nous disons qu'elle est jolie : cependant l'actrice est assez laide, et se fie un peu trop, pour ses charmes, à l'optique de la scène. L'Espagnol est féroce et la fille est jolie ; tout le drame est là. Arrive une escouade de Français avec des billets de logement ; l'élève de Saint-Cyr est du nombre. Il ne manque pas de tomber amoureux de la senorita. Perez semble fort mal disposé à imiter l'hospitalité de don Ruy Gomez, et il enverrait volontiers au diable les hôtes que Dieu *lui envoie* ; néanmoins, il se résigne, et dit à la suivante Paquita, cette phrase hétéroclite et mémorable : *Conduisez ces messieurs dans une partie du logis, c'est là qu'ils doivent habiter*. Il y a, du reste, beaucoup de phrases aussi biscornues dans l'œuvre de M. Cornu.

Perez, qui est attaqué d'une gallophobie bien caractérisée, et qui marche toujours la tête dans la poitrine et la main sur le manche de son *cuchillo*, en marmottant des imprécations contre les *gavaches* de Français, envoie sa fille au couvent de l'Annunciade ; car il a surpris quelques œillades enflammées et significatives entre le jeune officier et la senorita, et il sait, tout Espagnol qu'il est, que *le succès* est la rime la plus naturelle des Français, et que *le militaire* est essentiellement triomphateur de son état.

L'élève de Saint-Cyr, qui s'entend mieux à prendre des villes que des femmes, se trouverait fort embarrassé sans l'assistance de Jolibois, le sergent, homme plein de ressources et familiarisé de longue main avec toutes les ruses de l'amour. Voici le stratagème que notre Jolibois invente : il se déguise en colporteur et voiture sur son dos une grande boîte remplie d'*Agnus Dei*, de chapelets, d'images coloriées et découpées, de couronnes de fleurs artificielles, de bagues bénites et autres doreloteries capables de charmer des pensionnaires de couvent. Cette boîte est à double fond ; dans le double fond se blottit l'élève de Saint-Cyr, plié en trois ou quatre morceaux. Jolibois introduit ainsi son officier dans le couvent de l'Annunciade : les religieuses achètent différents objets et se retirent. Il ne reste que dona Isabelle ; le double fond s'ouvre et l'élève de Saint-Cyr se montre, se précipite aux genoux d'Isabelle. Lui faire l'aveu d'une flamme éternelle n'est que l'affaire de deux ou trois minutes pour l'entreprenant officier, qui n'est pas à beaucoup près aussi timide que Jolibois le lovelace chevronné veut bien le dire. Mais on entend des pas dans l'escalier : c'est Perez qui, tourmenté d'une vague inquiétude, vient visiter sa fille et, par la même occasion, demander à la supérieure de lui prêter la chapelle de son couvent pour tenir une assemblée de conjurés : l'officier n'a que le temps de se jeter dans une chambre latérale. Perez entre humant l'air, furetant dans les coins et flairant le Français comme un ogre qui sent la chair fraîche. Le trouble mal dissimulé de sa fille lui donne des soupçons ; cependant, comme tout père, tout mari complaisant qui veut laisser aller le drame jusqu'au cinquième acte, il ne s'aperçoit de rien. La boîte de Jolibois et Jolibois lui-même lui paraissent très-suspects, et il force le faux colporteur à déguerpir promptement ; mais l'élève de Saint-Cyr n'a pas eu le temps de remonter dans la machine, et Jolibois trouve sa boîte désastreusement légère ; il sort en faisant la mine la plus piteuse du monde, et fort inquiet sur le sort de l'aventureux officier ; car il y va de sa tête : la peine de mort est prononcée contre tout Français qui aurait eu l'audace de s'introduire dans un couvent de femmes, et d'effrayer dans leur nid les blanches colombes du Seigneur, sans compter la chance d'être préalablement dagué si on était surpris par quelque Espagnol pur sang.

L'élève, profitant de *l'ombre de la nuit*, et d'une échelle de soie que l'industrieux sergent lui a fait parvenir, descend par une fenêtre accompagné des vœux et des prières de la senora éperdue. Malheureusement, il se croise dans le jardin avec les conjurés qui se rendent à la chapelle du couvent, pour concerter le massacre des Français; l'alarme est donnée et le profane chaudement poursuivi; il est déjà parvenu à la crête du mur, et le sergent Jolibois lui fait la courte échelle de l'autre côté; mais l'implacable Perez le poursuit de près! Encore une seconde, et il est sauvé : sa main gauche seule se cramponne au chaperon du mur, qu'il va lâcher lorsque ses pieds auront un point d'appui ; Perez arrive et lève sa hache ; le corps tombe dans la rue entre les bras de Jolibois, la main tombe dans le jardin, crispée et convulsive comme un crabe à l'agonie. Perez rentre avec sa hache damasquinée de sang; dona Isabelle s'évanouit.

Perez n'est qu'à demi satisfait ; il a la main, mais il voudrait le corps. Sa vengeance n'est pas entière ; il s'agit de savoir à quel poignet cette main s'ajusterait ; il va donc trouver le commandant de la place et lui dit qu'un Français s'est introduit dans le couvent de sa fille, et requiert contre lui la peine de mort; mais il faut découvrir le coupable ; il est marqué de façon à se reconnaître aisément. Le général ordonne une revue ; Perez rugit de joie et croit tenir sa vengeance ; il se réjouit, mais il compte sans Jolibois. Le sergent ingénieux a fait fabriquer à un dentiste qui suit l'armée, une fausse main en acier qui ferait honte à la main de fer de Gœtz de Berlichingen. L'élève de Saint-Cyr ajuste bravement à son moignon sanglant la main artificielle recouverte d'un gant de peau, et s'en va à la parade ; il est un peu pâle et ne se tient pas très-bien sur ses jambes ; mais il y va de sa tête, car le général est inexorable, et il rassemble toutes ses forces et son courage pour soutenir cette fatale inspection. Perez court de rang en rang, furieux, désespéré; il ne reste plus que le peloton d'Albert; il regarde : tout le monde a ses mains, à la grande surprise du vindicatif Espagnol; par surcroît de précaution, il demande au général que personne ne sorte de la ville avant trois jours, le général excepté seulement, et, ô providence dramatique! le jeune élève de Saint-Cyr, récemment décoré et qu'il doit envoyer en mission à l'empereur. Le Perez retourne chez lui grommelant et regardant de travers comme un tigre qui a sauté à côté de sa proie. Rentré dans sa maison, il veut à toute force arracher le nom du Français à sa fille et renouvelle les scènes d'Angelo, tyran de Padoue, et du duc de Guise dans *Henri III*. Isabelle garde un courageux silence et ne veut pas trahir son amour. Perez beugle, mugit, grince des dents et sort pour continuer ses recherches; à peine a-t-il les talons tournés, que l'élève de Saint-Cyr, qui ne paraît guère songer à son bras coupé, vient faire ses adieux à dona Isabelle : imprudence fatale, car Perez, toujours agité d'inquiétude soupçonneuse, rentre à la maison quelques instants après. Vous vous figurez aisément cette scène : la fille pleure et se jette à genoux; l'élève de Saint-Cyr ne laisse pas que d'être interdit, et Perez parcourt le théâtre avec des gestes frénétiques; il veut se battre avec l'amant de sa fille, lequel ne voudrait pas se battre avec le père de sa maîtresse. Sur ces entrefaites, le capitaine, qui cherche son fils, arrive fort à propos; Perez, qui a reconnu l'homme à la main coupée, veut le livrer à la rigueur de la loi : le capitaine le supplie à genoux de lui laisser son enfant; il reste inflexible.

Heureusement, Jolibois, dont la mission est de lever tous les obstacles de la pièce, surgit triomphalement avec le plan de conspiration de Perez, qu'il a trouvé sur le corps d'un moine; les signatures des conjurés y écrivent autant d'arrêts de mort pour eux : le capitaine propose à Perez d'anéantir ce document à condition qu'il cessera ses poursuites contre Albert. Perez accepte; mais l'élève de Saint-Cyr refuse une vie qu'il achèterait au prix du déshonneur de son père. On conduit l'Espagnol et le Français à la prison de la ville; une révolte éclate, Perez et l'élève de Saint-Cyr entendent la fusillade en rongeant leur frein comme des chevaux impatients; l'élève de Saint-Cyr obtient du général la faveur d'aller se faire tuer dans la bataille; on lâche aussi Perez, nous ne savons trop pourquoi; Perez rentre bientôt percé par le poignard d'un compatriote; les Français sont victorieux comme toujours, et l'élève de Saint-Cyr, qui a obtenu sa grâce, épouse probablement dona Isabelle.

Cette pièce renferme des situations vives et saisissantes; elle n'est pas dénuée de quelque invention dramatique, et ce canevas, traité par un poëte, aurait pu devenir une belle tragédie; par malheur, M. Francis Cornu n'a pas même une idée lointaine de la langue française et fait parler ses personnages dans une espèce de charabia qui, du reste, paraît fort bien compris du public de l'Ambigu.

26 février.

VAUDEVILLE. *Les Industries forcées.* — Constatons ici un progrès sensible dans le public, qui a sifflé par un sentiment de pudeur et de convenance très-louable. Le comique de cette pièce consiste dans l'opposition de la haute position sociale des personnages et les professions ignobles et vulgaires qu'ils sont forcés d'adopter pour vivre dans l'émigration. Des émigrés français se sont réfugiés à Londres ; le baron se fait cuisinier, la baronne femme de ménage, la marquise ravaudeuse, et ainsi de suite. Qu'y a-t-il de risible dans le spectacle de nobles infortunes noblement supportées ? et n'est-ce pas un choix bien malheureux pour un vaudeville qu'une idée qui prêterait merveilleusement à une pièce du genre élégiaque ? La misère n'est jamais comique ; c'est une inconvenance et un manque de goût que de se moquer de gens doublement malheureux par le sentiment de leur misère présente et de leur fortune passée, et qui cherchent à vivre honnêtement sur la terre d'exil du travail de leurs mains. Parmi cette laborieuse colonie, seule une vieille comtesse ne veut pas dégrader sa noblesse et souiller son blason en descendant à des occupations roturières. C'est encore là un *préjugé* plein de grandeur et de poésie, dont il est peu plaisant de se moquer. Le fils de la comtesse se dévoue pour sa mère, et ne craint pas de manier de ses blanches mains patriciennes la savonnette, le rasoir, le peigne et la houppe à poudrer. En faisant son métier de barbier, il devient amoureux de la fille d'une de ses pratiques qui est fort riche, et qu'il finit par épouser après avoir décidé, à force de supplications, sa noble mère à cette mésalliance profitable. — Le parterre, qui d'ordinaire accueille si favorablement toutes les attaques dirigées contre la noblesse et applaudit, immanquablement, les pièces où les gentilshommes sont représentés sous un jour défavorable ou ridicule, a dérogé à ses habitudes, et très-mal reçu la pièce de M. Cordier.

IX

MARS 1838. — Italiens : *Parisina*, libretto de M. Felice Romani, musique de M. Donizetti. — Mademoiselle Julia Grisi. — Sa beauté. — Tamburini. — Rubini. — Opéra : *Guido et Ginevra, ou la Peste de Florence*, paroles de M. Scribe, musique de M. Halévy. — La pièce et la partition. — Duprez. — Les décorations. — Gymnase : *l'Interdiction*, par M. Émile Souvestre. — Bocage. — Variétés : *Midi à quatorze heures*. — L'auteur dramatique malgré lui. — Encore le vaudeville prédicateur.

5 mars.

ITALIENS. *Parisina*. — Quelques lignes de Gibbon ont fourni à lord Byron le sujet de *Parisina*, qui est un de ses plus beaux, un de ses plus irréprochables poëmes ; c'est une histoire si touchante et si dramatique, qu'il y a lieu de s'étonner qu'elle ait échappé si longtemps aux faiseurs de drames et de livrets. Il signor Felice Romani, qui a du talent et un assez joli sentiment poétique, comme le prouvent beaucoup de détails gracieux, brodés en vives couleurs sur la trame de son canevas, a très-convenablement mis en pièces le poëme de lord Byron. Seulement, il a reculé devant l'inceste historique, et il a cru devoir à la pudeur scénique le sacrifice de la vérité : dans le livret, Parisina aime Ugo comme elle en est aimée, mais leur amour reste pur ; ô sainte innocence, *sancta simplicitas !* Sobriété rare par les saturnales actuelles. La pièce n'en est pas moins intéressante et bien coupée pour la musique. Comme nous pensons que tout le monde a lu la *Parisina* de lord Byron, nous nous contenterons d'indiquer la fable en quelques lignes.

Nicolas III, duc de Ferrare, dont le nom a été changé par le poëte anglais en celui d'Azzo, comme plus euphonique et plus facile à encadrer dans le mètre, avait épousé en secondes noces Parisina, jeune et belle fille, autrefois fiancée à Ugo, son fils naturel ; les deux jeunes gens s'aimèrent d'une passion coupable ; trahis par quelque camérière infidèle et quelques mots échappés à Parisina dans le trouble d'un rêve sur la couche de son époux soupçonneux, les deux amants *sont entraînés* devant un conseil composé des familiers du duc. Ugo est condamné à mort; Parisina finira ses jours dans un couvent. L'amour paternel combat chez Azzo le ressentiment de l'époux; mais, après plusieurs alternatives d'attendrissement et de colère, la fureur jalouse l'emporte : la tête d'Ugo roule aux pieds de Parisina, qui devient folle et disparaît sans qu'on ait jamais pu savoir ce qu'elle était devenue. Azzo termine sa vie dans une noire tristesse, et, depuis ce jour-là, comme le roi de Thulé, on ne le vit jamais sourire.

Assurément, *Parisina* contient tous les éléments d'une véritable tragédie : intérêt profond, passions combattues, fatal enivrement de l'amour, beauté, poésie, jeunesse, tout ce qui peut pallier un adultère compliqué d'inceste; mais peut-être la musique est-elle moins propre que la poésie à rendre ces remords, ces élans comprimés, toute cette grande passion inavouée et contenue, et ce sujet est-il moins favorable au compositeur qu'il ne le paraît d'abord.

Parisina est la partition favorite de Donizetti, il la préfère de beaucoup à ses aînées; cette complaisance paternelle ne nous paraît pas fondée, *Parisina* est loin d'être supérieure à la *Lucia di Lammermoor* ni à l'*Anna Bolena ;* peut-être le charme poétique de la pièce entre-t-il pour quelque chose dans cette préférence, à l'insu même de l'auteur.

Mademoiselle Grisi a chanté admirablement et joué en tragédienne consommée; il faut voir quels beaux soupirs dramatiques soulèvent ce sein de marbre qu'on croirait sculpté par Cléomène, quelles nobles et pudiques rougeurs passent sur ce front d'une pureté tout à fait grecque, et quels cris d'indignation superbe jaillissent de ces lèvres divinement modelées! Mademoiselle Grisi est merveilleusement belle! ses épaules, son cou et ses bras peuvent le disputer de perfection aux statues antiques les plus renommées. Le paros n'a pas plus de finesse et de fermeté, ni une blancheur plus mate et plus blonde. Assurément, la couronne irait bien sur ces bandeaux de cheveux noirs et sur ce front d'ambre pâle, et, si les grâces seules donnaient le sceptre, il y a longtemps que mademoiselle Grisi serait souveraine. Mais on n'a pas, en France, la religion de la beauté, on se laisse prendre à des afféteries et à des gentillesses; on abandonne la ligne simple et magistrale pour le contour capricieux et tourmenté, et, cependant, la beauté est sainte puisqu'elle vient de Dieu, et que personne ne peut l'acheter ni la donner; la beauté, comme le bonheur, est une chose surhumaine, digne de tous nos respects et de toute notre admiration. Après Malibran, Grisi. La reine est morte; vive la reine! Elle ne chante peut-être pas aussi bien, mais elle a les plus beaux yeux bleus du monde, un profil de Niobé et des mains d'une pureté et d'une transparence royales; cela compense, et au delà, une ou deux notes de moins.

Tamburini, qui remplissait le rôle d'Azzo, a exprimé avec une grande puissance les passions farouches et l'humeur jalouse du vindicatif mari; contre son ordinaire, il était costumé d'une manière convenable.—Pour Rubini, il était déguisé en Espagnol, en moyen âge pendule de la façon la plus grotesque du monde. Dans un théâtre moins poli et moins bien élevé que le Théâtre-Italien, on poursuivrait Rubini de clameurs malhonnêtes; et, même au Théâtre-Italien, il a fallu tout le respect et toute l'admiration que l'on porte à son divin talent, pour comprimer une envie de rire assez caractérisée. Que Rubini consulte dorénavant quelque artiste de goût, ou change de costumier.

Les décorations du signor Ferri, quoique très-magnifiques pour le Théâtre-Italien, ont cependant des fraternités un peu trop sensibles avec les papiers peints des salles à manger, où l'on voit le couronnement des Incas et la procession des vierges du soleil; mais, au moins, elles ne sont pas géographiées de taches d'huile et repoussantes à voir.

12 mars.

OPÉRA. *Guido et Ginevra, ou la Peste de Florence.* — Il est bien certain maintenant que l'opéra de M. Halévy existe : à l'heure où nous écrivons ceci, il en est déjà à sa troisième représentation. Du reste, nous n'avons rien perdu pour attendre : *Guido et Ginevra* (titre définitif) a parfaitement réussi; c'était justice.

Le livret est naturellement de M. Scribe, le fournisseur breveté de toute espèce de denrée dramatique. Cette fois-ci, il a choisi un sujet poétique et renfermant des situations vraiment musicales. La fable, qui a des rapports avec *Roméo et Juliette* de Shakspeare, est tirée d'une nouvelle italienne bien connue ; seulement, M. Scribe, pour motiver le luxe de costumes et de décorations exigé par un grand opéra, a fait de Ginevra la fille de Côme de Médicis ; nous ne le chicanerons pas là-dessus, et nous n'irons pas compulser les chroniques florentines, pour savoir si le Côme de l'opéra est Côme Ier ou Côme II, et si la peste qui sert à déblayer le drame de quelques personnages embarrassants est la grande ou la petite peste, peu importe : le livret est bien coupé, quoiqu'il eût gagné à n'avoir que quatre actes ou même trois, nombre essentiellement théâtral, car il contient l'exposition, le nœud et le dénoûment ; c'est la seule coupe rationnelle, et, sur cinq actes, il y en a toujours deux qui ne renferment que des longueurs ou des préparations fastidieuses ; le second acte et le cinquième sont presque toujours malheureux, le second n'étant que la répétition du premier, et le cinquième que la queue du quatrième.

M. Halévy en est venu au point où l'on peut parler d'un artiste avec toute sincérité sans crainte de le décourager par le blâme, ou de lui tourner la tête par les éloges. C'est un talent tout à fait mûr et arrivé à son apogée ; sa réputation est faite, sa place est prise à la tête de l'école française : il n'a plus qu'à la bien garder. Une imagination brillante, une science profonde, une connaissance parfaite des ressources de l'orchestre, un tact exquis dans le choix des instruments, l'horreur du commun, la finesse et la distinction de ses mélodies : voilà les éminentes qualités que nous avions déjà signalées dans *la Juive*, et qu'on retrouve, quoique à un moindre degré, dans ce nouvel ouvrage.

La romance de Duprez

> Hélas ! elle a fui comme une ombre,
> En me disant : « Je reviendrai ! »

est une des plus ravissantes mélodies que M. Halévy ait jamais produites. Au reste, cette romance est l'idée mère de la partition, et, dans le cours de l'ouvrage, M. Halévy a su la ramener souvent avec bonheur. Écrite dans le ton mélancolique par excellence, elle est suave, douce et naïve, et Duprez la chante avec un charme inexprimable. Toutes les formules de louanges ont été épuisées sur ce grand artiste, et pourtant il ne s'était pas encore élevé à un si haut degré comme chanteur et comme comédien. Dans son grand air du troisième acte, il réunit tout : style, conduite, expression, poésie. Le morceau, il faut le dire aussi, est admirablement adapté à ses moyens, et, si nous en exceptons l'air de *Guillaume Tell,* Duprez n'avait rien rencontré d'aussi bien fait pour ses brillantes qualités.

Les décorations ne sont pas aussi belles qu'elles pourraient l'être; l'absence des quatre peintres, Feuchères, Séchan, Diéterle et Despléchin, se fait tristement sentir. Il y a loin de ces décors à ceux de *Stradella.* Les caveaux devraient être plus sourds et plus étouffés de ton : la donnée était originale, mais on n'en a pas bien tiré parti ; il aurait fallu là un de ces cauchemars architecturaux, comme Piranèse en réalise dans ses fiévreuses eaux-fortes, un dédale de rampes, d'arcades, de colonnes, de clefs de voûtes, de poutres enchevêtrées, une construction effrayante et noire, propre aux actions étranges, un parti pris violent de lumière et d'ombre, seul moyen de produire l'effet et l'illusion. La place de Florence présente une silhouette confuse ; la lueur de la lune est moins bleue que cela, elle est plus gris de perle, plus violette ; et la neige n'a jamais été de cette couleur, même en temps de peste. Il eût mieux valu copier tout bonnement la place de Florence. Le *petit* salon de l'orgie, qui est fort *grand*, est d'un assez bon style, mais il est d'un ton trop clair. Quant à la décoration du cinquième acte, il nous a été impossible d'y rien comprendre : c'est un mélange de brindilles de vigne, d'arbres déchiquetés à jour, et de constructions réticulaires, où l'on ne peut se reconnaître ; la vue des Apennins est dure et ne fuit pas. — Les costumes sont beaux, pleins de caractère et d'exactitude ; ils sont, pour la plupart, copiés sur des fresques florentines et pisanes.

19 mars.

GYMNASE. *L'Interdiction.* — Nous avons joui d'un spectacle bien rare au Gymnase, celui d'une salle pleine. C'est Bocage qui avait fait cela : Bocage l'élégant et mélancolique acteur, l'Hamlet en frac, le rêveur ardent et sombre, qui semble avoir été fait exprès pour l'école moderne, le Didier de *Marion Delorme*, l'Antony de *Madame d'Hervey*, le Buridan de la *Tour de Nesle*. Une chose nous inquiétait beaucoup, c'était de savoir si Bocage chanterait des couplets de facture; Bocage n'a pas chanté; c'est dommage. La pièce intitulée l'*Interdiction* est de M. Émile Souvestre; M. Émile Souvestre fait du drame simple et vertueux à la manière de M. Balissan de Rougemont; l'action, selon la poétique du genre, y est très-faiblement dénouée par une providence en culotte de soie, en perruque à boudins, en souliers à boucles d'or; le procureur honnête et le notaire patriarcal remplacent, dans le drame Rougemont, le *Deus ex machinâ*. Dans l'*Interdiction*, c'est Ferville qui joue le rôle de la providence. Il est probable que l'*Interdiction* a dû être refusée d'abord à la Porte-Saint-Martin. A quelques poutres dramatiques que M. Souvestre a oublié de retirer, on reconnaît la carcasse d'une plus grande charpente dramatique.

Est-il fort nécessaire de faire une analyse détaillée de cette pièce? La seule figure qui se dessine nettement dans notre mémoire, c'est Bocage, vieux prisonnier à barbe blanche, échappé de la Bastille avec l'échelle de Latude, et que l'aspect de la nature étonne et ravit : le bleu du ciel, la couleur du feuillage, le vol des papillons, l'arome des fleurs le jettent en des ravissements ineffables. Bocage a exprimé ce sentiment de la manière la plus poétique. Il était parfaitement grimé; c'était bien le teint plombé et maladif, la pâleur humide d'un prisonnier que le soleil n'a pas touché depuis quinze ans de ses lèvres d'or, le front dépouillé et poli, la barbe longue et négligée, la poitrine affaissée, les bras tombants, les pas incertains, les mains tâtonnantes comme d'un homme habitué à marcher dans l'obscurité. Il s'est montré aussi comédien consommé dans la scène de la folie, et, tout le long de son rôle, il a été d'une sénilité admirable; il a toujours eu soixante ans, chose difficile pour un acteur ardent et jeune comme Bocage. Son succès a été complet.

Ce drame ramènera-t-il la foule au Gymnase? C'est une question assez difficile à résoudre. Nous verrons bien.

VARIÉTÉS. *Midi à quatorze heures*. — *Midi à quatorze heures* est le nom d'une charmante nouvelle de M. Alphonse Karr, dont on a eu l'art de faire un assez pitoyable vaudeville. A propos de cela, n'est-il pas tout à fait malhonnête et désagréable, d'exposer un brave et spirituel garçon à être sifflé en effigie? Ce doit être une sensation singulière que de voir des personnages de votre invention, des scènes trouvées et combinées par vous, agir, se dérouler devant vos yeux sans que vous y soyez pour rien ; vous prenez malgré vous une part des sifflets qui ne s'adressent qu'à l'auteur du vaudeville, et vous devez reconnaître en vous-même que, décidément, vous n'avez point le génie dramatique!

21 mars.

LA MORALE ET LES VAUDEVILLES. — Nous avons eu occasion déjà de nous attaquer au vaudeville prétentieux, au vaudeville *bien fait*, au vaudeville *bonne comédie*, à toute cette littérature secondaire qui veut être autre chose qu'amusante, à ces divertissements qui veulent être des leçons, à ces romans qui veulent être des épopées, à ces couplets qui veulent être des strophes d'odes, à ces parades qui sont sérieuses tant qu'elles peuvent, et prétendent viser ainsi au suffrage des gens sensés et scrupuleux. C'est un travers non moins funeste à la vraie morale qu'à la vraie et folle gaieté. La devise que Santeuil composa pour *Arlequin*, le fameux *castigat ridendo mores*, a perdu pour toujours Arlequin. Du jour où on lui a dit qu'il corrigeait les mœurs en riant, il a eu la prétention de les *corriger sans rire*. Le vaudeville aura le même sort. Le vaudeville, *né malin*, mourra stupide, si l'on n'y prend garde ; et ce n'est la peine d'y prendre garde, en vérité.

Rien n'est amusant comme l'aplomb qu'ont certains auteurs de facéties à se poser en maîtres d'école ou en prédicateurs. Ne dirait-on pas que le bon goût, la morale, le bon sens, ont besoin de tels défenseurs, et qu'il faut à la sagesse moderne, comme à celle dont parle Rabelais, un cortège dansant de gens ivres et masqués? N'y a-t-il pas là, au contraire, un ridicule qui rejaillit sur les choses les plus vraies et les plus saintes?

Qu'une haute question morale, politique ou littéraire surgisse tout à coup, et voilà le vaudeville qui accourt faisant grand bruit, non de grelots, mais de *noix vides*, selon la métaphore latine;

parlez-lui de gloire et de patrie, voilà son style qui s'élève, et comme à l'*homme* de Térence, rien ne lui est étranger :

> Il reconnaît ce militaire,
> Il l'a vu sur le champ d'honneur !...

Le vaudevilliste a servi, voyez-vous !

> Et, s'il le fallait, pour la France
> Il repartirait à l'instant...

> Un vieux soldat sait souffrir et *se taire*
> Sans murmurer (*bis*).

> Car la Pologne (*bis*) est ennemie d'la Russie !...

Des novateurs littéraires viennent-ils insulter à la gloire de nos écrivains classiques, soyez tranquilles, grands hommes, le vaudeville va vous défendre :

> Les pièces de Molière
> Ça fait toujours plaisir !
> Ça fait, ça fait toujours plaisir !...
> Au Panthéon !
> Au Panthéon !
> Le grand Corneille au Panthéon !...

> Admirateurs du génie étranger,
> Ne craignez pas d'insulter nos grands hommes,
> Momus saura les protéger !

Qui ne se souvient encore de la croisade entreprise contre les drames immoraux des Français et de la Porte-Saint-Martin, par les auteurs de *Frétillon*, de *Sous clef*, de la *Marchande de goujons*, de la *Chevalière d'Éon*, etc.! Rien n'était plus édifiant. On sait que ce sont les vaudevilles des frères Cogniard qui ont surtout moralisé la classe ouvrière, et soutenu les caisses d'épargnes. Aujourd'hui, il s'agit d'empêcher les fortunes d'aller se perdre dans le gouffre des spéculations; il s'agit de protéger l'honneur et le bonheur des familles; il s'agit d'empêcher Paris de s'engloutir comme Gomorrhe dans un lac de bitume. Rassurons-nous, le vaudeville est là ; le vaudeville étend le bras ; il dit à cette mer d'asphalte : « Tu n'iras pas plus loin ! »

Les spéculations de ces derniers temps présentaient sans doute de fort bons sujets de vaudeville de circonstance ; mais il ne faut pas que le vaudevilliste s'exagère sa mission et se pose en catéchumène.

Ces réflexions nous sont suggérées par *la Bourse* et *M. Gogo*, donnés, l'une au Vaudeville, l'autre aux Variétés.

Il y a dans ces deux pièces une exubérance de morale et de sentiments vertueux assez déplacée en vaudevilles ; la vertu n'a pas besoin d'être vengée par des flonflons, et, quand elle veut parler sur la scène, elle ne prend pas la trompette fêlée du paillasse de la foire, mais la bouche du masque antique, ce porte-voix de bronze qui brise la phrase qu'on y souffle, en vers sonores et puissants. La pensée morale, réalisée ainsi noblement, s'appelle alors le *Misanthrope*, les *Femmes savantes*, le *Tartufe*, le *Philinte*. Mais les maîtres de la scène n'oseraient moraliser en prose, tant ils craignent de rendre les hautes maximes triviales et banales, en employant un langage commun à tous. L'auteur de *Turcaret*, lui-même, en écrivant la satire la plus violente qui existe, contre le vice, l'avidité, la rapine, la spéculation, n'a visé qu'à la gaieté et à la vérité du tableau, et laisse le spectateur en tirer lui-même la moralité et l'affabulation. Rien n'est plus triste aujourd'hui que d'entendre un acteur bouffon débiter sérieusement de hautes maximes sociales, ou chanter la morale sur l'air *Muse des bois*, ou *T'en souviens-tu ?*

X

AVRIL 1858. — Théâtre-Français : *l'Attente*, par madame de Senant.
— Un nouvel emploi dramatique. — Variétés : *Madame Pinchon*, vaudeville de M. Dumanoir. — Vernet. — Madame Jenny Vertpré. — Bobino :
Restons dans nos foyers. — Discours d'un monsieur en habit noir. —
Guet-apens tendu au critique. — Lamentations sur l'indigence dramatique. — Le théâtre et le pot-au-feu. — Les actrices mariées. — Plus
de poésie. — Complicité des auteurs.

9 avril.

THÉATRE-FRANÇAIS. *L'Attente*. — *L'Attente* est une petite pièce qui n'a pas répondu à l'attente du public ni probablement à celle de l'auteur, ou de l'auteu*re*, pour nous servir de la terminologie féminine de madame Madeleine Poutret de Mauchamps, rédacteu*re* en che*ffe* de la *Gazette des Femmes*, car la pièce est d'une dame.

On ne peut pas dire que ce soit une comédie, car il n'y a pas le plus petit mot pour rire, ni un drame, car il n'y a pas l'ombre d'action ; ce n'est pas même une conversation, c'est une élégie ; une romance dont le refrain pourrait être : *Il ne vient pas, il reviendra.*
Bétourné et Crevel de Charlemagne, ces héros du genre, n'eussent assurément pas mieux fait.

Tout le long de ce petit acte, une certaine demoiselle nommé Clary de Linard attend son Léonce. Le Léonce de mademoiselle Clary est un jeune homme obscur, sans nom, sans fortune, sans famille, ainsi qu'on doit l'être pour plaire à une jeune personne de roman ou de comédie. La famille de mademoiselle Clary veut lui faire épouser un M. Théodore de Saint-Martin, parti fort sortable ; tout ce que la pauvre Clary a pu obtenir, c'est un délai de trois ans pendant lequel M. Léonce a carte blanche pour devenir millionnaire. Or, comme nul n'est prophète en son pays, M. Léonce est allé au Pérou ou dans les Indes orientales, aux sources mêmes de la richesse, pour puiser à pleines mains dans les mines d'or et de diamant.

Comme dans la ballade populaire, *la Trinité se passe, Malbrouck ne revient pas.* Clary monte à sa tour si haut qu'elle peut monter; mais elle ne voit rien venir. Clary pleure, sanglote, s'assoit dans des coins, la tête penchée, et récite plus ou moins d'élégies; la maman, qui est pour les idées positives, s'efforce de persuader à Clary que son Léonce ne reviendra pas et qu'il est marié : est-il raisonnable de supposer qu'un jeune homme aura résisté si longtemps aux charmes provocateurs des bibiaderi et des belles brahmines?

Le dernier jour du délai fixé va bientôt finir, et, si M. Léonce n'est pas revenu, mademoiselle Clary de Linard doit épouser son cousin, M. Théodore de Saint-Martin; mais voici qu'un domestique inconnu apporte une boîte de palissandre. Qui peut envoyer des boîtes de palissandre à mademoiselle Clary? Son cousin Théodore. Le cousin proteste de son innocence; plus de doute, c'est de la part de Léonce.

Personne n'ose ouvrir la boîte, qui a toute l'apparence d'un joujou à surprise : s'il allait en sortir un diable noir avec une langue de drap écarlate! Une jeune fille, amie de Clary, se dévoue, et la fatale boîte est ouverte. Elle renferme un bouquet, une couronne de fleur d'oranger, un voile blanc et autres brimborions nuptiaux; Clary s'en revêt à la hâte, ce qui produit, du reste, un effet passablement grotesque sur sa robe de pou-de-soie rose; mais cette joie est de courte durée : la boîte a devancé Léonce; un journal annonce la perte du brick l'*Espérance*, que montait le jeune homme!

Après la lecture d'un *fait divers* aussi désastreux, mademoiselle Clary ne trouve rien de mieux que de devenir folle. Pendant qu'elle se livre à des gestes extravagants avec paroles assorties, les portes s'ouvrent brusquement, un jeune homme paraît : c'est le Léonce tant attendu! Clary tombe dans ses bras; Léonce embrasse très-vivement mademoiselle Plessis sur ses belles épaules nues, et la toile tombe.

Le rôle de M. Léonce, qui ne dit pas un seul mot et n'a fait qu'embrasser mademoiselle Plessis, nous paraît le plus agréable de la pièce. L'acteur qui représentait Léonce a mis beaucoup de conscience et de vérité dans son jeu; seulement, il a mordu au cou mademoiselle Plessis, qui a poussé un petit cri d'effroi.

Voilà un nouvel emploi théâtral : on dira *jeune embrasseur* comme on dit *jeune premier.*

Toutes ces belles choses ont été convenablement sifflées ; et, si Samson n'avait pas changé la phrase sacramentelle : *La pièce que nous venons d'avoir l'honneur de représenter devant vous*, etc., en *Madame de Senant est l'auteur de la pièce que*, etc. (diplomatie fort habile), il n'aurait pas pu nommer l'auteur pseudonyme ou véritable.

Variétés. *Madame Pinchon.* — Il y a une nouvelle décoration dans cette pièce ; une nouvelle décoration dans un théâtre de vaudeville est une chose assez rare pour qu'on la signale. Celle-ci n'est pas trop mauvaise ; elle représente une cuisine de ferme d'une façon pittoresque et vraie ; la petite branche de vigne qui entre familièrement par le carreau cassé est d'une poésie assez champêtre ; mais ne nous arrêtons pas plus longtemps au fond sur lequel se détachent les figures, et venons aux personnages mêmes :

Madame Pinchon est une petite femme, à l'œil malin, au pied leste et à la main plus leste encore, qui porte les culottes, et mène son benêt de mari par le bout du nez. M. Pinchon n'existe que pour la forme, et tout le monde, dans la maison, le regarde comme un zéro en chiffres ; si par hasard, il ordonne quelque chose, les valets se tournent vers madame Pinchon et disent : « Que décide madame Pinchon ? » Tant et si bien, que le nom de M. Pinchon est devenu synonyme de jobard, et n'est presque jamais séparé de cornichon, sa rime naturelle ; cependant madame Pinchon a envie d'être maire (ce n'est pas une faute d'orthographe), et, dans ce maudit pays de France, les femmes ne sont pas maires. M. Pinchon peut seul lui donner ce contentement, en se faisant élire par les paysans de l'endroit ; mais M. Pinchon est tout à fait déconsidéré, et sa présentation seule excite dans le husting campagnard un rire universel, homérique, olympien.

Un ouvrier, ami sincère de Pinchon et amoureux de sa jolie nièce Périne, représentée par la charmante mademoiselle Olivier, découvre à madame Pinchon la cause de ce refus ; madame Pinchon, frappée du tort causé à son mari par ses manières despotiques, éprouve un de ces revirements soudains que l'on ne voit guère qu'au théâtre : elle devient en quelques minutes la plus douce, la plus résignée, la plus obéissante des femmes, et, par des gradations habilement ménagées, elle mène Pinchon à des attitudes plus viriles. Le bonhomme sort de son hébêtement servile avec un air de stupéfaction et de joie craintive admirablement rendu par Vernet, ce comédien si naturel et si parfait, que nous préférons de beaucoup à Bouffé ; il distribue des coups de pied et des soufflets, fait la grosse voix, propose des duels aux amants de sa femme et fait le matamore d'autorité maritale. Les paysans, ébahis de voir qu'un si fier luron se cachait sous les apparences placides de Pinchon le débonnaire et le fainéant, n'ont rien de plus pressé que de le nommer maire. Madame Pinchon est satisfaite. L'ouvrier vertueux épouse la gentille Périne, et le goguenard directeur des postes qui jouait des tours à Pinchon, lui faisait porter des pavés et courtisait sa femme, se retire avec trois pieds de nez.

Ce vaudeville n'est pas plus mauvais qu'un autre, quoiqu'il ait été plus sifflé qu'un autre. Vernet représente très-bien Pinchon. Mademoiselle Jenny Vertpré est toujours la même petite personne aigrelette, sautillante et pincée, que l'on admirait il y a quelque vingt ans. Elle n'a point changé, à ce que disent les anciens du feuilleton, qui ont pu la voir dans ses beaux jours.

VAUDEVILLE. *La Fille majeure.* — Athénaïs, comme le héros de la Fable, après avoir dédaigné le goujon et le fretin, se trouverait très-heureuse de souper d'une grenouille ou d'un vermisseau. En d'autres termes, Athénaïs a tant refusé de partis, qu'elle est devenue fille majeure ; fille majeure ! terrible mot. On la trouve vieille, on ne veut plus d'elle ; les épouseurs s'enfuient ; pas le moindre petit mari ; mais vieille fille fait jeune femme. Athénaïs sera donc femme en apparence, du moins, en attendant mieux ; elle prend pour mari fictif un sien oncle. L'oncle Boisjolin se prête à ce manége : le couple part aux eaux. La fausse madame Boisjolin de coqueter, de faire l'œil et de provoquer les amoureux : elle en allume deux, l'un jeune, l'autre d'un âge raisonnable ; quand ils sont échauffés à un point convenable, elle déclare la vérité au jeune Octave, qui ne refuse pas de l'épouser, bien qu'elle soit majeure et demoiselle. Mais Octave est aimé éperdument d'une jeune personne, et la fausse madame Boisjolin, qui ne désire après tout qu'un mari, ne voulant pas briser le cœur de l'amante délaissée, épouse M. Verdelet, l'homme mûr, et retourne triomphalement à Verdun femme et non plus fille majeure.

Mademoiselle Brohan a été étincelante d'esprit dans le rôle difficile d'Athénaïs. C'est une des plus fines et des plus mordantes actrices que nous ayons. Il est dommage qu'elle nous donne si rarement l'occasion de l'applaudir.

25 avril.

Bobino. *Restons dans nos foyers.* — Samedi dernier, plusieurs de nos amis nous demandèrent des stalles et des loges pour une pièce de nous intitulée : *Restons dans nos foyers*, qui se jouait pour la première fois, devinez où, grand Dieu ! — Au théâtre du Panthéon ? au théâtre de la Porte-Saint-Antoine ? chez madame Saqui ? — Mieux que cela : au théâtre forain du Luxembourg... à Bobino, puisqu'il faut l'appeler par son nom !

Fort surpris d'avoir commis une œuvre théâtrale sans nous en apercevoir, nous courûmes droit au premier mur et nous vîmes une triomphante affiche jaune de plusieurs toises de haut, sur laquelle il y avait, en effet :

RESTONS DANS NOS FOYERS,
par M. *Théophile Gautier.*

Nous étant transporté à Bobino, nous avalâmes préparatoirement un drame en cinq actes en prose, du nom de *Caligula*, qui n'avait rien de particulier, sinon que l'acteur chargé du rôle de jeune premier ne pouvait prononcer le mot Caligula et trépignait de colère chaque fois que ce nom malencontreux se représentait.

Caligula poignardé, la toile se releva et laissa voir un monsieur tout de noir habillé, avec des intentions de jabot et de cravate, qui s'avança près de la rampe et dit d'une voix creuse : *Nous sommes à la cour d'assises;* après quoi, il se mit à déclamer, en gesticulant de la manière la plus furibonde, des vers contre la manie que les femmes ont aujourd'hui d'assister aux scènes de la cour d'assises. Cette production ne fut pas bien accueillie des dames de l'endroit, et la pluie de trognons de pomme devint si intense, que le malavisé déclamateur fut obligé d'adresser au public en jupons cette allocution ingénieuse et touchante :

« Mesdames, cette pièce de poésie n'est pas dirigée contre les femmes; elle ne regarde que celles qui fréquentent la cour d'assises, et vont voir guillotiner. Je ne pense pas qu'il y en a ici. »

Cette harangue, bien que très-ingénieuse, n'eut pas le moindre succès.

Alors le déclamateur, ahuri, proposa la seconde pièce, c'est-à-dire *Restons dans nos foyers*, et, sans attendre l'avis du parterre, qui demandait à grands cris le *Postillon de ma'me Ablou*, il commença ainsi :

> Italie, Italie!
> Si riche et si dorée, oh! comme ils t'ont salie!
> Les pieds des nations ont foulé tes chemins,
> Leur contact a limé tes vieux angles romains.
> Les petits lords By...

Ici, les sifflets devinrent si aigus, que le déclamateur pirouetta sur ses talons et s'enfuit derrière la coulisse pour se mettre à l'abri des projectiles.

Nous avons donc eu hier la satisfaction d'être sifflé subitement tout vif, sans avoir rien fait pour cela ; nous avons été plus égayé qu'aucun vaudevilliste ne le fut de mémoire de critique ; car nous devons l'avouer, ces quatre vers ont été commis par nous dans une pièce intitulée, non pas *Restons dans nos foyers*, mais *la Chanson de Mignon*, qui se trouve imprimée à la suite de la *Comédie de la Mort*. Notre début au théâtre n'est pas des plus brillants et a de quoi consoler les auteurs dramatiques nos victimes habituelles. Aucun d'eux n'a jamais excité un si violent bacchanal pour quatre lignes quelconques.

30 avril.

INDIGENCE DRAMATIQUE. — L'embarras du critique augmente tous les jours ; le même vaudeville se joue perpétuellement partout sous des noms à peine différents, et les acteurs, faisant, comme nous l'avons déjà dit, tous leurs efforts pour conserver leur individualité propre au lieu de représenter le personnage dont ils sont chargés, le théâtre devient d'une monotonie désespérante ; or se lasse bientôt de voir M. tel ou tel avec ses habitudes et ses tics, qu'il conserve précieusement, sa moustache et ses favoris, que rien au monde ne saurait le décider à sacrifier.

Depuis bien longtemps, hélas! l'art et la poésie ont disparu du théâtre; le théâtre, ce charmant refuge de la fantaisie, peuplé par une nation à part avec des mœurs exceptionnelles, espèce de bohémiens de l'art campant au milieu de la civilisation, dans des forêts de toile, des places publiques et des palais de carton peint, avec le lustre pour soleil, n'est plus aujourd'hui qu'une entreprise industrielle, comme une fabrique de sucre de betteraves ou une société pour le bitume (fonds social : un million). Les acteurs ne sont plus excommuniés; on les enterre comme les plus ordinaires des hommes; ils sont citoyens, gardes nationaux, pères de famille, ils placent des rentes sur le grand-livre; quelques-uns même ont la croix, comme M. Simon, premier diable vert à l'Opéra; ils feraient, au besoin, de recommandables épiciers, et la plupart, pour occuper leur journée, ont par la ville quelque commerce supplémentaire; les uns sont traiteurs, les autres marchands de nouveautés, ceux-ci quincailliers, etc.; industries honorables, sans doute, mais qui n'ont rien de tragique ni de comique.

Les comédiennes se sont adonnées à la vertu; occupation tout à fait digne d'éloges; elles se marient extrêmement, et se montrent fort sévères sur l'article des mœurs : en sortant d'une scène pathétique, la grande coquette donne le sein, dans la coulisse, à son nouveau-né, que lui tend sa femme de chambre; beaucoup de ces dames ne veulent plus jouer de rôles d'amoureuses qu'avec leur mari, et le public s'en aperçoit de reste au laisser aller de leur jeu tout à fait conjugal; nous ne doutons pas qu'elles ne soient excellentes ménagères : nous croyons même qu'elles font très-bien les reprises et raccommodent les hauts-de-chausses d'une façon supérieure; elles ne salent pas trop le pot-au-feu et ne laissent pas brûler le rôt; mais nous aimerions mieux qu'elles eussent de l'esprit, de la verve, de la folie, de la pétulance dans leur jeu : toutes ces qualités domestiques, fort bonnes pour des bourgeoises, ne valent rien pour des comédiennes. L'économie est une belle chose; mais il est on ne peut plus ennuyeux de rencontrer dans la rue la blanche vision de la veille avec des socques-paracrottes, un chapeau douteux et un parapluie suspect. On connaît les trois toilettes de mademoiselle Mante de la Comédie-Française : la toilette bleue, la toilette rose et la toilette blanche ; on pourrait citer beaucoup de robes aussi connues au théâtre. Quelle différence de cette pauvreté à la magnificence que les comédiennes déployaient autrefois dans leurs costumes ! Cette économie explique pourquoi toutes les actrices de la Comédie-Française, par exemple, s'obstinent à jouer Molière en robes à la mode de 1838 ; ce sont des robes à deux fins, qu'elles finissent d'user à la ville et avec lesquelles elles vont en soirée ou au concert.

L'Opéra lui-même, ce grand satrape, si bien subventionné, montre une prédilection funeste pour les étoffes qui peuvent s'envoyer au blanchissage, et ceci est d'autant plus condamnable, que les salaires des comédiens chanteurs et danseurs se sont élevés à des taux exorbitants et en dehors de toute proportion avec ceux des autres artistes ; beaucoup de danseuses gagnent cent mille francs par an ; et chaque mouvement de mademoiselle Taglioni lui rapporte trente-sept francs dix sous ; les chanteurs un peu célèbres se payent soixante mille francs, quatre-vingt mille francs et au-dessus ; des acteurs d'une médiocrité parfaite et qui, employés partout ailleurs, ne gagneraient pas quinze cents francs, et seraient tout au plus bons à être portiers, reçoivent vingt et trente mille francs. Les actrices, pour peu qu'elles soient vieilles, et n'aient plus de talent, sont rétribuées plus chèrement encore. Il nous semble que cet argent serait mieux employé en satin, en velours, en dentelles, en perles, en diamants, en plumes, en fleurs rares, qu'en dépôts à la caisse d'épargnes ; nous ne verrions aucun inconvénient à ce que les comédiens et les comédiennes rencontrassent, sur la fin de leurs jours, à l'hôpital, les poëtes et les écrivains qui ont été la cause première de leur opulence.

Le théâtre, où se réfugiait le peu d'originalité que comportent nos mœurs d'automates, n'existera bientôt plus que sous la forme d'un pensionnat, où les mères enverront leurs filles pour faire des mariages avantageux.

Le vrai mari d'une actrice, quoi qu'en puissent dire les prudes de coulisses, c'est le public ; c'est au public qu'elle doit ses plus fins sourires, ses œillades les plus tendres ; au public, sa beauté, sa jeunesse, sa fraîcheur vraie ou fausse. Le public ne veut pas qu'un mari voie ces belles épaules si complaisamment découvertes ; ce mari gêne sa fantaisie amoureuse ; il rencontre la grosse face épanouie et bête de ce monsieur, quand son imagination entreprenante ouvre à demi la porte du boudoir ou de la loge ; le nom d'un mari sur une actrice, c'est une chenille sur une rose. Qui se douterait que madame Volnys fut Léontine Fay ? qui irait chercher mademoiselle Jenny Colon dans madame Leplus ?

L'amant a quelque chose de plus vague, de moins brutal ; il laisse du champ aux espoirs. Le public s'en fâche moins que d'un mari.

Tout cela n'est pas d'une moralité peut-être bien exacte ; mais rien n'est plus vrai ; le théâtre n'est ni un couvent, ni une école de théologie.

Les auteurs, du reste, favorisent de leur mieux cette tendance prosaïque et bourgeoise par la plate trivialité de leurs conceptions, leur manque complet de style et de fantaisie ; tout ce qui se débite sur le théâtre est si pauvre, si insignifiant, si visiblement fabriqué à la mécanique, qu'il est impossible d'y mettre la moindre intention spirituelle ; réciter tous les soirs de semblables tartines est un métier qui se rapproche beaucoup de celui d'huissier-priseur ou de crieur public, et l'art n'a rien à y faire.

Nous qui sommes condamné au théâtre à perpétuité, nous pouvons affirmer qu'il ne s'est pas produit, depuis deux ans, un talent nouveau : il n'y a pas eu d'événement littéraire au théâtre. Les reprises d'*Hernani* et de *Marion Delorme* ont pourtant fait voir que les pièces poétiques émouvaient autrement le public que toutes les pièces à charpente des faiseurs ordinaires.

XI

MAI 1838. — Représentation au bénéfice de mesdemoiselles Elssler. — *Le Mariage de Figaro.* — Madame Cinti-Damoreau en Chérubin. — Grand air, que me veux-tu ? — Trois ex-boutons de rose. — Duprez. — *La Volière,* ballet de mademoiselle Thérèse Elssler. — Les danseurs. — Tableaux vivants. — Théâtre-Français : représentation pour le monument de Molière. — *L'École des Maris.* — Palais-Royal : *le Tireur de cartes.* — Achard. — Gaieté : *Lord Surrey,* drame en cinq actes de M. Fillion. — L'auteur improvisé acteur.

7 mai.

OPÉRA. *Représentation au bénéfice de mesdemoiselles Elssler.* — Les représentations à bénéfice se succèdent et se ressemblent, contrairement à l'axiome, qui veut que les jours se suivent et ne se ressemblent pas ; — comme le prix des places est doublé, l'ennui est double, et, au lieu de finir à onze heures, la soirée se prolonge jusqu'à une heure du matin, au grand mécontentement des portiers. Les bénéficiaires font les choses en conscience et ne veulent pas voler leur fashionable public ; il serait peut-être bon de donner bientôt une représentation au bénéfice du public ; mais c'est à quoi l'on ne songe guère.

Ce préambule rébarbatif ne s'adresse pas à mesdemoiselles Elssler, qui avaient arrangé leur spectacle d'une façon amusante et spirituelle ; et qui, au ragoût de réputations de la comédie et du chant, avaient ajouté l'épice d'une première représentation de ballet.

La soirée s'est ouverte par un acte du *Mariage de Figaro* où madame Cinti-Damoreau remplissait le rôle du page Chérubin, mademoiselle Mars celui de Suzanne, et mademoiselle Rose Dupuis celui de la comtesse. Madame Cinti-Damoreau, qui a depuis longtemps une réputation bien méritée de belle personne, a fait voir, en revêtant le costume de Chérubin, que les trois quarts de la beauté des femmes dépendent de leurs jupes, de leurs dentelles et de leurs atours, et que leur principal mérite consiste à n'être pas des hommes. Ce travestissement, qui paraît réjouir beaucoup les vieillards de l'orchestre, grands amateurs de pantalons collants, nous a toujours paru inconvenant et désagréable. Pourquoi ne pas faire remplir ce rôle par un très-jeune homme?

Madame Damoreau a chanté, avec sa perfection accoutumée, un grand air de Mozart, auquel, tout beau qu'il est, nous aurions préféré la simple romance

> J'avais une marraine.
> Que mon cœur a de peine!

Et, à propos de grand air, disons en passant que le grand air est notre plus horrible cauchemar. Quand donc passera le règne des *difficultés?* quand chantera-t-on, sur des paroles simples et poétiques, des mélodies qui ne feront pas gonfler les veines du cou, écarquiller les yeux et tordre la bouche en tous sens aux pauvres martyrs qui les exécutent la poitrine cambrée en avant, la tête renversée en arrière, comme des malfaiteurs à qui l'on fait subir le supplice de l'estrapade!

Le Mariage de Figaro n'a présenté rien de remarquable, si ce n'est qu'avec la somme d'années formée par l'âge des trois actrices, l'on aurait facilement remonté aux rois Chronos et Xixouthros, contemporains et témoins du déluge.

Beaucoup de gens se montraient surpris de l'aisance et de la légèreté avec lesquelles mademoiselle Mars marchait encore; mademoiselle Mars est capable, comme Galeria Coppiola, de tenir le théâtre jusqu'à cent ans. Cependant, quoique la *jeunesse* de mademoiselle Mars soit un fait incontesté, nous trouvons que c'est un singulier éloge pour une actrice qui a l'emploi des *boutons de rose*, que de dire : « Comme elle va encore bien sans canne! »

Après *le Mariage de Figaro*, est venue la grande scène de *Lucia di Lammermoor;* Duprez y a déployé une mélancolie et une profondeur admirables : la phrase *Povera alma innamorata* a fait venir les larmes à tous les yeux; Duprez sait trouver le bout du peloton de fil dont parle Gœthe dans les *Affinités électives*, et que chacun porte au fond de son âme. Nous l'avons déjà dit, il attendrit jusqu'aux claqueurs et aux critiques. Amphion ne faisait pas mieux. Duprez pourrait bâtir des maisons avec une ariette.

Quant à *la Volière*, nous ne ferons pas la moindre critique sur la contexture de ce ballet, dû à la jambe savante de mademoiselle Thérèse Elssler; c'est un motif très-suffisant de danses amusantes et variées, et nous louerons tout d'abord mademoiselle Thérèse Elssler du bon goût qu'elle a eu de ne point donner de *pas* aux acteurs mâles de son œuvre chorégraphique; en effet, rien n'est plus abominable qu'un homme qui montre son cou rouge, ses grands bras musculeux, ses jambes aux mollets de suisse de paroisse, et toute sa lourde charpente virile ébranlée par les sauts et les pirouettes. Nous avons été dispensé de cet ennui à la représentation de *la Volière*.

Le pas exécuté par mademoiselle Thérèse Elssler et sa sœur est d'un dessin charmant; il y a surtout une figure où les deux sœurs accourent du fond du théâtre en se tenant par la main et en jetant leur jambe en même temps, qui dépasse tout ce que l'on peut imaginer en fait d'ensemble, de justesse et de précision. — On dirait que l'une est l'ombre de l'autre et que chacune s'avance avec une glace posée à côté d'elle, qui la suit et répète tous ses mouvements.

Rien n'est plus doux et plus harmonieux à l'œil que cette danse à la fois si rapide et si précise.

Fanny, à qui sa bonne sœur Thérèse avait donné, comme toujours, le rôle le plus avantageux, a montré une grâce enfantine, une prestesse naïve, une espiéglerie tout à fait adorables; son costume créole lui allait à ravir, ou plutôt elle allait à ravir à son costume.

Un feu bien nourri de bouquets a été dirigé sur la scène de tous les coins de la salle. Les bouquetières doivent adorer les représentations à bénéfice; si cela continue, le camellia deviendra introuvable et chimérique.

Le Concert à la Cour, où madame Stoltz a chanté faux deux ou trois fois, et madame Damoreau *rossignolé* avec une légèreté de vocalise inouïe, offrait cela de particulier que l'on y avait inséré des tableaux vivants à la manière des Allemands, fort amoureux de ce spectacle.

Les tableaux étaient le *Décaméron* de Winterhalter, par mesdemoiselles Anaïs et Plessy de la Comédie-Française, Balthazar et Mayer du Vaudeville, Pauline Leroux et quelques-unes d'entre les plus jolies femmes de l'Opéra; la *Corinne au cap Mysène* de Gérard, par mademoiselle Fanny Elssler; *Judith et Holopherne*, par mademoiselle Th. Elssler et Simon (premier diable vert et décoré); le *Bon* et le *Mauvais Ménage* de Pigal, par Arnal, Odry et autres grotesques. — Ce divertissement, assez singulier, consiste à se revêtir d'habits semblables à ceux des personnages du tableau qu'on représente, à copier leur attitude et leur physionomie, en un mot à prendre l'inverse du procédé ordinaire, qui est de reproduire la nature avec des couleurs, à peu près comme M. Casimir Delavigne, qui fait des tragédies où sont mis en action les tableaux de M. Paul Delaroche.

Les mieux réussis de ces groupes étaient la *Corinne* et la *Judith*; mais un éclairage mal entendu, et de fausses dispositions d'optique ont beaucoup enlevé de son effet à cette espèce de peinture matérielle.

14 mai.

Théatre-Français. *Représentation pour le monument de Molière.* — Cette représentation a commencé probablement à six heures ou à cinq heures; car telle diligence que nous ayons mise à prendre notre nourriture, nous n'avons pu arriver qu'après *l'Impromptu de Versailles*, qui était précisément la pièce que nous aurions désiré voir; à notre avis, *l'Impromptu de Versailles*, *les Précieuses ridicules*, *la Comtesse d'Escarbagnas*, *le Sicilien*, et autres petites comédies approchant de la farce, sont de beaucoup supérieurs pour l'enjouement et la liberté fantasque aux chefs-d'œuvre de Molière.

L'École des Maris, quoique très-convenablement jouée, a paru réjouir assez peu l'assemblée, et le public sifflerait volontiers Molière, s'il osait! En effet, cette manière large, ferme, nette, sans petite recherche, qui va toujours droit au but; cette touche caractéristique et magistrale, doivent choquer à tout instant les susceptibilités d'un auditoire accoutumé aux façons prétentieuses et minaudières du vaudeville de M. Scribe; le public a le goût sincère de la médiocrité propre et luisante; il préférera toujours M. Dubufe et M. Scribe à Michel-Ange de Caravage et à Molière, ces maîtres entiers et francs jusqu'à la rudesse.

Et pourtant, quel style admirable! comme ces phrases sont attachées avec solidité! quelle haleine et quelle vigueur! quelle charmante tournure cavalière et quel beau port de tête! Tout est vif, clair, facile, plein de couleur et de mouvement; pas de développements parasites; pas un mot de trop; une sobriété merveilleuse qui ne nuit en rien à l'imagination et au caprice, à qui elle prête du nerf et de la réalité; — la plus belle langue qu'il ait jamais été donné à l'homme de parler.

En regardant cette ravissante comédie, si folle et si raisonnable, comme toutes les pièces de Molière, où la fantaisie la plus vagabonde laisse toujours voir un bon sens inexorable, nous faisions cette réflexion que, malgré l'apparente sévérité des règles d'Aristote, l'art avait, en ce temps-là, des coudées plus franches qu'aujourd'hui, après toutes les belles réformes de l'école nouvelle; jamais la hardiesse romantique n'a été plus loin; l'unité de lieu entendue de cette façon n'a rien que de fort commode, et Molière en prend aussi à son aise que Claveret, qui, désirant conserver l'unité de lieu dans une tragi-comédie, *Cérès et Proserpine*, dont l'action se passait au ciel, sur la terre et aux enfers, conseillait au spectateur scrupuleux de tirer en imagination une perpendiculaire qui traversât ces trois centres.

La scène de *l'École des Maris* se passe dans cette espèce de lieu vague que l'on appelait *place publique* dans l'ancien théâtre : une place publique avec fenêtres au rez-de-chaussée, balcons à hauteur d'homme, bancs de pierre pour que l'intrigue puisse s'asseoir commodément, et toutes sortes de facilités pour les imbroglios, les rapts et les échanges; une place publique où il ne passe jamais personne, et d'où l'on a banni les chevaux, les voitures, les chaises à porteurs, et tout ce qui pourrait troubler Ergaste et Isabelle dans leurs amours; voilà un endroit admirablement préparé pour une comédie gaie, amusante, où l'on ne perd pas le temps à motiver les entrées et les sorties.

Dans *l'École des Maris*, les moyens sont d'une bonhomie charmante ; le tuteur d'Isabelle voudrait toucher deux mots au jeune marquis Ergaste, qui serre de près sa pupille ; rien de plus simple : il va frapper à la maison prochaine, la porte s'ouvre, Mascarille paraît, l'œil écarquillé, le sourcil circonflexe, la bouche épanouie en cœur, le nez au vent, qui subodore le tuteur d'un air circonspect et matois ; au lieu de faire entrer le vieux, ce qui serait tout naturel, il fait sortir son maître et l'entretien a lieu dans la rue.

Il faut un commissaire : on heurte à une autre muraille ; la muraille s'ouvre, et il en jaillit un commissaire, comme le diable d'un joujou à surprise ; un second coup fait sortir un notaire. Toute la pièce se passe à ouvrir et fermer la porte ; et, quand on a besoin de quelqu'un, il suffit, pour le faire venir, de donner un coup de pied au premier mur venu.

Les faiseurs riraient aux éclats d'une pièce ainsi charpentée et diraient que Molière manque de *planches*. Aucun directeur de théâtre ne recevrait aujourd'hui *l'École des Maris*, ce qui ne l'empêche pas d'être une pièce admirable, — au contraire !

28 mai.

PALAIS-ROYAL. *Le Tireur de cartes.* — La semaine a été bonne pour le feuilletoniste ; demain les journaux seront pleins d'esthétique, d'historiettes, de digressions philosophiques et autres menues fantaisies, car il n'y a eu qu'un tout petit vaudeville microscopique joué au Palais-Royal et dont la plupart de nos confrères ignorent probablement l'existence.

Le Tireur de cartes a été, en effet, très-adroitement escamoté dans une représentation au bénéfice de n'importe qui ; l'incognito le plus strict a été gardé. De plus, le directeur malicieux a eu soin de faire jouer, aux représentations suivantes, ce vaudeville invisible à six heures du soir, moment auquel les critiques prennent leur nourriture comme de simples êtres mortels, s'ils ont de l'argent ou s'ils sont invités à dîner par quelqu'un. Nous qui nous piquons d'exactitude, nous sommes parvenu à voir ce mystérieux *Tireur de cartes* entouré de tant de précautions et de tant de voiles. Il faisait grand jour et les rayons du soleil entraient dans la salle par les lucarnes des loges, traçaient de longues barres dorées et faisaient pâlir la lumière fumeuse des quinquets. Le vaudeville crépusculaire était déjà commencé, et Achard, pressentant l'arrivée de quelque feuilletoniste au dîner succinct, mettait les paroles doubles et s'étranglait à force de volubilité.

Il y avait autrefois des messes, dites de *chasseur*, qui duraient à peine un quart d'heure ; les capucins surtout étaient renommés pour la vélocité avec laquelle ils dépêchaient l'office divin, toujours trop long pour des chasseurs pressés de partir ; ce vaudeville pourrait aussi s'appeler un vaudeville de chasseur, car Achard l'expédie en douze ou quinze minutes. Remercions Achard et votons-lui une chose quelconque en remercîment.

Voici le fait : Un commis voyageur qui *fait* dans les jouets d'enfants, poursuit de son amour une jeune fille nommée Marguerite, destinée de tout temps à un sien cousin qu'elle n'a pas vu depuis son enfance ; ce cousin n'est autre qu'Achard, qui a fait toutes sortes de métiers faute d'en avoir un seul : promeneur de chiens convalescents, couveur de vers à soie, culotteur de pipes, répétiteur d'ânes savants et plusieurs industries de maigre rapport. Achard, quand l'action commence, cherche un logement ; le galetas d'une tireuse de cartes fraîchement décédée, est vacant, il le retient et s'y établit. Or, la clientèle de la défunte sorcière veut absolument qu'Achard soit sorcier, comme Valère veut que Sganarelle soit médecin. Achard empoche les pièces de cent sous et prédit tout ce qu'on veut. Marguerite vient se faire tirer les cartes, et le sorcier improvisé, pour seconder l'amour du commis voyageur qui lui a demandé de favoriser sa passion, dit à la jeune fille qu'elle a pour amoureux le valet de cœur, qui se suicidera si elle ne cède à ses instances. A vrai dire, Achard aimerait autant parler pour lui, car la petite est fort gentille. En causant avec le commis voyageur qui vient s'informer du succès de la supercherie, il reconnaît dans Marguerite la cousine qu'il devait épouser ; éclairé à temps, il ne s'occupe plus que de prévenir les suites de sa prédiction, et fait voir à la jeune personne que le commis n'est qu'un don Juan du treizième ordre, peu ou point susceptible d'épouser ; étant le seul parent de la petite, il se la demande en mariage à lui-même et se l'accorde sans difficulté : après quoi, l'on baisse la toile en toute hâte.

Ceci est la véritable analyse de ce vaudeville inconnu, dérobé avec tant de soin aux regards de la critique.

Gaieté. *Lord Surrey.* — *Lord Surrey* vient d'être à la Gaieté le motif d'une bizarrerie assez piquante : M. Adolphe Laferrière, qui remplit le rôle de Henry Surrey, étant tombé malade, M. Fillion, l'un des auteurs de la pièce, qui n'avait paru encore sur aucun théâtre, l'a remplacé. M. Fillion est un beau jeune homme blond, doué d'une certaine élégance anglaise et dédaigneuse, tout à fait en harmonie avec la couleur de son rôle : son succès a été complet. Nous aimerions à voir cet essai se renouveler, et pour des œuvres plus importantes. Yaqoub joué par Dumas, et Hernani par Victor Hugo, seraient un spectacle du plus haut intérêt et très-profitable; car, à part quelques inexpériences scéniques que l'on s'exagère beaucoup, nul ne doit mieux rendre un caractère que celui qui l'a conçu. La fantaisie de M. Fillion est amusante et poétique, et nous ne concevons point qu'elle n'ait pas été réalisée plus souvent.

XII

JUIN 1838. — Porte-Saint-Martin : *Capsali, ou la Délivrance de la Grèce,* ballet de M. Ragaine. — Où sont les neiges d'antan. — Conseils à M. Harel. — Un pas de deux, un pas de trois et un pas de cinq. — L'Opéra de la petite propriété. — Ambigu : *Gaspard Hauser,* canard de M. Méry, pris au sérieux par Albert et Saint-Ernest. — Variétés : *Mathias l'Invalide,* vaudeville de MM. Bayard et Léon Picard. — Vernet. — Vaudeville : *les Impressions de voyage,* annonce en un acte. — Arnal.

6 juin.

Un ballet grec a la Porte-Saint-Martin. — Ceci est l'imagination la plus triomphante que l'on ait eue depuis longtemps. Nous avions cru que les Grecs étaient définitivement abolis, ainsi que les Polonais, et nous répétions de confiance avec Victor Hugo :

Canaris ! Canaris ! nous t'avons oublié.

M. Harel s'est souvenu, lui ; et il a mis en ballet la *Prise de Missolonghi*, défunte pièce en vers libres de M. Ozanneaux, professeur de philosophie au collége Charlemagne, jouée autrefois à l'Odéon.

Capsali vous reporte, pour la simplicité et la naïveté des moyens, à la première enfance de l'art ; c'est un ballet primitif antédiluvien et de la bonhomie la plus patriarcale ; on y respire une adorable odeur de 1827. — O 1827 ! temps des vers enjambés, de la couleur locale, des philhellènes, et des souscriptions nationales contre les Turcs, époque d'enthousiasme politique et littéraire, année climatérique du genre humain, où êtes-vous ? Dans le grand ventre de l'éternité, au gouffre où va tout ce qui s'en va ; aussi loin de nous que le règne de Sésostris ou du pharaon Menephtah, hélas ! avec notre jeunesse dorée et nos belles illusions printanières !

La toile se lève ; le théâtre représente plusieurs comparses accroupis dans des postures plus ou moins disgracieuses ; une petite croix de bois noir, ornée d'une guirlande d'immortelles, se dresse tristement dans un coin avec une inscription en lettres blanches : A Marco Botzaris. Singulier accessoire pour un ballet.

La décoration se compose de la *mer* du dernier acte de *Matéo*, rafraîchie pour la circonstance, et réchampie d'une teinte vert-bouteille frangée de gros bouillons d'écume ; les *ficelles* ont été supprimées, en sorte que cette mer est immobile, et présente au regard le coup d'œil pittoresque d'un tapis de billard sur lequel on aurait cardé un matelas. Le *ciel* n'est pas retouché, et son azur est constellé et géographié çà et là d'un nombre de taches d'huile assez considérable pour en troubler la sérénité. Au prochain ouvrage qu'il montera, M. Harel se décidera probablement à faire repeindre son pauvre *ciel* hors de service, plus râpé et plus étoilé de graisse que l'habit d'un poëte du XVIIIe siècle ; mais alors la *mer* sera usée, et les flots montreront pitoyablement la corde. Quand il se décidera à repeindre la *mer*, le *ciel* aura perdu tout son bleu, et représentera au naturel une vaste toile à torchon, et ainsi de suite, jusqu'à la consommation des siècles et de la décoration, qui ne peut beaucoup tarder. Le travail de M. Harel sur sa toile de mer ressemble fort à celui des Athéniens sur la trirème qui avait rapporté Thésée de l'île de Crète : ils substituaient une planche neuve à la planche pourrie, de façon qu'au bout d'un certain nombre d'années, il ne se trouvait plus dans le navire un morceau de bois gros comme un cure-dent de la construction primitive. M. Harel devrait prendre tout à coup une grande résolution et commander une décoration toute neuve, au lieu de rapiécer l'ancienne avec une persistance désastreuse.

L'arbre de M. Harel n'est pas non plus très-frais, et l'influence du printemps ne paraît pas l'atteindre ; lui seul dans toute la nature ne reverdit pas et ne refleurit point. Ses branches chauves et pelées auraient grand besoin de quelques douzaines de feuilles pour avoir l'air d'un chêne ou d'un orme, et non d'une misérable bûche économique.

Ces menues observations terminées, passons à la partie littéraire du ballet.

Les Grecs, comme nous l'avons dit plus haut, sont assis par terre et s'occupent à nous ne savons trop quoi, faute de livret, car nous n'avons pas l'amour-propre de comprendre les pantomimes et surtout les pantomimes héroïques sans l'aide d'un livret. Dans le fond, perché sur la cime d'un roc, un Klephte fait la garde avec son fusil en bandoulière ; trois petites filles, fatiguées probablement de rester debout, s'adossent à la mer comme à un mur ; tout à coup, un monsieur grec et une dame grecque, sentant le besoin de *célébrer* la mort de Marco Botzaris, se dressent sur leurs talons et témoignent leur affliction par un pas de deux. Un vénérable *papa* grec, indulgent comme les curés constitutionnels de Béranger, assiste à la danse avec un air paterne et bénin ; la danseuse se nomme mademoiselle Bertin ; elle a de fort jolies jambes dont elle ne sait pas se servir ; mais, bien qu'elle danse assez médiocrement, elle n'est pas désagréable à la vue comme beaucoup d'illustres bayadères, dont tout le corps a coulé dans les mollets et qui portent des bustes d'enfant poitrinaire sur des jambes de suisse de paroisse ; quant au danseur, M. Ragaine, auteur de cet héroïque ballet, nous n'en dirons rien, sinon qu'il a été fort applaudi. Pour nous, un danseur est quelque chose de monstrueux et d'indécent que nous ne pouvons concevoir.

Notre pudeur est alarmée de voir de ces gros êtres se trémousser éperdument et *faire ballon* sur les planches. Autant les jongleurs, les équilibristes, les athlètes et autres faiseurs de tours et de sauts périlleux, dans le genre d'Auriol, de Lawrence ou de Redisha, nous amusent et nous réjouissent, autant les danseurs *nobles*, les danseurs *gracieux* nous répugnent et nous font mal à voir. La force est la seule grâce permise à l'homme. Mazurier était adorable; M. Frémolle est révoltant.

La sentinelle tire un coup de fusil; les danses s'arrêtent, on court aux armes. « Voilà les Turcs ! » Alors, ce sont des marches et des contre-marches, des combats *réglés* au sabre et à *l'hache* qui nous ramènent au beau temps de *Tékéli* et des *Ruines de Babylone*. Nous remarquerons toutefois que, pour ménager la poudre, on abuse un peu de l'arme blanche; ce qui est moins cher et tout aussi héroïque. Capsali renouvelle la scène du vieux grognard défendant son drapeau; le lambeau glorieux est vigoureusement tiraillé à droite et à gauche; mais Capsali a soin d'attendre, pour abattre le bras de l'Osmanli qui tient la lance de l'étendard, que celui-ci l'ait prudemment changé de place. Malgré ces prodiges de valeur, les Turcs sont vainqueurs et les Grecs emmenés en esclavage. Un certain nombre de Bédouins figurent dans l'armée turque; ce sacrifice à l'actualité dérange l'harmonie surannée du ballet; en 1827, le Bédouin n'était pas encore inventé. — Cet acte est intitulé sur l'affiche : PAS DE DEUX ; et d'un.

Au second acte, nous sommes dans une décoration des *Infans de Lara* qui sera, si vous voulez, le sérail du Grand Turc ou d'un pacha quelconque à une ou plusieurs queues. Un eunuque, qui ne figure pas mal un *poussah* chinois, est assis sur un coussin et dodeline de la tête d'une façon grotesque; il veille ou plutôt il dort sur le seuil du harem. Les Turcs reviennent avec leurs prisonniers, et, comme la porte par où l'on doit les pousser dans le cachot ne s'ouvre pas facilement, on se contente, pour cette fois, de les enfermer dans la rue.

Pour *célébrer* la victoire remportée par les Turcs, trois almées s'avancent et dansent naturellement un pas de trois. Une de ces almées, madame Ragaine, a trouvé Capsali fort de son goût, et, touchée de son malheur, elle lui remet la clef de la prison qu'on n'a pas su ouvrir et où ses frères auraient pu être renfermés ; la serrure malencontreuse cède cette fois, et les Grecs, qui ont passé derrière la coulisse, s'échappent à pas de loup ; ils rencontrent l'eunuque qui fait la ronde à la tête d'un détachement de Bédouins. Les Grecs sautent sur les Bédouins, qui *ne pensaient pas à mal et n'y prenaient pas garde*, les désarment en un tour de main et sortent du harem à reculons en les tenant toujours couchés en joue. L'almée compatissante, madame Ragaine, s'en va avec eux. — Cet acte est intitulé PAS DE TROIS; et de deux.

Ces deux actes sont agréables, sans doute ; mais le troisième dépasse tout ce que l'on peut rêver de plus extravagant et de plus fabuleux ; il a eu un gigantesque succès d'hilarité, et le fou rire qui s'est emparé de toute la salle a empêché qu'on ne songeât à siffler.

Nous sommes revenus à la mer du premier acte ; on jette dans la coulisse des pincées de colophane sur une chandelle allumée, on roule des pierres dans des tonneaux, on agite des plaques de tôle ; c'est l'orage ; cependant, la mer reste immobile, le ciel est moitié bleu, moitié potiron, comme de coutume ;

> . . . . Il fait le plus beau temps du monde
> Pour aller à cheval sur la terre et sur l'onde.

Arrive une barque avec une voile latine ; la barque chavire, et la vague jette sur la rive un colonel français, avec un superbe pantalon blanc et des épaulettes à graines d'épinard, le tout parfaitement sec.

> Le flot qui l'apporta recule épouvanté !

Le Français est reçu comme on reçoit toujours les Français dans les pièces de théâtre, à bras ouverts. Mais voici qu'un autre flot s'avance, un flot énorme, un flot hydropique ; le flot crève et vomit sur la plage, quoi ? l'illustre, l'onctueux, le gros, le paternel et vénérable Moëssard, costumé en marin.

Moëssard explique qu'il a fait aussi naufrage et qu'il s'est sauvé en faisant sa coupe. La pantomime de Moëssard, qui est doué d'un abdomen hippopotamique, nous a fait penser au gros maître de nage de l'école Henri IV, donnant une leçon à *sèche* à des bourgeois qui craignent l'humidité et aiment mieux nager par terre. Six tonnerres d'applaudissements ont prouvé à Moëssard le cas que le public faisait de sa coupe et de sa personne.

Cela fait, Moëssard, trouvant que les Grecs sont en bien petit nombre, montre l'exercice et la charge en douze temps aux jeunes femmes et jeunes filles; beaucoup de gardes nationaux n'en savent pas autant : elles chargent leurs fusils, font des feux de file et des feux de peloton comme de véritables tourlourous. Moëssard et le colonel sont satisfaits de leurs élèves, surtout Moëssard. Ceci s'est déjà vu dans *la Révolte au Sérail*, dans *le Pensionnat de Montereau*, dans *D'jenguiz-Kan*, dans *l'Ile des Pirates* et dans mille autres lieux. Mais qu'importe ! la nouveauté n'est pas ce qu'on cherche au théâtre, et cet exercice peut être récréatif pour les gens qui ont le bonheur de n'avoir vu aucune des pièces ci-dessus mentionnées.

On entend un tapage infernal, tambours, grosse caisse, trombones, fifres, ophicléides, chapeaux chinois : c'est l'armée française qui arrive, c'est-à-dire la musique tout entière d'un régiment de ligne et un demi-quarteron de comparses; le reste est caché par un buisson comme l'armée du duc d'Angoulême aux figures de cire de Curtius. Quelques pétards éclatent dans la coulisse; les Turcs reviennent attaquer les Grecs ; mais, cette fois, grâce à la présence de l'armée française et au courage des amazones instruites par Moëssard, ils sont complétement rossés. *La Grèce est délivrée !* Pour *célébrer* cette heureuse délivrance, on danse un pas de cinq, suivi d'un galop général. — Cet acte est intitulé PAS DE CINQ ; et de trois.

C'est tout. L'on a redemandé Moëssard.

M. Harel, qui se moque pourtant du public avec tant d'esprit, n'a jamais fait une meilleure plaisanterie que celle-ci; il n'y a que lui au monde qui soit capable de la trouver.

Capsali est le ballet le plus héroïquement stupide qu'on puisse voir, et nous ne le mentionnons que comme une bouffonnerie réjouissante à force de sérieux. Cependant, nous pensons qu'il y aurait une chance de succès pour la Porte-Saint-Martin à cultiver le genre du ballet : l'Opéra est très-cher ; il a, d'ailleurs, son public spécial, et qui n'a rien de commun avec celui des autres théâtres ; des ballets bien montés, avec des décorations et des costumes splendides feraient fanatisme au boulevard ; la Porte-Saint-Martin devrait tendre à devenir l'Opéra de la petite propriété, et faire alterner la danse et le drame, Terpsychore et Melpomène.

11 juin.

AMBIGU. *Gaspard Hauser*. — Gaspard Hauser, dont la destinée mystérieuse a tant intéressé les âmes sensibles et romanesques, n'est autre chose qu'un *canard* de M. Méry. Jamais *canard* n'eut un tel succès, pas même l'araignée de mer, le rat dilettante, le vol des tableaux du Musée, précieuses inventions dues à l'imagination de notre ami Gérard. — Schubri lui-même, avec ses aventures incroyables et ses résurrections merveilleuses, n'a jamais agi si puissamment sur l'abonné crédule et patriarcal.

Le théâtre, qui est toujours en arrière de tout et qui n'avise une idée que lorsqu'elle est vieille, usée, rebattue, et qu'elle a traîné le long des livres et des feuilletons, s'est enfin emparé de *Gaspard Hauser ;* ce sujet a paru si fertile aux auteurs du boulevard, qu'ils en ont fait deux pièces jouées en même temps à l'Ambigu et à la Gaieté ; d'un côté, Albert, avec ses *r* ronflantes ; Saint-Ernest, qui semble né pour réciter le vers de Racine :

Pour qui sont ces serpents qui sifflent sur sa tête?

de l'autre, Laferrière, et ses grimaces nerveuses, — attraits assez médiocres de part et d'autre.

N'ayant donc aucune préférence, nous avons tiré à la courte-paille entre l'Ambigu-Comique et la Gaieté ; le sort a décidé pour l'Ambigu-Comique au préjudice de la Gaieté.

Une noble fille allemande a eu, avant son mariage, un enfant qu'on a fait disparaître pour lever tout obstacle à une illustre alliance fort désirée par le père de la jeune personne ; jusqu'à l'âge de dix-huit ans, l'enfant a été tenu prisonnier dans d'horribles oubliettes comme il ne s'en trouve que dans les romans d'Anne Radcliff et les sept châteaux du roi de Bohême. Privée de lumière, à peine couverte de haillons, n'ayant jamais entendu le bruit du monde extérieur, la malheureuse victime végète dans une perpétuelle somnolence sur quelques brins de paille pourrie ; il fait nuit dans sa tête comme dans son cachot ; la pensée n'a jamais fait rayonner sa lumineuse pénombre à travers ces épaisses ténèbres, ténèbres physiques, ténèbres intellectuelles ; un jour, le gardien qui lui apporte sa maigre pitance a tardé plus qu'à l'ordinaire, Gaspard a faim et pousse d'affreux hurlements. Un jeune médecin qui se promène dans les jardins, entend ces cris désespérés que l'épaisseur des murs change en soupirs ; il s'approche de la tour, il se penche, il écoute, c'est une voix humaine, une voix suppliante. Étonné de ces lamentations étranges, il soupçonne quelque crime épouvantable, et, comme les ronces et les racines des arbustes ont disjoint les pierres, à l'aide d'une pioche il parvient à déplacer un moellon, puis deux, puis trois ; la dernière pierre tombe en dedans, et avec elle le premier filet de lumière vivante qui ait pénétré dans cet humide sépulcre.

Une jeune fille, camériste de la comtesse, aide le généreux médecin dans son audacieuse entreprise, et, en réunissant leurs efforts, ils parviennent à tirer du souterrain le malheureux idiot, que ses longs cheveux en désordre, ses yeux éblouis, sa poitrine haletante, ses gloussements inarticulés, ses gestes frénétiques, font beaucoup plus ressembler à un orang-outang ou un chimpanzé qu'à un homme naturel.

Ici a lieu une scène assez semblable à celle de *l'Interdiction*, si bien rendue par Bocage. Gaspard Hauser, un peu revenu de son étourdissement, hume avec délice l'air embaumé du jardin, promène ses yeux ravis sur les arbres, les fleurs, le ciel azuré, la belle jeune fille, le hardi jeune homme qui l'a sauvé, et sur toutes ces choses si neuves et si rayonnantes pour lui, et, le sentiment de l'existence lui revenant tout à fait, il crie : « Faim ! faim ! » le seul mot qu'il sache. La jeune fille, que nous appellerons si vous voulez Anna ou Maria, va chercher un pasteur de sa connaissance, dont elle a mis à l'épreuve plus d'une fois les vertus évangéliques, et tous les trois emportent Hauser roulé dans un manteau.

Le gardien d'Hauser, qu'une maladie avait empêché de se rendre à la prison, arrive, et voit avec terreur le cachot éventré et vide; cet homme a un père, qu'un crime inconnu met à la discrétion du vieux baron, possesseur de papiers qui peuvent le perdre; le fils de Schwartz (c'est son nom) s'est dévoué, pour sauver son père, à l'horrible métier de geôlier, et ce n'est qu'à force de supplications qu'il empêche le baron de faire murer définitivement la porte du souterrain; car le baron tremble toujours que quelque événement imprévu ne vienne à faire découvrir l'enfant de sa fille, et il pense que le tombeau est la plus sûre prison; le désespoir du baron est au comble quand il voit son prisonnier évadé, et il menace Schwartz de livrer son père à la justice pour le punir de sa négligence, dont les suites peuvent être si terribles. Schwartz parvient, par nous ne savons plus quels moyens, à s'emparer de ces dangereux papiers, et part pour les aller remettre au vieillard dans quelque village obscur, en Bohême ou en Moravie; mais, au moment où il arrive baigné de sueur, écrasé de fatigue, l'on vient de porter Schwartz à sa dernière demeure, et il lit son nom sur une croix de bois toute neuve, qu'un villageois porte au cimetière.

C'est aussi dans ce village qu'habitent le jeune médecin Fritz, la petite Anna et Gaspard Hauser, qui a fait de rapides progrès; il parle couramment et n'a d'autres vices de prononciation que ceux d'Albert; il n'est plus du tout sauvage, au contraire; et même, il aime la cousine du médecin comme un jeune premier ordinaire; tout est pour le mieux, et la vie de Gaspard s'éclaire joyeusement des douces lueurs d'un heureux avenir; mais le baron et la comtesse viennent passer l'été dans ce village. Schwartz, Fritz et Anna entrent en des transes terribles. Comment dérober Gaspard à son persécuteur! Ne pouvant le rendre invisible, ils prennent le parti de le présenter hardiment au baron et à la comtesse, en ayant soin toutefois de le mettre sous la protection immédiate de l'empereur.

Schwartz, qui n'a plus rien à faire au monde qu'à expier les tortures qu'il a fait souffrir au jeune Gaspard, demande une entrevue au baron et le somme de rendre à la malheureuse victime sa place et son rang dans le monde. Le baron refuse, et l'entretien s'échauffe à ce point, que Schwartz veut donner un coup de poignard au baron, qui lui répond par un coup de pistolet à brûle-pourpoint ; Schwartz tombe roide mort. Et le drame semble devoir finir là, puisque Schwartz connaissait seul le secret de la naissance de Gaspard ; mais il a remis à Gaspard un bracelet, ce bracelet est l'anneau qui rattache la chaîne du drame.

La comtesse sent, en présence de Gaspard, son cœur battre et ses entrailles s'émouvoir ; quelque chose lui dit que le fils disparu dont elle a si longtemps pleuré la mort, n'est autre que ce mystérieux jeune homme ; le bracelet dont elle possède le pareil opère la reconnaissance : « Ma mère!... — Mon enfant! mon enfant à moi!... » etc. Vous connaissez cette scène éternellement applaudie. Mais le vieux baron vient jeter de l'eau froide sur tout cet enthousiasme ; le mari de la comtesse va revenir, que dira-t-il de ce grand fils de dix-huit ans, à la confection duquel il n'a aucunement participé? Il faut que Gaspard parte pour un pays lointain, et ne revienne jamais. La comtesse résiste à cet avis si raisonnable, mais si cruel, et le vieux baron, désespéré, porte à ses lèvres une bague dont le chaton contient un poison violent, car il aime mieux mourir que de voir l'honneur de sa maison souillé. Gaspard Hauser, dont l'amour est repoussé par la petite Anna, comprenant qu'il n'y a pas de place pour lui sur le monde des vivants, arrache la bague des mains du baron, et suce le poison d'une bouche avide ; les commissaires de l'empereur s'en retournent sans avoir pu pénétrer cet insondable mystère.

Cette pièce, dont le second acte est intéressant et bizarre, a très-bien réussi. On a rappelé Albert, on a rappelé Saint-Ernest, avec un enthousiasme difficile à décrire : on ne voit de ces succès-là qu'à l'Ambigu-Comique. Les auteurs, les acteurs et le public de ce théâtre s'aiment et se comprennent ; leurs angles rentrants et sortants s'emboîtent d'une façon merveilleuse ; en vérité, nous regrettons, dans notre coriacité de critique, cette facilité à se prendre à l'intérêt d'un drame qui passionne si furieusement pour une fable invraisemblable et biscornue. Certains habitués de l'Ambigu-Comique attendent les acteurs à leur sortie pour dire des injures au traître, et féliciter le beau rôle de son dévouement et de ses actions généreuses. Voilà un public!

VARIÉTÉS. *Mathias l'Invalide.* — Vernet en invalide est tout ce que l'on peut imaginer de plus réjouissant et de plus grotesque ; Vernet est un tout autre comédien que Bouffé, que l'on semble lui préférer : il a une fleur de naturel que l'art n'atteindra jamais. Les plus savantes combinaisons ne peuvent donner cette aisance jointe à la rigoureuse vérité. — Vernet est comédien de tempérament ; il entre facilement dans l'âme et la peau des personnages qu'il représente ; il s'oublie tout à fait et ne cherche pas à imprimer à ce qu'il joue un cachet, une manière, comme beaucoup d'acteurs de grand talent, du reste ; il est tout simplement, tout naïvement, tout bonnement un invalide, un portier, un paysan, un vieux comédien éreinté, selon le rôle.

L'invalide est une de ses plus parfaites créations ; il est impossible d'avoir plus de laisser aller, de finesse, de bonhomie et de sensibilité. La scène de l'ivresse est rendue avec une vérité si complète, que l'on doute si ce n'est pas un invalide véritable, et que l'on a besoin de regarder autour de soi pour se convaincre que l'on assiste à une représentation théâtrale.—A propos d'ivresse d'invalide, nous allons, si vous le permettez, raconter une petite histoire assez bouffonne.

On donne, à ce qu'il paraît, vingt sous de prime aux âmes compatissantes qui rapportent à l'hôtel des Invalides les vieux grognards amputés ou autres, qu'un coup de vin de trop a fait dévier dans quelque fossé ou trébucher en chemin. Des industriels se font un revenu avec cette prime, et, pour cela, ils n'ont qu'à faire pousser par un gamin, en apparence inattentif, tous les fils de Mars sautillant sur une ou deux jambes de bois qui, clopin-clopant, regagnent à la brune leur glorieux hôpital ; l'invalide, sur son dos, ne peut se relever tout seul et se démène éperdument comme un cloporte retourné. Alors arrive l'industriel avec une brouette ; il le ramasse, le campe dessus et le ramène à l'hôtel, en lui conseillant d'un air ironique de ne pas tant boire une autre fois ; puis il va lui-même boire les vingt sous au cabaret... Voilà un métier nouveau à joindre aux étranges professions que nous révèle tous les jours la *Gazette des Tribunaux*. Retourneur d'invalides, cela va bien avec préposé aux hannetons et aux trognons de pomme, culotteur de pipes, et promeneur de chiens convalescents. Nous n'avons pas opéré l'analyse de cette pièce, qui n'est qu'un cadre, mais un cadre très-habilement disposé pour faire ressortir le talent de Vernet et de Flore. Tout le monde ira la voir, et ce sera, avec *les Saltimbanques*, le succès de la saison. Nous recommandons aux journaux de mode l'incroyable toilette de Flore, ex-vivandière, passée baronne : robe vert-pomme, avec une guirlande de fleurs, béret jonquille et plumes écarlates. Vernet et Flore ont été rappelés. Contrairement à l'usage ordinaire, c'était justice.

18 juin.

VAUDEVILLE. *Les Impressions de Voyage.* — L'annonce envahit tout aujourd'hui. Rien ne peut vous mettre à l'abri de ses guet-apens, de ses surprises et de ses coups de Jarnac. L'annonce vous poursuit jusque dans les recoins les plus intimes de votre existence; point de refuge, point de trêve; elle vous surprend le matin au saut du lit, et, pour pénétrer chez vous, emploie plus de ruses qu'un créancier ou qu'un garde du commerce; il faut à toute force que vous l'aperceviez; pour accrocher votre regard distrait, elle s'habille de toutes les couleurs de l'arc-en-ciel. C'est elle qui a inventé, pour teindre ses affiches, le *jonquille flambant*, la *queue de serin pâmé*, le *raisin de Corinthe exorbitant*, le *rouge escarboucle*, le *flamme de punch*, l'*écarlate reflet d'enfer*, et tout ce que la décomposition du spectre solaire peut fournir de nuances bizarres et tranchées; elle se fait difforme, extravagante, illisible, égyptienne, hiéroglyphique, runique, trapue, allongée, cunéiforme, diagonale, perpendiculaire, tressée en réseaux comme un manuscrit chinois; l'important est d'attirer l'attention, n'importe à quel prix. Une très-spirituelle brochure intitulée : *la Quatrième Page des journaux*, dévoile les ruses de l'Annonce et de sa sœur la Réclame, couple Protée à qui notre ami Alphonse Karr a fait une guerre si vive et si amusante. Mais l'Annonce a plus de têtes que l'hydre de Lerne, et la massue d'Hercule n'y ferait rien. Abattue d'un côté, elle se relève de l'autre. Maintenant, elle a pris pied sur le théâtre; du vaudeville, elle se fait une réclame et de l'acteur un homme-affiche.

Ainsi M. Ambroise Dupont, éditeur de M. Alexandre Dumas, a fait jouer cette semaine au Vaudeville une annonce en deux actes des *Impressions de Voyage*.

L'annonce a parfaitement réussi, grâce au jeu d'Arnal, qui est toujours d'une bêtise ébouriffante.

Arnal-Gambillard est né comme Jean Belin, à l'âge de trois ans, de parents pauvres mais malhonnêtes, dans la rue Mauconseil. Tout homme né rue Mauconseil doit être naturellement cosmopolite et sentir le besoin de quitter sa patrie; Gambillard se met donc en route. Comme Ulysse, il est le jouet de l'onde et du sort; il a vu les mœurs et les villes de beaucoup de peuples, *mores multorum vidit et urbes;* moins heureux qu'Alexandre Dumas, il a mangé plus de civets de chat que de biftecks d'ours, on lui a servi des omelettes chevelues et des œufs à la coque pleins de plumes et prêts à s'envoler; rarement il a joui du bonheur de rencontrer un potage chauve. D'impressions en impressions et d'auberge en auberge, notre voyageur arrive aux environs de Rome, et devient amoureux de la nièce d'un certain Trombolino, contrebandier de son état et un peu brigand, comme tout contrebandier italien. Trombolino! Gambillard! vous concevez d'ici le contraste. Trombolino!... nom retentissant comme un éclat de trombone ou un roulement de tonnerre, nom hérissé, rogue et farouche, avec des moustaches véhémentes et des favoris prodigieux. Gambillard, nom timide, honteux, presque furtif, nom bien fendu et tout en jambes, le nez au vent, les oreilles couchées sur le dos comme un lièvre qui a peur et prompt à tirer au large au moindre signe de danger.—Gambillard redoute autant l'oncle qu'il adore la nièce, et il passe alternativement des angoisses de la passion aux transes de la peur; rien n'est plus divertissant. Ses amours ne sont pas heureuses, car Arnal n'est qu'un jeune premier médiocre, et, comme Odry, il jouit d'un physique fait pour les époux et pour les pères.

De même qu'Élie à l'Opéra, Arnal est toujours repoussé avec perte, et ses dulcinées le malmènent étrangement; c'est ce qui lui arrive dans *les Impressions;* et, voyant qu'il ne peut décider son inhumaine à se dépouiller, en sa faveur, de la peau de tigresse qui recouvre ses appas, il suspend son cœur à un autre croc, et revient à Paris, où il vend ses *Impressions de Voyage* à un libraire romantique. — Semez sur cette trame un peu frêle, des calembours, des jeux et des transpositions de mots, des couplets, des pointes, du gros poivre, et du sel plus ou moins attique, et vous n'aurez encore qu'une idée fort imparfaite de la pièce. La pièce, c'est Arnal; allez voir Arnal, ou bien restez chez vous, et lisez l'histoire de l'ours et la pêche à coups de serpe, dans les véritables *Impressions;* ce qui vaudra encore mieux.

XIII

JUILLET 1838. — Gymnase : *le Médecin de Campagne,* par MM. Laurencin et ***. — Madame Dorval. — Une face ignorée de son talent. — Palais-Royal : *M. de Coislin ou l'Homme poli,* par MM. Marc Michel et Lefranc. — Début de Grassot. — Ambigu : *Rafaël,* drame en cinq actes — Belle maxime à l'usage des criminels. — Variétés : *Moustache,* vaudeville de M. Paul de Kock. — Le fumier d'Ennius retourné. — Cirque-Olympique : Lawrence et Redisha, clowns anglais.

9 juillet.

GYMNASE. *Le Médecin de Campagne.* — Le Gymnase semblait étonné et ravi. Après un si long jeûne, un carême si rigoureux de spectateurs, voir du monde aller et venir, descendre et monter les escaliers, n'en être plus réduit au pompier de garde, à l'ouvreuse centenaire, à la marchande d'oranges ; — sentir circuler dans les artères des corridors, comme un sang jeune et vivace, un flot de femmes belles et spirituelles, de littérateurs, de poëtes, d'artistes et de gens du monde ; — tout ce beau public intelligent et passionné que madame Dorval traîne toujours après elle, et qui la suivrait jusqu'à Bobino ou au Petit-Lazari, si la fantaisie d'y aller la prenait : — il y avait longtemps que le Gymnase n'avait été à pareille fête.

Le sujet de la pièce n'a rien de bien neuf ; — est-il quelque chose de neuf sous le soleil? Salomon trouvait déjà que, de son temps, l'on ne faisait que des redites ; — mais, en revanche, il est mis en œuvre d'une manière ennuyeuse et commune ; M. Laurencin, le

Molière de la Porte-Saint-Martin, s'est bien vite endormi sur les lauriers de *Mateo*.

Une jeune femme est jalouse de sa sœur à propos d'un certain M. Gustave; la pauvre enfant se dévoue pour détourner les soupçons de sa sœur; elle se marie, et lui rend ainsi la tranquillité, le bonheur et la vie.

Madame Dorval a fait de cela un drame plein de passion, d'angoisses et de larmes. Elle a donné un sens aux mots qui n'en avaient pas, et changé en cris de l'âme les phrases les plus insignifiantes. Des choses nulles dans toute autre bouche, dites par elle, donnent la chair de poule à toute la salle. Merveilleuse puissance! avec les plus simples mots : *Que me voulez-vous? Mon Dieu! que je suis malheureuse!* elle fait pleurer et frissonner. Elle entre : à voir sa contenance inquiète, brisée, fiévreuse et comme ployée sous une violente émotion intérieure, on se sent déjà troublé et sous le charme; elle parle, et son âme tremble et vibre dans chaque mot et soulève de l'aile la lourde prose dont on la charge. Son succès a été complet comme il le sera toujours en dépit de tous les rôles et de tous les Gymnases possibles. Dans la scène de la lettre, scène assez bien filée d'ailleurs, elle a été d'un pathétique et d'un naturel admirables

Ce Gymnase est vraiment un bien malheureux théâtre : avoir Bouffé, avoir Bocage et madame Dorval, trois des meilleurs acteurs de ce temps-ci, le plus fin sourire, la plus haute mélancolie, les plus belles larmes, et ne pas crouler sous les bravos, et ne pas voir ruisseler des fleuves d'or et tomber des Pactoles d'écus dans la caisse! — M. Poirson ajouterait encore Frédérick à sa troupe merveilleuse, qu'il trouverait le moyen de n'avoir personne et de ne pas faire d'argent; c'est un *guignon* sans pareil. Qui rompra le sort? Madame Dorval, peut-être; elle est magicienne et connaît les paroles qui lèvent les enchantements. Applaudie avec fureur, la grande actrice a été redemandée à la fin de la pièce. Mais ce brillant accueil était pour elle seule, rien que pour elle; les auteurs n'auraient pu revendiquer pour leur compte un seul de ces bravos. Ce n'est pas que leur pièce soit plus mauvaise qu'une autre; mais une si haute perfection de jeu appelle invinciblement une œuvre littéraire et poétique : les grands talents scéniques ont cela de particulier qu'ils sont plus beaux dans les pièces de style, et les talents inférieurs dans les canevas, les imbroglios et les scènes à tiroir.

Nous sommes étonné qu'en faisant venir madame Dorval au Gymnase, on n'ait point songé à exploiter une face peu connue de son talent.

La Marion Delorme, l'Adèle d'Hervey, la Catarina que vous savez, joue la comédie d'une manière toute charmante et toute spirituelle; le Marivaux lui irait aussi bien que le Shakspeare ou le Victor Hugo; dans *Jane Vaubernier*, la petite pièce de M. Alfred de Vigny, représentée à l'Opéra le jour de son bénéfice, elle s'est montrée aussi franche, aussi gaie, aussi fine que mademoiselle Mars elle-même : comme le masque antique, elle a deux faces, l'une qui pleure, l'autre qui rit; elle imitera également bien les mouvements convulsifs de l'agonie tragique et l'allure sautillante de la comédie; d'une main elle tient le poignard, de l'autre le coin du tablier de dentelles. Elle a cela de commun avec Frédérick, qui est à la fois bouffon et terrible. — Frédérick est, du reste, son jumeau, son frère siamois dramatique, et c'est une souveraine maladresse que de les désunir. Jamais talents ne furent plus sympathiques et ne s'emboîtèrent mieux

Cette façon de prendre madame Dorval eût peut-être mieux convenu à l'exiguïté du théâtre. En trois pas, cette brûlante passion, accoutumée à de plus larges scènes, a fait le tour de cette bonbonnière, suffisante tout au plus aux événements microscopiques et aux duels à pointe d'aiguille des vaudevilles de M. Scribe; d'un coup de coude, elle renverse une coulisse, ou troue la toile de fond. Une de ces entrées tumultueuses et désordonnées, d'un effet si puissant dans un grand théâtre, la ferait passer par-dessus la rampe, et la mènerait droit dans l'orchestre; ce n'est pas tout que d'avoir des ailes pour voler; il faut encore de l'air et de l'espace. Quant à la pièce du Gymnase, nous croyons inutile d'en entreprendre ici l'analyse. Relisez, à l'ombre de quelque verte charmille, la délicieuse églogue du *Médecin de Campagne* de Balzac, c'est ce que vous pourrez faire de mieux.

PALAIS-ROYAL. — *M. de Coislin ou l'Homme poli* indique des habitudes plus littéraires que celles des fabricants vaudevillistes.

On sent que cela est fait par des gens qui savent l'orthographe, mérite rare parmi les dramaturges.

M. de Coislin, dont on peut lire l'histoire tout au long dans les Mémoires du duc de Saint-Simon, passait pour l'homme le plus poli de France et de Navarre; il se serait fait hacher en pièces plutôt que de passer le premier; il sautait du troisième étage pour rendre un salut. — Une nuit, afin d'éprouver jusqu'où irait sa politesse, un jeune seigneur d'entre ses amis se déguisa en fantôme, et alla le réveiller. Coislin ne se démentit pas et le reconduisit en lui disant : « Monsieur le fantôme, permettez que je vous éclaire. » Dans la pièce du Palais-Royal, Coislin salue tout le monde jusqu'à terre, se confond en révérences et en politesses; il cède son appartement à madame de Kergouet, la moitié de son mince matelas à Lauzun. — Mais ses prévenances sont bien récompensées : madame de Kergouet consent à l'épouser, et l'impertinent Lauzun est éconduit, ce dont il enrage fort et ferme. — La pièce a réussi. — Le débutant, Grassot, ne manque pas de talent, et c'est une bonne acquisition pour le Palais-Royal. Les auteurs sont MM. Marc Michel et Lefranc.

AMBIGU. — Ce théâtre a donné un *Rafaël* dont nous n'avons pas grand'chose à dire. En entrant dans la salle, nous avons entrevu un niais endormi dans un fauteuil; il faisait nuit, et Saint-Ernest, drapé dans un manteau de couleur terrible, descendait un escalier avec une lanterne sourde. — Le susdit Saint-Ernest avait le front chauve, le sourcil circonflexe, le teint plombé comme quelqu'un qui a commis un grand crime dans l'acte précédent ou avant le lever du rideau. — Saint-Ernest, arrivé au milieu du théâtre, a prononcé, en appuyant convenablement sur les *s*, cette phrase superlative et triomphante : *Seize années ne suffisent donc pas pour étouffer la conscience! le remords ne vieillit pas!...* Que de jeunes premières envieraient cette propriété du remords! — Cette phrase prononcée, Saint-Ernest s'est dirigé vers un autre escalier menant au *second dessous;* probablement au caveau de ses victimes. Ayant vu cela, nous sommes sorti, ne voulant pas laisser effacer dans notre mémoire une si belle maxime, par d'autres phrases et d'autres tirades.

16 juillet.

Variétés. *Moustache*. — M. Paul de Kock se contrefait et se met en pièces lui-même; d'un sac, il tire double mouture, et coupe ainsi l'herbe sous le pied aux chasseurs de sujets. La littérature voleuse n'a rien à faire avec lui. — *Moustache* paraît en même temps chez Barba et aux Variétés, sous la forme d'un roman, d'un vaudeville et d'un chien. Les trois formes ont réussi.

Le premier acte est charmant, le second médiocre, et le troisième détestable. Jamais vaudeville n'avait mieux commencé; — mais, hélas! *desinit in piscem mulier formosa supernè*. La tête est d'Alphonse Karr, et la queue de M. Paul de Kock. Explication naturelle du phénomène.

M. Paul de Kock, qui est, nous ne savons trop pourquoi, l'écrivain le plus populaire de France, et dont le succès éclipse celui de Victor Hugo, d'Alfred de Musset, de Georges Sand et de tous les génies supérieurs de l'époque, a trouvé, comme tout le monde, originale et charmante la description des misères de Stephen et des capricieux héros d'Alphonse Karr; puis, comme Virgile, qui tirait des perles du fumier d'Ennius pour les enchâsser dans l'or de son vers divin, il a tout simplement enchâssé la perle de *Sous les Tilleuls* dans son roman de *Moustache*. Seulement, ici, la perle n'avait aucun besoin d'être nettoyée et polie; elle était ronde, parfaite, du plus bel orient, délicatement montée et mise en œuvre; elle a été tirée de son écrin pour être enfouie dans le fumier.

Nous sommes surpris que cette ressemblance étrange n'ait pas été relevée et signalée plus tôt. M. de Kock, qui connaît fort bien son public, et qui sait qu'on ne lit plus que lui seul au monde, en a pris tout à son aise et ne s'est même pas donné la peine d'altérer et de transposer les détails.

Le succès de bon aloi obtenu par tout ce qui appartenait à M. Alphonse Karr prouve combien les gens d'esprit ont tort d'abandonner la scène aux médiocrités qui l'exploitent. — Dès l'instant où l'invention de M. Paul de Kock s'est développée, la pièce a cheminé cahin-caha, malgré les huit jambes des deux ânes et les quatre pattes du chien, chargées de la porter jusqu'au dénoûment.

Ce qu'il y a eu de plus réjouissant, c'est l'apparition de deux ânes au naturel, qui ont traversé délibérément le théâtre, portant des grisettes sur le dos, et qui sont venus manger des oublies près de la rampe. — Tous les animaux ont été redemandés.

25 juillet.

Cirque-Olympique. *Lawrence et Redisha.* — Comment comprendre que des gens qui ont des jambes et des bras pareils aux nôtres, se tordent et se disloquent d'une façon si étonnante ! Par quelles transitions peut-on passer des mouvements ordinaires à ces contorsions mirifiques ?

Lawrence et Redisha, moins gracieux et moins pétulants qu'Auriol, ont un cachet bien distinct et bien remarquable. Quoiqu'ils ne disent pas un mot, et qu'ils aient la figure plâtrée et grimée, on les sent Anglais et profondément Anglais ; ils mettent, à tout ce qu'ils font, une précision, un phlegme, une conscience britannique poussés jusqu'aux dernières limites. Tout ce qu'il est possible d'obtenir des muscles et des nerfs d'un homme, ils l'ont obtenu : ils s'écartèlent, ils se fendent, ils s'aplatissent, ils se roulent en cercle, ils sont prodigieux !

Leur costume est d'un comique ébouriffant : — le premier est moitié rouge et moitié noir, avec une perruque écarlate d'un côté et brune de l'autre ; — le second est tout blanc, relevé et passementé de boutons gros comme des oranges ; il a la figure enfarinée, pommelée de rose et accentuée de sourcils circonflexes très-extravagants. Cet ajustement est d'une fantaisie qu'on n'imagine pas, et va fort bien avec la démarche discrète et silencieuse du personnage.

Aussitôt qu'ils ont achevé un tour, ils exécutent un petit pas destiné probablement à exprimer leur joie. Ce pas consiste à tendre le dos comme un chat qui veut se faire gratter, à remuer deux ou trois fois la tête en manière de mandarin chinois, à se dandiner sur une jambe comme une oie sur une tôle chauffée. — Rien n'est plus bouffonesque, pantagruélique et superlatif.

Ces frères siamois de la gambade dépassent tout ce que l'on a vu jusqu'à ce jour : ils mettent leurs cuisses en bandoulière, font des rosettes avec leurs jambes, comme avec un nœud de ruban ; ils se coupent en deux, et les deux morceaux dansent; ils se font crapauds et sautent sur le ventre avec les pattes ployées au rebours des articulations comme de vrais et naïfs crapauds qui sortiraient d'une mare pour aller humer le frais; ils se doublent, se dédoublent, s'augmentent, se diminuent, et fourmillent à l'œil comme un nœud de serpents. La pesanteur n'existe pas pour eux.

O grands baladins, sauteurs miraculeux, on est humilié, quand on vous a vus, de marcher sur les pieds et l'on a des envies de s'en retourner chez soi sur les mains ou en faisant la roue!

XIV

AOUT 1838. — Opéra : début de mademoiselle Lucile Grahn. — Gymnase : *la Cachucha*. — Ambigu : *Un Amour de Molière*, vaudeville de M. Colomb. — Les personnifications impossibles à la scène. — Porte-Saint-Martin : *Peau-d'Ane*, féerie. — Judicieux raisonnement de M. Harel. — Un éléphant tué d'un coup d'épingle. — Le théâtre envahi par les bêtes.—Palais-Royal : acteurs espagnols. — *Dona Marianna*.— Variétés : *les Bayadères*. — Anxiété publique.

7 août.

OPÉRA. *Début de mademoiselle Lucile Grahn.* — Mademoiselle Lucile Grahn, la danseuse danoise, est grande, svelte, bien découplée, bien attachée, et serait beaucoup plus jolie si elle ne souriait pas avec tant d'opiniâtreté; le sourire doit voltiger sur la bouche d'une danseuse comme un oiseau autour d'une rose, mais il ne doit pas y percher, sous peine de la déformer. — Le sourire, qui ne se trouve jamais sur les bouches de marbre des déesses antiques, produit une crispation qui détruit l'harmonie des lignes : les joues ballonnent, les coins du nez se plissent, les yeux font patte d'oie, les lèvres se brident, s'amincissent et s'allongent. Rien n'est plus contraire à la beauté. Une belle femme doit garder son masque presque immobile : le manége des yeux suffit pour l'animer et l'éclairer.

Gymnase. *La Cachucha*. — Cette pièce est de l'école des *Saltimbanques* et de *l'Ours et le Pacha*; excellente école; c'est une folie-parade, ou une parade-folie, comme vous voudrez, qui n'a ni commencement, ni milieu, ni fin, mais qui est d'une bêtise abondante, planturense, ébouriffante, qui vous soulage et vous désopile. — L'intrigue se distingue par une simplicité et une limpidité dignes des plus grands maîtres.

La voici; c'est la seule que nous ayons jamais comprise entièrement. — Deux hommes s'appellent Martin, par la raison qu'il y a plus d'un âne à la foire qui... vous savez le proverbe; l'un est libraire sérieux, c'est-à-dire qu'il vend des *Epitome historiæ sacræ*, des *De viris illustribus* et autres productions classiques; l'autre loue *Moustache* et *la Pucelle de Belleville* et, de plus, donne des leçons de danse à douze sous le cachet. Le Martin maigre, représenté par Klein, est riche; le Martin gras, représenté par Bernard-Léon, est pauvre, parce que, comme dit Figaro, la misère engraisse. — Les billets à payer vont au Martin maigre, et les dindes truffées au Martin gras. — Au lever du rideau, le Martin maigre et sérieux vient réclamer du Martin gras et folâtre le payement d'un effet de trois cent cinquante francs à l'adresse de son homonyme et que son commis a soldé par mégarde.

Mais M. Martin, le maître de danse, qui est un homme d'ordre, n'ouvre sa caisse qu'à certains jours de la semaine et ne paye jamais le mercredi; l'autre s'en va tout furieux en demandant au Martin numéro 2 de faire invariablement précéder son nom de famille de la première lettre de son nom de baptême, qui est Georges, ce qui préviendra toute confusion, puisque lui-même s'appelle Jacques. Le maître de danse refuse, sous prétexte que Georges s'écrit tantôt avec un G, tantôt avec un J, selon le goût des personnes, comme gigot, qui s'orthographie indifféremment *jigot* ou *gigot*. Jacques Martin, puisque Jacques il y a, se retire l'âme ulcérée et regrettant fort les six sous qu'il a dépensés pour son omnibus.

M. Martin parti, une porte s'ouvre, et un blanc essaim de colombes entre dans la chambre en roucoulant et en palpitant des ailes ; ces trois colombes sont trois jolies femmes : mesdemoiselles Nathalie, Grassot et Virginie Goy, qui, pour le moment, servent de filles à cette grosse panse et à ce gros rire épanoui qui se nomment Bernard-Léon ; ces demoiselles possèdent, outre leurs agréments physiques et leur innocence, des talents fort distingués : l'une danse comme Fanny Elssler, l'autre chante comme madame Malibran chantait, la troisième joue le drame moderne aussi bien que madame Dorval elle-même ; c'est ce qui fait que le bonhomme Bernard-Léon sent vivement le besoin de confier à d'autres le soin de ces charmants trésors ; car, ainsi qu'il le dit lui-même, c'est un bien beau jour, dans la vie d'un père, que celui où il se débarrasse des objets de sa tendresse.

Ce beau jour va bientôt luire, car le maître de danse vient de recevoir une bourriche contenant une dinde truffée et une lettre qui lui mande que les trois fils (non truffés) de M..Birotteau suivent de près la bourriche et vont s'installer chez lui pour finir leur éducation. — En effet, les trois provinciaux arrivent quelques instants après, — les bras ballants, le nez au vent, le chapeau en arrière, avec les pantalons et les habits de leur première communion, trop courts de quatre à cinq doigts ; c'est le spectacle le plus cocasse et le plus réjouissant qu'on puisse imaginer.

Le père Martin commande à ses filles de *fasciner* ces trois jobards, et de les amener à des extrémités conjugales ; les demoiselles, qui ont pour amants trois militaires si aimables, que le papa a jugé bon de les mettre à la porte, refusent d'abord de se prêter à ce manége ; mais le papa, qui pour rien au monde ne voudrait garder ses filles chez lui, tient ferme et répond à toutes les observations : « Fascinez-les ! » Les jeunes personnes se résignent, et, à la suite d'un dîner où les jeunes et naïfs provinciaux ont été préalablement allumés, les filles du maître à danser criblent de leur œillades les plus assassines le cœur des pauvres lycéens, qui ne se sont jamais trouvés à pareille fête et ne peuvent tenir d'aise dans leur peau ; mademoiselle Virginie Goy chante une romance de mademoiselle Loysa Puget, pleine de jurons et de gaillardises de haut poivre ; mademoiselle Grassot déclame une tirade d'*Angelo, tyran de Padoue*, avec des cris et des gestes frénétiques qui épouvantent fort les nouveaux débarqués, peu faits à cette furie de passion ; mademoiselle Nathalie exécute la cachucha avec beaucoup de gentillesse et de pétulance ; si bien que les provinciaux, ravis, se mettent à danser la bourrée ; les deux autres sœurs font des poses andalouses, les castagnettes babillent et marquent la mesure, les gros souliers ferrés des fils Birotteau retombent pesamment sur le parquet et soulèvent des flots de poussière : la joie est à son comble. Les jobards sont *fascinés*. Tout à coup, le vitrage de trois œils-de-bœuf pratiqués dans le mur, sans doute pour éclairer un couloir obscur, se renverse avec fracas, et laisse voir les têtes de trois musiciens de la ligne, avec des faces ébahies et stupéfaites. Les danses sont suspendues. Le père Martin entre majestueusement, les mascarons rentrent dans le mur, les filles se pelotonnent à gauche et les provinciaux à droite. « Eh quoi! jeunes gens, dit le père Martin d'un ton de Ruy Gomez de Sylva, vous voulez souiller mes cheveux blancs? Je vous donne l'hospitalité, je vous abreuve, je vous truffe et vous séduisez mes filles ! vous leur faites exécuter une danse que j'ose qualifier de choquante !

C'est donc à dire
Que je ne suis qu'un vieux dont les jeunes vont rire ;
Ce n'est pas vous du moins qui rirez...

Il n'y a qu'une manière de réparer cet outrage : c'est d'épouser mes filles, à qui je donne pour dot ma bénédiction et la manière de s'en servir. »

Les provinciaux sont on ne peut plus perplexes ; les charmes des péronnelles les ragoûtent fort, mais se marier, c'est grave ! Heureusement, la soubrette entre avec une lettre ; les trois musiciens ont obtenu leur congé, et sont entrés chez Musard et Valentino en qualité de trombones et d'ophicléides : ce sont d'excellents partis. Le Martin gras rend au Martin maigre les Birotteau, qui s'étaient égarés en chemin. « Venez avec moi, chers nourrissons ! dit le Martin maigre. Il aurait mieux valu pour vous, innocentes brebis, tomber dans la loge de Martin l'ours que dans cet atelier de turpitude et d'immodestie ; mais, à force de grec et de latin, je vous ferai oublier les images voluptueuses à l'aide desquelles on voulait troubler votre jeune raison. »

La toile tombe sur cette touchante homélie, et les provinciaux sortent comme ils étaient entrés, les uns derrière les autres, avec un air marmiteux le plus risible du monde. — Cette analyse ne donne qu'une idée fort incomplète de la pièce. Il faut l'aller voir ; depuis *les Saltimbanques*, nous n'avions pas ri de si bon cœur.

AMBIGU. *Un Amour de Molière.* — S'il est un homme que le théâtre devrait respecter entre tous, c'est Molière. L'art de la scène a des exigences et des conditions impérieuses, auxquelles il faut se soumettre, surtout envers celui qui les connaissait si bien, envers le roi de la comédie. En général, le grand écrivain répugne à devenir un héros de théâtre. La scène a besoin de l'homme qui agit et non de l'homme qui pense.

Donnez Homère, donnez Aristote, donnez Virgile ou Sénèque à un auteur de comédie, il vous répondra, s'il sait son métier : « Le moindre grain de mil ferait bien mieux mon affaire, » c'est-à-dire le moindre hypocrite, le moindre glorieux, le plus ridicule bourgeois, le plus petit marquis éventé, le plus lourd pédant, me conviendraient mille fois mieux.

Un autre obstacle qui rend impossible à la scène la vraie personnification d'un écrivain illustre, c'est le style de cet écrivain. On admettra sans peine qu'un auteur dramatique parle aussi bien ou aussi mal que la plupart des personnages qu'il met en jeu. Mais, quand il prêtera sa langue à un génie, à Molière, halte-là ! c'est une invraisemblance et une profanation à la fois. Molière seul avait le droit (et il en a usé dans *l'Impromptu de Versailles*) de se faire un personnage de comédie, par la raison toute simple qu'il n'y a que Molière pour parler comme Molière. Lui prêter cette littérature patoise et ces quolibets du vaudeville, c'est commettre un contre-sens aussi brutal que si l'on représentait *Tartufe* charitable et *Harpagon* prodigue.

15 août.

Si *Peau-d'Ane* m'était conté,
J'y prendrais un plaisir extrême.

M. Harel, en lisant ces vers de la Fontaine, se sera fait ce raisonnement : « Si *Peau-d'Ane* était joué, le public y prendrait plus de plaisir qu'aux représentations d'*Adryane Ritter* ou du *Duc de Clarence*. Le drame moyen âge est mort, le drame intime agonise ; le drame vertueux qui, sous *la Duchesse de Lavaubalière*, jouissait de cinq queues visibles à l'œil nu, n'a plus aujourd'hui qu'une seule queue aussi courte que celle d'un cheval de course anglais. — L'astre Balissan pâlit. — Les procureurs honnêtes représentés par Raucourt n'ont plus le moindre succès ; ayons recours à la féerie ! »

Ce qui fut dit fut fait, et *Peau-d'Ane* a été joué la semaine dernière à la satisfaction générale.

L'analyse de cette féerie serait assez difficile à faire ; les changements à vue, le déplacement perpétuel de l'action, la grande quantité de détails et de scènes épisodiques nous mèneraient trop loin, et, d'ailleurs, le sujet est connu de tout le monde, et surtout des petits enfants. — Qui ne se souvient des trois fameuses robes couleur du temps, couleur de la lune et couleur du soleil, de la trop coquette princesse ?

La décoration du premier acte, qui représente le palais de don Martino, le père de Peau-d'Ane, est fort originale : des têtes d'ânes et des arabesques de chardons décorent les murs parsemés de *hi-han* et autres onomatopées et emblèmes asiniques. Le jardin de la fée, où s'élève un château d'eau d'une riche architecture, se distingue par une grande fraîcheur et une délicieuse humidité ; la brume argentée de la cascade est parfaitement rendue ; les arbres ont une tournure maniérée et Watteau tout à fait élégante ; les gazons, piqués de fleurettes, font bien velours, et invitent à s'asseoir. La décoration finale ressemble aux palais enchantés des *Mille et une Nuits*, et ne serait pas dédaignée par le magnifique Aladin lui-même.

Le combat d'Inigo, le bouffon de la pièce, avec un éléphant qu'il rencontre dans une forêt, est une idée fort originale. Voici le récit de ce combat pantagruélique. L'éléphant assomme à grands coups de trompe le pauvre Inigo, qui, ne sachant quel moyen employer pour se défaire de son terrible adversaire, s'avise de le piquer avec une épingle. L'éléphant, qui est fait en taffetas gonflé de vent, s'affaisse, s'aplatit et se réduit à un si petit volume, qu'Inigo le plie en quatre comme un billet de banque et le serre dans son portefeuille.

La bouffonnerie suivante a beaucoup fait rire. Le roi va passer. Un honnête marchand de tartelettes et de talmouses, dont l'étalage se trouve sur le bord du chemin, curieux de voir un roi marchant lui-même, dit à sa femme : « Ma femme, garde la boutique. » Puis il s'en va. Quand le mari est un peu loin, la femme dit à son petit garçon : « Mon petit, garde la boutique. » Puis elle s'en va. Le petit garçon, qui n'a pas moins envie que ses parents d'aller les rejoindre au cortége, appelle le chien Zozo, et lui dit : « Garde la boutique. » Puis il s'en va. Le chien Zozo attend que le petit garçon soit lui-même un peu loin, et détale au grand galop. Le chien a joué son rôle avec une intelligence admirable.

Les animaux envahissent de plus en plus le théâtre : nous avions déjà les ânes et le chien de *Moustache*, la biche de *Geneviève de Brabant*. Dans *Peau-d'Ane*, il y a un âne, quatre moutons, un chien et un chat. — Ce chat donne lieu à une plaisanterie assez spirituelle. — Le gourmand Inigo aperçoit sur une table un superbe pâté d'où sort une vraie tête de lièvre avec des moustaches et des oreilles authentiques. « Pardieu! se dit Inigo, je vais donc enfin manger du pâté de lièvre! » Et il lève le couvercle. — Un fort joli chat sort du pâté fallacieux, descend de la table et disparaît dans la coulisse. « Je n'avais pas encore mangé de pâté au chat vivant; c'est un progrès! » s'écrie Inigo désappointé.

Peau-d'Ane, qui a coûté beaucoup d'argent, fera beaucoup d'argent, selon la coutume.

PALAIS-ROYAL. *Acteurs espagnols.* — Nous ne parlerons pas des *Tonadillas*, attendu que nous ne savons pas assez l'espagnol pour juger de leur mérite. La musique est médiocre et chantée médiocrement. — Mais nous louerons franchement la jolie petite dona Marianna et son danseur Escudero.

Dona Marianna, singularité charmante pour une Espagnole, a les cheveux aussi roux que Nourmahal la Rousse. Cette couleur, nous ne savons trop pourquoi, est proscrite en France, et les femmes qui ont les cheveux rouges tâchent de se les brunir avec des peignes d'étain et du brou de noix. Cependant rien n'est plus chaud, plus riche, plus allumé de ton, rien ne prend mieux la lumière qu'une chevelure rousse : c'est de l'or et de la flamme, — les deux plus belles teintes du monde, la richesse et la vie.

Les peintres coloristes savent bien quelles ressources offre au pinceau cette magnifique nuance, qui fut, d'ailleurs, celle des cheveux du Christ. — Une peau d'un blanc laiteux, satinée et tournant au bleuâtre, une bouche d'un pourpre éclatant, des yeux vert de mer accompagnent ordinairement les chevelures rousses et composent aux femmes qui les possèdent une beauté étrange et charmante.

Dona Marianna danse la cachucha avec une grâce humble et fière à la fois, moitié en grande dame, moitié en saltimbanque, qui nous a ravi singulièrement ; sa basquine bleu de ciel, un peu fripée sous sa pluie de paillettes d'argent, son grand peigne d'écaille, ses grosses roses, son morceau d'étoffe blanche capricieusement tortillé dans ses cheveux, ses colliers de verroteries, son clinquant et ses passequilles éraillées, toute sa pauvre et folle toilette lui donnent un air de bohémienne et de danseuse de corde d'un ragoût supérieur. — Voilà comme nous aimons les danseuses. — Escudero rappelle Camprubi. C'est un grand éloge.

27 août.

Variétés. *Début des Bayadères.* — La curiosité publique était allumée au plus haut degré. — Les récits merveilleux faits par les quelques journalistes privilégiés admis dans la mystérieuse retraite de l'allée des Veuves, où loge la tribu indienne, avaient excité vivement l'imagination des lecteurs : on ne parlait plus, on ne rêvait plus que de bayadères.

« Avez-vous vu les bayadères ? était la question qui avait remplacé le banal *Comment vous portez-vous ?* Par quel moyen parvenir jusqu'à elles ? Danseront-elles sur un théâtre ? à l'Opéra, aux Variétés, à la Porte-Saint-Martin, au Palais-Royal, qui retentit encore des castagnettes espagnoles ? Qui l'emportera, de M. Duponchel, de M. Dumanoir ou de M. Harel ? On dit que l'on a arrangé pour elles *le Dieu et la Bayadère;* c'est une excellente idée. On prétend qu'elles sont noires. — Fi donc ! — Jaunes ? rouges ? — Non : chocolat. — Quelle horreur ! Et mademoiselle Taglioni, qui est si blanche et si rose ! »

Quelques personnes accoutumées aux *araignées de mer*, aux *rats dilettantes*, aux *pluies de crapauds*, aux *négresses qui jouent les rôles de mademoiselle Mars*, et autres inventions qui remplissent les journaux pendant la session littéraire, prétendaient même que les bayadères n'étaient qu'un simple *canard* dans le genre de *Gaspard Hauser*, du *vol des tableaux du Musée*, de la *division de la France*. Les plus incrédules allaient jusqu'à dire que le vieux Ramalingam avait été portier dans leur maison, qu'Amany n'était qu'une modiste teinte au jus de réglisse, et que Saoundiroun avait tenu un café à Lyon, il y a quinze ans (Saoundiroun a quatorze ans). Quant à Deveneyagorn, c'était un tambour de la banlieue et Savaranim un fifre de régiment; car, s'il y a des lecteurs de facile composition, il y en a d'autres qui ne peuvent croire s'ils n'ont un doigt dans la plaie, comme feu saint Thomas. Il existe des gens qui sont encore persuadés que les Osages étaient des bas Bretons mis en couleur.

Les douteurs, en lisant dans les *Débats* le compte rendu de la réception des bayadères aux Tuileries, commencèrent à croire qu'il y avait quelque probabilité que les bayadères ne fussent pas des modistes, et vinssent véritablement de la pagode de Tendivini-Pouroum. Cependant, les uns alléguaient la fausse ambassade siamoise envoyée au grand roi. — Mais, quand ils virent sur l'affiche des Variétés :

LES BAYADÈRES.

Le Salut du prince, par Veydoun.
La Toilette de Shiva, par Saoundiroun et Ramgoun.
Le Pas mélancolique, par Amany.
Les Colombes, par Amany, Saoundiroun et Ramgoun.
Le Malapou, par Tillé, Amany, Ramgoun et Saoundiroun.

MUSICIENS.

Ramalingam, Savaranim, Deveneyagorn,

ils ne purent qu'envoyer louer des loges et des stalles : c'est ce qu'ils firent; si bien, que la salle est prise jusqu'à la sixième représentation.

Le jour du début, il y avait dans le public une attente pleine d'anxiété; car on allait voir enfin quelque chose d'étrange, de mystérieux et de charmant, quelque chose de tout à fait inconnu à l'Europe, quelque chose de nouveau ! — et les spectateurs les moins enthousiastes ne pouvaient s'empêcher d'être émus de cette curiosité craintive qui vous saisirait, si l'on ouvrait tout à coup devant vous les portes du sérail si longtemps impénétrables.

L'impatience du public était si grande, qu'un petit prologue fort spirituel et très-bien joué par Rébard et mademoiselle Flore, ne put être écouté jusqu'au bout, et que force fut de baisser la toile dès les premières scènes.

La toile se releva ; et, sur une décoration aussi hindoue que possible, on vit se détacher les cinq bayadères dans leur parure étincelante.

Elles firent le salam avec leur grâce et leur souplesse ordinaires ; Ramalingam se mit à frapper ses cymbales et à réciter le poëme de la toilette de Shiva, accompagné par la flûte de bambou de Savaranim, et le tambour de peau de riz de Deveneyagorn.

Les mouvements des danseuses, si rapides et si brusques, qu'ils ressemblent plutôt à des tressaillements de gazelles effarées qu'à des attitudes humaines ; les œillades prodigieuses, où le noir et le blanc de l'œil disparaissent tour à tour, la sauvage singularité de leur costume, étonnèrent d'abord le public, plus surpris que charmé.

Mais, quand la belle Amany récita sa mélancolique complainte, la beauté antique de ses poses, la souplesse voluptueuse de sa taille, la langueur pleine de tristesse de ses gestes, la plaintive douceur de son demi-sourire, enlevèrent tous les applaudissements. — On eût dit la brune Sulamite du cantique des cantiques, pâmée d'amour, et cherchant son bien-aimé sur la montagne du baume et dans le jardin des plantes aromatiques.

Le pas des colombes a eu un succès prodigieux ; en effet, l'on a peine à concevoir comment deux danseuses qui pivotent sur elles-mêmes avec une effrayante rapidité, peuvent faire une colombe sur un palmier d'un grand morceau de mousseline blanche dont le volume doit les embarrasser beaucoup.

Saoundiroun et Ramgoun, quand leur ouvrage fut terminé, allèrent gracieusement le présenter aux dames qui occupaient les baignoires d'avant-scène.

Ce pas laisse bien loin derrière lui les pas de châle et autres enchevêtrements de foulards plus ou moins indiens que nous avions coutume d'admirer.

L'idée en est charmante. — Amany écrit sur une feuille de palmier une lettre à son bien-aimé. — Ses compagnes Saoundiroun et Ramgoun lui font des colombes avec leur écharpe, pour porter son message.

Rien n'est plus frais et plus gracieusement naïf.

Le pas des poignards a une expression tragique et sauvage de l'effet le plus saisissant.

Le *Malapou*, ou danse surprenante, se rapproche de la *Jota aragonesa*; le mouvement en est vif et joyeux, les danseuses se renversent en arrière, en levant les bras au-dessus de la tête, avec une souplesse infinie.

C'est la pose choisie par M. Barre, qui est en train de faire la statuette d'Amany : on ne saurait rêver un plus adorable pendant à la délicieuse figurine de Fanny Elssler. — Madame la duchesse de C** s'occupe de la statuette de Saoundiroun ; aucun genre d'illustration ne manque donc aux bayadères ; — l'art, la fashion et la vogue, tout se réunit pour les fêter ; ce sont les vraies *lionnes* de la saison.

A propos de vogue, mademoiselle Fanny Elssler, qui était allée aux Variétés rendre visite à ses sœurs les bayadères, et voir s'il y avait au monde des pieds plus petits et plus légers que les siens, a été saluée d'une salve d'applaudissements quand elle est entrée dans la loge, sans doute en qualité de reine de la danse.

Si nous avions été là, nous aurions battu des mains plus fort que tout autre, car personne plus que nous n'admire mademoiselle Fanny Elssler ; cependant nous aimerions qu'on réservât un peu de cet enthousiasme pour les grands poëtes ou les grands compositeurs ; nous voudrions aussi que l'on applaudît Lamartine, Victor Hugo ou Rossini, quand ils paraissent au spectacle : un peu moins d'admiration pour les jambes et le gosier qui exécutent, un peu plus pour le cerveau qui crée.

XV

SEPTEMBRE 1858. — Opéra-Comique : *la Figurante*, paroles de M. Scribe, musique de M. Clapisson. — Ambigu : *les Chiens du mont Saint-Bernard*. — Réputation surfaite de l'espèce canine. — Énumération des chiens célèbres. — Opéra : *Benvenuto Cellini*, poëme de MM. Auguste Barbier et Jules de Wailly, musique de M. Hector Berlioz. — La Réforme littéraire. — Caractère du talent de M. Berlioz. — Gaieté : *le Vicomte de Chamilly*, un peu par M. Ancelot, beaucoup par M. Saintine. — Opéra : reprise de *la Sylphide*. — Les vieux ballets. — La nouvelle Sylphide. — Les dangers du *vol*.

2 septembre.

Opéra-Comique. *La Figurante.* — *La Figurante* n'est autre chose que la mise en scène d'une assez jolie nouvelle que M. Scribe a publiée, il y a quelques mois, sous le titre de *Judith*.

Le premier acte se passe au foyer de la danse à l'Opéra. — Judith arrive sous les apparences d'une simple fille de portière, comme la plupart des figurantes ; sa mise est fort modeste : elle porte la robe d'indienne, le tartan et les socques de la vertu, tandis que ses brillantes compagnes sont chaussées par le satin du vice.

Cependant Judith, malgré son chapeau piteux et sa robe éplorée, a fait une glorieuse conquête. Le jeune comte Arthur l'a reconduite dans son coupé à la loge de sa mère. — Un comte ! une voiture ! la tête tournerait à moins ! Aussi Judith est-elle fort tendrement préoccupée à l'endroit du bel élégant.

Quoique Judith soit une jolie personne, ornée de toutes les qualités possibles, le comte Arthur n'en est point amoureux : s'il lui a rendu des soins, c'est pour faire pièce à sa famille, qui désirerait le voir entrer dans les ordres.

La soutane et la tonsure sourient médiocrement au beau fils, qui aimerait mieux être d'épée que de religion.

Un de ses amis (Espagnol) homme de bon conseil, et secrétaire d'ambassade, l'engage à prendre une fille d'Opéra et à feindre pour elle une passion violente : moyennant quoi, ses braves parents n'auront rien de plus pressé que de le faire voyager.

Arthur trouve le conseil bon et affiche Judith le plus ostensiblement qu'il peut. Cependant *il l'a toujours respectée*, et la petite n'est sa maîtresse qu'aux yeux du monde. Judith est *dans ses meubles* (style de figurante), et les meubles sont magnifiques. Aussi la prima donna, qui méprisait la pauvre fille maigrement habillée, vient rendre visite à l'élégante danseuse, maîtresse d'un comte. — Elles s'appellent réciproquement *ma chère...* et s'embrassent comme deux ennemies intimes.

Malgré tout ce luxe, Judith croit qu'elle n'est pas aimée, et cette pensée altère son bonheur. Arthur reste quelquefois longtemps sans la voir, et semble distrait en sa présence. Comme elle se livre à ces doléances, survient Arthur, qui, voulant la faire publiquement *reconnaître* pour sa maîtresse, lui propose une promenade aux Tuileries, et lui demande à souper. Judith accorde tout, et l'on prend jour. Arthur se retire. A peine est-il remonté dans sa voiture, qu'il tombe des nues au milieu du salon, devinez quoi : — un alcade!

> ... L'on ne s'attendait guère
> A voir Ulysse en cette affaire.

Un alcade chez une danseuse! passe encore un commissaire de police! Alcade, embuscade, arcade, estocade, sérénade, promenade! que vient faire ici la couleur locale, et comment les *Contes d'Espagne et d'Italie* se trouvent-ils transportés dans une très-prosaïque action qui se déroule de la rue de Provence à la rue Lepelletier?

Voici pourquoi : Judith, contrairement à la nouvelle, *n'est pas ce qu'elle paraît être*. C'est tout bonnement la nièce d'un grand d'Espagne, rien que cela. Excusez du peu. A l'Opéra-Comique, il faut beaucoup se défier des filles de portières figurantes et vertueuses. Le comte de Lemos l'avait confiée toute petite à l'alcade avec une forte somme pour la faire élever dans un couvent.

Au lieu de cela, le vieux drôle a mis l'argent dans sa poche, et l'enfant chez un portier; mais le comte de Lemos redemande sa nièce, et l'alcade, ne sachant comment se tirer d'affaire, avoue tout à Judith, l'enlève et la conduit chez son oncle.

De la rue de Provence en Espagne, il y a un fameux saut. Mais M. Scribe, qui est de l'Académie, ne s'est jamais beaucoup soucié des règles d'Aristote. — C'est là son moindre péché. — D'ailleurs, les héros dramatiques voyagent sur les ailes de la pensée, moyen de transport beaucoup plus prompt que le manteau de Faust, l'hippogriffe de Roger, le bâton d'Abarys, la poste à dix francs de guides, les bateaux à vapeur et les chemins de fer.

Nous voici donc à Madrid, à la *plaza de Toros*. Judith et son oncle assistent dans une loge à une course de taureaux ; avec eux se trouve le secrétaire d'ambassade, ancien ami d'Arthur. Arthur, que ses parents font voyager, et qui est également venu voir la course, apercevant Judith, pousse un cri et s'élance dans la loge du ministre. Il se jette aux pieds de Judith, lui rappelle Paris ; mais Judith, feignant de ne pas le reconnaître, lui dit qu'il se trompe, et le laisse sortir, en ordonnant toutefois à l'alcade de ne pas le perdre de vue, car elle l'aime toujours ; et le comte Arthur, malgré son apparente froideur, n'a pu résister à tant de charmes et de vertus ; il est on ne peut plus surpris de la fausseté de Judith, et s'imagine que la fortune a changé son cœur.

Judith est maintenant un excellent parti, et le roi a décidé qu'elle serait mariée au secrétaire d'ambassade. Judith veut faire manquer ce projet. Pour cela, elle dit à son oncle que celui qu'on veut lui donner n'est qu'un débauché, un damné viveur. Le premier ministre refuse de la croire jusqu'à ce qu'il ait des preuves. Judith ne sait trop comment faire pour s'en procurer quand le hasard lui en fournit d'excellentes. L'alcade s'est marié ; en croyant épouser la veuve d'un général français, il a pris pour femme l'ancienne amie de Judith, la prima donna de l'Opéra. Judith s'adresse à elle et obtient quelques-unes des lettres que lui avait adressées le secrétaire d'ambassade alors qu'il était son amant. Judith va remettre les lettres à son oncle ; mais l'alcade vient lui apprendre qu'Arthur s'est battu en duel et qu'on l'a arrêté !

Judith supplie son oncle de lui accorder la grâce d'Arthur. Ne pouvant l'obtenir, elle lui raconte tout ce qui s'est passé à Paris, et finit par lui avouer qu'elle l'aime. Le premier ministre est inflexible. Alors Judith lui dit que, si elle n'obtient pas ce qu'elle demande, elle se fera comédienne; et, pour prouver qu'elle est capable d'exécuter sa résolution, elle danse la cachucha en s'accompagnant de la voix et des castagnettes. Le premier ministre, craignant que le conseil, assemblé chez lui, ne voie sa nièce se livrer à des cachuchas exagérées, la supplie de cesser; mais Judith répond qu'il lui faut la grâce d'Arthur. Tout à coup, l'alcade annonce qu'Arthur est condamné; Judith continue sa danse; mais la douleur lui ôte la voix, ses genoux fléchissent, elle va s'évanouir. Le premier ministre, en voyant tant d'amour, accorde la grâce d'Arthur et le marie à Judith. Nous savions qu'Orphée apprivoisait des tigres, qu'Amphion bâtissait des murailles avec une cavatine; mais nous ne connaissions pas encore cette manière d'adoucir des oncles sanguinaires. — La cachucha, employée comme moyen oratoire, ne nous paraît pas très-convaincante.

Ce libretto est plutôt un vaudeville qu'un opéra-comique; il y a beaucoup de couplets et d'airs, mais fort peu de morceaux d'ensemble, et seulement deux petits chœurs assez insignifiants.

La partition de M. Clapisson s'est forcément ressentie des proportions un peu étroites du poëme qu'il avait à mettre en musique, et, le poëte ne lui ayant donné que de petites choses à faire, il n'a nécessairement fait qu'une petite musique. Quoique l'harmonie de plusieurs morceaux soit élégante, quoiqu'il y ait du piquant dans quelques altérations d'accords, les mélodies sont si légères, qu'il nous a semblé qu'elles seraient plus jolies en airs de danse qu'en opéra-comique, et qu'elles convenaient mieux à la salle de Musard qu'au théâtre de la place de la Bourse. Nous attendions mieux de M. Clapisson, à qui un certain nombre de romances agréables avait donné une sorte de célébrité.

10 septembre.

AMBIGU. *Les Chiens du mont Saint-Bernard.* — Le chien est un animal beaucoup trop vanté, selon nous, et dont on abuse outre mesure pour faire honte à l'homme de son peu de sensibilité : — l'histoire des chiens célèbres remplit deux gros tomes et contient plus de beaux traits que la *Morale en action*. La gravure et la peinture se sont plu à reproduire des scènes où les chiens jouent le beau rôle.

Les chiens n'ont pas le droit de dire, comme les lions : « Ah! si les lions savaient peindre! »

Nous avons :

1° Le *Chien du Tambour*, par Horace Vernet, héroïque caniche qui mord les mollets des Prussiens, reçoit une blessure au champ d'honneur et serait décoré s'il n'était quadrupède.

2° Le chien qui veut être fusillé avec son maître, et fait pleurer un piquet de soldats, le caporal y compris.

3° Le chien qui garde, des corbeaux et des loups, le corps de son *ami* tué en défendant le drapeau qui lui sert de linceul. Ce chien était fort mal vu sous la Restauration.

4° Le *Chien du Pauvre*, par Vigneron, barbet élégiaque, affreusement crotté, qui suit, par une pluie froide et pénétrante, un corbillard à l'aquatinta.

6° Le chien qui regarde d'un air profondément piteux un trou dans la glace par où son maître a disparu. — Un chapeau de soie imperméable, forme tromblon, resté sur le bord du gouffre, rend cette scène on ne peut plus dramatique.

7° Le chien qui meurt de douleur sur la tombe de sa maîtresse, et gratte la fosse avec ses pattes. — Spectacle attendrissant! qui fait dire à tous les maris par leurs femmes : « Si je mourais, tu n'en ferais pas autant, gros insensible! »

8° Le chien qui retire un enfant de l'eau.

9° Le chien étouffant la vipère qui allait piquer le fils endormi de son maître. — Belle action, qui le fait assommer sur place par le susdit maître, qui lui voit du sang à la gueule, et s'imagine qu'il a eu la gourmandise de manger l'enfant.

10° Le chien du mont Saint-Bernard retirant de la neige qui la couvre, une pauvre mère avec son marmot gelé de froid sur son sein.

Tout cela sans compter le chien de Tobie, le chien d'Ulysse, le chien de saint Roch, le chien d'Alcibiade, le chien d'Alphonse Karr, et même le chien du Louvre, célébré par M. Casimir Delavigne.

Lion, le chien de l'Ambigu-Comique, est un fort beau chien de montagne, café au lait, trapu, corsé, avec le nez double, une bonne et brave bête qui joue son rôle assez couramment et ne manque pas d'aller manger consciencieusement, à tous les angles du théâtre où l'action l'appelle, les assiettes de pâtée que l'on y a posées à cet effet. A la fin de la pièce, on rappelle le chien et Saint-Ernest. Lion arrive donnant la patte à l'acteur.

Le mélodrame au travers duquel Lion aboie et gambade, n'est pas plus mauvais que tout autre mélodrame; mais il n'est pas meilleur. L'action se passe au temps des guerres de religion et des dragonnades.

Les trois dernières décorations sont fort belles ; — elles représentent une vue du mont Blanc, le Trou-du-Diable et la Grande-Chartreuse.

Les décorations ont été fort applaudies.

Les camarades de Lion, Jupiter, Finot et Ulysse, ont eu des moments agréables et donnent des espérances. — Somme toute, succès.

17 septembre.

OPÉRA. *Benvenuto Cellini*. — L'attente de cette première représentation excitait dans le monde musical la même anxiété curieuse qu'éveillaient dans le monde littéraire, aux époques les plus turbulentes de la réforme romantique, les drames du Luther qui eut Sainte-Beuve pour Mélanchthon. Bonne ou mauvaise, chaque pièce soulevait d'immenses questions de style, de forme et de versification ; ennemis ou amis, il fallait que tout le monde s'en occupât, personne ne pouvait demeurer neutre : c'était un beau temps! un temps de jeunesse et de folle ardeur! La passion et la furie des artistes du XVIe siècle semblaient être sorties de leur tombe comme les nonnes de *Robert le Diable*, avec leur vivacité de mouvements et leur luxe d'existence. Peu s'en fallut que l'on n'en vînt aux coups; et n'eût été la rigueur prosaïque du code, l'on eût joué des couteaux dans les parterres, et l'on ne se fût pas plus fait scrupule que le Benvenuto de daguer un champion de la bande opposée.

Pendant cette bienheureuse période surgirent d'un seul coup, et comme par enchantement, Lamartine, Victor Hugo, Sainte-Beuve, Alfred de Musset, de Vigny, Devéria, Eugène Delacroix, Louis Boulanger, Alfred et Tony Johannot, et quelques autres, alors disciples en révolte et brisant les faux dieux de l'Empire, aujourd'hui génies reconnus et rêvant, du haut de leur piédestal de gloire, le coude sur le genou, le menton dans la main, comme le *Penseroso* de Michel-Ange, quelque œuvre sereine et merveilleuse, bientôt classique à la façon d'un chef-d'œuvre grec.

M. Hector Berlioz, dont la première jeunesse et les essais remontent à ce temps de fièvre et d'inquiétude où l'art tout entier était remis en question, où les préfaces étaient à la fois des diatribes et des arts poétiques, où chaque pièce devenait une arène trépignée par les pieds furieux des factions littéraires, transporta dans son art les principes de rébellion professés par le chef de l'école.

Si le retentissement a été plus étouffé, c'est que le nombre des personnes en état de juger un système musical est malheureusement beaucoup moindre que celui des gens qui se piquent de juger des choses de la poésie; et puis, pour se traduire, l'idée du musicien exige un attirail énorme dont se passent le poëte et le peintre, qui n'ont besoin que d'une feuille de papier ou d'une toile.

M. Hector Berlioz, réformateur musical, a de grands rapports avec Victor Hugo, réformateur littéraire. Leur première pensée à tous deux a été de se soustraire au vieux rhythme classique avec son *ron-ron* perpétuel, ses chutes obligées et ses repos prévus d'avance; de même que Victor Hugo déplace les césures, enjambe d'un vers sur l'autre et varie, par toutes sortes d'artifices, la monotonie de la période poétique, Hector Berlioz change de temps, trompe l'oreille qui attendait un retour symétrique et ponctue à son gré la phrase musicale; comme le poëte qui a doublé la richesse des rimes, pour que le vers regagnât en couleur ce qu'il perdait en cadence, le novateur musicien a nourri et serré son orchestration; il a fait chanter les instruments beaucoup plus qu'on ne l'avait fait avant lui, et, par l'abondance et la variété des dessins, il a compensé amplement le manque de rhythme de certaines portions.

L'horreur du convenu, du banal, de la petite grâce facile, des concessions au public, distingue également le musicien et le poëte, encore pareils pour l'amour exclusif de l'art, l'énergie morale et la force de volonté; il serait peut-être puéril de pousser plus loin des rapprochements plausibles et faciles; chez tous les deux, c'est le même enthousiasme pour l'art rêveur et compliqué de l'Allemagne et de l'Angleterre, et le même dédain pour la ligne trop nue et trop simple de l'art classique, c'est la même recherche de grands effets violents, le même penchant à procéder par masse et à mener plusieurs pensées de front, comme des écuyers sûrs d'eux-mêmes qui tiennent entre leurs mains les rênes d'un quadrige et qui ne se trompent jamais de cheval ni de bride ; c'est aussi la même traduction exacte des effets de la nature.

M. Berlioz exige donc plus d'attention qu'un vulgaire croque-notes dont la musique, entendue déjà sur tous les pianos et toutes les orgues du monde, s'écoute, pour ainsi dire, avec les pieds.

Avant de juger ce qu'il a fait, il est bon de s'enquérir de ce qu'il a voulu faire, afin de voir s'il a tenu le programme qu'il s'est imposé à lui-même, et de ne pas tomber dans la faute de celui qui reprocherait à M. Ingres de n'être pas coloriste, ou à Delacroix de n'être pas dessinateur. Il n'est pas rare que l'on dise aux gens : « Monsieur, votre tragédie ne m'a pas fait rire, ou votre comédie ne m'a pas fait verser assez de larmes. » Si l'on nous montre un portrait d'Hercule, n'allons pas nous écrier sottement qu'il ne ressemble pas le moins du monde à Vénus, la blanche déesse.

Le livret de *Benvenuto Cellini*, quoiqu'il soit de M. Auguste Barbier et de M. de Wailly, l'un grand poëte, l'autre homme d'esprit, a généralement été trouvé détestable ; pour nous, dans le fond de notre conscience, nous le trouvons aussi mauvais et aussi bon que tout autre poëme ; seulement, il aurait fallu écrire tout simplement sur l'affiche : *Opéra bouffe*. A la première représentation, beaucoup de mots ont excité des murmures désapprobateurs qui n'auraient produit aucun mauvais effet si les spectateurs ne se fussent attendus à quelque chose de grave et de formidable.

Le seul reproche que nous ferons au libretto, c'est d'être trop lâché et de ne pas sortir assez de la manière des faiseurs ; il est probable que les poëtes y auront mis de l'amour-propre et auront voulu montrer qu'ils fabriqueraient, au besoin, d'aussi pitoyable poésie que M. Scribe lui-même ; ils y ont trop bien réussi !

L'ouverture de *Benvenuto* est très-belle, aussi belle que celle d'*Euryanthe* ou de *Fidelio*. Tout l'ouvrage est semé de motifs travaillés avec beaucoup de soin, accompagnés souvent de contre-sujets, d'imitations et de canons qui dénotent chez M. Berlioz une profonde science d'harmoniste, et qui auraient dû faire écouter avec une attention plus religieuse, une œuvre de conscience, de talent, de volonté, et peut-être de génie.

GAIETÉ. *Le Vicomte de Chamilly.* — *Le Vicomte de Chamilly*, de M. Ancelot, est tiré d'*Une Maîtresse sous Louis XIII*, de M. Saintine, auteur de *Picciola* et de *Jonathan le visionnaire*. — Qui a lu le roman a vu la pièce. Nous ne nous élèverons pas ici contre cette méthode facile de découper un livre et de le mettre sur la scène en remplaçant les descriptions par des décors. Shakspeare ne se gênait en aucune manière pour tirer ses sujets des nouvelles et des romans de l'époque, et nos dramaturges ne sont pas fâchés de ressembler en quelque chose à Shakspeare.

M. Ancelot, qui a eu jadis quelque talent pour la versification, et à qui une longue habitude de *la planche* a donné une habileté matérielle incontestable, s'est tiré fort adroitement de sa tâche, et le drame joué hier à la Gaieté ne manque pas d'un certain intérêt. Il est supérieur de tout point aux rapsodies ampoulées qui se hurlent d'ordinaire sur le boulevard du Crime.

D'anciennes habitudes littéraires que n'ont pu effacer complétement sept à huit années de vaudeville, se trahissent çà et là dans le style, et consolent un peu les oreilles de l'horrible patois qui se débite maintenant pour du français sur les dix-huit théâtres dont nous sommes affligés.

OPÉRA. Reprise de *la Sylphide*. — L'Opéra, il faut le dire, manque de ballets et ne sait à quoi employer son armée de danseuses et de jolies figurantes; il paraît que la littérature des jambes est la plus difficile de toutes, car personne n'y peut réussir.

Les reprises de *la Fille mal gardée*, de *la Somnambule*, du *Carnaval de Venise* n'ont eu qu'un intérêt de comparaison, sans influence sur la recette.

A voir ces vieilleries qui ont charmé nos pères et dont les airs, roucoulés par les orgues à tous les carrefours, ont bercé notre première jeunesse, il vient au cœur une espèce de sentiment doux et mélancolique, comme lorsque, en fouillant dans quelque recoin de tiroir poussiéreux, vous retrouvez des jupes gorge de pigeon, des dentelles jaunies, un éventail désemparé, avec une romance de Jean-Jacques Rousseau d'un côté, et une bergerie à la gouache de l'autre, reliques oubliées d'une grand'mère ou d'une grand'tante morte depuis longtemps.

Mais ce sentiment tout poétique, quoiqu'il ne soit pas sans douceur, ne suffit pas à remplir une salle d'opéra ; — d'ailleurs, le délabrement des décorations, entièrement passées et rompues à tous leurs plis, ne permet pas d'exhumer ces momies de ballets qui ont peut-être été, il y a quelque vingt ans, des corps frais et jeunes, de charmants visages au joyeux sourire, mais qui auront toujours pour nous quelque chose de ridicule, de suranné et de paternel.

Depuis longtemps, il était question de faire reprendre les rôles de mademoiselle Taglioni, la Sylphide, la Fille du Danube, par mademoiselle Fanny Elssler ; les *taglionistes* criaient au sacrilége, à l'abomination de la désolation ; on eût dit qu'il s'agissait de toucher à l'arche sainte ; — mademoiselle Elssler elle-même, avec cette modestie qui sied si bien au talent, craignait d'aborder des rôles où son illustre rivale s'était montrée si parfaite, mais il ne fallait pas qu'un charmant ballet comme *la Sylphide* fût rayé du répertoire par des scrupules exagérés ; — il y a mille manières de jouer, et surtout de danser une même chose, et la prééminence de mademoiselle Taglioni sur mademoiselle Elssler est une question qui pourrait parfaitement se contester.

Mademoiselle Taglioni, fatiguée par d'interminables voyages, n'est plus ce qu'elle a été ; elle a perdu beaucoup de sa légèreté et de son élévation. — Quand elle entre en scène, c'est toujours la blanche vapeur baignée de mousselines transparentes, la vision aérienne et pudique, la volupté divine que vous savez ; mais, au bout de quelques mesures, la fatigue vient, l'haleine manque, la sueur perle sur le front, les muscles se tendent avec effort, les bras et la poitrine rougissent ; tout à l'heure c'était une vraie sylphide, ce n'est plus qu'une danseuse, la première danseuse du monde, si vous voulez, mais rien de plus. Les princes et les rois du Nord, dans leur admiration sans prévoyance et sans pitié, l'ont tant applaudie, tant enivrée de compliments, ils ont fait descendre sur elle tant de pluies de fleurs et de diamants, qu'ils ont alourdi ces pieds infatigables, qui, pareils à ceux de la guerrière Camille, ne courbaient même pas la pointe des herbes ; ils l'ont chargée de tant d'or et de pierreries, la *Marie* pleine de grâces, qu'elle n'a pu reprendre son vol, et qu'elle ne fait plus que raser timidement la terre, comme un oiseau dont les ailes sont mouillées.

Mademoiselle Fanny Elssler est aujourd'hui dans toute la force de son talent ; elle ne peut que varier sa perfection et non aller au delà, parce qu'au-dessus du très-bien il y a le trop bien, qui est plus près du mauvais qu'on ne pense ; c'est la danseuse des hommes, comme mademoiselle Taglioni était la danseuse des femmes ; elle a l'élégance, la beauté, la vigueur hardie et pétulante, la folle ardeur, le sourire étincelant, et, sur tout cela, un air de vivacité espagnole tempérée par sa naïveté d'Allemande, qui en fait une très-charmante et très-adorable créature. Quand Fanny danse, on pense à mille choses joyeuses, l'imagination erre dans des palais de marbre blanc inondés de soleil et se détachant sur un ciel bleu foncé, comme les frises du Parthénon ; il vous semble être accoudé sur la rampe d'une terrasse, des roses autour de la tête, une coupe pleine de vin de Syracuse à la main, une levrette blanche à vos pieds et près de vous une belle femme coiffée de plumes et en jupe de velours incarnadin ; on entend bourdonner les tambours de basque et tinter les grelots au caquet argentin.

Mademoiselle Taglioni vous faisait penser aux vallées pleines d'ombre et de fraîcheur, où une blanche vision sort tout à coup de l'écorce d'un chêne aux yeux d'un jeune pasteur surpris et rougissant ; elle ressemblait à s'y méprendre à ces fées d'Écosse, dont parle Walter Scott, qui vont errer au clair de lune, près de la fontaine mystérieuse, avec un collier de perles de rosée et un fil d'or pour ceinture.

Si l'on peut s'exprimer ainsi, mademoiselle Taglioni est une danseuse chrétienne ; mademoiselle Fanny Elssler est une danseuse païenne. — Les filles de Milet, les belles Ioniennes dont il est tant parlé dans l'antiquité, ne devaient pas danser autrement.

Ainsi donc, mademoiselle Elssler, quoique les rôles de mademoiselle Taglioni ne soient pas dans son tempérament, peut sans risque et sans péril la remplacer partout ; car elle a assez de flexibilité et de talent pour se modifier et prendre la physionomie particulière du personnage.

Le sujet de *la Sylphide* est un des plus heureux sujets de ballet que l'on puisse rencontrer ; il renferme une idée touchante et poétique, chose rare dans un ballet et même ailleurs, et nous sommes charmé qu'il soit remis au théâtre ; l'action s'explique et se comprend sans peine et se prête aux tableaux les plus gracieux ; — de plus, il n'y a presque pas de danses d'hommes, ce qui est un grand agrément.

Le costume de mademoiselle Elssler était d'une fraîcheur ravissante ; on aurait dit qu'elle avait coupé sa robe dans le crêpe des libellules et chaussé son pied avec le satin d'un lis. — Une couronne de volubilis d'un rose idéal entourait ses beaux cheveux bruns, et derrière ses blanches épaules palpitaient et tremblaient deux petites ailes de plumes de paon, ailes inutiles avec des pieds pareils !

La nouvelle sylphide a été applaudie avec fureur ; elle a mis dans son jeu une finesse, une grâce, une légèreté infinies ; — elle apparaissait et s'évanouissait comme une vision impalpable ; vous la croyiez ici, elle était là. Dans le pas avec sa sœur, elle s'est surpassée elle-même ; il est impossible de rien voir de plus parfait ni de plus gracieux ; sa pantomime, quand elle est prise par son amant dans les plis de l'écharpe enchantée, exprime avec une rare poésie le regret et le pardon, le sentiment de la chute et de la faute irréparable, et son long et dernier regard sur ses ailes tombées à terre est d'une grande beauté tragique.

Au commencement de la pièce, il est arrivé un petit accident qui n'a pas eu de suite, mais qui nous a alarmé tout d'abord : au moment où la Sylphide disparaît par la cheminée (singulier chemin pour une sylphide), mademoiselle Fanny, emportée trop rapidement par le contre-poids, a heurté assez violemment du pied le bois du chambranle.

Heureusement, elle ne s'est fait aucun mal ; mais nous prenons occasion de ceci pour nous récrier contre *les vols*, qui sont une tradition du vieil opéra. Nous ne trouvons rien de bien gracieux à voir cinq à six malheureuses filles qui se meurent de peur suspendues en l'air par des fils de fer qui peuvent fort bien se rompre ; ces pauvres créatures agitent éperdument leurs bras et leurs jambes comme des crapauds dépaysés et rappellent involontairement ces crocodiles empaillés que l'on pend au plafond.—A la représentation au bénéfice de mademoiselle Taglioni, deux sylphides restèrent en l'air; l'on ne pouvait ni les descendre ni les remonter; toute la salle criait de terreur; enfin, un machiniste se dévoua et descendit par les combles au bout d'une corde pour les débarrasser. — Quelques minutes après, mademoiselle Taglioni, qui n'a parlé que cette fois dans sa vie (au théâtre bien entendu) s'avança sur le bord du théâtre, et dit : « Messieurs, personne de blessé. » — Le lendemain, les deux sylphides de second ordre reçurent un cadeau de la vraie sylphide. Il arrivera probablement bientôt quelque anicroche de ce genre.

XVI

OCTOBRE 1858. — Cirque-Olympique : *David et Goliath*, exhibition en trois actes. — L'hiver et l'été. — Les ailes d'un ange et la queue d'un nuage. — M. Bihin, géant belge. — Petites misères de la grandeur. — Italiens : *Otello, Lucia*. — La musique dramatique. — Nos griefs contre MM. des Bouffes. — Justice distributive.

15 octobre.

CIRQUE-OLYMPIQUE. *David et Goliath.* — Hélas ! voici l'hiver, il faut bien en convenir. Nous avons gardé le plus longtemps possible le pantalon d'été et la petite redingote courte, ne voulant pas reconnaître cette triste vérité; à l'heure même où nous écrivons ces lignes, nous sommes habillé fort à la légère, de toile et de coutil, comme si nous étions au mois de juin. Mais il est juste de dire qu'un grand feu pétille et flambe dans notre cheminée ; — le ciel est bleu, le jour blond et clair, un gai rayon de soleil dore les branches dentelées des acacias et le vernis du Japon qui se balance devant la fenêtre; si l'on ne tremblait pas de froid dans la rue et si le nez des femmes ne prenait pas une fraîcheur de teint plus convenable pour leurs joues, l'on serait libre de se croire en été.

Nous avons poursuivi, jusqu'au rhume de cerveau inclusivement, l'application d'une théorie paradoxale de Méry, le spirituel et frileux poëte que vous savez ; Méry prétend que les saisons ne changeraient pas si l'on gardait toujours les mêmes habits ; l'été, selon lui, n'arrive que parce que l'on met des pantalons de nankin, des chapeaux de paille et des vestes d'étoffe. Voyant tout le monde costumé d'une manière succincte, l'été se dit : « Il paraît que c'est mon tour ; allons, faisons pleuvoir des rayons de feu et mettons l'univers au four de campagne ; cuisons, grillons et rôtissons l'espèce humaine, comme c'est le devoir d'un été honnête qui ne veut pas voler son argent. »

Et alors, dit Méry, il fait une chaleur délicieuse, l'on étouffe, l'on est en nage, le plomb fond sur les toits, le bitume Seyssel prend les passants à la glu, les marteaux des portes sont comme du fer rouge, et les chiens, se brûlant les pattes sur le pavé, se mettent à danser et à faire des cabrioles incroyables ; la rivière dessèche, et l'on passe *sous* le pont des Arts, au grand désappointement de l'invalide ; le manque d'eau vous force à ne boire que du bordeaux-laffitte ; on est heureux comme des poulets à la broche ! Mais, malheureusement, les pantalons de nankin se déchirent, les chapeaux de paille s'effondrent, et on les remplace par des habits de drap, des *water-proof*, des paletots, des pelisses, des pardessus, des carricks en caoutchouc, des redingotes garnies de fourrures, qui avertissent l'hiver qu'il est temps de venir. Si l'hiver voyait toujours les habits d'été, il continuerait dans son coin à peigner sa barbe de glaçons, et à tendre ses vieilles mains tremblotantes sur son feu de marbre ; il n'oserait se présenter dans le monde de peur de fondre ou d'avoir l'air d'un provincial qui arrive trop tôt ; au lieu de cela, il se dit : « C'est bien, ils sont prêts ; ils ont acheté du bois, posé leur tapis et calfeutré leurs portes, je puis venir, je serai bien reçu. »

Cette théorie nous avait paru si concluante, si raisonnable et si simple dans la bouche de Méry, le plus habile parleur qui ait jamais existé, que nous avons été bravement jusqu'à la représentation de *Goliath* (14 octobre), vêtu du costume le plus printanier du monde ;

mais, soit à cause de la froideur de la pièce, soit que l'hiver eût été averti et appelé par un certain nombre de manteaux trop hâtifs, nous avons très-bien claqué des dents, et nous porterons notre burnous à partir de demain.

Cette discussion n'est pas aussi inutile qu'elle en a l'air ; outre qu'elle contient un paradoxe de Méry, elle donne à entendre que nous allons sortir des pièces d'*été*, espèce particulièrement désastreuse, et qui nous a rendu bien dure la saison qui vient de s'écouler.

En effet, *David et Goliath*, quoique ce ne soit pas un chef-d'œuvre, est cependant une pièce d'*hiver ;* les décorations sont belles et nombreuses, la mise en scène est riche ; l'on a fait des frais, l'on a engagé un phénomène pour jouer le principal rôle ; il y a des chœurs qui hennissent aussi faux qu'ailleurs, rien n'empêcherait la pièce d'être bonne si elle voulait.

L'analyse de *Goliath* se trouve tout au long dans la Bible de Royaumont ou de Sacy, livres que chacun possède et qu'il est inutile de transcrire ici. Nous rendrons compte seulement des décorations et du géant, M. Bihin, Belge d'origine et natif de Spa.

Le temple de Jérusalem est d'une grande beauté ; un escalier gigantesque, sur les marches duquel s'échelonnent des groupes de prêtres et de lévites, descend de la plate-forme, où rayonne, inondé de soleil et de lumière, l'édifice mystérieux et sacré. C'est une architecture trapue, massive, carrée, étrange, égyptienne et chaldéenne, dans le goût des gravures de Martynn, et qui prête admirablement à la décoration.

Les jardins de Saül, où se passe le ballet, sont d'une invention heureuse et splendide ; la colossale terrasse en fer à cheval avec ses arbres noirs, troués et criblés de paillettes de soleil, sa balustrade de pierre et les curieux accoudés, sa grande allée de sphinx qui se prolonge à l'infini, le ton glauque et blond du ciel d'une limpidité tout à fait orientale, font de cette toile un tableau remarquable. La maison de Goliath est d'un caractère énorme et cyclopéen, bien approprié à sa destination ; c'est bien la coquille de cet escargot, la carapace de cette tortue.

Une belle gravure anglaise représentant la fontaine de Jéricho a été très-adroitement imitée dans la décoration du quatrième tableau; seulement, il·y a dans les fonds d'arbres un abus de *cendre grise* et de *cendre verte* qui donne aux lointains un ton bleu trop romanesque et trop impossible.

Le tableau de la fin est d'un bel effet; mais les feux de Bengale qui l'éclairent s'éteignent trop vite et laissent à peine le temps de le voir. Il représente une espèce de Jérusalem mystique éclairée par les rayons du triangle divin.

A ces éloges, mêlons un peu de blâme, goutte d'absinthe perdue dans un grand verre de miel. Les danseuses ressemblent à des glaces panachées; leurs tricots affectent des nuances étranges, où une seule a été oubliée, c'est-à-dire la couleur humaine. La gamme est, du reste, assez riche : saumon, beurre rance, ananas, potiron, ventre de biche, purée de fèves, et mille autres tons inimaginables. Elles ont, de plus, des espèces de carcans en métal poli, que l'on prendrait pour des colliers de chevaux de brasseur, et qui doivent avoir été empruntés à l'écurie. En outre, elles vacillent sur leurs pieds comme des quilles sur un terrain raboteux, et il semble qu'il suffirait de souffler dessus pour les jeter à terre.

L'ange avait des ailes d'une forme si singulière, qu'on eût dit deux cerfs-volants détrempés par la pluie; cet ornement a excité une hilarité universelle; il faudrait bien ajuster aux omoplates de ce burlesque séraphin une paire d'ailerons un peu plus présentable, ne fût-ce que des ailes de canard ou de tout autre volatile domestique. A l'une des apparitions de ce malencontreux envoyé céleste, le panneau de la décoration s'est refermé trop vite, et la queue du nuage a été prise dans la porte, de sorte que l'ange tirait son *nuage* à deux mains, et tâchait de le décrocher pour remonter dans sa gloire chavirée. C'était fort amusant.

Venons au géant, au Goliath, au cyclope, au Polyphème : il a. sept pieds deux pouces, taille énorme, patagonienne, héroïque, antédiluvienne et primitive. Avec cela il est bien proportionné, et, vu par le petit côté de la lorgnette, il paraît un homme ordinaire ; sa force est prodigieuse : il remue une douzaine d'athlètes comme un enfant qui joue aux honchets; en leur posant la main dessus, il les ploie; avec un mouvement d'épaules, il les envoie aux deux bouts du théâtre ; en se roulant, il les écrase comme des fourmis, — c'est vraiment Gulliver à Lilliput ; comme Roland furieux, il arracherait des arbres ; comme Samson, il enlèverait les portes de Gaza et ferait fléchir des colonnes. Il prend un homme par un pied à la façon de Picrochole, et s'en sert en guise de massue ; il porterait sans peine l'armure de pierre de taille des géants de Rabelais ; ce qui n'empêche pas qu'il n'ait un air doux, presque enfantin, une tournure ingénue qui contraste singulièrement avec sa prestance colossale.

En le voyant, nous pensions à l'étrange situation d'un phénomène vivant, situation préférable, après tout, à celle des phénomènes empaillés ou à l'esprit-de-vin, et nous arrangions dans notre tête un petit roman intime et analytique qu'on pourrait appeler : *Sensations d'un homme de sept pieds, ou le monde vu de haut*.

Un homme de sept pieds ne s'accorde et n'est en rapport avec rien. — En naissant, il doit nécessairement faire mourir sa mère ; arrivé à toute sa hauteur, il ne peut passer sous les portes qu'en se mettant à quatre pattes ; en s'asseyant, il aplatit les chaises comme les chapeaux Gibus ; en se levant, il emporte les plafonds comme la statue de Jupiter Olympien, qui, au rapport de Pausanias, eût effondré la voûte de son temple s'il lui eût pris fantaisie de se dresser sur ses jambes ; aucun lit ne saurait le contenir, les pieds et la tête passent de plus de six pouces de chaque côté, et Procuste aurait fort affaire pour le rogner ; l'équitation lui est interdite, il couperait les plus forts chevaux en deux, et ses éperons rayeraient le pavé ; il peut tout au plus aller à chameau ou à éléphant ; la diligence n'est pas praticable pour lui, il faudrait qu'il fût plié en trois doubles.

Et puis quelle horrible dépense, habiller un arpent de corps lorsqu'il est déjà si difficile de vêtir convenablement les cinq pieds qu'on a ; payer des chapeaux grands comme des muids, des bottes employant tout le cuir d'un bœuf, des mouchoirs dont on ferait des maîtresses-voiles ou des draps de lit, des chemises démesurées, des habits interminables ! jeter dans le gouffre sans fond de ce corps assez de dindes, assez de veaux, assez de moutons, assez de pain, assez de vin pour le sustenter. O perdition ! ô ruine effroyable !

Passons aux douleurs morales et sociales : — Ne voir jamais que le fond des chapeaux et le dessus des têtes, être à soi-même les tours de Notre-Dame, prendre le vertige du haut de son propre individu, avoir toujours l'œil en bas, de peur de donner des coups de genou dans l'estomac des passants; se pencher pour entendre ce que murmurent à vos pieds ces petits hommes qui vous regardent comme un dôme ou un plafond, ne pouvoir donner le bras à personne, et marcher seul comme un obélisque à travers la foule qui vous vient au coude, n'est-ce pas une position fort bizarre?

Supposez un homme de sept pieds amoureux; quelle jeune fille oserait affronter son gigantesque amour! pour lui donner un baiser, il faut prendre une échelle, ou mettre une chaise sur la table; s'il vous serre la main dans un mouvement passionné, il vous casse le bras; et puis comment sortir avec un homme qui peut, dans un moment de distraction, vous marcher sur la tête ou vous fourrer le pied dans l'œil!

Toutes les professions sont interdites à un homme de sept pieds. On n'en voudrait pas dans une administration, car il faudrait changer pour lui les tables, les pupitres, les fauteuils, qui ne seraient pas à sa portée; marin, il ne peut l'être, les entre-ponts ont tout au plus six pieds de haut; soldat, il est trop grand et offrirait trop de surface aux boulets et aux balles. — Il n'a pour toute ressource que de se faire tambour-major ou *phénomène*.

S'il adopte ce dernier parti, et c'est le plus sage, il faut qu'il se constitue prisonnier et soit à lui-même son geôlier. — Traverser une rue ou une promenade devient une prodigalité, une ruine; chaque tour de Tuileries ou de boulevard représente un billet de cinq cents francs perdu. — Le phénomène doit murer ses fenêtres, fermer sa porte et ne se laisser regarder qu'à beaux deniers comptants; il serait en droit de faire payer son miroir, qui voit gratis une chose si extraordinaire.

La mort, qui pour les autres hommes est la fin de toutes les misères, n'offre point de refuge à l'homme de sept pieds deux pouces.

Il meurt; il faut qu'il attende sa bière, car il n'y a point de cercueil de sept pieds; les médecins guettent son cadavre comme une volée de corbeaux, le déterrent et le préparent pour le cabinet anatomique, où il figurera entre le squelette de l'assassin de Kléber et celui de la Vénus hottentote avec des chevilles et des ressorts en cuivre, dans une belle armoire vitrée. — S'il parvient à éviter le scalpel, à s'emboîter dans sa fosse sans avoir les os rompus par un héritier avare qui ne veut pas faire les frais d'un monument trop long, ses infortunes ne sont pas terminées pour cela : dans cinq ou six cents ans, un éboulement, une fouille ou toute autre cause, mettra ses ossements à nu. Alors, les savants de tous les points du globe, lunettes sur le nez, viendront, mesureront, compareront et disputeront. C'est Nemrod, c'est Teuto-Bocchus, Xixouthros, Chronos, ou bien Ogygès, ou encore Goliath, diront les uns. — C'est un mammouth, un mastodonte, un tambourmajorantœum, espèce perdue, » diront les autres. Et les os de l'homme de sept pieds, dégagés tant bien que mal de leur croûte calcaire, iront figurer dans l'armoire d'un musée royal.

22 octobre.

Italiens. — Certes, il est impossible de réunir une meilleure troupe, une pléiade de chanteurs plus admirable que celle qui rayonne maintenant d'un si vif éclat sur le ciel du Théâtre-Italien : Lablache, Rubini, Tamburini, et même Ivanhoff, mesdames Giulia Grisi et Persiani sont des artistes sans rivaux ; d'où vient cependant que l'ennui avec son bâillement à demi-comprimé s'accoude souvent au rebord des loges, au dos des banquettes et sur le velours du balcon ? — C'est que les pièces ne doivent pas être des concerts, et que la musique dramatique exige autre chose qu'une belle voix et un chant parfait : il ne suffit pas au théâtre, comme dans la musique de chambre, de se tenir debout devant le piano, avec son papier réglé à la main ; il faut que le chanteur soit aussi acteur : — un rossignol perché sur un tragédien ; une fauvette dans la bouche de marbre de Melpomène. — Les artistes du Théâtre-Italien, Lablache et mademoiselle Grisi exceptés, semblent oublier complétement qu'ils donnent des représentations dramatiques, et jouent des personnages de caractères différents.

Nous allons une bonne fois pour toutes exposer nos griefs contre le Théâtre-Italien. — Les décorations n'ont, la plupart du temps, pas le moindre rapport avec la scène qui s'y passe ; nous n'exigeons pas ici les magnificences de l'Opéra français, mais au moins l'œil ne doit-il pas être choqué et distrait. Au lieu d'une décoration déplacée et ridicule, nous aimerions mieux un simple poteau, avec cette inscription : *Ceci est une chambre ;* ou bien : *Ceci est un carrefour*, comme la chose se pratiquait pour les pièces de Shakspeare.

Par exemple, tout l'effet du dernier acte d'*Otello* est perdu par la faute de la décoration. Cette décoration est blafarde, d'un jaune d'œuf insupportable à voir, avec des figures allégoriques qui semblent empruntées à des paravents ou à des papiers de salle à manger ; dans le fond, une énorme courtine rouge, en s'entr'ouvrant, laisse apercevoir une odieuse tenture verte : c'est la chambre de Desdemona.

Cette scène de pressentiments funèbres, d'orage, de passion et d'agonie devrait être jouée dans une vaste salle à peine éclairée, dont les tentures sombres, les ombres bizarres, le plafond à rinceaux sculptés, et le lit à colonnes de chêne ayant déjà un air de tombeau, inspireraient une terreur involontaire et feraient deviner qu'il va se passer là quelque chose de terrible : la pâle figure de Desdemona se détacherait plus pure, plus blanche et plus tragique sur ce fond assombri à dessein, au lieu que la moitié de l'impression est dissipée dans cette décoration qui serait convenable pour le père Goriot de M. de Balzac.

L'orage est imité avec tant de distraction, que le reflet de l'éclair ne se fait aucunement sentir à la fenêtre toute grande ouverte, et que la lueur rouge vient par la coulisse ; deux ou trois pincées de lycopode ne ruineraient pas l'administration ; cela étofferait un peu ce pauvre éclair, qui est râpé en diable et n'éblouit point son monde, comme c'est son devoir d'éclair.

Rubini a un costume qu'il ne serait pas sain de porter pendant le carnaval ; son pantalon orange et ses favoris n'ont rien de très-oriental, et le More de Venise rirait bien s'il le voyait fagoté de la sorte. Ce n'est pas une raison, parce qu'on a une voix admirable, de porter des favoris et des pantalons orange ; autant vaudrait jouer Otello comme autrefois, en habit de colonel, écarlate galonné d'or, les aiguillettes sur l'épaule, la tête poudrée à frimas, et le claque sous le bras. Ce serait aussi exact et plus drôle.

Tamburini, coiffé de son chapeau à la Henri IV, n'est pas médiocrement bouffon ; il a un air troubadour à faire éclater de rire ; on dirait une pendule vivante. Pour Ivanoff, il est inimaginable : avec son costume espagnol de satin blanc, il ressemble à Odry dansant la cachucha, ou bien à un chien habillé, échappé du panier de l'âne savant.

Lablache seul est très-beau ; sa large simarre violette, ses grands cheveux blancs homériques, sa royale et ses moustaches grises, le développement athlétique de ses formes lui donnent un caractère magnifique et grandiose. — Dans la *Gazza Ladra*, il est aussi parfaitement costumé et grimé ; sa culotte et son habit de soie moirée noire, son manteau, ses boucles d'or, sa perruque, son jabot, tout est ajusté avec un soin exquis ; son nez, si noble et si royal, est allumé comme un nez de satyre ; ses joues sont martelées de plaques libidineuses ; sa lèvre pend, hébétée et molle, ou se contracte dans un sourire venimeux qui grimace une fausse jovialité. — Quelques personnes ont trouvé que Lablache donnait à ce rôle une couleur trop forte et trop odieuse. Nous ne sommes pas de cet avis ; il y a loin de la lubricité féroce d'un magistrat inique, qui se venge d'un refus par une condamnation à mort, à la sensualité innocente et même un peu niaise des baillis d'opéra-comique. Lablache a donc très-bien fait de prendre le personnage de cette façon.

Quant à mademoiselle Grisi, nous n'en dirons rien ; elle est si belle, qu'elle sied à tous les costumes. Nous engagerons seulement madame Persiani à changer sa robe de soie bleue à carreaux qu'elle avait déjà l'an passé.

Pour dernier grief, demandons pourquoi, dans le décor de *Lucia* où se fait le mariage, et qui doit être une église ou quelque chose d'approchant, il se trouve une grande fresque représentant Apollon sur le Parnasse, accompagné des neuf Muses ?

A cela, l'on nous répondra sans doute que l'on va aux Italiens pour entendre de la belle musique merveilleusement chantée, et non pour voir des dioramas ; nous répliquerons qu'en fait de mise en scène, il n'est pas facile de reculer ; que l'on nous a habitués, depuis dix ans, à des costumes d'un goût plus sévère, à des décorations exactes et bien peintes ; que c'est un progrès accompli, une chose acquise, et qu'il est impossible de n'être pas choqué d'une telle misère et d'une telle pénurie.

Rubini et Tamburini chanteraient aussi bien devant une belle décoration et sous un habit d'un galbe raisonnable ; ils n'y perdraient pas une note, et ils produiraient plus d'illusion. Autrement, ils feraient tout aussi bien de paraître en frac noir, en pantalon à sous-pieds et en cravate blanche.

Maintenant que nous avons fait nos réserves, il ne nous reste plus qu'à louer, et nos éloges détruiront complétement nos critiques, qui ne portent, après tout, que sur des fautes de détail et d'importance secondaire, plus sensibles pour nous, amant de la forme et de la réalisation visible des choses, qu'au reste des spectateurs, qui ferment les yeux pour écouter.

Rubini, malgré son déguisement de Turc de la Courtille, a chanté admirablement le rôle d'Otello ; il a dit d'une façon merveilleuse le larghetto du duo avec Tamburini au second acte : *Il cor me si divide, per tanta crudelta.* Pour Tamburini, il rend l'Iago aussi bien que le permet la musique, qui manque de la noire profondeur et de la sourde scélératesse de l'Iago anglais. Lablache a été foudroyant dans la scène de la malédiction, et le cri de Desdemona-Grisi, *S'el padre m'abandonna !* a ému tous les cœurs.

Madame Persiani s'est montrée, dans la *Lucia*, une cantatrice de premier ordre ; le public ne s'est pas encore décidé à son égard, mais elle fera fanatisme avant la fin de la saison ; il est impossible de posséder une voix plus pure, mieux timbrée et aussi bien dirigée ; quand madame Persiani chante, il semble que l'on voit pousser des moissons de fleurs d'or, où s'épanouir en pluie lumineuse, sur le ciel d'azur d'une belle nuit d'été, les bombes d'argent d'un feu d'artifice ; c'est un éclat, une netteté, un fini dignes des plus violents éloges. — Rubini, dans Edgardo, atteint le pathétique et le sublime ; le finale soulève des applaudissements furieux. Tamburini imprime au rôle d'Ashton un cachet de vigueur et d'énergie très-remarquable. — Pour être juste envers tout le monde, n'oublions pas un jeune homme nommé Morelli, qui possède une belle voix de baryton, et qui joue très-convenablement un petit rôle de pasteur ; il a été applaudi, chose rare aux Italiens, où l'on ne s'occupe que des premiers sujets ; s'il travaille, il parviendra. L'instrument est bon ; qu'il l'exerce.

Mademoiselle Grisi a été charmante dans la Nina. On aurait dit la Vénus de Milo déguisée en servante d'auberge.

XVII

NOVEMBRE 1838. — Opéra : reprise de *la Fille du Danube*. — Les elssleristes et les taglionistes. — Éloge des claqueurs. — Opéra-Comique : *le Brasseur de Preston*, paroles de MM. de Leuven et Brunswick, musique de M. Adam. — Dialogue d'amateurs. — Renaissance : *Ruy Blas*, drame en vers de Victor Hugo. — Frédérick Lemaître. — La nouvelle salle. — Porte-Saint-Martin : *Dom Sébastien de Portugal*, drame en vers de M. Paul Fouché. — Renaissance : *Olivier Basselin*, par MM. Brazier et de Courcy. — *Lady Melvil, ou le Joaillier de Saint-James*, paroles de M. de Saint-Georges, musique de M. Albert Grisar. — Début de madame Anna Thillon. — Comme quoi il y a Anglaises et Anglaises.

5 novembre.

OPÉRA. *La Fille du Danube*. — Il s'est passé, à la reprise de la *Fille du Danube*, quelque chose d'inouï dans les fastes de l'Opéra, qui n'applaudit ordinairement que du bout des doigts et ne siffle que du bout des lèvres. — Il y a eu tumulte, émeute, bacchanal, bataille à coups de poing, bravos frénétiques, sifflets endiablés, comme au temps des plus belles exaspérations classiques et romantiques ; on se serait cru à une représentation du *More de Venise* ou d'*Hernani*. — Il est glorieux pour mademoiselle Elssler d'exciter de si vifs enthousiasmes et des répulsions aussi violentes.

Nous ne comprenons pas, pour notre part, que l'admiration, bien juste d'ailleurs, de certaines personnes pour mademoiselle Taglioni, les empêche d'être sensibles au mérite de mademoiselle Elssler, qu'elles réduisent à la *cachucha* et au *Diable boiteux*.

Mademoiselle Elssler ne veut, en aucune façon, empiéter sur le terrain de mademoiselle Taglioni ; elle est assez riche par elle-même pour n'avoir pas besoin des dépouilles d'une autre ; mais ce n'est pas une raison, parce que mademoiselle Taglioni ne danse que pour des empereurs et des princes russes, d'abandonner à tout jamais les ballets amusants et gracieux qui varieraient le répertoire et feraient patiemment attendre les nouveautés, toujours si lentes à venir. Duprez chante très-bien les rôles de Nourrit sans que personne y trouve à reprendre ; si Duprez partait, est-ce à dire que l'on mettrait aux oubliettes *Guillaume Tell*, *Guido*, *les Huguenots* et *la Juive* ? N'exagérons pas le respect que l'on doit aux grands artistes morts ou absents, pour empêcher les vivants de se produire et de se faire un nom ; il est plus commode, en effet, d'admirer une charmante créature qui est là, devant vous, armée de pied en cap de son talent et de sa beauté, décochant ses sourires comme des flèches et luttant de toute sa force et de toute sa grâce contre un souvenir amplifié à dessein. Nous avons cette habitude : un grand poëte, un grand acteur, bien constatés, nous servent à étouffer tous les autres ; ainsi, Molière a supprimé la comédie ; Talma est cause qu'il n'y aura plus de tragédien, à moins que mademoiselle Rachel ne rompe le charme. Mademoiselle Taglioni, louée outre mesure, empêche bien des talents chorégraphiques de se développer ; et nous plaignons sincèrement la génération de chanteurs qui viendra après Duprez. — Avec ce nom évoqué à propos, on les écrasera les uns après les autres, et l'on saura bien éteindre leurs belles dispositions.

Il nous semble, cependant, que mademoiselle Elssler peut reprendre un rôle de mademoiselle Taglioni, sans commettre de sacrilége ; un ballet n'est pas une arche sainte.

Mademoiselle Elssler, à notre goût, vaut bien mademoiselle Taglioni. D'abord — avantage immense — elle est beaucoup plus belle et plus jeune ; son profil pur et noble, la coupe élégante de sa tête, la manière délicate dont son col est attaché, lui donnent un air de camée antique on ne saurait plus charmant ; deux yeux pleins de lumière, de malice et de volupté ; un sourire naïf et moqueur à la fois, éclairent et vivifient cette heureuse physionomie. Ajoutez, à ces dons précieux, des bras ronds et potelés, qualité rare chez une danseuse, une taille souple et bien assise sur ses hanches, des jambes de Diane Chasseresse que l'on croirait sculptées dans le marbre du Pentélique par quelque statuaire grec du temps de Phidias, si elles n'étaient plus mobiles, plus vives et plus inquiètes que des ailes d'oiseau, et, sur tout cela, l'attrait, le charme, *les Vénus et les Cupidons, Veneres Cupidinesque*, comme disaient les anciens, tout ce qui ne s'acquiert pas et qu'on ne peut expliquer.

Comme danseuse, mademoiselle Elssler possède la force, la précision, la netteté du geste, la vigueur des pointes, une hardiesse pétulante et cambrée tout à fait espagnole, une facilité heureuse et sereine dans tout ce qu'elle fait, qui rendent sa danse une des choses les plus douces du monde à regarder; — elle a, en outre, ce que n'avait pas mademoiselle Taglioni, un sentiment profond du drame : elle danse aussi bien et joue mieux que sa rivale.

Par un sentiment de modestie qu'on ne saurait trop louer, mademoiselle Elssler a changé tous les pas que dansait mademoiselle Taglioni; ainsi donc, la *profanation* n'a pas lieu, et l'ancienne sylphide reviendrait, qu'elle trouverait tout son bagage intact. Mademoiselle Elssler, dans l'intérêt de l'administration, a bien voulu se charger de rôles qui n'ont pas été créés par elle, mais qu'elle a su rajeunir et s'approprier. — Les sifflets étaient donc souverainement injustes et absurdes; le public a protesté en masse; toutes les loges, depuis les baignoires jusqu'au cintre, se sont levées, et des tonnerres d'applaudissements ont prouvé à la charmante danseuse que les vrais spectateurs n'étaient pour rien dans ces marques intempestives de désapprobation. Mademoiselle Elssler a été rappelée frénétiquement à la chute du rideau, et une pluie parfumée de bouquets a dû la consoler amplement des sifflets de la cabale.

On a fait grand bruit de cette algarade dans les journaux : à lire ces récits circonstanciés et lamentables, on dirait que l'Opéra a été le théâtre d'une Saint-Barthélemy plus sanglante que l'autre; on ne parle que de vieillards à cheveux blancs, de négociants estimables, d'hommes établis et ayant pignon sur rue, déchiquetés, roués, assommés, tigrés et pommelés comme des peaux de léopard, par cette ignoble claque; les colonnes sont pleines de lettres écrites par les morts. Le fait est qu'Auguste (1), *homme de force colossale*, disent

---

(1) Chef de claque à l'Opéra.

les journaux, n'a pas retrouvé son lorgnon et sa chaîne après la bagarre. La chose se passait de cabaleurs à claqueurs. Les battoirs voulaient mettre les sifflets à la porte, et, cette fois, par hasard, ils avaient raison. Quelque gourmade envoyée à l'aventure se sera égarée dans un œil honnête et sur un nez impartial et payant ; c'est un malheur sans doute, mais il n'y avait pas là de quoi faire des récits à la manière de Brébœuf,

> . . . . entasser sur les rives
> De morts ou de mourants cent montagnes plaintives !

D'ailleurs, toutes ces éloquentes catilinaires contre les Romains du lustre nous paraissent manquer de raison et de justesse ; le claqueur en soi n'a rien de désagréable, et il rend autant service au public qu'à l'administration ; personnellement, c'est un homme lettré et plein d'érudition dramatique. Il connait le fort et le faible des pièces, et, quoiqu'il ne refuse jamais aux morceaux marqués le nombre de battements voulus, il a ses admirations particulières et n'est pas la dupe du bruit qu'il fait, comme beaucoup de gens plus haut placés. — S'il est vrai que le théâtre *castigat ridendo mores*, personne ne doit avoir les mœurs plus châtiées, puisque, par état, il fréquente plus assidûment que qui que ce soit les salles de spectacle ; s'il a quelquefois protégé la médiocrité, il a souvent soutenu une œuvre aventureuse et nouvelle, décidé le public hésitant et fait taire l'envie, qui ricanait et sifflotait dans quelque coin obscur ; en retenant sur la pente de leur chute des pièces qui avaient nécessité des frais considérables, il a empêché la ruine d'une vaste entreprise et le désespoir de cent familles. — Il égaye et rend vivantes les représentations, qui, sans lui, seraient mornes et froides ; il est la mèche du fouet qui fait bondir l'acteur et le précipite au succès ; il donne du cœur à la jeune première qui tremble, et desserre la gorge de la débutante qui ne pourrait, sans lui, laisser filtrer un son perceptible ; ses applaudissements sont un baume pour l'amour-propre blessé des auteurs, qui oublient aisément qu'ils ont été commandés le matin. — Bref, le claqueur est une prévenance du directeur au public, qu'on suppose trop bon gentilhomme et trop bien ganté pour applaudir lui-même ; le moindre geste, le plus léger signe d'émotion étant interdit par l'usage à ce qu'on nomme la bonne compagnie, et tout le monde se jugeant de la bonne compagnie, le silence le plus funèbre et le plus somnolent régnerait dans les théâtres, plus muets et plus creux que les nécropoles d'Égypte.

Si l'on supprimait les claqueurs pendant huit jours, le public les redemanderait à grands cris. Et la preuve qu'ils sont indispensables, c'est qu'il y en a toujours eu.

Le claqueur n'est, du reste, qu'une nature admirative un peu exagérée.

Opéra-Comique. *Le Brasseur de Preston*. — Avant la représentation du *Brasseur*, nous avons recueilli le dialogue suivant entre un monsieur et un autre monsieur :

Premier monsieur. On prépare un nouvel ouvrage à l'Opéra-Comique ?

Second monsieur. Oui : *le Brasseur de Preston*, en trois actes.

Premier monsieur. Très-bien. — De qui sont les paroles ?

Second monsieur. Les paroles sont des auteurs du *Postillon de Longjumeau*.

Premier monsieur. Qui a fait la musique ?

Second monsieur. Le compositeur du *Postillon de Longjumeau*.

Premier monsieur. Et les décorations ?

Second monsieur. Les décorateurs du *Postillon de Longjumeau*.

Premier monsieur. Ah ! diable ! ce sera très-joli. — Qui joue dans la pièce ?

Second monsieur. Les acteurs du *Postillon de Longjumeau*.

Premier monsieur. Il y aura beaucoup de monde ?

Second monsieur. Tout le monde du *Postillon de Longjumeau*.

Nous sommes de l'avis du second monsieur. *Le Brasseur de Preston* aura tout le succès de son aîné. — Peut-être même obtiendra-t-il une vogue encore plus grande. Le poëme est pour le moins aussi jovial, et la musique, sans être moins gaie et moins vive, nous a paru d'une facture plus ferme et plus serrée. — D'autres désireraient une orchestration plus forte, des masses plus nourries, un dessin d'un goût moins trivial ; mais, telle qu'elle est, cette musique convient parfaitement au sujet et au genre de l'Opéra-Comique : elle est gaie, franche, d'une allure décidée, claire et facile à comprendre, c'est la vraie musique qu'il faut au public; le public a peut-être tort, mais c'est ainsi, et M. Adam sait parfaitement trouver le bout de la bobine dont parle Gœthe dans ses *Affinités électives*. C'était l'autre soir, au théâtre de la Bourse, des trépignements, des bravos, des bis et des chœurs de cannes qui prouvaient la profonde satisfaction des spectateurs. — Nous avons vu rarement un succès aussi franc et aussi complet.

12 novembre.

RENAISSANCE. *Ruy Blas.* — Jamais solennité littéraire n'a excité dans le public un intérêt aussi vif; car, outre la première représentation de *Ruy Blas*, il y avait la *première représentation* de la salle, et c'était ce soir-là que devait définitivement se juger la grande question de savoir si Frédérick parviendrait à dépouiller cette hideuse défroque de Robert Macaire, dont les lambeaux semblaient s'attacher à sa chair comme la tunique empoisonnée du centaure Nessus. — Position étrange que celle d'un acteur qui ne peut se séparer de sa création, et dont le masque gardé trop longtemps finit par devenir la figure.

Ruy Blas — qu'une plume plus docte que la nôtre a dignement apprécié ce matin — *Ruy Blas*, disons-nous, a résolu le problème. Robert Macaire n'est plus; de ce tas de haillons, s'est élancé, comme un dieu qui sort du tombeau, Frédérick, le vrai Frédérick que vous savez, mélancolique, passionné, le Frédérick plein de force et de grandeur, qui sait trouver des larmes pour attendrir, des tonnerres pour menacer, qui a la voix, le regard et le geste, le Frédérick de Faust, de Rochester, de Richard Darlington et de Gennaro, le plus grand comédien et le plus grand tragédien moderne. — C'est un grand bonheur pour l'art dramatique.

La salle est décorée avec une élégance et une splendeur sans égales, dans le goût dit *renaissance*, quoique certains ornements se rapportent au commencement du règne de Louis XIV ou même de Louis XV; le ton adopté est or sur blanc; des médaillons en camaïeu ornent le pourtour des galeries; de larges cadres sculptés et dorés remplacent, aux avant-scènes, l'inévitable colonne corinthienne et font de chaque loge une espèce de tableau vivant où les figures paraissent à mi-corps comme dans les toiles du Valentin et du Caravage ; le rideau, peint par Zara, représente une immense draperie de velours incarnat relevée par des tresses d'or et laissant voir une doublure de satin blanc d'une richesse extrême ; le plafond, que l'on a surbaissé, offre une foule de figures allégoriques et mythologiques dans des cartouches ovales, par M. Valbrun. Ces figures nous ont paru peu dignes du reste de la décoration ; elles rappellent un peu trop les paravents du temps de l'Empire ; c'est la seule chose que nous trouvions à reprendre dans toute l'ordonnance de la salle. Les loges sont tendues d'un bleu tendre très-favorable aux toilettes ; de moelleux tapis rouges garnissent les couloirs ; et même, chose inouïe ! les ouvreuses sont jeunes, jolies et gracieuses, recherche de bon goût ; car rien n'est plus déplaisant à voir que les ouvreuses ordinaires, pour qui semble avoir été fait ce vers de don César :

. . . . Affreuse compagnonne,
Dont le menton fleurit et dont le nez trognonne !

Nous souhaitons mille prospérités au théâtre nouveau, entré franchement dans une voie d'art et de progrès, et qui, nous l'espérons, ne s'appellera pas pour rien le théâtre de la Renaissance. Un discours de M. Méry, un drame de M. Hugo, voilà qui est bien. — Continuez ; mais, surtout, pas de prose ! des vers, et puis des vers, et encore des vers ! il faut laisser la prose aux boutiques du boulevard ; des poëtes, pas de faiseurs ; il n'y a pas besoin d'ouvrir un nouvel étal pour les fournitures de ces messieurs ; il faut bien que la fantaisie, le style, l'esprit, la poésie aient un petit coin pour se produire dans cette vaste France qui se vante d'être le plus intelligent pays du monde, dans ce Paris qui se proclame lui-même le cerveau de l'univers, nous ne savons trop pourquoi : il y a bien assez de dix-huit théâtres pour le mélodrame et le vaudeville.

PORTE-SAINT-MARTIN. *Dom Sébastien de Portugal.*—La semaine est heureuse, *Ruy Blas*, jeudi ; — vendredi, *Dom Sébastien de Portugal*; deux pièces littéraires, deux pièces en vers, c'est charmant. Dans l'insipide métier que nous faisons, de pareilles bonnes fortunes se présentent trop rarement, hélas !

Cette tragédie a été refusée aux Français, qui aiment mieux jouer

Madame de Lignerolles, *Richard Savage* et autres belles choses de ce genre; elle a aussi été refusée à l'Odéon, ce tombeau de tant de jeunes pièces. Dom Sébastien de Portugal, de retour de sa fabuleuse expédition en Afrique, après avoir frappé inutilement à ces deux théâtres, et voulant prouver qu'il n'était pas mort comme on le disait, a été trouver M. Harel, qui l'a reconnu pour vrai et légitime, mais lui a fait l'objection qu'il parlait en vers, langue défendue au boulevard, qui devrait bien défendre à son tour à la rue Richelieu d'usurper la sienne. Dom Sébastien ne s'est pas rebuté pour cela, et il a été demander au ministre de l'intérieur la permission de réciter ses imprécations versifiées, sur les planches où sautillent les grenouilles de *Peau-d'Ane*.

La permission a été accordée, et dom Sébastien est venu se montrer, vendredi soir, à son peuple révolté.

M. Paul Foucher est un poëte de talent; sa pièce d'*Iseult Raimbault*, jouée à l'Odéon, était bien conduite et versifiée énergiquement; il a, avant tous les autres, levé l'étendard romantique : *Amy Robsart* est un des premiers pas que l'école moderne ait faits sur le théâtre. Plusieurs drames intéressants, tels que *Jeanne de Naples*, *l'Officier bleu* et *Guillaume Colmann*, ont donné à M. Foucher une place honorable parmi les dramaturges du boulevard; mais il a de plus que ses confrères un sentiment littéraire très-distingué ; il comprend la poésie (il est vrai qu'il est à bonne école pour cela), et supporte convenablement sa dangereuse parenté, sa position d'étoile à côté du soleil.

19 novembre.

RENAISSANCE. *Olivier Basselin*. — Olivier Basselin est, dit-on, l'inventeur du vaudeville; c'est une triste recommandation; pour notre part, nous lui en savons un gré très-médiocre. Il a créé un fléau plus redoutable que la peste et le choléra. — Un fléau qui ravage le monde entier, et qui ne finira que le jour où les clairons du jugement dernier feront taire les grelots fêlés et les violons criards dont il s'accompagne.

Un vaudeville, ou *vaudevire*, pour parler en style moyen âge, c'est quelque chose qui n'est ni de la poésie, ni de la musique, et qui justifie pleinement l'axiome de Beaumarchais : « Ce qui ne vaut pas la peine d'être dit on le chante. »

Maudit soit donc Olivier Basselin pour sa damnable invention !

Boileau avait dit collectivement :

> Le Français, né malin, forma le vaudeville.

Il paraît que Basselin tout seul doit être chargé de cette iniquité ; nous en sommes bien aise pour les Français inculpés en masse par le vers de Boileau.

Nous avons exprimé, l'autre jour, à propos de la Renaissance, des craintes que nous ne pensions pas devoir être sitôt réalisées. Ce charmant théâtre, si brillamment inauguré par *Ruy Blas*, ne doit-il être, en définitive, qu'une succursale du Gymnase ou des Variétés ? Est-ce que, réellement, *Olivier Basselin* était la meilleure des petites pièces présentées ? L'imagination des milles jeunes gens de talent et d'esprit qui encombrent la littérature n'a donc rien produit de plus singulier et de plus récréatif que cette bluette médiocre due à MM. Brazier et de Courcy, un vaudevilliste mort et un vaudevilliste vivant ? Car nous supposons que M. Anténor Joly n'a donné *Olivier Basselin* qu'à défaut de quelque chose de supérieur. Les vaudevillistes et les faiseurs de libretti ont les Variétés, le Gymnase, le Vaudeville, le Palais-Royal, le Panthéon, la Porte-Saint-Antoine, la Porte-Saint-Martin, l'Ambigu-Comique, l'Opéra-Comique, la Gaieté, le Théâtre-Français même, et Bobino et le Petit-Lazary ; ils ont tout ! laissez la Renaissance aux poëtes. Le seul moyen de faire de l'argent aujourd'hui, c'est d'être littéraire, il n'y a plus que cela de neuf.

Pourquoi n'avoir pas demandé une pièce à M. Alfred de Musset, au charmant auteur de *Fantasio*, des *Caprices de Marianne*, de la *Nuit vénitienne* et de vingt autres délicieuses comédies qui peuvent lutter de finesse avec celles de Marivaux et qui ont, de plus, une fleur poétique qui manque aux *Jeux de l'amour et du hasard*; les romances et les airs qu'il y aurait semés auraient beaucoup mieux valu, pour la musique, que ces lignes sans rhythme et sans poésie sur lesquelles M. Pilati a dû travailler.

L'auteur du théâtre de *Clara Gazul* est-il donc si obstinément retiré sous sa tente administrative, qu'il ne puisse donner un pendant à la *Famille Carvarjal* ou aux *Espagnols en Danemark?*

Qui empêcherait que l'on ne jouât quelque chose de M. de Balzac, homme des plus habiles à serrer une intrigue, et le meilleur peintre de caractères que nous ayons eu depuis Molière? Il consentirait peut-être à quitter la nouvelle pour le drame.

De cette sorte, le théâtre de la Renaissance mériterait son nom, et pourrait se fonder une existence durable. Il serait bientôt temps que la scène ne fût pas abandonnée aux médiocrités actives et fourmillantes, et que les gens d'art et de poésie pussent l'aborder; car il est honteux que des canevas grossiers, recouverts à la hâte d'un style filandreux et terne, soient les seuls plaisirs scéniques d'une grande nation. — Depuis que nous faisons le triste métier de feuilletoniste, il ne s'est joué que trois pièces *écrites* et dont nous ayons gardé le souvenir : *Caligula, Ruy Blas* et *Dom Sébastien;* tout le reste n'est que besogne et marchandise, et n'a d'autre mérite qu'un intérêt matériel.

Voilà déjà trois vaudevillistes pour deux représentations.

. . . . . C'est trop de deux, madame !

De ce train, l'on irait vite; car les vaudevillistes sont innombrables comme les sauterelles d'Égypte, avec qui ils ont plus d'une ressemblance.

L'avenir de la Renaissance n'est pas là; il faut des pièces hardies, singulières, étranges même, quelque chose de neuf et d'imprévu, dans le goût de la comédie italienne, ou des pièces romanesques à la façon de Shakspeare, tout ce que vous voudrez, hors des vaudevilles ou des opéras-comiques.

Lady Melvil, ou le Joaillier de Saint-James, donné à ce même théâtre de la Renaissance, a eu l'avantage de servir de début à madame Anna Thillon, la plus délicieuse créature qui se puisse voir. Jamais les livres de *beautés,* les illustrations de Byron ou de Shakspeare ne nous ont offert rien de plus vaporeusement idéal et de plus coquettement féminin; le burin de Finden, de Cousins et de Robinson n'atteindrait pas à cette finesse et à cette élégance.

Deux sortes d'Anglaises existent sur la terre. La première sorte et la plus nombreuse, dont on peut voir de nombreux échantillons aux bals des ambassades, se compose de créatures exorbitantes, avec des pieds à la poulaine, des nez d'écrevisse, des yeux de faïence et des accoutrements exotiques, coraux, madrépores, oiseaux de paradis et autres comestibles, qui les font ressembler à des biscuits de Savoie ou à des assiettes montées. — L'autre catégorie, beaucoup moins étendue, se compose d'angéliques et diaphanes jeunes filles, plus belles qu'on ne saurait les rêver, avec des blancheurs d'opale, des sourires de rose, et dans la prunelle des langueurs de violette trempée de rosée ; des cheveux aux spirales lustrées que le joli doigt blanc de Titania semble avoir pris plaisir à tourner pendant une rêverie d'amour ; des tailles à qui les petites mains d'un sylphe feraient une ceinture encore trop large ; et, sur tout cela, une volupté nonchalante, une émotion contenue et pudique, une charmante gaucherie de gazelle effarouchée ou de colombe surprise au nid, un petit grasseyement enfantin d'une grâce adorable et dont la plume la plus délicate ne pourrait donner une idée.

Ces deux descriptions aboutissent à l'axiome suivant : « Rien n'est plus laid qu'une Anglaise laide ; » axiome incontestable, qui a pour antithèse cet autre axiome, également incontestable : « Rien n'est plus beau qu'une belle Anglaise. » Madame Anna Thillon appartient à la seconde de ces deux catégories. La place de madame Thillon, considérée comme jolie femme, est marquée à côté de mesdames Grisi et Fanny Elssler ; elle portera à trois le nombre des Grâces de la scène.

Quant à sa voix, elle est fraîche, étendue, sonore, d'un charmant timbre, mais elle n'est pas encore tout à fait posée ; madame Anna Thillon a chanté avec beaucoup de goût la marquise de Melvil ; nous espérons qu'elle aura bientôt à remplir un rôle d'une plus haute importance musicale.

La musique de *Lady Melvil* ne nous a pas paru très-originale ; nous attendions quelque chose de mieux de M. Grisar ; pourtant nous avons distingué, dans le cours de l'ouvrage, des motifs qu'Auber ne désavouerait pas. — Le poëme, dû à la plume expérimentée de M. de Saint-Georges, est amusant et bien coupé ; il aurait facilement porté une musique plus forte.

XVIII

DÉCEMBRE 1838. — Variétés : *Tronquette la Somnambule*, vaudeville de MM. Cogniard frères. — La pièce et les acteurs. — Mademoiselle Pigeaire et l'Académie des sciences. — Un mot sur le magnétisme. — Opéra : début de M. Mario (comte de Candia) dans *Robert le Diable*. — M. Duponchel inventeur de ténors. — Italiens : *Roberto Devereux* ou *d'Evreux*, libretto du signor Commarano, musique de M. Donizetti. — Le *God save the king*. — Ovation faite au maestro Donizetti. — Les poëtes et les comédiens. — Cirque-Olympique : la troupe des singes et des chiens savants. — M. le professeur Schneider.

1er décembre.

VARIÉTÉS. *Tronquette la Somnambule.* — Ne vous attendez pas à quelque lamentable histoire de jeune fille somnambule se rendant *à travers toits* dans la chambre de quelque colonel. Il ne s'agit pas de cela, et les Variétés ne donnent pas dans ces faiblesses romanesques. Ceci est du vaudeville aristophanique, du vaudeville actuel, palpitant d'actualité, comme on dit à présent. — Le nom même d'un des personnages rappelle, par sa consonnance, le grand magnétiseur Pigeaire, à qui de récentes expériences ont donné de la célébrité.

Il s'agit ici d'une espèce de Robert Macaire qui ne parle que de fluides sympathiques, de passes à grand courant, d'effluves, de rayonnements et autres mots de l'argot mesmérien, et qui caresse la manie d'un vieil Allemand entiché de magnétisme et fort riche, dont il désire épouser la fille Mina. Ce Robert Macaire possède un Bertrand, comme tout Robert Macaire un peu bien situé, car un Bertrand est un outil aussi indispensable qu'un rossignol ou qu'un monseigneur. Ce Bertrand a pour amante une jeune cuisinière ou fille d'auberge de Leipzig dont son patron veut faire un *sujet* pour leurs opérations ; heureusement qu'un cousin ou neveu de Fisher, amoureux de la jeune Mina, se substitue à la servante Tronquette, et, dans une séance de somnambulisme, dévoile au vieillard imbécile les projets de Saint-Bernard et de Pamphile, son acolyte. Le vieux, désabusé, voyant qu'au lieu de lui faire trouver des trésors, on veut lui soutirer son argent et sa fille, se met dans une colère rouge et jette à la porte les deux intrigants.

Cette pièce a réussi sans opposition, et le public a fait comme les somnambules, il n'a pas dormi. — Rébard est excellent dans le rôle du père Fisher. Prosper Gothi est merveilleusement servi par son physique, pour avoir l'air d'un marchand d'orviétan ou de vulnéraire suisse. Quant à Gabriel, il fait tous les jours des progrès, et il finira par devenir un bon acteur, s'il ne l'est déjà; il est fort drôle dans son costume de Tronquette. Hyacinthe a un certain habit noisette avec un pantalon congruant de la tournure la plus comique; Hyacinthe reçoit toujours les coups de pied au derrière et les soufflets à la figure avec son phlegme et sa supériorité accoutumés. C'est un paillasse né, et la nature lui a planté fatalement la queue rouge au bas de la nuque.

Maintenant que nous avons constaté le succès de la pièce, faisons remarquer combien le théâtre est toujours en arrière et n'ose risquer une plaisanterie que lorsqu'elle est usée depuis fort longtemps dans tous les almanachs plus ou moins liégeois : quand une idée a traîné dans les livres, le long des feuilletons, le théâtre s'en empare en tremblant de sa hardiesse, si la chose n'a pas au moins trois ou quatre ans de date; la leçon vient toujours quand le travers est passé, et il y a, dans ces pièces attardées, des allusions couvertes à des circonstances que l'on ne sait plus. Jamais la scène n'a d'initiative, elle ne fait que répéter et vulgariser.

Tous les bons et les mauvais mots possibles ont été faits sur les disciples de Mesmer et les partisans du magnétisme, et les drôleries de *Tronquette* n'ont pas grande nouveauté, ce qui n'empêche pas la pièce d'être fort gaie : à la scène, ce qui est drôle une fois l'est deux fois et même trois, contrairement à la maxime latine. Sept à huit situations et une douzaine de plaisanteries suffisent à défrayer un théâtre pendant un siècle.

Ce vaudeville contient une situation où est reproduite la scène de mademoiselle Pigeaire et de son triple bandeau de velours noir; nous en sommes bien fâché pour MM. Cogniard et MM. de l'Académie, mademoiselle Pigeaire lisait réellement à travers un masque composé de trois épaisseurs de velours superposées, avec des tampons de ouate dans la cavité de l'orbite, et une bande de toile qui se nouait derrière la tête; par surcroît de précaution, les barbes de ce masque semblable à ceux des dominos, à l'exception des yeux, étaient collées avec de la gomme sur les joues de la patiente, et tout cet appareil avait été placé par deux de nos amis qui ne sont pas somnambules, au contraire, et dont l'incrédulité surpasse celle de saint Thomas, qui demandait à mettre un doigt dans la plaie : — ils veulent en mettre deux et ne sont pas encore convaincus. Eh bien, malgré tous les vaudevillistes et toutes les académies du monde, il n'en est pas moins sûr que la petite fille, isolée de sa magnétiseuse, sans faire la moindre contorsion, sans porter la main à son masque, a lu à travers un carreau de vitre, qui empêchait que ses doigts ne pussent sentir les aspérités des lettres, une notice sur l'église de la Madeleine et deux phrases écrites par des gens qui ne sont assurément pas les compères de M. Pigeaire; ensuite, elle a joué à l'écarté sans se tromper une seule fois, indiquant les supercheries que l'on voulait lui faire pour l'embarrasser; nous étions présent et nous pouvons attester l'exacte vérité du fait. Nous avons eu beau réfléchir, nous n'avons pas pu découvrir par quel moyen il serait possible de lire avec un pareil bandeau, à quelqu'un qui ne serait pas dans un état réel de somnambulisme. Le magnétisme animal est un fait désormais acquis à la science et dont il n'est pas plus permis de douter que du galvanisme et de l'électricité. On aura beau faire des calembours, il existe, *è pur si muove!* comme disait Galilée. — Nous sommes seulement étonné de la surprise et de l'incrédulité que ces phénomènes excitent. Nous ne voyons rien là de plus merveilleux que tout ce qui nous environne; nous sommes entourés de merveilles, de prodiges, de mystères auxquels nous ne comprenons rien et qui nous semblent tout simples par l'habitude; en nous-mêmes gravitent des mondes ténébreux dont nous n'avons pas la conscience : l'infini et l'inconnu nous pressent et nous obsèdent, au ciel, sur la terre, dans le soleil, dans l'acaride du fromage, en haut, en bas, dans le petit et dans le grand ; miracles, stupeurs, abîmes! et nous trouvons le magnétisme exorbitant, chimérique! Pour nous, il ne nous paraît pas plus prodigieux de lire avec la poitrine qu'avec les yeux. Nous savons bien que l'on démonte l'œil humain comme une lorgnette de spectacle ; à travers cette pellicule, l'objet passe comme à travers un tamis ; l'image se peint sur cette membrane, cette autre la redresse, et ainsi de suite, jusqu'à ce qu'elle se dessine sur le nerf optique : fort bien, c'est parfaitement clair ; c'est si clair, que l'on a fait avec du verre des télescopes, des lorgnettes, qui sont de vrais yeux. Mais les lorgnettes ne voient pas toutes seules ; quel est l'œil inconnu qui regarde au bout de la lorgnette vivante? quel hôte étrange, mystérieux, s'assoit au fond de l'orbite et considère sur le drap de cette lanterne magique les silhouettes coloriées qui s'y succèdent la tête en bas et que nous voyons debout par une convention incompréhensible? L'aiguille qui tourne au nord, et la machine électrique dont la commotion se ferait sentir instantanément à Pékin et à Paris, avec un fil conducteur, et les ballons et la poudre, ne sont-ce pas là des choses absurdes, extravagantes, et qui faisaient éclater de rire tout le monde, dix ans seulement avant leur invention? — Le magnétisme nous paraît la chose du monde la plus simple ; et, s'il n'est pas accepté depuis longtemps, c'est que son utilité d'application n'est pas encore bien déterminée, et que ses apparences fantastiques et singulières effrayent beaucoup de gens pour qui l'inconnu est la chose la plus terrible.

10 décembre.

OPÉRA. Début de M. de Candia dans *Robert le Diable*. — Mario, tel est le nom de guerre qu'a pris M. de Candia : c'est un nom romanesque, qui sent son Marivaux et la comédie italienne, et qui va tout à fait bien à son porteur, beau jeune homme à l'œil noir, au profil bien dessiné, à la taille élégante, tel enfin qu'on rêve un jeune premier. Son succès a été franc, unanime ; Mario a été rappelé à la fin de la pièce avec madame Dorus et Levasseur.

Il fallait de bien rares qualités pour ne pas faire *fiasco*, après tous les contes fantastiques qui couraient les journaux depuis six mois. La curiosité avait été excitée à un si haut degré, qu'il était réellement fort difficile de la satisfaire. Mario a fait honneur au comte de Candia ; jamais la salle de l'Opéra n'avait été si pleine. Un monsieur qui avait quitté sa place au parterre n'a pu y revenir qu'en tirant sa coupe sur des vagues de têtes.

M. Mario a une voix fraîche, pure, veloutée, d'une jeunesse et d'un timbre admirables. — C'est comme un rossignol qui chante dans un bosquet. — Il excelle à rendre les pensées tendres, l'amour et la mélancolie, le regret de la patrie absente, et tous les sentiments doux de l'âme ; ce n'est pas qu'il soit incapable d'énergie et de vigueur, — bien au contraire ; mais le caractère de son talent est essentiellement élégiaque ; il a quelque chose de pastoral et de bucolique, et nous rappelle un beau berger grec chantant, en couplets alternés au pied d'un laurier-rose, Galathée la fugitive : élégant et naïf à la fois ; — sa voix, vraie voix de ténor, a de l'étendue, elle monte jusqu'au *si* de poitrine et même jusqu'à l'*ut ;* il attaque franchement la note et la tient bien ; ses passages d'un registre à l'autre s'exécutent facilement ; seulement, dans les moments de force, les notes hautes de poitrine deviennent un peu gutturales, et manquent d'ampleur.

Dès sa première phrase (*chevaliers, c'est à vous que je bois*), M. de Candia avait conquis son public : l'air fait exprès par M. Meyerbeer pour le jeune chanteur a été dit avec beaucoup de charme et de suavité. Les paroles de M. Émile Deschamps sont fort jolies ; nous remarquons cela, car M. de Candia, quoiqu'il ait encore un peu d'accent italien, articule avec une netteté extrême, qui rappelle tout à fait la manière de Duprez. — Gare les mauvais vers, les rimes bancales, les hémistiches estropiés qui cachaient leur laideur sous le voile de la mélodie ! — Avec Mario et Duprez, les paroles d'un opéra s'entendent comme des tirades de tragédie. Cela forcera à soigner davantage le côté de la poésie, et le préjugé stupide qu'il faut des paroles insignifiantes pour faire de belle musique sera inévitablement détruit. Un compositeur d'opéras est une espèce de centaure qui a la tête, les bras et la poitrine d'un musicien, le corps et les jambes d'un poëte. Si le cheval a les genoux couronnés, s'il est boiteux et déferré, l'homme sera assez embarrassé de la lyre qu'il a dans la main, et il sera forcé de la quitter pour se rattraper aux murs et aux arbres du chemin.

Revenons à M. de Candia. Il a merveilleusement chanté le duo des *Chevaliers de ma patrie*, et la délicieuse cavatine *Ah! quelle est belle!* Trois tonnerres d'applaudissements ont prouvé au débutant la satisfaction du public.

Remercions M. Duponchel, qui a su trouver Duprez en Italie, et qui a si heureusement inventé et réalisé M. de Candia : — il a bien mérité du public en devinant le grand artiste dans le jeune homme élégant, dans le chanteur de salon; la persévérance qu'il a mise pour décider le noble ténor à passer de la société sur le théâtre; les sacrifices de toutes sortes qu'il a faits pour le mettre en état de paraître sur la scène, les dépenses de maîtres, l'abandon d'une année de traitement sont tout à fait dignes d'éloges. — M. Duponchel, que l'on taxe d'inhabileté et de négligence, a pourtant donné au public deux inestimables joyaux, deux perles musicales : Duprez et Candia, un magnifique présent, un superbe avenir.

17 décembre.

ITALIENS. *Roberto Devereux*. — Roberto Devereux n'est autre chose que le comte d'Essex, amant d'Élisabeth d'Angleterre, qui, s'il faut en croire les poëtes dramatiques, méritait assez peu le titre de reine vierge et les allusions délicates aux chastetés de Diane et de Pallas que lui prodiguaient les littérateurs contemporains, sans en excepter le grand Shakspeare lui-même; — selon l'histoire, la reine vierge ne comptait pas moins de soixante-neuf ans lorsque le comte d'Essex éprouva le désagrément d'avoir la tête coupée, pour crime de trahison, disent les uns, pour crime d'infidélité, disent les autres. — Triste sort qui attend presque toujours les favoris de reine; car, remarque étrange, toutes les femmes qui ont régné seules ont été débauchées et cruelles; ce qui ne s'accorde guère avec l'idée de douceur que l'on suppose à ce sexe *faible et charmant*, comme on disait autrefois.

Roberto Devereux ou *d'Évreux* — les critiques ne sont pas bien d'accord sur l'orthographe du nom, mais il n'importe — est aimé à la fois d'Élisabeth d'Angleterre et de Sarah, duchesse de Nottingham, c'est-à-dire de mademoiselle Grisi et de madame Albertazzi. Heureux homme! Roberto échange, avec l'imprudence d'un amoureux,

l'anneau d'Élisabeth contre l'écharpe de Sarah. Cette écharpe, reconnue par Nottingham et par Élisabeth, détrompe l'une de son amour, l'autre de son amitié et cause la mort du malheureux comte d'Essex.
— Nottingham empêche Sarah de porter à la reine l'anneau, gage suprême d'espoir, et la tête d'Essex tombe, avec un coup de canon, au moment où la duchesse, éplorée, ayant réussi à tromper la vigilance de ses gardes, vient se jeter aux pieds de la reine en criant grâce pour le comte et pour elle.

Ce livret, dû à la plume du signor Commarano, est d'une simplicité extrême, quoiqu'il semble très-suffisamment tragique aux Italiens, dont le palais, accoutumé aux plus délicates sucreries littéraires, ne pourrait supporter le drame haut goût, au piment arrosé de vitriol, que l'on sert dans nos orgies théâtrales. — Les actes sont très-courts, les changements à vue fréquents; et, la situation posée, l'on passe à une autre, sans ces recherches d'effets et ces développements gigantesques qui font de l'opéra, en France, la chose la plus compliquée qui soit.

A propos de livret, remarquons ici en passant que l'on tombe en de singulières aberrations à l'égard des libretti italiens : il est bien convenu que rien au monde n'est plus stupide, plus dénué de sens qu'un idiome d'opéra, et chacun a fait des plaisanteries plus ou moins agréables sur ces pauvres diables d'abbés qui brochaient des libretti à vingt écus la pièce. Eh bien, il faut en convenir, parce que la chose est vraie ou quoiqu'elle soit vraie, les poëmes dramatiques italiens sont écrits avec beaucoup de soin et d'élégance, remplis de vers charmants, d'une poésie, d'une coupe et d'un rhythme excellents, et bien supérieurs, littérairement, aux paroles des opéras français.

Nous avons lu le poëme du signor Commarano, qui est d'une versification assurément meilleure que celle de M. Scribe. Les paroles de la cavatine que chante Rubini se font remarquer par une grâce mélancolique et touchante; et le morceau où la reine dit qu'elle voit le spectre du comte d'Essex errer dans le palais, sa tête à la main, est traité avec beaucoup de force et d'énergie.

Maintenant que nous avons rendu au livret cette justice, arrivons à la musique. Dans l'origine, *Roberto Devereux* n'avait pas d'ouverture ; celle que l'on a entendue l'autre soir a été composée tout exprès. Cette ouverture est remarquable, et montre chez le maestro Gaetano Donizetti une grande connaissance de l'harmonie et de l'orchestration. Le motif du *God save the king*, habilement travaillé en adagio, par où débute la symphonie, fait comprendre tout de suite que la scène va se passer en Angleterre, et précise la pensée de l'auditeur; toutefois, l'on pourrait élever cette chicane que le *God save the king*, imité d'un air français chanté par les pensionnaires de Saint-Cyr, et qui, par conséquent, ne remonte pas au delà de Louis XIV, ne peut servir à symboliser l'Angleterre d'Élisabeth ; mais c'est une question chronologique où la musique n'a que faire, et M. Donizetti a eu raison de s'en servir.

Le fameux trio du second acte, sur lequel on comptait beaucoup, n'a pas produit autant d'effet que sur les théâtres d'Italie ; mais cela vient de ce que les habitués des Bouffes, qui ne savent pas d'autre italien que *bravo, brava, pieta, felicita*, n'en ont pas bien saisi les paroles fort dramatiques.

La cavatine de Rubini, *Impietositi li angeli*, a produit un effet irrésistible. — Un miraculeux sol suraigu a fait éclater la salle en cris d'admiration et en applaudissements frénétiques. Jamais peut-être Rubini n'a mieux chanté : — jamais, entendez-vous bien ? — C'est quelque chose d'ineffablement mélancolique et tendre, des frémissements d'ailes d'ange, des rayons de clair de lune, à travers une pluie de larmes.

Tamburini a superbement chanté l'adagio *Io, per l'amico*. — Mademoiselle Grisi a été, d'un bout à l'autre, belle, pathétique, avec de sombres éclairs tragiques et des emportements de lionne amoureuse. C'est le masque de la Melpomène antique prêtant sa bouche de marbre aux cris passionnés de la musique moderne. — Madame Albertazzi a eu les honneurs du bis dans son duo avec Tamburini.

Une chose a paru surprendre beaucoup quelques personnes : c'est que le maestro Donizetti soit venu en personne, avec le bon laisser aller italien, si éloigné de nos mœurs hypocrites, recueillir les applaudissements du public et saluer en manière de remercîment. — Cela tient à l'importance exagérée que l'on donne aux exécutants. On applaudit toujours la bouche, jamais le cerveau, l'acteur et non l'auteur. — Cela va même si loin, qu'en sortant d'une représentation quelconque, vous entendrez tout le monde dire *l'air de Duprez* et non *l'air de Rossini ; — la grande tirade de Frédérick* et *le pas de mademoiselle Elssler ;* il semble que l'on oublie complétement que les acteurs ne sont que des masques derrière lesquels agissent et palpitent les fantaisies des poëtes. — Ainsi, quand on rappelle Mario ou Duprez, nous trouverions fort convenable que Meyerbeer les amenât par la main jusqu'au bord de la rampe, car c'est lui qui est la voix dont ils ne sont que les lèvres ; mais nous sommes tellement absorbés par le spectacle matériel, que nous ne pouvons pas faire ce raisonnement fort simple, que, si le poëte se taisait, le comédien n'aurait plus rien à dire.

31 décembre.

Cirque-Olympique. *La troupe des singes.* — Nous avons ri de bon cœur l'autre soir, de ce rire énorme, carré, olympien, dans lequel consiste le bonheur des dieux, si l'on en croit Homère. — Ce n'est ni Vernet-Gibou, ni Odry-Bilboquet, ni Bouffé-Gandinot, ni Saint-Firmin comte de Garofa, surnommé Zafari, avec « sa cape en dents de scie et ses bas en spirale, » ni aucun des baladins bimanes qui servent de Triboulets au public, ce roi ennuyé, qui nous avaient jeté dans cet accès d'hilarité exorbitante et pantagruélique : c'était la troupe des singes enjolivée de caniches, qui a débuté récemment au Cirque-Olympique.

C'est très-amusant et très-comique ; le spleen le plus anglais et le plus maussade se dériderait devant un tel spectacle ; la douleur elle-même sourirait à travers ses larmes. Quelle charmante parodie de l'homme en général et des comédiens en particulier ! Si nous sommes faits à l'image de Dieu, en revanche les singes sont terriblement faits à notre image, et ce n'est pas flatteur pour nous. Pacolet, le gracieux de la troupe, n'est pas si laid que Monrose, et fait moins de grimaces, cela soit dit sans fâcher ni l'un ni l'autre.

Ici se présente tout naturellement une importante question d'anthropologie que nous ne traiterons pas. L'homme vient-il du singe, ou le singe de l'homme ? — en venons-nous, ou y retournons-nous ? — Qui le sait ? Nous qui ne croyons pas au progrès, nous pensons que le singe n'est qu'un nègre ou un papou abâtardi et descendu jusqu'à l'animalité, comme les nègres sont d'anciens esclaves qui se sont noirci la peau à cirer les bottes des blancs ; mais ce n'est pas de cela qu'il s'agit. — Nous l'avons été ou nous le serons. — En attendant, nous sommes critique, faisons notre devoir *comme il convient*.

Au lever du rideau, dans une de ces décorations vagues et champêtres, qui servent si naturellement de fond aux intermèdes, quatre personnages sont assis à table : macaques, babouins et mandrilles, tout ce qu'il y a de plus aristocratique dans la singerie ; il est difficile d'imaginer quelque chose de plus réjouissant à voir. Ces quatre messieurs, accoutrés d'habits extravagants, avec des chapeaux à trois cornes, des manchettes et des habits comme des marquis du meilleur air, se livrent à la réparation de dessous le nez et boivent théologiquement ; ce sont des gestes, des postures, des mines d'un naturel exquis, une voracité, une ivrognerie tout à fait humaines ; le babouin, placé au haut bout de la table, est particulièrement merveilleux ; comme le rat dédaigneux d'Horace, il a l'air de se plaindre de la frugalité de la chère, et fait au chef de cuisine les mines les plus jovialement furibondes.

Le singe qui sert et voyage de la coulisse à la table a une expression de résignation piteuse très-bouffonne et très-drolatique. Le grand babouin fait rubis sur l'ongle comme un buveur de Terburg ou de Van Ostade. La table desservie, paraît une marquise avec son grison qui lui tient la queue (la queue de sa robe) et porte un fallot pour l'éclairer ; la marquise est une grande chienne, le grison un singe microscopique ; quand madame la marquise fait de grandes enjambées, le sapajou se met au trot et tire la robe à lui en brochant des babines d'une façon désespérée. — La chienne est vraiment une fort jolie femme : elle a de l'élégance et de la grâce, ses oreilles lui servent d'anglaises et sa queue, retroussée proprement sous son jupon, lui fait une tournure d'une rondeur confortable ; madame la marquise sortie, entre le babouin en habit raffiné et supercoquentieux, la rapière au côté comme les duellistes du temps de Louis XIII. Ce courageux singe tire son épée du fourreau et se bat avec son maître, M. Schneider, honnête Allemand à figure débonnaire ; il lui porte des bottes à fond, la tierce, la quarte, l'octave, les traits coupés, les demi-tours et la flanconade, comme un maître d'armes de régiment, remet son épée dans le fourreau, quand il a suffisamment mené des mains, des pattes, voulons-nous dire, prend un fusil, fait la charge en douze temps et l'exercice à feu, bat du tambour et joue du violon avec des staccati, des pizzicati et des démanchés que Paganini ne désavouerait pas. — C'est prodigieux! nous qui sommes à peu près sûr d'être homme, nous n'en ferions certainement pas autant.

Après le singe duelliste, on voit une duchesse à sa toilette; elle se met du rouge, des mouches, et minaude à son miroir comme une grande coquette émérite. On dirait mademoiselle Mars en Célimène. La toilette finie, on fait approcher la voiture attelée de quatre caniches en arbalète, laquais devant, laquais derrière, cocher poudré à frimas avec un lampion, un collet de fourrure, des gants blancs, tout ce qui constitue un cocher de bon lieu; madame monte avec son manchon ouaté et son éventail, et dit au cocher de toucher les chiens et d'aller un peu vite; la voiture part au grand galop et verse. Il faut voir la physionomie de la guenon versée, la prestesse avec laquelle elle se remet sur pied, et l'air dont elle gourmande ses gens : il semble qu'on va lui entendre crier comme à la comtesse d'Escarbagnas : « Peste soit du maroufle et du petit belître! je lui ferai donner les étrivières par mon majordome. » Cette intéressante guenon s'appelle madame Batavia.

Tout cela est miraculeux; mais ce n'est rien encore : on apporte des chevalets et l'on tend une corde; — madame Saqui, Furioso, Plége, qui remporta le prix Montyon pour avoir sauvé seize personnes sans balancier, ne sont rien à côté de cela : un singe les dépasse. Comme il saute légèrement sur le chevalet, tendu d'une étoffe rouge, passementée de clinquant! avec quelle nonchalante désinvolture il tend sa patte au blanc d'Espagne du garçon de théâtre! Il va, vient, voltige, se pend par une main, fait de l'équilibre sur une chaise, passe dans un cercle de bougies allumées, comme un acrobate véritable, sans manquer une fois à la mesure. — A la danse sur la corde, succède le manége. On forme un cirque de morceaux rapportés, et alors se joue la plus divertissante parodie de Franconi lui-même que l'on puisse imaginer. Un écuyer paraît monté sur un bélier à toison blanche, comme ceux qui traînaient le petit carrosse du roi de Rome; c'est l'Auriol des singes; et certes, Auriol pourrait en être jaloux. Après que l'on a visité les sangles, assuré les brides, absolument comme au Cirque véritable, le bélier prend le trot, puis le galop; le singe se tient debout, fait le pas de Zéphire, saute des barrières, et se met la tête en bas comme un écuyer consommé; pendant ce temps, un sapajou, costumé en grand Frédéric, botté, éperonné, petit chapeau en tête, lorgnette au poing, contrefait, au milieu du cirque, l'éternelle promenade circulaire du colonel de Franconi.

A cette réjouissante parade succèdent toutes sortes d'exercices de chiens savants qui font des tours de corde, franchissent des bâtons et dansent alternativement sur les pattes de devant et de derrière. Le plus fort de tous est un chien danois, acteur admirable, qui fait le boiteux d'une façon surprenante, va l'amble et finit par courir sur les deux pattes du même côté, immobilisant à son gré une moitié de lui-même.

Ce spectacle est terminé par le chien déserteur, scène non moins attendrissante que les gravures à la manière noire de Vigneron, si honorables pour la sensibilité des caniches, et l'attaque du fort Kokomorin; c'est un beau fait d'armes, et qui vaut les grandes batailles du Cirque. La poudre et les feux de Bengale n'y manquent point; les acteurs quadrupèdes et quadrumanes déploient un courage héroïque digne de figurants à deux pieds, et payés vingt sous la pièce.

A l'époque de l'année où nous sommes, ce spectacle fera fortune, les pères de famille et autres iront voir les singes, sous prétexte d'y mener leurs enfants. — Outre ces divertissements variés, on a le régal de voir et d'entendre M. Schneider, répétiteur des chiens savants pour les langues mortes, et maître de déclamation de MM. les singes.

XIX

JANVIER 1839. — Le théâtre tel que nous le rêvons. — Italiens : *l'Elisir d'Amore*, opéra bouffe de M. Donizetti. — Il est temps de rire. — Lablache en vendeur d'orviétan. — Dulcamara et Fontanarose. — Madame Persiani. — Tamburini. — Un talent craintif. — *Non bis in idem.* — Opéra : les bals masqués. — Le critique intrigué.

1er janvier 1839.

LE THÉATRE TEL QUE NOUS LE RÊVONS. — Au temps où nous passions les journées à faire se becqueter deux rimes au bout d'une idée, où nous nous couchions fort content de nous-même lorsque nous avions accouplé heureusement *perle* et *merle*, *aigle* et *seigle*, — délicieuse occupation, que rien ne remplace au monde, pas même l'amour! — nous avons écrit quelques pages sur le théâtre tel que nous l'entendions. Cela nous paraissait tout simple alors; il est vrai que nous n'étions pas feuilletoniste, et que nous avions pour bréviaire un volume contenant : *Comme il vous plaira*, *le Songe d'une nuit d'été*, *la Tempête* et *le Conte d'hiver*, d'un certain drôle nommé Shakspeare, qui serait refusé aujourd'hui par tous les directeurs comme n'ayant pas *la science des planches*, stupide prévention, qui assimile un poëte à un menuisier.

Voici donc quelles étaient nos idées en 1835. — Nous avouons, à la honte de notre raison, qu'aujourd'hui, 31 décembre 1838, par cette matinée de brouillard qui prête peu aux illusions poétiques, — nous sommes encore du même avis.

Le théâtre que nous rêvons est un singulier théâtre. Des vers luisants y tiennent lieu de quinquets; un scarabée, battant la mesure avec ses antennes, est placé au pupitre, le grillon y fait sa partie; le rossignol est première flûte; de petits sylphes, sortis de la fleur de pois, tiennent des basses d'écorce de citron entre leurs jolies jambes plus blanches que l'ivoire, et font aller, à grand renfort de bras, des archets faits avec un cil de Titania, sur des cordes de fil d'araignée ; la petite perruque à trois marteaux dont est coiffé le scarabée chef d'orchestre, frissonne de plaisir, et répand autour d'elle une poussière lumineuse, tant l'harmonie est douce et l'ouverture bien exécutée.

Un rideau d'ailes de papillon, plus mince que la pellicule intérieure d'un œuf, se lève lentement, après les trois coups de rigueur. La salle est pleine d'âmes de poëtes, assises dans des stalles de nacre de perle, qui regardent le spectacle à travers des gouttes de rosée montées sur le pistil d'or des lis. — Ce sont leurs lorgnettes.

Les décorations ne ressemblent à aucune décoration connue ; le pays qu'elles représentent est plus ignoré que l'Amérique avant sa découverte ; la palette du peintre le plus riche n'a pas la moitié des tons dont elles sont diaprées : tout y est peint de couleurs bizarres et singulières ; la cendre verte, la cendre bleue, l'outremer, les laques jaunes et rouges y sont prodiguées.

Le ciel, d'un bleu verdissant, est zébré de larges bandes blondes et fauves ; de petits arbres fluets et grêles balancent sur le second plan leur feuillage clair-semé, couleur de rose sèche ; les lointains, au lieu de se noyer dans leur vapeur azurée, sont du plus beau vert pomme, et il s'en échappe çà et là des spirales de fumée dorée. Un rayon égaré se suspend au fronton d'un temple ruiné ou à la flèche d'une tour. Des villes pleines de clochetons, de pyramides, de dômes, d'arcades et de rampes sont assises sur les collines et se réfléchissent dans des lacs de cristal ; de grands arbres aux larges feuilles, profondément découpées par les ciseaux des fées, enlacent inextricablement leurs troncs et leurs branches pour faire les coulisses ; les nuages du ciel s'amassent sur leurs têtes comme des flocons de neige, et l'on voit scintiller dans leurs interstices les yeux des nains et des gnomes ; leurs racines tortueuses se plongent dans le sol comme les doigts d'une main de géant ; le pivert les frappe en mesure avec son bec de corne, et des lézards d'émeraude se chauffent au soleil sur la mousse de leurs pieds.

Le champignon regarde la comédie, son chapeau sur la tête, comme un insolent qu'il est ; la violette mignonne se dresse sur la pointe de ses petits pieds, entre deux brins d'herbe, et ouvre toutes grandes ses prunelles bleues afin de voir passer le héros.

Le bouvreuil et la linotte se penchent au bout des rameaux pour souffler les rôles aux acteurs.

A travers les grandes herbes, les hauts chardons pourprés et les bardanes aux feuilles de velours serpentent, comme des couleuvres d'argent, des ruisseaux faits avec des larmes de cerfs aux abois; de loin en loin, on voit briller sur le gazon les anémones pareilles à des gouttes de sang, et se rengorger les marguerites la tête chargée d'une couronne de perles comme de véritables comtesses.

Les personnages ne sont d'aucun temps, ni d'aucun pays; ils vont et viennent sans que l'on sache pourquoi ni comment; ils ne mangent ni ne boivent, ils ne demeurent nulle part et n'ont aucun métier; ils ne possèdent ni terres, ni rentes, ni maisons; quelquefois ils portent sous le bras une petite caisse pleine de diamants gros comme des œufs de pigeon; en marchant, ils ne font pas tomber une seule goutte de pluie de la pointe des fleurs, et ne soulèvent pas un seul grain de la poussière des chemins.

Leurs habits sont les plus extravagants et les plus fantastiques du monde; — des chapeaux pointus comme des clochers, avec des bords aussi larges qu'un parasol chinois, et des plumes démesurées arrachées à la queue de l'oiseau de paradis et du phénix; des capes rayées de couleurs éclatantes, des pourpoints de velours et de brocart, laissant voir leur doublure de satin ou de toile d'argent par leurs crevés galonnés d'or; des hauts-de-chausses bouffants et gonflés comme des ballons; des bas écarlate à coins brodés, des souliers à talons hauts et à larges rosettes; de petites épées fluettes, la pointe en l'air, la poignée en bas, toutes pleines de ganses et de rubans. — Voilà pour les hommes.

Les femmes ne sont pas moins curieusement accoutrées. — Les desseins de Della Bella et de Romain de Hooge peuvent servir à se représenter le caractère de leur ajustement; ce sont des robes étoffées, ondoyantes, avec de grands plis, qui chatoient comme des gorges de tourterelles et reflètent toutes les teintes changeantes de l'iris; de grandes manches, d'où sortent d'autres manches; des fraises de dentelles déchiquetées à jour, qui montent plus haut que la tête, à qui elles servent de cadre; des corsets chargés de nœuds et de broderies, des aiguillettes, des joyaux bizarres, des aigrettes et des plumes de héron, de grosses perles, des éventails de queue de paon avec des miroirs au milieu, de petites mules et des patins, des guirlandes de fleurs artificielles, des paillettes, des gazes lamées, du fard, des mouches, — tout ce qui peut ajouter du ragoût et du piquant à une toilette de théâtre.

C'est un goût qui n'est précisément ni anglais, ni allemand, ni français, ni turc, ni espagnol, ni tartare, quoiqu'il tienne un peu de tout cela, et qu'il ait pris à chaque pays ce qu'il avait de plus gracieux et de plus caractéristique. — Des acteurs ainsi habillés peuvent dire tout ce qu'ils veulent sans choquer la vraisemblance. La fantaisie peut courir de tous les côtés; le style dérouler à son aise ses anneaux diaprés, comme une couleuvre qui se chauffe au soleil; les *concetti* les plus exotiques épanouir sans crainte leurs calices singuliers et répandre autour d'eux leur parfum d'ambre et de musc. — Rien ne s'y oppose, ni les lieux, ni les noms, ni le costume.

Comme ce qu'ils débitent est amusant et charmant! Ce ne sont pas eux, les beaux acteurs, qui iraient, comme ces hurleurs de drame, se tordre la bouche et se sortir les yeux de la tête pour dépêcher la tirade à effet! — Au moins, ils n'ont pas l'air d'ouvriers à la tâche, de bœufs attelés à l'action et pressés d'en finir; ils ne sont pas plâtrés de craie et de rouge d'un demi-pouce d'épaisseur; ils ne portent pas des poignards de fer-blanc, et ils ne tiennent pas en réserve sous leur casaque une vessie de porc remplie de sang de poulet; ils ne traînent pas le même lambeau taché d'huile pendant des actes entiers.

Ils parlent sans se presser, sans crier, comme des gens de bonne compagnie, qui n'attachent pas grande importance à ce qu'ils font; l'amoureux fait à l'amoureuse sa déclaration de l'air le plus dégagé du monde : tout en causant, il frappe sa cuisse du bout de son gant blanc, ou rajuste ses canons. La dame secoue nonchalamment la rosée de son bouquet, et fait des pointes avec sa suivante. L'amoureux se soucie très-peu d'attendrir la cruelle : sa principale affaire est de laisser tomber de sa bouche des grappes de perles, des touffes de roses, et de semer en vrai prodigue les pierres précieuses poétiques ; souvent même il s'efface tout à fait, et laisse l'auteur courtiser sa maîtresse pour lui. La jalousie n'est pas son défaut, son humeur est des plus accommodantes. Les yeux levés vers les bandes d'air et les frises du théâtre, il attend complaisamment que le poëte ait achevé de dire ce qui lui passait par la fantaisie pour reprendre son rôle à genoux.

Tout se noue et se dénoue avec une insouciance admirable : les effets n'ont point de cause et les causes n'ont point d'effet ; le personnage le plus spirituel est celui qui dit le plus de sottises ; le plus sot dit les choses les plus spirituelles ; les jeunes filles tiennent des discours qui feraient rougir des courtisanes ; les courtisanes débitent des maximes de morale ; les aventures les plus inouïes se succèdent coup sur coup sans qu'elles soient expliquées ; le père noble arrive tout exprès de la Chine dans une jonque de bambou pour reconnaître une petite fille perdue ; les dieux et les fées ne font que monter et descendre dans leurs machines. L'action plonge dans la mer sous le dôme de topaze des flots, et se promène au fond de l'Océan, à travers les forêts de coraux et de madrépores, ou elle s'élève au ciel sur les ailes de l'alouette et du griffon. Le dialogue est très-universel ; le lion y contribue par un *oh ! oh !* vigoureusement poussé ; la muraille parle par ses crevasses ; et, pourvu qu'il ait une pointe, un rébus ou un calembour à y jeter, chacun est libre d'interrompre la scène la plus intéressante : la tête d'âne de Bottom est aussi bien venue que la blonde tête d'Ariel ; — l'esprit de l'auteur s'y fait voir sous toutes les formes, et toutes ces contradictions sont comme autant de facettes qui en réfléchissent les différents aspects, en y ajoutant les couleurs du prisme.

Ce pêle-mêle et ce désordre apparent se trouvent, au bout du compte, rendre plus exactement la vie réelle sous les allures fantastiques que le drame de mœurs le plus minutieusement étudié. — Tout homme renferme en lui l'humanité entière ; et, en écrivant ce qui lui vient à la tête, il réussit mieux qu'en copiant à la loupe des objets placés en dehors de lui.

Oh ! la belle famille ! — Jeunes amoureux romanesques, demoiselles vagabondes, serviables suivantes, bouffons caustiques, valets et paysans naïfs, rois débonnaires dont le nom est ignoré de l'histoire, et le royaume du géographe; graciosos bariolés, clowns aux réparties aiguës et aux miraculeuses cabrioles; ô vous qui laissez parler le libre caprice par votre bouche souriante, je vous aime et vous adore entre tous et sur tous. Perdita, Rosalinde, Célie, Pandarus, Parolles, Sylvio, Léandre et les autres; tous ces types charmants, si faux et si vrais, qui, sur les ailes bigarrées de la folie, s'élèvent au-dessus de la grossière réalité et dans qui le poëte personnifie sa joie, sa mélancolie, son amour et son rêve le plus intime sous les apparences les plus frivoles et les plus dégagées!

21 janvier.

Italiens. *L'Elisir d'Amore.* — *L'Elisir d'Amore* vient on ne peut plus à propos; le public a pleuré jusqu'à sa dernière larme sur les infortunés ténors, toujours en proie à quelque féroce basse-taille de mine rébarbative; voici assez de temps que l'on s'égorge, que l'on s'évente, que l'on se fusille musicalement. — Après les cris et les fureurs, la mélodie et le rire. — C'est un trait d'esprit que cette représentation.

La fleur du dilettantisme s'épanouissait splendidement dans les loges et dans les stalles; la répétition générale avait été elle-même une représentation admirable, où la gaieté étincelante de la musique avait réussi à percer les grises ténèbres d'un théâtre à demi éclairé, et fait sortir, de bouches invisibles, d'immenses éclats de rire et des bravos fulgurants.

Tout d'abord, le public haut cravaté et ganté juste des loges n'osait pas se laisser aller à la jovialité italienne et bienheureuse de cette musique gaie, légère, chantante, pleine de fleurs et de soleil; mais il a bien fallu rire à se faire éclater les côtes lorsque Lablache est venu, au son d'une aigre trompette, dans sa calèche de vendeur d'orviétan, coiffé d'une perruque inouïe, poudrée, crêpée, ébouriffante, tempêtueuse, torrentueuse à faire envie au Scapiglione lui-même, et contrastant le plus singulièrement du monde avec des moustaches d'une noirceur juvénile vaillamment retroussées en croc; alors, on s'est tordu, on s'est roulé, et le Théâtre-Italien ressemblait, à s'y méprendre, à l'Olympe grec, où assurément l'on ne faisait pas d'aussi bonne musique. — Callot, dans ses fantaisies lesplus extravagantes, n'a rien dessiné d'aussi fou! Avec la perruque déjà décrite, figurez-vous un habit rouge galonné d'or, un prodigieux jabot comptant plus de tuyaux qu'un orgue de cathédrale et versant à gros bouillons sur la large poitrine de Lablache des Niagaras de dentelles; un gilet zébré de bandes tricolores, des breloques grosses comme des mappemondes et des bouchons de carafes aux doigts en manière de diamants : ce personnage drolatique est le docteur Dulcamara, comme vous le montre le portrait arboré sur la calèche avec les annonces et les pancartes de toutes sortes. —. Inutile de vous raconter l'intrigue, c'est celle du *Philtre*. Dulcamara n'est rien autre que Fontanarose, ou plutôt Fontanarose n'est rien autre que Dulcamara ; car *l'Elisir d'Amore* est de beaucoup l'aîné du *Philtre*. — Passons donc à l'appréciation des chanteurs et au mérite de l'exécution, qui a été aussi parfaite que le musicien le plus difficile peut la rêver.

Lablache, qui est bien le charlatan le plus impudent, le plus imperturbable de la terre, a parlé en chantant ou chanté en parlant, pour nous servir d'une locution rabelaisienne, une cavatine d'une excessive difficulté, et joué son rôle d'un bout à l'autre en arracheur de dents consommé; sa barcarolle avec la Persiani, son duo avec Ivanhoff, ont été couverts d'applaudissements.

La Persiani, fort gentiment habillée en contadine, a fait des prodiges de chant. — Ce n'est plus une voix, c'est un instrument divin, quelque chose d'inouï, comme des colliers de perles qu'une fée égrènerait dans le bleu du ciel. Elle a chanté l'air final avec une si incroyable agilité et un tel entrain, que les expressions manquent pour la louer; elle s'est montrée non moins admirable dans son duo avec Lablache.

Tamburini a chanté comme il chante tous les soirs : parfaitement, merveilleusement, divinement; comme acteur, il a été fort drôle dans son rôle de soldat fanfaron et tranche-montagne.

Quant à Ivanhoff, que l'on n'applaudit pas souvent, timide étoile éteinte par le soleil de Rubini, et pour qui nous avons été nous-même fort sévère, il a obtenu un véritable succès, et s'est révélé sous un jour tout nouveau. Après la romance *Una furtiva lagrima*, soupirée avec l'expression de la plus douce mélancolie; les bravos ont éclaté de toutes parts, et le jeune artiste, encouragé, a fait voir tout ce que peut l'approbation du public sur un talent craintif et qui n'ose s'abandonner à son inspiration.

L'Elisir d'Amore est un triomphe pour Donizetti et pour la troupe qui l'a exécuté; tous les morceaux ont été redemandés. Ne serait-il pas plus simple de jouer la pièce deux fois dans la même soirée? Au moins, la progression dramatique serait conservée et les chanteurs pourraient reprendre haleine.

Opéra. *Les bals masqués.* — Est-ce donc un bien grand plaisir que le bal de l'Opéra, pour que les populations s'y portent avec tant de fureur? — Pas le moins du monde. — Cela ressemble beaucoup à la galerie de verre du Palais-Royal au moment d'une averse. — C'est une cohue compacte, impénétrable, affreuse, où l'on étouffe, où l'on ne peut prendre son mouchoir dans sa poche, où l'on n'a de place pour poser le pied que sur le pied du voisin : les côtes les mieux cerclées s'aplatissent à cette immense pression ; après deux ou trois tours, on est laminé comme une feuille de plomb, les gens entrés ventrus par un bout sortent tout plats par l'autre. On *entraînerait* admirablement des jockeys pour la course dans cette immense étuve où les lumières pâlissent comme au festin de la Negroni ; ajoutez à cela les piaillements plus ou moins aigus sortant de ces affreux sacs noirs que l'on appelle dominos, le bourdonnement des mille et une conversations, le piétinement des promeneurs, le bruit sourd de l'orchestre, un fourmillement perpétuel, un éclat de lumière insolite, et vous aurez réuni tous les plaisirs que le bal de l'Opéra peut offrir à un spectateur solitaire. Quant à ce qui est de cet amusement que l'on appelle *être intrigué,* nous ne savons pas trop quel plaisir un homme peut éprouver à entendre des choses qu'il sait assurément mieux que le masque qui l'intrigue, si bien renseigné qu'il soit. Si l'on vous disait les secrets d'un autre, encore passe, mais les vôtres, qu'est-ce que cela peut avoir de récréatif pour vous? L'intérêt porte donc sur la manière dont la particularité a pu parvenir à des oreilles inconnues. Ce ne peut être, si la chose a quelque importance, que par la trahison d'un ami ou d'une maîtresse, ou par la vengeance d'un ennemi. Or, nous ne voyons rien d'excessivement gai là dedans. Comme moyen de chercher des aventures et de nouer des liaisons, tout autre lieu nous paraît plus favorable. C'est déjà bien assez du corset, sans y ajouter le masque; nous ne concevons pas, pour notre part, que l'on s'éprenne d'une femme dont on ne voit pas la figure. Qui sait s'il n'y a pas sous ce nez de velours un nez d'argent ou de caoutchouc? Notre imagination travaille plutôt en laid qu'en beau. — Pour ce qui est de l'agrément des conversations, si un sténographe aux mille bras pouvait écrire à la fois tout ce qui se dit, se chuchote, se bourdonne dans le foyer, dans les loges, dans la salle, dans les couloirs, sur les escaliers, dans les recoins peu éclairés, et jusqu'aux mystérieuses troisièmes loges, il ne remplirait pas une page de mots fins, plaisants, ou seulement sensés. — D'ailleurs, ce n'est pas une raison pour dire des choses spirituelles, que d'avoir sur la bouche un morceau de soie noire déchiquetée en barbe d'écrevisse. — Voici la saillie la plus heureuse que nous ayons entendue, elle était adressée à nous-même : un domino, avec l'air frétillant et impatient de quelqu'un qui possède un secret qu'il grille de répandre, vint prendre notre bras et nous dit : « Je t'ai vu en pantalon de nankin, l'été dernier. » O dignes mandarins ! qui mangez des nids d'hirondelles et de jeunes chiens au suif; bonzes aux ongles démesurés; majestueux poussahs, qui balancez si gravement votre tête hétéroclite, — nous vous en demandons pardon, mais vous savez bien que jamais nous n'avons eu aucun vêtement de nankin ! — Cet ingénieux domino parut fort déconcerté du peu de succès de sa phrase, et se fondit dans la noire foule après cet essai d'intrigue non suivi d'effet.

Quel est donc l'attrait qui pousse si impérieusement la foule au bal de l'Opéra? C'est l'espérance d'un plaisir qui fuit toujours : on suppose aux autres les aventures qui ne vous arrivent pas, et, sans doute, lorsqu'on nous disait cette agréable phrase que nous venons de citer, les gens qui passaient auprès de nous s'imaginaient quelque chose de beaucoup plus curieux, supposition que nous avons faite à notre tour sur d'autres ; — le spectacle du bonheur des autres est déjà un bonheur, et vraiment, à voir cette foule affairée qui va, vient, se prend, se quitte, monte, descend et circule dans le grand corps de l'Opéra, on croirait qu'elle trouve du plaisir; elle fait du moins tout ce qu'elle peut pour se réjouir. — On attend; le matin vient avec ses traînées de jour bleuâtre, et l'on se couche assez las pour croire qu'on s'est amusé beaucoup.

XX

FÉVRIER 1839. — Opéra : *la Gipsy*, ballet de M. Mazillier, musique de MM. Benoit, Thomas et Marliani. — Mademoiselle Fanny Elssler. — La *Cracovienne*. — L'enthousiasme économique. — Renaissance : *Diane de Chivry*, par M. Frédéric Soulié. — *L'Eau merveilleuse*, paroles de M. Sauvage, musique de M. Grisar. — Gymnase : *la Gitana*, par MM. Laurencin et Desvergers. — Vogue des bohémiennes. — Mademoiselle Nathalie et ses costumes. — Cirque-Olympique : *les Pilules du Diable*, féerie de MM. Anicet Bourgeois et Laurent. — Prodiges sur prodiges. — Porte-Saint-Martin : *le Manoir de Montlouvier*, drame de M. Rosier. — Mademoiselle Georges.

4 février.

OPÉRA. *La Gipsy*. — Un ballet, nous l'avons déjà dit, est quelque chose de plus difficile à faire qu'on ne le pense. — Il n'est pas aisé d'écrire pour les jambes. — Vous n'avez là ni tirades orgueilleusement ampoulées, ni beaux vers, ni lieux communs poétiques, ni mots à effet, ni calembours, ni déclamations contre les nobles, rien que la situation, et encore la situation. Aussi un bon ballet est-il la chose du monde la plus rare; les tragédies, les opéras, les drames ne sont rien auprès de cela. — Inventer une fable, arranger une action d'une manière toujours visible, trouver des événements, des passions, qui puissent se traduire avec des poses et des gestes facilement intelligibles, disposer des masses considérables, les faire agir sans confusion, choisir une époque et un pays dont les costumes soient brillants et pittoresques, une localité qui prête à de belles décorations, voilà bien des soins et des peines pour ce passe-temps futile qu'on appelle un ballet, et qui n'est pas même de la littérature. On ferait, à moins de frais, beaucoup de choses qui passent pour graves.

La *Gipsy* appartient au genre de ballet dit ballet d'action, c'est-à-dire que la pantomime y tient une plus grande place que la danse, et que la fable en est beaucoup plus compliquée que dans les ballets à spectacle. Depuis *la Somnambule, Clari* et *la Fille mal gardée*, on n'avait pas fait de ballet d'action. — C'était nouveau, — comme toute chose oubliée.

Mademoiselle Fanny Elssler, dans le rôle de Sarah (la gipsy), s'est surpassée elle-même ! elle a fondu ensemble Florinde et Fenella ; le pas de la *cracovienne* lui a valu un triomphe qui fera la fortune du ballet ; elle le danse avec le costume le plus coquet et le plus fripon qui se puisse imaginer : veste d'officier toute diamantée de boutons, jupe de vivandière, bottines à talons d'acier, cravate noire encadrant un délicieux menton, le tout surmonté d'un petit plumet mutin et triomphant le plus joli du monde. — Vous peindre cette danse est une chose impossible : c'est une précision rhythmique mêlée d'un abandon charmant, une prestesse nerveuse et sautillante dont on ne peut se faire une idée ; le babil métallique des éperons, espèce de castagnettes talonnières, accentue nettement chaque pas et donne à la danse un caractère de vivacité joyeuse tout à fait irrésistible ! — On fait, chaque soir, répéter ce pas. Nous nous sommes déjà élevé contre cet usage barbare ; outre que l'action est interrompue, les morceaux suivants sont compromis, car la danseuse ou la chanteuse y arrive fatiguée, et les temps de repos ménagés dans le drame se trouvent ainsi supprimés. Nous concevons très-bien que l'on ait le désir de revoir un passage qui vous a charmé ; mais alors on loue une loge ou une stalle pour le lendemain, et l'on revient applaudir le pas favori. Nous trouvons cet enthousiasme un peu économique et sordide, de voir, sous prétexte d'admiration, deux fois la même chose pour le même prix. — Cela implique que la *cracovienne* fait fanatisme. — A voir faire si facilement des choses si difficiles, on ne pense pas que les ailes de mademoiselle Elssler, cette vive et folle hirondelle, puissent jamais se fatiguer et l'on redemandera toujours le pas, quoi que nous en disions. Aussi, pourquoi si bien danser ! — Dans la partie dramatique du ballet, mademoiselle Fanny Elssler s'est élevée aux plus sublimes hauteurs de l'art tragique : noble fierté de l'innocence, énergie, larmes, douleur, amour, enivrement de joie, elle a parcouru toute la gamme de l'âme humaine; miss Smithson ou madame Dorval pourraient seules trouver des élans aussi pathétiques, une pantomime aussi puissante.

Mademoiselle Thérèse Elssler a empreint le rôle difficile de Mab (la reine des bohémiens), d'un caractère antique et sibyllin fort remarquable; Mazillier a été gracieux, et pathétique; Élie est un délicieux Narcisse, et Simon, costumé très-pittoresquement, a rendu son personnage de Trousse-Diable d'une manière énergique et vraie. Les autres bohémiens avaient un peu l'air de garçons boulangers; on aurait désiré plus de fantaisie et de variété dans leurs ajustements.

Ce ballet, coup d'essai de Mazillier, est gracieusement dessiné, et les pas ont de la nouveauté. Le seul défaut que nous lui trouvions, c'est que les danses sont toutes placées dans les premiers tableaux, et que les derniers appartiennent exclusivement à la pantomime. — La musique est de trois compositeurs, MM. Benoît, Thomas et Marliani. — L'acte traité par M. Thomas nous a paru de beaucoup supérieur aux autres, par la nouveauté et la grâce de l'arrangement. Tout cela, livret, musique et danse, a obtenu le plus grand succès.

11 février.

Renaissance. *Diane de Chivry*. — *L'Eau merveilleuse*. — Le nom de M. Frédéric Soulié avait attiré samedi au théâtre de la Renaissance une foule pleine d'attente et de curiosité. — M. Soulié est un homme d'une nature essentiellement dramatique, et nous ne comprenons pas pourquoi il ne se livre pas exclusivement à la scène; il a le goût des complications et enchevêtrements de charpente; tout ce qu'il fait s'arrange à son insu en drame, et, au lieu d'alinéa, il écrit des scènes. — C'est un talent brusque, rapide, un peu brutal, sans soin et sans curiosité du détail, allant droit au but, s'attachant plutôt au contraste des situations qu'à l'analyse du cœur humain; audacieux dans le sujet, quoique souvent gauche dans l'exécution, ardent plutôt que tendre, sacrifiant volontiers la vraisemblance dans le mouvement de l'action, un vrai dramaturge moderne, mais de beaucoup supérieur à la tourbe des faiseurs ordinaires, parce que, sous tout cela, il y a l'auteur de *Roméo et Juliette*, de *Christine à Fontainebleau*, c'est-à-dire un poëte.

Diane de Chivry est la réalisation, à la scène, d'une nouvelle insérée dans le *Journal des Débats*, histoire touchante, d'un intérêt neuf et saisissant, et que tout le monde a lue.

On a beaucoup pleuré; — des critiques de profession, hommes coriaces s'il en fut, ont trempé leur mouchoir comme de simples femmes. — Voilà des larmes bien flatteuses!

Le même théâtre nous a donné, sous le titre de *l'Eau merveilleuse*, une charmante petite pièce, précisément du genre de celles que nous demandons avec l'opiniâtreté la plus louable. C'est un caprice et une fantaisie du meilleur goût.

Tartaglia, le Tartaglia de Callot qui a un si beau nez de carton, possède, en outre, une pupille charmante nommée Argentine, tendrement aimée d'un certain Belloni, acrobate distingué et fort joli garçon. Tartaglia, comme tous les tuteurs de Molière et de la comédie italienne, veut épouser sa pupille, et la pièce roule sur les ruses de Belloni pour amener Tartaglia à lui donner Argentine en mariage; il y réussit par un moyen imité des *Fourberies de Scapin* et qui consiste à faire croire au terrible tuteur qu'il s'est empoisonné avec de la mort aux rats et qu'il veut contracter avec Argentine un mariage *in extremis* afin de pouvoir lui laisser toute sa fortune. — L'avare Tartaglia consent à tout; mais, le mariage fait, Belloni ne meurt pas; au contraire, il se dresse fort joyeusement sur ses pieds et rit au nez du barbon furieux, qui est bien forcé de se soumettre.

La musique de M. Grisar est gaie, vive, facile et légère, et garde jusque dans les passages bouffes un caractère de distinction et d'élégance. — Madame Anna Thillon est adorablement charmante dans le rôle d'Argentine. Comme jeu et comme voix, elle a beaucoup gagné. Elle sera bientôt aussi bonne cantatrice qu'elle est jolie femme.

GYMNASE. *La Gitana*. — La bohème est à la mode; on ne voit que gipsies, gitanas, zingari et toutes les variétés du genre; l'Esmeralda de *Notre-Dame de Paris*, quoique vierge et martyre, a une plus nombreuse famille qu'Ève ou Cybèle, la grande déesse; les castagnettes deviennent chères, les tambours de basque sont hors de prix. Nous concevons très-aisément cet enthousiasme; la bohémienne est, en effet, un type charmant, et il n'est pas de grand poëte qui n'ait pris plaisir à esquisser cette brune figure, svelte poésie du carrefour, étincelante au milieu d'un tourbillon de clinquant et de paillettes, les pieds dans la boue, la tête dans le soleil et les fleurs. Mignon, Fenella, Esmeralda, tour à tour caressées par Gœthe, Walter Scott et Victor Hugo prouvent l'amour des âmes poétiques pour ce caractère fier et libre qui donne tout au hasard et réveille dans les esprits les mieux réglés un sourd instinct d'indépendance et de vie errante.

La *Gitana* du Gymnase est tirée d'une anecdote rapportée dans les Mémoires de Tallemant des Réaux. C'est l'histoire de la belle Liance, bohémienne sage comme une actrice d'aujourd'hui, dont la vertu scandalisa tous les raffinés du temps, et qui alla demander au roi Louis XIII la grâce d'un mari idiot et voleur qui la battait et qu'elle adorait suivant l'usage.

L'intrigue de la pièce est peu de chose, et MM. Laurencin et Desvergers ont suivi, pas à pas, la donnée de Tallemant. — L'intrigue, c'est mademoiselle Nathalie, qui met dans son rôle un esprit, une grâce et une gentillesse extrêmes. Mademoiselle Nathalie a fait à la cachucha un succès de vogue que la *Gitana* continuera.

Il est impossible d'être ajustée avec plus de goût et de richesse que la gitana du Gymnase : dans une pièce assez courte, elle change quatre fois de costumes, et ces costumes sont d'une élégance rare : le premier est en velours pensée avec des cannetilles d'or et une coiffure de filigrane, également d'or, qui encadre on ne peut mieux la charmante figure de mademoiselle Nathalie; le second n'est pas *orange avec des faveurs bleues*, comme le pourpoint du marquis de Marion Delorme, mais bleu avec des faveurs orange, ce qui n'est pas moins joli; le troisième est de lampas rose et blanc; le quatrième, dessiné avec la plus grande fantaisie, ressemble au costume des femmes de Smyrne; il se compose de velours incarnadin et de gazes lamées. Nous insistons sur cela, parce que nous avons depuis longtemps remarqué dans les théâtres une tendance au costume simple qui nous ravit médiocrement. La gaze blanche, l'organdi et autres étoffes économiques deviennent d'un usage par trop général; les théâtres sont voués au blanc et ressemblent à des pensionnats de jeunes demoiselles, à l'époque de la distribution des prix ou de la première communion. Ce ne sont, par toutes les coulisses, que des éloges perfidement calculés sur la fraîcheur et l'effet du blanc : « On n'a l'air habillée qu'avec du blanc; le blanc va si bien aux brunes, etc., etc. » Le seul costume est maintenant un peignoir de gaze et de mousseline, quels que soient le lieu et le temps où se passe l'action.

Nous savons donc beaucoup de gré à mademoiselle Nathalie des sacrifices qu'elle fait pour ses costumes; — de beaux habits sur de jolies femmes, rien n'est plus charmant. — En outre, elle tire les cartes comme mademoiselle Lenormand elle-même, et danse, avec plus de grâce qu'une vraie danseuse, un pas bohémien avec accompagnement de tambour de basque, d'un dessin très-gracieux. En voilà plus qu'il ne faut pour faire réussir une pièce par le vaudeville qui court.

18 février.

CIRQUE-OLYMPIQUE. *Les Pilules du Diable.* — *Les Pilules du Diable!* voilà un titre superlatif, un titre triomphant, presque aussi beau que le *Billet de mille francs*, ou le *Bœuf enragé* des Funambules. — Comme cela fait pressentir des explosions, des pluies de feu et autres inventions d'un mauvais génie, au détriment de quelque Cassandre ou de quelque Pierrot.

Faire l'analyse d'une semblable folie est une chose impossible : c'est un rêve que l'on fait tout éveillé; toute la création vous passe sous les yeux en quelques heures : vous allez de la terre au ciel, de la plaza Mayor de Madrid au chemin de fer de Saint-Germain; du moyen âge à l'époque actuelle; de l'île des Génies au bal Musard, c'est un pêle-mêle plus embrouillé que le chaos, où il y a tout, excepté une pièce.

Le sujet (il n'y en a jamais eu qu'un pour les pièces féeries) est l'éternelle rivalité du beau Léandre et du seigneur Pantalon, qui veut épouser Colombine avec l'autorisation du père Cassandre, plus sensible aux écus qu'aux belles manières. Léandre enlève Colombine; Pantalon et Cassandre les poursuivent à travers un feu roulant de pétards, de coups de pied au derrière et d'enchantements de toutes sortes. — Au Cirque, Léandre est un peintre français, habillé en don Juan de Marana; Colombine, une petite Andalouse à basquine bleue et noire, nommée Isabelle ; le Cassandre se transforme en Seringuinos, espèce d'apothicaire osseux et maigre, dans le goût du docteur Sangrado de *Gil Blas;* le Pantalon est remplacé par un tranche-montagne poltron et stupide, habillé de jonquille, appelé significativement don Sottinez ; un garçon apothicaire d'entendement peu étendu, un valet à long nez, comme l'écuyer du chevalier des miroirs dans *Don Quichotte* font l'office de Pierrot et d'Arlequin et servent de souffre-douleurs aux méchantes fées et aux génies facétieux de la pièce. — Le comique ressort principalement des deux données suivantes. — Le Seringuinos, plus fatigué que Cérès à la poursuite de sa fille, veut se coucher et dormir ; son valet a un désir non moindre de manger et de boire, ou tous les deux, si c'était possible, prétention raisonnable s'il en fut ; mais les génies s'y opposent. — Le pauvre Seringuinos ne peut parvenir à fermer l'œil : — les chaises s'affaissent sous lui ou s'allongent en échelles ; les lits deviennent des baignoires ou des puits ; les murs reculent quand il veut s'y appuyer ; son propre fusil lui part aux oreilles ; les cloches s'agitent toutes seules et sonnent à pleines volées ; enfin, il arrive, n'en pouvant plus, devant un hôtel de magnifique apparence qui porte écrit au frontispice cette inscription consolante : *Maison de repos.* — Il sonne tout joyeux ; le propriétaire est un médecin de ses amis qui lui promet la tranquillité la plus complète. — L'antre de Morphée n'est rien auprès de sa maison. Il n'y a pas, à trois lieues à la ronde, un chien, un coq ou une horloge. Le Silence met, pour se promener dans cet établissement, des chaussons de lisière avec des semelles de feutre ; les serrures sont huilées, les portes matelassées, les volets et les rideaux triples ; l'Insomnie elle-même dormirait là sans opium et sans pavots. Seringuinos choisit une chambre et s'y installe, casque à mèche en tête, éteignoir au poing ; il va dormir, il dort... ô volupté sans seconde ! — Soudain toutes les fenêtres de la maison s'ouvrent, et, du grenier à la cave, on voit des serruriers qui martèlent, des menuisiers qui cognent, des chanteuses qui font des gammes, des piqueurs qui donnent du cor de chasse, des élèves musiciens qui étudient le tambour, la grosse caisse et l'ophicléide. — Le bonhomme, furieux, se relève et se plaint amèrement. — Toutes les fenêtres se referment. « Vous rêvez, lui répond le médecin. Il n'y a ici que des malades, les uns à l'agonie, les autres morts ; tous gens fort paisibles de leur naturel. » En effet, l'on voit, par les fenêtres qui s'écartent, des malades blêmes avalant des potions ou dormant dans des fauteuils. — Pour dernière tribulation, la maison se renverse : c'est-à-dire que le toit devient le rez-de-chaussée, et que les bornes prennent la place des girouettes. Il n'y a guère moyen de dormir dans une maison ainsi retournée, nous en défierions les loirs et les marmottes. — Le valet n'est pas moins malheureux dans ses tentatives de nourriture avec préméditation, non suivies d'effet. — Arrivé dans une auberge après mainte traverse, il s'assoit et se fait servir à dîner. L'enseigne qui représente un *More couronné*, descend sur la table, vide son verre et remonte à sa place. Des grenouilles, qui ne sont autre que Lawrence et Redisha, ces deux merveilleux clowns, sortent en sautillant de la mare voisine, et lui volent sa bouteille. Dans une autre hôtellerie, les pigeons rôtis s'animent, battent des ailes, et vont s'engloutir dans la gueule d'un monstrueux portrait de Gargantua pendu à la muraille, les pâtés éclatent comme des bombes, les tables se dédoublent, sautent au plafond, rentrent dans terre ; les bougies deviennent des chandelles romaines, les rôtisseries et les boutiques de marchand de vin se sauvent à toutes jambes, et se changent en officines d'apothicaires, pleines d'affreux mélanges. C'est inimaginable : à regarder, cela, on perd tout à fait le sentiment du possible ou de l'impossible ; tout ce monde va, vient, court, crie, chante, tombe, se relève, donne des coups et en reçoit avec un fourmillement qui trouble l'œil et la tête ; les uns vont à quatre pattes, les autres à trois, ceux-ci à cloche-pied, ceux-là sur la tête ou sur les mains ; ils sautent en crapauds, s'aplatissent en tortues, serpentent en couleuvres, se démènent sur le dos comme des cloportes retournés, se tordent comme des nœuds de boas, et prennent toutes les formes, excepté la forme humaine. — Tout objet est suspect et renferme quelque piège ; ne vous fiez à rien : cette momie, confite dans son bitume égyptien, va se dégager de ses bandelettes, et vous donner des coups de pied tout aussi bien que Pierrot ou Cassandre ; le singe empaillé vous tirera les cheveux, le pélican bâillera avec vous et vous dira : « Dieu vous bénisse! » si vous éternuez. Le portrait du chat miaule, celui du chien aboie et mord, le poisson volant agite ses ailerons et jette par ses larges prunelles rondes des étincelles phosphoriques et menaçantes; les fœtus vous tirent la langue, et prennent des poses de cancan dans l'eau-de-vie de leur bocal. Si vous voulez lire, votre bougie s'allonge comme un mât de cocagne, et vous êtes obligé de prendre une échelle pour vous approcher de la lueur. Vous vous battez avec quelqu'un : il vous passe à travers le corps l'épée et le bras, comme à travers un cerceau ; vous donnez une estocade à un autre couché dans une voiture : vous coupez l'homme et le carrosse d'un seul coup, en sorte que les jambes s'en vont avec le train de devant. — Le monde féerique est ainsi fait; le héros fût-il décapité, empalé, haché comme chair à pâté, mis dans un mortier et broyé au pilon, cela ne nuit en rien à la santé ; tous les personnages se retrouveront sains et saufs à la lueur triomphante des feux du Bengale. Ce qu'il y a de charmant dans ce genre de pièce, c'est le voyage immense que l'on fait avec les yeux sans bouger de sa loge. — A chaque instant, le théâtre change : — ce sont des paysages avec des perspectives bleuâtres, des arbres panachés, des gazons verts tout étoilés de fleurs, des chaumières avec leurs puits en tonnelle, des hôtelleries à l'enseigne mirifique, au toit de tuiles rouges tout enveloppées des folles brindilles du houblon et de la vigne vierge, des palais étincelants de dorures, des places publiques à architecture moresque ou gothique, des officines de sorcières, meublées de crocodiles, d'alambics et de cornues; des îles enchantées, avec kiosques et pavillons chinois ; des enfers tout rouges et des ciels tout bleus, — tout ce que la fantaisie la plus errante peut fournir au pinceau du décorateur. — Seulement, il est dommage que l'on parle et surtout que l'on chante dans des pièces aussi vagues : la pantomime vaudrait mieux ; car c'est un spectacle uniquement fait pour l'œil, rien ne doit distraire.

Les Pilules du Diable auront pour le moins le succès de *Bijou*, de *Peau-d'Ane*. Le pas des pierrots, dansé par Lawrence et Redisha, est la chose la plus invinciblement comique que l'on puisse imaginer, et leurs exercices, dans le ballet final, dépassent tout ce que nous avons vu de plus fort et de plus audacieux : ils pétrissent leurs corps comme une pâte molle, et pourtant ces corps, si flexibles et si souples en apparence, ont la roideur et le ressort de l'acier le mieux trempé. — C'est prodigieux !

Porte-Saint-Martin. *Le Manoir de Montlouvier.* — *Mademoiselle Georges.* — Voici un franc succès. — Avec mademoiselle Georges la fortune de la Porte-Saint-Martin est revenue ; sa rentrée a été triomphale. Nous en sommes charmé ; car mademoiselle Georges est la dernière tragédienne, la dernière fille de la Melpomène antique qui soit encore debout dans la force et dans la beauté comme un marbre impérissable sur les ruines de l'art classique. La pièce de M. Rosier, très-adroitement arrangée, coupée avec beaucoup d'art, menée vivement, est de beaucoup supérieure à celles que l'on joue habituellement au boulevard. — M. Rosier a de bonnes habitudes littéraires ; il a étudié les maîtres et en particulier Beaumarchais, dont il a gardé la coupe et le mouvement de style.

La donnée de cette pièce est dramatique, et a fourni à mademoiselle Georges et à mademoiselle Théodorine de fréquentes occasions de faire voir les belles qualités qu'elles possèdent.

Après la chute du rideau, on a rappelé mademoiselle Georges. Elle était fort belle et fort richement costumée, avec le grand goût et la fourrure royale qui lui sont ordinaires.—Voilà la salle pleine pour longtemps et, par conséquent, la caisse.

XXI

Mars 1859. — A bas les charpentiers ! — Préjugés des directeurs contre les hommes de style. — Voies nouvelles ouvertes aux auteurs dramatiques. — Opéra-Comique : *le Planteur*, paroles de M. de Saint-Georges, musique de M. Hippolyte Monpou. — La pièce et la partition. — Ambigu : *Tiégault le Loup*, drame en cinq actes, de M. Félicien Mallefille. — Les erreurs d'un homme d'esprit. — Nobles et prolétaires.

5 mars.

A bas les charpentiers ! — Nous sommes étonné, depuis deux ans que nous suivons les théâtres, de n'avoir pas vu se produire une seule idée nouvelle. Les choses en sont exactement au point où elles étaient le jour où nous avons débuté dans la critique. Les gens qui ne vont pas régulièrement au spectacle ne s'aperçoivent pas de cette monotonie ; mais nous, qui sommes poursuivi de salle en salle par la même pièce, nous éprouvons une exaspération d'ennui difficile à décrire. Les directeurs de théâtre sont pour beaucoup, nous l'avons déjà dit, dans cette obstination à représenter la même chose; ils ne laissent jouer une scène que lorsqu'elle a déjà réussi dans une autre pièce; toute combinaison neuve est écartée comme dangereuse. Une plaisanterie, pour être admise, doit avoir traîné dans les almanachs et les petits journaux, et être trop vieille pour Mathieu Laensberg; quant au sujet, il est tiré d'un roman, d'un feuilleton ou d'une anecdote lue de tout le monde. Outre cela, les directeurs ont horreur du style ; une pièce bien écrite est pour eux une chose qui ne peut pas se jouer. Une pièce écrite en français, sans barbarisme, sans solécisme, sans incongruité de langue, — ô ciel ! — ils aimeraient mieux encore vous accorder des costumes neufs et des décorations faites exprès. Ces messieurs s'imaginent que les écrivains dont la réputation est établie, qui ont fait preuve de science et de talent dans différentes branches de la littérature, ne peuvent pas travailler pour le théâtre ; ils ne connaissent pas *la charpente,* disent-ils. Eh ! tant mieux, s'ils ne la connaissent pas ; ils feront autrement que les gâcheurs dramatiques ordinaires, il y aura de l'imprévu, du risqué, du nouveau ; les entrées et les sorties ne s'opéreront pas avec cette régularité mécanique où les personnages paraissent et disparaissent à point nommé comme les jacquemars des horloges à carillon, et qui permet au critique un peu usagé de savoir la fin d'une pièce dès le second mot de la première scène : du mauvais nouveau est préférable à du beau trop connu, et le connu de ces messieurs est loin d'être le beau.

Comment! à Paris, cette ville qui se proclame elle-même le cerveau du monde, le centre des idées, la mère nourrice de la civilisation, vingt théâtres de marionnettes! Les Parisiens, ces Athéniens modernes, se contentent pour leurs récréations littéraires de fadaises écrites en style de marchandes d'herbes; non pas de marchandes d'herbes dans le goût de celle qui reprochait à Théophraste, sur le marché d'Athènes, un léger vice de prononciation, mais de vraies fruitières du carreau des Halles. — D'immondes mixtures sans gaieté, sans poésie, sans style, sont servies en aliment à l'avidité intellectuelle d'une population qui ne *communie* plus qu'au théâtre et qui, à défaut du pain de l'âme, vient au moins chercher le pain de l'esprit; une action basse et commune avec accompagnement de musique criarde, sur des paroles patoisées, des calembours que Tabarin eût désavoués, des gravelures que les actrices elles-mêmes osent à peine dire : voilà ce qui compose le bagage ordinaire du vaudeville, seule littérature de notre temps. Jamais rien de grand, jamais rien d'héroïque, rien qui élève l'âme et qui inspire le sacrifice et le dévouement, rien d'harmonieux, de calme et de sévère qui soit digne de la littérature d'un grand peuple, et qui rappelle les proportions majestueuses de l'art antique.

Il serait temps de chasser les vendeurs du Temple et de mettre les poëtes à la place des coupletiers.

Tout homme éminent doit avoir maintenant un pied sur le théâtre et l'autre sur le journal, ces deux tribunes du haut desquelles on jette sa pensée à la foule attentive et muette, qui attend en bas que le *verbe* descende.

Nous ne voulons pas cependant que le théâtre soit une chaire de morale; le poëte n'est obligé qu'à la beauté; mais le beau est le chemin du bon, et des hommes qui s'occupent de la perfection d'un vers et qu'une tirade poétique ravit d'enthousiasme, sont toujours de fort honnêtes gens. — Nous ne croyons pas que l'on ait guillotiné beaucoup d'assassins sachant par cœur vingt vers de Molière ou de Corneille.

Maintenant que les esprits sont revenus à l'impartialité sereine qui caractérise les époques d'intelligence, que l'on admet tous les dieux et tous les héros, que les romantiques s'accommodent très-bien d'Agamemnon et de Clytemnestre, et que les classiques souffrent patiemment Roméo et Juliette, il nous semble que l'on pourrait faire pour le théâtre autre chose que des vaudevilles et des mélodrames.

L'histoire est plus fouillée et mieux comprise; *la couleur locale*, que ne connaissaient pas les maîtres du xviie siècle, permet de varier à l'infini l'aspect des compositions et d'habiller les passions humaines de vêtements de mille couleurs; l'abolition de l'unité de temps laisse aux besoins du poëte la facilité de cent combinaisons nouvelles, et le débarrasse des entraves qui ont empêché Corneille d'égaler Shakspeare et fait épuiser les plus beaux génies dans la recherche d'expédients et de subterfuges puérils.

M. Victor Hugo, que l'on trouve toujours sur la brèche, a ouvert, dans le quatrième acte de *Ruy Blas*, une large porte à la fantaisie cavalière empanachée, disparue de notre théâtre et qu'on croyait ne devoir jamais y revenir ; nous sommes étonné que l'on en ait si peu profité et que les jeunes esprits ne se soient pas précipités par cette brèche avec plus d'ardeur.

12 mars.

OPÉRA-COMIQUE. *Le Planteur.* — *M. Monpou.* — La scène se passe à la Louisiane, près de la Nouvelle-Orléans. Jenny Makensie, fille du riche John Makensie, mort depuis deux ans, quand la pièce commence, va épouser sir Arthur Barcley. Tout se prépare pour un heureux mariage, quand les dettes laissées par le père de Jenny, dettes inconnues de la jeune fille, viennent tout à coup changer en pleurs les élans de joie de la jolie créole. On vient tout saisir dans la plantation, et Jenny elle-même, Jenny, la plus riche et la plus brillante héritière de la colonie, se trouve devenir la propriété des créanciers de son père, comme fille d'esclave non affranchie et vendue à ce titre pour indemniser les farouches colons des pertes que leur cause la ruine de Makensie.

Cette situation, aussi imprévue que dramatique, a produit le plus grand effet et décidé le succès du premier acte. — Au second, nous sommes dans l'habitation du planteur Jakson; ce planteur est un rustique et grossier personnage, voisin de Jenny, et qui, depuis son enfance, est l'épouvantail de la jeune fille. C'est lui qui l'a achetée à la fin de l'acte précédent. Elle s'attend à être l'objet des duretés de cet homme qu'elle abhorre. Quelle est sa surprise de le trouver plein d'égards et de bonté pour elle. Il apprend qu'elle est promise à son cousin et il veut l'unir à lui ; mais une subite révolution s'opère dans le cœur de la jeune créole : elle a découvert que sir Arthur a aimé, aime encore une autre femme, qu'il la trompe, elle, Jenny, depuis longtemps, et qu'il n'a d'autre projet que de l'enlever pour en faire sa maîtresse. L'amour et le dévouement de la jeune fille se changent en antipathie, et Jakson, par sa générosité, gagne dans le cœur de Jenny tout ce qu'Arthur y perd par son infidélité.

Un événement ajoute encore à l'affection de Jenny pour le planteur. Arthur, dont l'adresse au pistolet est toujours fatale à son ennemi, a provoqué le colon. Celui-ci a accepté le duel, qui va lui coûter la vie, pour tenir la parole qu'il a donnée à Jenny, de ne pas révéler le secret qu'elle lui a confié ; puis il renonce ensuite à ce duel, en pensant qu'il pourrait exposer les jours de celui qui doit épouser la jeune fille. Il renferme en son cœur l'amour qu'il éprouve, et permet à Jenny d'épouser son cousin. La jeune esclave, résignée, dit un dernier adieu au planteur, et se dispose à marcher à l'autel. Celui-ci, resté seul, sent alors son cœur se fendre ; ce gros et terrible Jakson pleure comme un enfant, à l'idée qu'un autre épouse en ce moment la seule femme qu'il ait jamais aimée, et la cloche de la chapelle lui annonce que tout est fini pour lui, quand un cri se fait entendre. Une porte s'ouvre, Jenny paraît pâle et tremblante ; elle a tout entendu... c'est-à-dire que son cœur, sa main, sont à Jakson, et que l'infidèle Arthur se trouve poliment éconduit. Ce dénoûment a fait couler d'abondantes larmes et a couronné dignement l'un des plus francs succès qu'ait obtenus depuis longtemps l'Opéra-Comique.

La musique de M. Monpou a toutes les qualités qui font les succès populaires. L'ouverture, d'un style chaleureux et ferme, indique tout d'abord le climat où se passe l'action de la pièce : c'est la meilleure qu'ait faite jusqu'ici M. Monpou. Les couplets du *Bengali*, chantés d'une façon ravissante par madame Jenny Colon, sont un petit chef-d'œuvre de fraîcheur et de couleur locale que réclament déjà tous les pianos ; et, après les pianos, les orgues de carrefour. C'est mieux que le *Beau navire*, du même auteur. Le petit duo nocturne qui suit, et le finale du premier acte ont été couverts d'applaudissements. Au deuxième acte, on remarque les couplets d'*Emmy la bouquetière*, qui sont d'une grâce et d'une gentillesse charmantes, et la délicieuse romance de la fin de l'acte, *Ma mère, priez Dieu pour moi*, qui a excité des bravos unanimes.

La pièce est jouée avec un grand ensemble. Jenny Colon y chante et joue à ravir; Grignon y fait preuve de talent comme comédien, et Ricquier y est fort amusant. C'est, en somme, un très-beau succès pour le théâtre, et nous ne doutons pas que cette pièce n'y attire longtemps la foule.

25 mars.

AMBIGU. *Tiégault le Loup.* — M. *Mallefille.* — Nous avons été vivement affligé de la représentation de *Tiégault le Loup.* M. Félicien Mallefille avait annoncé dans *Glenarvon* et les *Infans de Lara* de très-heureuses dispositions dramatiques, et donné des espérances que *Tiégault* est loin de réaliser. Nous avons peine à concevoir qu'un homme qui a de la littérature, ait pu commettre une aussi étrange pièce ; on croirait assister à un rêve. Rien n'est ménagé, rien n'est préparé; les personnages entrent, sortent, sans motif, sans nécessité ; c'est une cohue, une mêlée inextricable ; tout ce monde crie, hurle, s'assomme, se pourfend à tort et à travers ; on dirait une maison de fous en liberté. Il n'y a pas un seul caractère qui inspire de l'intérêt, et l'action est si embarrassée, qu'elle fait des faux pas à chaque scène et se laisse tomber sur le nez, les pieds pris dans des phrases interminables et filandreuses. — Comment donc se fait-il que M. Mallefille, qui a étudié les maîtres et qui apporte au boulevard des prétentions poétiques, en soit arrivé à ce point? — Nous admettons les exagérations les plus violentes, la fantaisie la plus capricieuse, le désordre et le défaut d'expérience ; mais ce que nous ne pardonnons pas à un jeune homme, c'est le commun et le médiocre. — *Tiégault* ne vaut pas une pièce détestable ; le style est incorrect, tourmenté, emphatique et trivial en même temps, — les pires défauts du monde! — dessinant mal l'idée, blessant la grammaire avec un laisser aller tout à fait mélodramatique.

Nous n'avons retenu qu'une belle phrase : « Les nations sont des plaines dont les seigneurs représentent les collines et les rois les montagnes. » Quant au sentiment de la pièce en lui-même, nous ne saurions l'approuver. — Tiégault le Loup est, au bout du compte, un drôle assez désagréable ; il est jaloux, envieux, querelleur et paresseux. Il enrage de ne pas être lui-même un grand seigneur ; il voudrait vivre dans le luxe et l'oisiveté, avoir des pourpoints de soie, des meutes, des chevaux, de belles armes damasquinées, et, sous prétexte qu'il n'est pas gentilhomme, il est plus insolent que le plus insolent marquis. Il fait d'énormes jérémiades sur le malheur de sa destinée; il se sent, dit-il, une force à soulever le monde entier sur ses épaules; et il ne peut porter un fagot à l'archevêque, dont il est serf.

A quoi bon ces récriminations furibondes? pourquoi cette amertume? Voilà bien assez longtemps que l'on flatte le peuple; ce n'est pas une raison pour posséder toutes les vertus que d'être né au dernier rang : sous une écorce plus rude, les *serfs*, ou, si vous aimez mieux, les prolétaires, cachent une corruption tout aussi profonde que les seigneurs à pied cambré et à mains blanches, et ce parti pris de mettre toutes les vertus d'un côté et tous les vices de l'autre, nous semble souverainement faux, souverainement injuste; on peut être duc ou comte sans être un lâche, un débauché, un fripon, un assassin et un traître, qualités qui accompagnent ordinairement toute dénomination nobiliaire dans les drames et les mélodrames; d'ailleurs, n'est-il pas inhumain de montrer à ceux qui souffrent, accroupis en bas dans l'ombre, les échelons supérieurs tout inondés de lumière et chargés de rayonnantes figures? — Il en sera toujours ainsi; c'est un mal sans remède, et il vaudrait mieux prêcher la résignation que l'envie; — les *tyrans* sont, du reste, bien maltraités par les victimes, et beaucoup de *maîtres* voudraient bien entrer au service de leurs *domestiques*. Nous sommes étonné qu'un esprit distingué comme M. Mallefille se soit laissé aller à des déclamations de ce genre.

XXII

AVRIL 1839. — Opéra : *le Lac des Fées*, paroles de MM. Scribe et Mélesville, musique de M. Auber, ballet de M. Corally. — Caractère du talent de M. Auber. — Sa nouvelle partition. — Mademoiselle Nau, Duprez, Levasseur. — Le ballet et les décorations. — Renaissance : *l'Alchimiste*, drame en vers de M. Alexandre Dumas. — Mademoiselle Ida. — *Le Vingt-quatre février* de Z. Werner, traduit en vers par M. Camille Bernay. — Porte-Saint-Martin : *Léo Burkart, ou une Conspiration d'étudiants*, drame de M. Gérard de Nerval.

8 avril.

Opéra. *Le Lac des Fées.* — M. *Auber.* — Ami lecteur, et vous, lectrice amie, si nous pouvons nous permettre ce terme de familiarité intellectuelle, connaissez-vous les montagnes du Hartz? D'après le ton délibéré dont nos confrères en parlent, il paraîtrait que rien n'est plus connu ; nous sommes vraiment honteux que la géographie de notre feuilleton soit inférieure à celle des autres, mais nos renseignements sur les montagnes du Hartz sont d'une mesquinerie déplorable! Si une description fort exacte de la butte Montmartre, que nous apercevons de notre fenêtre, pouvait remplacer celle des montagnes du Hartz, nous ne vous la refuserions pas. — Le soleil dore les flancs à demi éboulés de la colline; les trois moulins tournent et le télégraphe démanche ses grands bras, au-dessus des tuiles rouges de l'église ; sur une étroite bande d'azur flotte un banc de nuages ressemblant à s'y méprendre à des œufs à la neige. — Quant au Hartz, Gœthe y a placé le sabbat de *Faust* et notre ami Henri Heine en a fait une description dans ses *Reisibilder*.

Le Hartz est donc une montagne incontestablement allemande, fréquentée par les étudiants allemands, grands amateurs de sites pittoresques, qui vont boire de la bière à l'auberge du Lion Rouge et regarder, lorsqu'ils sont ivres, le lever de la lune dans les armoires, qu'ils prennent pour des fenêtres.

Albert et ses camarades vont se promener à la montagne du Hartz, comme ils en ont le droit en leur qualité de joyeux *burschen* allemands, et chantent ces vers, assez singuliers pour des écoliers turbulents et tapageurs :

> Parcourons ces rochers terribles,
> Ces montagnes inaccessibles,
> Mais ne nous exposons jamais :
> La prudence mène au succès !

Il est juste de dire qu'un pâtre leur a raconté la légende du *lac des Fées*, sur les bords duquel ils se trouvent; cette légende n'a pourtant rien de bien terrible ; la montagne complaisante a rassemblé dans une immense baignoire de roche l'eau claire et diamantée qui filtre de ses flancs, et fait une salle de bain naturelle aux fées de l'air, qui viennent s'y baigner et peigner leurs blondes chevelures. — Voir de jolies femmes en costume de baigneuses n'a rien de bien épouvantable que nous sachions ; cependant, les compagnons d'Albert se retirent tout effrayés. Albert reste seul, décidé à tenter l'aventure ; il ne tarde pas à voir neiger du ciel de blancs tourbillons de jeunes fées qui s'abattent sur les bords du lac comme un essaim de colombes, et se mettent à folâtrer. Les unes voltigent de rochers en rochers, comme des oiseaux pétulants, les autres plongent dans l'eau diaphane, qui fait d'utiles trahisons à leurs charmes. Albert, caché dans le creux d'une roche, s'enivre de ce charmant spectacle, et se réjouit de son heureuse témérité. — Les fées continuent leurs jeux, et Albert dérobe l'écharpe de gaze que la belle Zéila a posée sur le gazon de la rive ; or, ce voile talismanique a la même propriété que les ailes de la Sylphide : sans lui, la fée n'est qu'une femme capable d'aimer et de mourir.

Inquiets de la longue absence d'Albert, ses camarades le cherchent et l'appellent. — Leurs cris et leur présence intimident les fées, qui reprennent leur écharpe, et s'envolent dans les frises. Mais Zéila, privée de son talisman, ne peut suivre ses compagnes, elle erre tristement sur les bords du lac, fort embarrassée de sa personne, car le ciel lui est plus familier que la terre, et ses plantes délicates, habituées à fouler le tapis ouaté des nuages, s'offensent aisément des aspérités du chemin. Pour comble de malheur, un orage éclate, vents, pluie et tonnerre! — Zéila ne sait où s'abriter, elle tremble de peur et de froid ; le pâtre, par un oubli bien concevable quand il pleut, a laissé sur un rocher son chapeau de paille et son manteau ; Zéila s'en revêt et se met en marche pour chercher un asile et retrouver son voile, si la chose est possible.

Au second acte, le théâtre représente une hôtellerie, charmante hôtellerie vraiment : une grande cour avec de beaux arbres abritant les tables où s'accoudent les buveurs, des bâtiments avec des lucarnes à pignons, des galeries et des poteaux de bois sculptés ; puis, tout au fond, la grande porte toute brodée de houblon et de folle vigne laissant voir la route et la campagne ; rien n'y manque ; les oiseaux lustrant leur plumage sur le toit, la cigogne qui fait son nid sur la maîtresse cheminée, les poules qui picotent la terre, les auges de bois et les anneaux pour les chevaux, les plats et les mesures d'étain soigneusement écurés ; — sur tout cela joue un gai soleil papillotant, jetant des paillettes aux carreaux et des rayons à toutes les feuilles.

Dans cette hospitalière auberge, il y a une non moins avenante hôtesse, œil noir et vif, fin sourire, geste prompt, allure dégagée. — Une si charmante hôtesse, qui fait crédit, ne peut manquer d'être adorée ; aussi y a-t-il promesse de mariage entre elle et le jeune étudiant Albert, qui lui doit vingt-cinq écus d'or, qu'il aimait autant lui payer de cette manière.

Albert, comme tout étudiant allemand, un peu rêveur et un peu mystique, avait bien un idéal ; mais cet idéal ne l'empêchait pas de rendre justice aux agréments positifs de Marguerite ; — il eût été un fort bon mari, si la rencontre de Zéila n'eût changé toutes ses idées. Maintenant, il ne rêve plus que fées, que sylphides, qu'union avec les esprits supérieurs, et ne veut plus entendre parler de mariage ; mais ces diables de vingt-cinq écus d'or, qu'il ne peut payer, l'embarrassent terriblement ; car il a de la délicatesse dans l'âme, et sait fort bien qu'il faut épouser ou payer ; triste alternative !

Le juif Issachar, usurier damné, vrai pendant de Schylock, offre de lui prêter la somme, mais à la condition qu'il lui fera un billet spécifiant que, s'il ne peut payer à l'époque dite, sa personne, sa liberté et son sang appartiendront au prêteur de la somme. — Le marchand de Venise n'exigeait qu'une livre de chair au temps de Shakspeare. Le taux de l'usure dramatique est sensiblement augmenté. — Le pauvre Albert aime encore mieux

> De l'hymen allumer le flambeau,

que d'emprunter de l'argent à un pareil intérêt. Mais voici que Zéila arrive dans l'auberge avec le chapeau de paille et le manteau du *pâtre timide*; elle demande à être servante, et, quant aux gages, elle n'en veut pas. Marguerite, qui ne savait sans doute pas le mot de M. de Talleyrand : *Je n'ai pas le moyen d'avoir des domestiques sans gages*, consent, à ce prix, à essayer des talents de Zéila, qui ne veut qu'un asile et un abri. Les vers qu'elle chante en demandant l'hospitalité valent la peine d'être rapportés :

> J'ai faim, j'ai bien froid ;
> Pitié, noble dame !
> J'ai faim, j'ai bien froid,
> Prenez pitié de moi !...

Pour la rime, il faudrait écrire *froi* ou *moid*, ce qui serait également joli. — Après tout, il faut bien passer quelque chose à l'enthousiasme lyrique, et le grand sens de ces vers doit faire excuser la pauvreté de la consonnance.

Albert ne tarde pas à reconnaître Zéila sous la cotte hardie et le jupon court de la servante d'auberge.

Zéila, de son côté, reconnaît Albert; car elle l'avait remarqué parmi ses jeunes compagnons, en quoi elle fait preuve d'un goût assez médiocre; Albert, enflammé, incendié, ne songe plus qu'à rompre son mariage et à solder son compte; il signe au juif Issachar une lettre de change en style passablement bizarre :

> Dans deux mois au plus tard, nous promettons de rendre
> Ces vingt-cinq écus d'or qu'Issachar nous prêta ;
> Si j'y manque, j'enchaîne à lui, dès ce jour-là,
> Ma liberté, mon sang...

Albert paye Marguerite et rompt avec elle de la manière la plus dégagée. Rodolphe de Cronembourg, habitué de l'auberge, seigneur d'un certain âge, grand buveur, grand chasseur, grand libertin, dont Marguerite avait repoussé les avances, achète le billet du juif Issachar pour s'en servir en temps et lieu et se venger du jeune Albert en lui enlevant l'une ou l'autre de ses maîtresses, ou même toutes les deux; car Zéila lui plaît fort aussi, et son œil de connaisseur a deviné cette beauté surhumaine à travers les humbles vêtements qui la recouvrent. Albert et Zéila se retirent dans une petite chambrette où ils vivent comme frère et sœur, travaillant nuit et jour pour gagner les terribles vingt-cinq écus d'or. — Zéila brode comme une vraie fée qu'elle est, l'étudiant copie de la musique. — La somme est complète, et c'est une grande joie dans le charmant taudis de l'étudiant, éclairé par la blanche présence de la sylphide humanisée; aussi, le couple réjoui descend-il sur la grande place de Cologne pour voir passer la procession des rois mages.

Les corporations et les métiers avec leurs blasons et leurs emblèmes défilent les premiers; puis viennent les pertuisaniers, les pages noirs, les rois mages, Gaspard, Melchior et Balthasar, montés sur leurs chevaux de parade, les hippogryphes, les centaures, les chimères et mille autres fantaisies monstrueuses, sans compter les bacchantes avec leur thyrse et leur peau tigrée, le bon vieux Silène et Bacchus, père de joie; — une de ces interminables mascarades flamandes, comme on en voit gravées en sept ou huit cartons dans l'œuvre des vieux maîtres.

Albert, qui est un personnage naïf, porte les vingt-cinq louis d'or dans l'escarcelle pendue à sa ceinture, et, tout absorbé par le plaisir de donner le bras à sa déesse et de lui parler d'amour, ne s'aperçoit pas que des tireurs de bourse lui coupent fort adroitement les cordons de la sienne. Albert n'est pas en veine ce jour-là; il porte sur son sein l'écharpe que Zéila lui a rendue après une lutte de générosité en lui disant :

> Tiens, Albert, reprends-la pour moi;
> Le ciel est ici près de toi.

Et tout à l'heure cette écharpe va lui être enlevée. — O trop gauche et trop maladroit étudiant, la liaison avec un esprit ne l'en a guère donné! — Rodolphe de Cronembourg, donnant le bras à Marguerite, magnifiquement habillée, traverse la place, et, apercevant Albert, va droit à lui, et lui redemande les vingt-cinq écus d'or: Albert lui répond qu'il est en mesure, et, portant la main à son escarcelle, il n'en trouve plus que les cordons très-proprement coupés. — Grand désespoir! — Rodolphe de Cronembourg, excité par Marguerite, veut s'emparer de la personne d'Albert selon la teneur du billet; une lutte s'engage entre les soldats et les étudiants. Albert prend une épée et fond sur Rodolphe, et, au lieu de porter dans le gros ventre du seigneur une bonne botte à fond, comme le ferait tout autre qu'un héros d'opéra, il blesse Zéila, qui s'était jetée entre les combattants. — Albert, fou de douleur, s'évanouit, et Marguerite, sous prétexte de le secourir, ouvre ses habits et lui prend cette écharpe mystérieuse, qui avait tant de fois excité ses soupçons.

En revenant à lui, Albert s'aperçoit qu'il n'a plus le voile précieux, son plus cher trésor, puisque à ce voile tient l'immortalité de Zéila: la tête lui tourne de rage et de désespoir; il y a bien de quoi: dans le même acte, s'être laissé voler sa bourse, son talisman et avoir tué sa maîtresse au lieu de son créancier, c'est jouer de malheur.

A l'acte suivant, nous sommes au château de Cronembourg. Rodolphe boit avec ses amis; las de Marguerite, il veut épouser Zéila et fait son bouffon d'Albert, devenu fou. — Dans un moment de lucidité, Albert se fait rendre le voile par Marguerite, à qui il explique que Zéila, aussitôt qu'elle aura l'écharpe, retournera au ciel pour ne plus revenir. En effet, aussitôt que le voile est posé sur le front de Zéila, ses habits disparaissent, et elle s'enlève dans les airs avec le simple costume de la fée du Lac, c'est-à-dire une simple tunique de gaze fort claire, au grand ébahissement de l'assistance.

Le théâtre change et représente *une plaine des airs*. Zéila s'ennuie de toutes ses forces; elle trouve les plaisirs du ciel monotones après avoir goûté ceux de la terre. — Elle monte au palais de la reine des fées, lui explique ses douleurs et lui demande la permission de descendre au séjour des humains; la fée lui accorde sa requête, et Zéila, toute joyeuse de n'être plus qu'une simple mortelle, traverse les nuages avec la rapidité de la flèche.

Bientôt l'on commence à voir les lignes bleuâtres de l'horizon, puis le sommet des montagnes, puis les villes avec leurs clochers, et enfin la mansarde de l'étudiant, où elle a passé de si heureux jours. Lorsque la fée atteint la petite chambrette, la toile tombe et l'opéra finit.

M. Auber, que l'on a vivement contesté dans ces dernières années, surtout parmi les musiciens, comme manquant de science et de profondeur, est un compositeur d'un mérite hors de ligne. Il a un style à lui, ce qui est, à notre avis, la première qualité de tout artiste. Ce style, il est vrai, n'a peut-être pas toute la sévérité désirable; mais il a un caractère bien tranché, et se fait aisément reconnaître : une phrase de M. Auber n'est pas la phrase d'un autre, et personne ne s'y trompe; il a une abondance de motifs et de chants bien rare en ce temps de *contre-musique*, où chacun s'ingénie à étonner l'oreille et non à la charmer, où des exécutants prestidigitateurs escamotent des impossibilités charivariques, sans se soucier le moins du monde du sentiment, de la grâce, de la passion, du plaisir enfin, seul et véritable but de l'art.

Quoiqu'il ne soit pas inaccessible, M. Auber est cependant un musicien très-habile, de beaucoup de science et d'esprit; il n'est jamais commun et trivial, et ses fautes ne sont pas des fautes de goût; ce qu'il fait, sans être d'une passion profonde, a de la vie, de la chaleur, un entrain inépuisable; il a un vif sentiment du rhythme et réussit particulièrement dans les airs de ballet. Somme toute, c'est un maître; à force d'esprit, il a presque du génie, et, s'il n'est pas le premier, il est à coup sûr des premiers; nous n'avons pas une telle quantité de grands compositeurs, que nous ayons le droit de faire les dédaigneux avec celui-ci.

Le Lac des Fées est un beau triomphe pour M. Auber; la réussite du premier jour n'a fait que se consolider, et l'attention des spectateurs, moins occupés du livret et des décorations, y découvre chaque fois de nouvelles beautés; la musique du *Lac des Fées* est élégante, facile, rêveuse et parfaitement appropriée au sujet : la mélodie et l'harmonie s'y marient heureusement, les accompagnements sont riches, bien nourris, sans tumulte et sans casserolage. Tout se dessine clairement et nettement; le souffle musical circule avec facilité d'un bout à l'autre de l'ouvrage qui, bien que très-long, ne cause pas un moment d'ennui, résultat difficile à obtenir pour un opéra féerique en cinq actes.

Mademoiselle Nau, qui remplit le rôle de Zéila, offre l'avantage bien rare de remplir exactement l'idéal que le compositeur le plus exigeant pourrait se faire du personnage. — Elle est jeune, elle est belle, elle a une voix charmante : son âge est expressément celui que les immortelles gardent éternellement ; sa figure, délicate et gracieuse, ses formes, de la plus élégante sveltesse, sont celles d'une vraie sylphide ; sa voix, perlée, argentine, vibrante comme le cristal, a quelque chose d'aérien et de magique, et, à tous ces avantages, elle joint une si excellente méthode, un goût si pur, une exécution si achevée, que Titania, la reine des gnomes, ne chanterait pas mieux ; Zéila est le rôle le plus important où l'on ait encore vu cette jeune cantatrice, si recommandable, que la timidité avait seule empêchée jusqu'ici de prendre la place qui lui convient ; comme sûreté de ton, comme légèreté de vocalise, il n'est guère possible d'aller plus loin. — C'est une perfection qui rappelle madame Damoreau.

Duprez a été chaleureux, pathétique, entraînant, dans le duo du troisième acte, qui sera pour lui un second *Asile héréditaire*, et il a joué la folie en acteur consommé. Nous n'avons pas besoin de le louer plus au long ; son nom seul est le meilleur éloge que nous en puissions faire : il a été égal à lui-même, c'est tout ce qu'on peut lui demander.

Levasseur a bien chanté son air de chasse, et dit un certain *nous verrons* avec une intention fort comique. Quant à madame Stolz, elle a tiré tout le parti possible d'un rôle ingrat et sacrifié ; elle a bien dit l'air assez difficile du second acte, et s'est montrée la plus vive et la plus sémillante hôtesse du monde ; son costume frais, léger, galant et bien troussé lui allait à ravir, et nous trouvons qu'Albert s'est décidé bien vite à rompre avec elle. Mais que peut une mortelle à qui l'on doit vingt-cinq écus d'or contre une fée à qui l'on ne doit rien du tout !

Le ballet dessiné par M. Corally est remarquable par une tentative de rénovation mythologique. Il représente une espèce de bacchanale à la façon antique ; les danseuses ont la peau de tigre ou de panthère, le thyrse et la couronne de pampre. Mademoiselle Noblet et madame Alexis Dupont ont dansé avec leur légèreté, leur correction et leur entrain ordinaires, un pas qui a été très-applaudi. Ce pas, dessiné avec une vigueur qui sort du caractère général des danses françaises, rappelle un peu ces boléros dans lesquels les deux sœurs obtiennent de si grands succès. Mademoiselle Maria, en Érigone, était on ne peut plus gracieuse, et elle danse, avec une mollesse et une légèreté extrêmes, un pas assez original. Elle a exprimé très-décemment la petite pointe d'ébriété rendue nécessaire par le sujet.

Les décorations, quoique fort belles, n'ont pas assez de réalité ; le bleu y abonde, et l'effet de la perspective aérienne y est trop exagéré. — Dans la décoration de Cologne, les montagnes du fond sont lourdes et d'un ton criard. Il ne devrait pas y en avoir ; car le Hartz qui nous intriguait si fort, et dont nous nous sommes informé, est situé à quatre-vingts lieues de Cologne. Si les montagnes étaient bien faites, nous n'élèverions pas cette chicane, peu importante après tout. — La mise en scène est exacte et riche, plus exacte encore que riche. Les chevaux habillés en chimères sont très-récréatifs et le cortége, qu'il soit ou non dessiné d'après Lucas de Leyde, Cranach, Albert Durer et Burgmann, n'en est pas moins un fort beau spectacle.

15 avril.

Renaissance. *L'Alchimiste.* — *Mademoiselle de Belle-Isle* est encore dans toute sa première fleur, et voici que M. Alexandre Dumas fait représenter un grand drame en cinq actes en vers. Succès sur succès ! Pelion sur Ossa ! Où est le précepte d'Horace, qui conseille de garder un ouvrage neuf ans sur le métier ?

Le sujet de *l'Alchimiste* est tiré d'un conte italien de Grazzini, de l'Académie *degli Umidi;* Milman en a fait une tragédie que MM. Frédéric Soulié et Adolphe Bossange ont imitée dans *Clotilde,* en dénaturant et en dépaysant l'histoire. M. Dumas la reproduit sous le nom de *l'Alchimiste,* qui se rapproche de la donnée italienne et de la pièce anglaise : seulement, jetez sur ce canevas une poésie nerveuse, énergique et brillante, avec toutes les qualités et tous les défauts de M. Alexandre Dumas, cet homme d'un tempérament si dramatique, et vous aurez un drame plein de terreur et d'émotion, qui a l'attrait d'un conte fantastique et d'une nouvelle italienne.

Mademoiselle Ida joue le rôle de Francesca avec une sensibilité et une passion entraînantes ; elle met à sa création ce cachet d'intelligence poétique qu'elle imprime à tous ses rôles et qui la distingue particulièrement. — Frédérick Lemaître a très-bien rendu les diverses nuances de Fasio (l'alchimiste) ; malgré ses énormes défauts, c'est toujours le plus grand acteur d'aujourd'hui : il a de l'ampleur, de la force et des entrailles ; l'inspiration le visite souvent, et sa propre création agit sur lui-même.

Le Vingt-quatre février, de Zacharias Werner, mis en vers par M. Camille Bernay, auteur du *Ménestrel*, a obtenu au même théâtre le succès littéraire qu'il devait avoir. C'est une étrange fantaisie qui vint à Zacharias d'aller mettre dans la pauvre auberge de Schwartzbach, perdue sous la neige des Alpes, la fatalité des Atrides et les horreurs du festin de Thyeste ; la terreur la plus noire et la plus étouffante pèse sur la pièce allemande ; c'est comme si l'on avait sur la poitrine le genou du cauchemar, comme si l'on entendait pendant la nuit à son oreille le râle intermittent et faible d'un malade à l'agonie. La neige tourbillonne, les corneilles et les chouettes battent les vitres de l'aile en poussant des piaulements plaintifs ; le vent gémit comme un mort gêné dans son tombeau ; toute la nature est en convulsion. Le vieux Kuntz Kurth et sa femme tremblotent près d'un foyer éteint ; ils n'ont plus de bois, ils n'ont plus de pain... A un clou est pendu le fatal couteau que le vieux Kuntz lança autrefois à son père : c'est avec ce même couteau que, vingt ans plus tard, le petit Kurth, son fils, coupa le cou à sa sœur en voulant jouer *au jeu de la poule*. — Un voyageur égaré frappe à la porte : c'est Kurth ; il revient, après bien des années d'absence, pour tirer ses vieux parents de la misère. Mais la fatalité n'est pas encore assouvie ; le vieux Kuntz égorge pendant son sommeil le voyageur, qu'il n'a pas reconnu et qui a eu l'imprudence de laisser voir qu'il possédait de l'or, et c'est avec le couteau déjà souillé d'un double meurtre, qu'il exécute ce nouveau crime ; la fatalité est accomplie ! Le reste regarde le bourreau.

M. Camille Bernay, qui versifie avec grâce et facilité, n'a peut-être pas abordé assez franchement son sujet. Il a pris des développements pour des longueurs; et il a diminué l'impression poétique en supprimant des détails. Il eût mieux fait, selon nous, de conserver l'âpreté farouche, la poésie désordonnée et la couleur nocturne de la composition allemande. — Guyon a été sauvagement beau dans le rôle de Kuntz. Mademoiselle Mathilde Payre a fait preuve de talent et de courage dans Berthe : jeune, élégante et jolie, elle a bien voulu se rider, se casser, se couvrir de haillons, faire chevroter sa voix pure et paraître vieille et laide, héroïsme bien rare : lorsque des actrices plus que sexagénaires font les enfants et les boutons de rose, il faut bien que les jeunes femmes se résignent à l'emploi de grand'mères.

22 avril.

PORTE-SAINT-MARTIN. *Léo Burkart.* — *Gérard de Nerval.* — C'est une rare et bonne fortune, en ce temps de marchandise, qu'une pièce consciencieuse et littéraire comme *Léo Burkart;* une pièce bien écrite, faite avec soin, pleine d'élévation et de noblesse, qui ne flatte aucune mauvaise passion, qui n'est d'aucun parti, et substitue aux imprécations désordonnées du drame moderne un tendre et mélancolique scepticisme, une sérénité de raison inaltérable. Tout y semble vu de l'autre côté de la vie par un spectateur désintéressé, qui ne prend aucune part aux passions humaines. L'impartialité de M. Gérard de Nerval n'est jamais en défaut; justice est rendue à tous : — au prince comme à l'étudiant, à l'espion comme au ministre; l'amour y est pur, et une tendance soutenue vers la beauté morale règne d'un bout à l'autre de l'ouvrage. — Vous voyez que *Léo Burkart* ne ressemble en rien aux mélodrames ordinaires. Joignez à cela un style fin, délicat, nuancé, nourri des meilleures études, ferme et sévère dans sa chaste douceur, et vous aurez une œuvre tout à fait remarquable, originale sans affectation, neuve sans étrangeté, dont la véritable place était au Théâtre-Français.

La pièce s'ouvre par un prologue intitulé *le Bourgeois de Francfort.* — C'est un tableau d'intérieur d'une intimité tout allemande. Un jeune homme et une jeune femme demandent à voir Marguerite, la femme de Léo Burkart, qui ne reçoit pas, car elle s'habille pour l'Opéra, et son mari est allé faire une promenade avec son père le docteur Muller. Les étrangers, usant du privilége des voyageurs, insistent et sont admis : Marguerite reconnaît tout d'abord la belle Diana de Waldeck, son amie d'enfance, qui revient d'Angleterre. Quant au jeune homme, elle hésite ; en effet, qui pourrait deviner Frantz Lewald, le meilleur élève du docteur Muller, à travers ces longs cheveux, cette fière moustache, cette redingote à brandebourgs, ces grandes bottes, et tout ce costume romanesque des membres de la *Jeune Allemagne?* Bientôt elle lui tend la main et les doux souvenirs de l'enfance sont renoués.

Cependant, malgré le bon accueil de Marguerite et la gaieté pétulante de Diana, Frantz reste triste et rêveur ; il retrouve une femme dans celle qu'il avait laissée jeune fille ; et puis tout est changé autour de lui : les vieux meubles ont été remplacés, les anciens serviteurs renvoyés ; il a perdu la familiarité de cet intérieur autrefois si connu ; si ce n'était la vue du Meinlust qu'on aperçoit toujours de la fenêtre, il pourrait se croire dans une autre maison. Marguerite déchire gracieusement le coupon de sa loge ; on passera amicalement la soirée à causer des choses d'autrefois ; on prendra le thé en famille ; Frantz fera connaissance avec Léo Burkart, un homme très-savant, un grand philosophe, qui écrit dans la *Gazette germanique* les plus excellentes choses du monde. Par malheur, Frantz a nous ne savons plus quel rendez-vous politique qui ne lui permet pas de profiter du sacrifice de Marguerite ; d'ailleurs, il n'est guère propre à tenir compagnie à des jeunes femmes ; il n'est passionné que pour la gloire, la liberté et la patrie ; il a, avant tout, l'amour des idées et des abstractions, en quoi il se flatte ; car, sans le savoir, il aime Marguerite, maintenant la femme de Léo, autrefois la compagne de ses jeunes rêveries ; ce qu'il avait pris pour de l'habitude et de la simple amitié est un autre sentiment non moins pur, mais plus vif.

Léo rentre avec le docteur Muller ; il est de la plus charmante humeur et s'engage à ne parler toute la soirée que musique, danse et modes nouvelles ; mais son amabilité ne trouvera pas à se placer, car un certain chevalier Paulus, feuilletoniste de la *Gazette germanique*, se présente avec une lettre ; cette lettre apprend à Léo Burkart que le journal vient d'être saisi à cause d'un article de lui. Les rédacteurs sont en fuite et le propriétaire de la feuille est condamné à vingt mille florins d'amende et à cinq ans de détention dans une forteresse. « Nous étions trop heureux ! s'écrie Léo Burkart, nous avions oublié de sacrifier aux divinités mauvaises. Soyez le bienvenu, dit-il au chevalier Paulus, quoique vous apportiez une mauvaise nouvelle, et regardez ma maison comme la vôtre. »

Burkart a bientôt pris son parti : il payera les vingt mille florins, et ira se constituer prisonnier; Marguerite n'a que des larmes à objecter contre une pareille résolution. « A Carthage ! » s'écrie comme Régulus le vieux professeur Muller avec un enthousiasme tout romain. Vingt mille florins, c'est la moitié de leur modeste fortune; mais qu'importe l'argent à ces nobles cœurs ! — Un inconnu demande, pendant ce conseil de famille, à parler seul à M. Léo Burkart. Cet inconnu n'est autre que le prince Frédéric-Auguste, maintenant prince régnant, car le vieux roi, las des grandeurs, s'est retiré du monde comme Charles-Quint. Cette abdication n'est encore connue de personne. Cette démarche a été suggérée au prince Frédéric-Auguste par Diana de Waldeck, sa maîtresse, qui connaît tout le mérite de Léo et qui lui veut du bien comme époux de son amie. « N'est-ce pas vous, dit le prince à Léo Burkart, qui êtes l'auteur de ce livre publié sous le pseudonyme de Cornélius et qui a failli soulever toute l'Allemagne? Croyez-vous que les théories qu'il contient sur la liberté et l'indépendance des peuples soient réellement applicables ? — Je le crois, répond Léo Burkart en s'inclinant. — Eh bien, je vous remets l'amende et la prison, je vous fais conseiller intime et, dans trois mois, vous serez ministre. Je vous donne tous les moyens de réaliser vos idées ; vous prétendez avoir le secret de rendre le peuple heureux et libre : mettez-vous à l'œuvre, passez du rêve à l'action. » Et, comme Burkart hésite : « Vous n'avez pas le droit de refuser, poursuit le prince. Ah ! vous croyez qu'on peut ainsi ébranler un pouvoir, jeter dans une nation des ferments de trouble et de discorde, et puis, quand l'heure est venue, se récuser, se retrancher dans une égoïste modestie ; il faut que vous récoltiez vous-même la moisson que vous avez semée. Vous avez la lumière; vous devez à vous-même, à Dieu et à votre pays de ne pas la cacher sous le boisseau. Si vous n'acceptez pas, vous êtes un mauvais citoyen. »

Léo signe le contrat que lui présente le prince Frédéric-Auguste, et répond à une députation de la *Jeune Allemagne* qui vient, Lewald en tête, lui offrir, au nom de la patrie, de payer les vingt mille florins, qu'il n'a plus d'amende ni de prison, et que le prince Frédéric-Auguste lui a fait l'honneur de le nommer son conseiller intime. « Hélas! s'écrie Marguerite, ce n'est pas le sort que j'avais rêvé. »

Du petit salon de Léo, nous passons à l'auberge du Soleil d'Or : les étudiants, qui ont fait une émeute dans la ville à propos d'un chien battu, l'envahissent d'autorité sans prendre garde le moins du monde aux réclamations piteuses de l'aubergiste, qui craint de voir sa maison déshonorée et perdue de réputation. « Si tu dis un mot de plus, nous décrochons ton soleil, et nous appellerons ton établissement Cabaret du Sauvage. Estime tes meubles, et, si ta maison brûle, mets-la sur la carte; les vitres sont par-dessus le marché; quand nous serons las de taper sur les tables, nous taperons sur les carreaux, c'est entendu. Maintenant, fais monter tout le vin et toute la bière que tu as dans ta cave et débarrasse-nous de ton agréable présence. — Que vais-je devenir, s'écrie l'aubergiste désolé, moi qui ai précisément des voyageurs de la plus haute volée? C'est à perdre la tête! »

Les hôtes illustres ne sont autres que Léo Burkart, Marguerite, Diane de Waldeck et le chevalier Paulus, devenu secrétaire de Léo. Paulus descend et demande la carte des vins pour boire quelque chose de cordial, et il est reconnu par Diégo, l'un des étudiants. Ce Diégo est une création fort drolatique et fort originale. Il est voyageur de la liberté et porte la lumière d'un monde à l'autre. Les rois s'en vont, il les pousse. Ancien représentant de Tampico, envoyé de Bolivar aux républiques du Chili, il s'est fait étudiant dans ses vieux jours parce qu'il n'est jamais trop tard pour s'instruire : il apprend les sciences abstraites et montre le maniement de la canne à deux bouts, et aussi quelques petits jeux de hasard de sa composition ; il se trouve fort bien à l'Université : on lui prête de l'argent, on lui fait crédit, on lui donne des banquets patriotiques. « Et toi, Paulus, que fais-tu? demande-t-il à son ancien camarade. — Tu vois, je me débarrasse de l'or du pouvoir, » lui répond le chevalier en lui payant largement à boire.

On entend dans le lointain *la Chasse de Ludzow*, de Weber. Les étudiants arrivent en masse et s'abattent sur la malheureuse auberge par noires volées, ayant en tête Max 1er du nom, roi des renards, tyran des pinsons, terreur des Philistins. « Si nous jetions cette cloison par terre, dit Flaming, nous serions plus à l'aise. — Bah! répond Roller, tout à l'heure nous serons fort au large, quand la moitié des buveurs aura chaviré sous les bancs. Toute bonne orgie a nécessairement deux étages : le dessus et le dessous des tables. Seulement, mettons des sentinelles à la porte, afin que le désordre ne soit pas troublé. » Cette pensée délicate obtient l'assentiment général. Puis le sabbat commence à grand orchestre; on dédaigne de boire à la bouteille, on puise au tonneau sans intermédiaire.

Mais voici que Frantz Lewald entre tout furieux ; il veut se battre avec le comte Richard de Waldeck, qui a parlé légèrement de la femme de Burkart. Comme le comte n'a pas de témoin, on lui en prête deux. On dégaîne les rapières : Lewald est blessé au bras. Léo Burkart se montre. « Messieurs, dit-il, tant que vous n'avez fait que du tapage, j'ai respecté vos priviléges ; je n'ai pas attribué à ces enfantillages plus d'importance qu'ils n'en méritent; mais vous savez que le duel est défendu par la loi ; or, en ma qualité de ministre du prince Frédéric-Auguste, je condamne les deux champions à quinze jours de prison. Soldats, emmenez-les. » Les étudiants font mine de se révolter et de vouloir reprendre les prisonniers ; mais l'ascendant de Léo, son œil étincelant, son geste plein d'autorité, les subjuguent. Max 1er s'écrie : « Rengaînez les rapières, éteignez les torches ; nous sommes des vaincus! » La popularité de Burkart, le courageux journaliste de la *Gazette germanique*, a reçu sa première atteinte.

De l'auberge du Soleil d'Or, nous sautons à la résidence royale. Il y a fête et réception; des groupes circulent dans les allées du jardin. L'espoir de rencontrer Marguerite amène Frantz à cette fête; les abstractions dont il parlait si bien au commencement de la pièce ne suffisent plus à son cœur, et la patrie est une idole un peu bien vague lorsqu'on n'a que vingt ans... Il rencontre Marguerite sous l'ombre discrète des charmilles, et, sans doute enhardi par la lueur veloutée de la lune, le frémissement lointain de l'orchestre, l'enivrement de la fête, il laisse échapper un tendre aveu. Marguerite, délaissée par son mari, que les affaires publiques empêchent de veiller aux siennes, éprouve un vague ennui, un secret besoin de s'épancher ; un cœur plus simple, une raison moins haute conviendraient mieux à sa faiblesse. Aussi, attendrie par la circonstance du duel, reçoit-elle la déclaration de Frantz, déclaration d'ailleurs prévue depuis longtemps, avec moins de sévérité qu'il ne s'y attendait. Frantz, sous prétexte de révélations qu'il veut lui faire, obtient d'elle un rendez-vous pour le lendemain, dans son oratoire, dont elle lui donne la clef. — Léo Burkart revient fort à propos d'une mission diplomatique ; il a réussi et déconcerté les plus habiles par un moyen fort simple, en disant la vérité ; mais, comme il a résolu de n'employer aucune machination souterraine et qu'il veut gouverner avec honnêteté et franchise, il ignore que les sociétés secrètes travaillent la ville et que peut-être une révolution va éclater ; — ses jours sont menacés, ainsi que ceux du prince. Dans un excès de loyauté honorable, il refuse de voir des papiers que le chevalier Paulus a surpris sur un étudiant ivre. Ces papiers contiennent le plan de la conspiration et la liste des conjurés. — Léo traite assez durement Paulus, et lui reproche de s'abaisser à l'espionnage et à des moyens de police. Le chevalier, qui est un grand esprit dans sa sphère, et qui sait bien qu'on aura bientôt besoin de lui, ploie humblement la tête et se retire. Mais voici que le prince arrive exaspéré ; sa police particulière l'a instruit de la conspiration : « Vous ne savez donc rien, monsieur ? dit-il à Burkart. On doit nous assassiner demain... Quelles mesures avez-vous prises ? Peut-être, en sortant de chez vous, recevrai-je une balle ou un coup de poignard ! — Qui vous dit que je ne sais rien ? répond Burkart en tendant au prince les papiers surpris par Paulus. — C'est bien ; vous êtes un brave et fidèle ministre. »

Cette question vidée, Burkart en entame une autre, celle du mariage du prince, qui se rattache à de hautes considérations politiques. Frédéric-Auguste ne veut pas se marier, car il est amoureux de Diana ; en insistant, Burkart mécontente le prince, et se fait une ennemie mortelle de mademoiselle de Waldeck, dont l'influence occulte lui avait été si favorable. Après cette scène, Burkart appelle le chevalier Paulus, porte ses appointements à cinq mille florins et le dispense de manger à sa table; puis il lui demande s'il peut le faire entrer dans ces sociétés secrètes qu'il paraît si bien connaître. Paulus répond affirmativement, et ils sortent tous les deux pour aller vaquer à leur sombre besogne. A peine sont-ils dehors, que Frantz débouche par la porte de l'oratoire, dont Marguerite lui a remis la clef dans un moment d'imprudence. Il erre craintivement dans ce logis inconnu, et ses yeux se portent par hasard sur les papiers qui couvrent la table; que voit-il! les noms de Flaming et de Roller; pourquoi ces noms dans le cabinet du ministre? Un soupçon terrible lui traverse l'esprit; le salut de ses frères fait taire toute délicatesse, il prend la liste, voit que tout est découvert, jette à peine à Marguerite, qui survient, quelques mots incohérents, et court prévenir les étudiants qu'ils sont trahis. « C'est Léo que j'aime, se dit la jeune femme, c'est pour lui que j'ai eu peur! »

L'acte suivant représente l'intérieur de la *vente;* l'appareil fantasmagorique de la Sainte-Vehme, si puissant sur les imaginations allemandes, y est déployé dans toute sa sombre splendeur; les lampes funèbres suspendues aux voûtes avec leur tremblante flamme d'esprit-de-vin, les masques noirs, le poignard, la corde, les mots d'ordre mystérieux, les signes maçonniques, rien n'y manque; — c'est un tableau complet et fort exact. — Les représentants des provinces proposent la question de savoir si l'on doit tuer le prince ou le ministre; quelques-uns sont d'avis qu'on les tue tous les deux; Burkart, qui a été introduit par l'industrieux Paulus, fait prévaloir l'avis qui condamne le ministre seulement. Pendant cette discussion arrive Frantz Lewald, haletant, éperdu, qui apprend aux frères qu'ils sont livrés. — Comme il n'y a pas de temps à perdre, on tire au sort celui qui doit frapper le ministre infidèle et servile. Frantz Lewald tire la boule noire de l'urne, et on lui remet le poignard et la corde en lui donnant vingt-quatre heures pour exécuter la sentence; puis on procède à la réception d'un nouveau frère, le comte Henri de Waldeck, qui, pour se venger de Léo Burkart, se jette dans l'opposition et veut faire partie de la *Jeune Allemagne.*

A peine a-t-il prononcé le serment, que des soldats débouchent de toutes parts, ferment les portes et s'emparent de l'assemblée. Henri de Waldeck cherche à s'excuser, et dit au chef du détachement qu'il n'est là que pour les intérêts du prince; qu'il veut surveiller et non agir. Il répète la phrase de trois manières, et, à la troisième, il jette un grand cri, car la lame d'un poignard vient de lui entrer dans la poitrine; les soldats sont de faux soldats; c'était une feinte alerte pour éprouver la fidélité du néophyte. — Alors Léo Burkart arrache son masque et crie d'une voix tonnante : « Je vous fais arrêter, non comme conspirateurs, mais comme assassins. » Des soldats véritables, cette fois, s'emparent des étudiants et les emmènent.

Léo Burkart se promène à grands pas dans son cabinet : la disparition de ses papiers l'inquiète; il y a donc des gens qui vont et viennent comme ils veulent dans sa maison. Marguerite lui avoue tout; lui, comme un grand esprit et un grand cœur qu'il est, croit aux protestations d'innocence de sa femme et attend son assassin de pied ferme. — Frantz ne tarde pas à reparaître, la figure livide du crime qu'il va commettre, les cheveux en désordre, les yeux hagards. Il tient deux pistolets; ce n'est pas un assassinat, c'est un duel. Léo refuse de se battre avant le lendemain midi; alors il ne sera plus ministre; jusque-là, il ne s'appartient pas.

Frantz, exaspéré, le provoque de la façon la plus outrageante; il lui dit que, s'il ne veut pas se battre comme homme politique, il doit le faire comme mari outragé, qu'il aime sa femme et qu'il en est aimé. « Vous savez bien que non et que vous mentez comme un infâme ! s'écrie Marguerite sortant du cabinet, d'où elle a tout entendu. Vous n'oseriez pas le redire devant moi. » Frantz, fou de douleur, s'élance vers la porte. « C'était pourtant un bon et honnête jeune homme, dit Marguerite en s'appuyant sur le bras de son mari, sauvé désormais de tout danger; nous l'avons trop abaissé. » Une détonation se fait entendre. « Le voilà qui se relève ! » répond Léo Burkart. — La toile tombe sur ce mot.

Depuis longtemps, on n'avait représenté une pièce d'une si haute portée et d'une si grande complication; on y sent l'étude attentive des maîtres allemands et surtout de Schiller. M. Gérard de Nerval, qui a fait la meilleure traduction existante du *Faust* de Gœthe, connaît à fond les poëtes d'outre-Rhin, et sa manière est imprégnée d'un fort parfum germanique qui ne nuit en rien à son individualité. Malgré tout son mérite, l'impression que laisse la pièce est triste. Est-il donc vrai, hélas ! que les plus belles théories soient si laides à la réalité? Tous les enthousiasmes se trompent-ils donc, et n'y a-t-il de ministres possibles que des chevaliers Paulus? — Nous avons bien peur que M. Gérard n'ait raison.

XXIII

MAI 1839. — Opéra-Comique : *les Treize*, paroles de MM. Scribe et Duport, musique de M. Halévy. — Ne pas confondre avec *les Treize* de M. de Balzac. — Optimisme des opéras-comiques. — Gaieté : le *Sylphe d'or*, féerie. — Le génie du bien et le génie du mal. — Un ballet de lapins. — Ambigu : *le Naufrage de la Méduse*, drame de MM. Charles Desnoyers et Dennery, décorations de MM. Philastre et Cambon. — Le passage du tropique d'après M. Biard. — Le radeau des naufragés d'après Géricault. — Théâtre-Français : *le Susceptible*, comédie de M. Amédée de Beauplan. — Question de syntaxe. — Gymnase : *la Maîtresse et la Fiancée*, par M. Émile Souvestre. — Madame Dorval.

6 mai.

OPÉRA-COMIQUE. Les Treize. — *Les Treize!* ce titre mystérieux et fatal a fait beaucoup travailler l'imagination des spectateurs avant le lever du rideau. — Les *Treize* quoi? — Quant à nous, nous trouvions M. Scribe bien courageux d'avoir mis pour étiquette à sa pièce ce nombre que la trahison de Judas Iscariote a rendu à tout jamais détestable, et qui est devenu, avec le sel renversé, une des plus vivaces superstitions modernes. — On pensait généralement que les *Treize* étaient tirés de la nouvelle du même nom de M. de Balzac; on s'attendait à retrouver là l'étonnante figure de Ferragus, chef des dévorants, et l'intérêt haletant du conte qui ne laisse pas respirer un instant; car, vous le savez aussi bien que nous, Ferragus est tout bonnement un chef-d'œuvre; c'est le merveilleux des *Mille et une*

Nuits transporté au milieu de la vie parisienne ; ce sont les plus incroyables aventures racontées avec une patience flamande et une observation imperturbable ; des portraits chimériques traités aussi minutieusement que les têtes les plus finies de Denner avec un sincère accent de vérité qui rend tout probable. — La surprise a été grande, l'opéra-comique n'avait pas le moindre rapport avec la nouvelle ; il a fallu se passer de Ferragus. Nous sommes surpris que M. Scribe, qui est un homme adroit, ait éveillé inutilement le souvenir d'une chose surprenante et donné lieu à de fâcheux rapprochements entre ses *Treize* et ceux de M. de Balzac.

Les *Treize* de M. Scribe sont de jeunes seigneurs napolitains qui, ne pouvant sans doute réussir tout seuls auprès des femmes, ont formé une compagnie générale de séduction. — Triste ressource ! imagination pauvre ! car, en matière amoureuse, les associations ne valent rien ; on n'est guère aimé par catégories. — Nos don Juan au petit pied ont la louable intention de remplir leur registre des noms de leurs victimes. Le *Mille è tre* du vrai don Juan les empêche de dormir.

Tout cela n'est guère récréatif. — Nous aurions souhaité à M. Halévy, homme d'un talent éprouvé et réel, un livret plus ingénieux et surtout plus abondant en situations musicales. Il en a tiré cependant le meilleur parti possible et a déguisé de son mieux l'insuffisance du poëme.

L'instrumentation de l'ouverture montre un compositeur habitué à faire mouvoir des masses harmoniques et qui connaît les ressources de l'orchestre ; seulement, le dessin des pensées n'est pas assez net et les phrases manquent de développement. Il y a un chœur de buveurs d'un bon caractère, et la ballade qui vient après est un des meilleurs, sinon le meilleur morceau de l'ouvrage ; la mélodie a de l'éclat et de l'élégance. La tarentelle de mademoiselle Jenny Colon est pleine de couleur et de vivacité ; elle la chante, du reste, avec beaucoup de goût et de charme. Quant à l'air du *voiturin*, quoiqu'il ne manque pas de mérite, nous le goûtons moins, car nous avons entendu tant de gens de métiers différents célébrer à l'Opéra-Comique les charmes de leur état, que ces hymnes en guise de Manuel-Roret nous sont insupportables :

Ah ! quel plaisir d'être soldat !

Oh ! le charmant métier,
Que d'être perruquier !

Quel sort plein de douceur,
Que d'être confiseur !

Oh ! oh ! oh ! qu'il était beau,
Le postillon de Longjumeau !

Le bel état que celui de brasseur ! etc., etc.

L'Opéra-Comique ne ressemble guère au monde réel, où personne, au contraire, n'est content de son sort ; il est seulement fâcheux que cette satisfaction philosophique se produise invariablement sous la même forme.

En somme, bien que *les Treize* aient obtenu du succès, nous pensons que la vraie place de M. Halévy est au grand Opéra, et que ses inspirations sont plus tragiques que bouffonnes. — Les situations violentes, les scènes à grands développements, voilà son véritable terrain.

Gaieté. *Le Sylphe d'or.* — *Le Sylphe d'or, la Fille du Danube, la Sylphide, la Fille de l'air, le Lac des Fées, Peau-d'Ane, les Pilules du Diable*, c'est toujours la même chose : un mauvais génie qui dispose des pétards, de l'esprit-de-vin et des trappes ; une fée bienfaisante à qui reviennent de droit les nuages de carton, les soleils de fer-blanc, les guirlandes de fleurs en papier et les feux de Bengale de l'apothéose. Rien n'est plus simple. — Cela nous rappelle une charge de Deburau, le glorieux paillasse. — Dans une pièce dont nous avons oublié le titre, Deburau, avec sa spirituelle figure de plâtre tachée de deux petits yeux, noirs de malice et de réflexion, se promène, les mains dans les poches, sur ce chemin à double branche qui mène à la vertu ou au vice. Il s'agit de voler ou de ne pas voler un pâté. Tout à coup, une trappe s'ouvre, et, d'un tourbillon d'essence de térébenthine, jaillit une figure noire et monstrueuse. Deburau, un peu surpris, regarde le diablotin, qui lui dit d'un ton menaçant : « Je suis ton mauvais génie ! » Sans se déconcerter, il va prendre une hache dans un coin, retrousse ses manches, crache dans ses mains, et, avec cet air réfléchi et sournois qui lui est familier, coupe très-proprement en deux son mauvais génie et jette les morceaux dans la trappe encore ouverte. Le mauvais génie dépêché, voici qu'une fée étincelante de paillettes, un morceau de clinquant rouge dans les cheveux en guise d'étoile, sort d'un nuage et se présente au paillasse en lui disant : « Je suis ton bon génie ! » Debureau reprend sa hache, recrache dans ses mains et coupe le bon génie en trois ; — mais il mange son pâté et l'action continue comme s'il n'était rien arrivé. Cette scène devrait bien être placée au commencement de toutes les pièces à spectacle. La seule chose amusante du *Sylphe d'or*, c'est un ballet de lapins. Le héros, à la chasse, veut manger un pâté (ce mets est éminemment féerique) : il en sort un lapin vivant ; d'autres lapins débusquent de tous les coins du bois et exécutent, à la barbe du chasseur, la danse la plus insultante du monde. — Dans un ouvrage de nous, non destiné au théâtre et intitulé *Une Larme du Diable*, nous avons placé un chœur de lapins chantant des paroles de M. Scribe, et nous sommes très-fier d'avoir le premier compris l'importance dramatique du lapin, animal injustement réduit à la gibelotte.

AMBIGU. *Le Naufrage de la Méduse.* — S'il y a au monde une imagination saugrenue, c'est, assurément, celle de faire un mélodrame du naufrage de la *Méduse* : en effet, où est l'intrigue, où est le drame dans ce sujet d'horreur monotone ? comment traduire à la scène ces mille incidents du voyage, ces inquiétudes, ces espérances aussitôt éteintes qu'allumées, ces horribles souffrances qui font tout l'intérêt ?

Le tillac d'un vaisseau est une *unité de lieu* bien étroite et l'action a bien de la peine à s'y retourner, quand même ce serait un vaisseau à trois mâts et à trois ponts. Si habile que soit le décorateur, il rencontre toujours des obstacles invincibles ; il est forcé de faire son navire immobile, et, s'il veut en montrer l'intérieur, il faut qu'il le coupe en deux comme un plan d'architecture, — convention gênante et qui inquiète l'œil du spectateur.

L'intrigue pour une pareille pièce est donc impraticable et *le Naufrage de la Méduse* n'est en quelque sorte qu'un supplément du Navalorama, une espèce de spectacle mécanique de M. Pierre en grand; les acteurs n'y sont que subalternes; le seul, le véritable acteur, c'est le vaisseau. — Nous le voyons sur le chantier entouré d'une complication d'échafaudages, et prêt à être lancé; nous le voyons voguant à pleines voiles et recevant le baptême d'eau et de feu du tropique; nous le suivons jusqu'à ce que la vague engloutisse sa dernière voile et sa dernière planche; là est la pièce; quelques figures de marins empruntées à la *Salamandre*, de M. Eugène Sue, remplissent les vides du cadre; — mais il n'y a réellement que deux actes, deux tableaux voulons-nous dire, l'un est imité du *Passage du tropique*, de M. Biard, l'autre du *Radeau de la Méduse*, de Géricault.

Entre ces tableaux, il y a la différence de M. Biard à Géricault; toute la différence d'une charge de Vadé avec sa gaieté de carnaval à un sombre poëme byronien. Dans le passage du tropique, on voit des marins affublés de déguisements grotesques, habillés en Neptune, en tritons et tritonnes, qui noient dans un déluge baptismal un pauvre diable de novice; le père Tropique et madame la Ligne, son épouse, sont très-bouffons et très-drolatiques.

Le tableau final qui représente les naufragés sur leur radeau est réellement une très-belle chose et que tout Paris courra voir. Figurez-vous une mer à perte de vue, dont les flots viennent se briser jusque sur les quinquets de la rampe; rien que l'eau et le ciel, pas d'autre bruit que la voile qui palpite, que le vent qui souffle, que le mourant qui râle, et la lame accourant du fond de l'horizon comme une cavale échevelée et furieuse, les naseaux blancs d'écume et le souffle pressé : c'est beau et grand. Chaque fois que l'Océan respire, il soulève sur sa forte poitrine le radeau chancelant, qui monte et descend avec son haleine; ce mouvement est très-bien rendu. Les groupes, disposés comme ceux de Géricault et modelés par une lumière livide, sont du plus grand effet et font une illusion complète. Saint-Ernest, Albert, grimés avec beaucoup d'adresse, semblent échappés du cadre. Madame Ferville, pâle d'une blancheur exsangue, avec ses cheveux trempés et ses lambeaux de vêtements, est une admirable statue du Désespoir. Le cadavre *un peu avancé* qui occupe le coin du radeau paraît parfaitement mort, et nous doutons que l'imitation puisse être poussée plus loin. — Vous pressentez le dénoûment : la petite voile qui blanchit à l'horizon comme l'aile de la colombe apportant le rameau d'olivier, puis qui disparaît et finit enfin par devenir un bon gros vaisseau, doublé, clouté et chevillé en cuivre, qui recueille les spectres consumés de soif et de faim; dénoûment souhaité de ce long cauchemar, où l'apothéose est remplacée par du bouillon de poulet et du vin de Bordeaux. — Gloire à MM. Philastre et Cambon !

26 mai.

Théatre-Français. *Le Susceptible.* — *Le Susceptible* est d'abord un bon gros barbarisme : des gens qui se piqueraient d'écrire leur langue mettraient *l'homme susceptible;* mais c'est là du style de nocturne et de romance qui ne choquera personne, car ces sortes de tournures sont fort usitées dans le patois actuel.

Un certain M. Vincent est secrétaire du comte de Murville, — voilà sa position. — Belle position ! — Quant à son caractère, il est *susceptible:* si on le regarde, il se fâche; si on ne le regarde pas, il se fâche; — il se trouve humilié, broyé, tyrannisé; un mot l'exaspère, une phrase demi-ironique le ferait se jeter par la fenêtre. Ce monsieur veut marier sa nièce Clémence au fils de l'intendant du château. Pour célébrer cette union, il compose, non pas un épithalame, mais un vaudeville, idée triomphante ! Le vaudeville nuptial doit être joué par les Palivert mari et femme, parents du comte, gens de goût, qui trouvent le vaudeville détestable et le disent avec une louable sincérité. Vincent, qui avait gardé l'anonyme, trahit son incognito et éclate en grossières invectives. On a beaucoup de peine à l'apaiser en lui disant que les Palivert ont agi de la sorte pour connaître le véritable auteur. Vincent, qui dans sa fureur voulait rompre le mariage, unit, tout en grommelant, Clémence à son fiancé. — La toile tombe et la pièce aussi.

Samson, Provost et mademoiselle Noblet jouent ce néant aussi bien qu'ils le peuvent.

M. Amédée de Beauplan, vite un album de romances !

Gymnase. *La Maîtresse et la Fiancée.* — M. Émile Souvestre est possédé de l'honnête manie de faire de l'*art utile :* chacun est libre ; ses vaudevilles ne sont que des capsules à sermons. Il y a toujours une intention philosophique sous tout ce qu'il fait. M. Souvestre a voulu prouver ici qu'il est ennuyeux d'être aimé d'une femme qu'on n'aime plus, et qu'il n'est pas aisé de se débarrasser d'une maîtresse. — Léon Gozlan, qui, certes, est un homme spirituel, a fait une nouvelle très-jolie, intitulée : *Comment on se débarrasse d'une maîtresse!* Le moyen, c'est de l'épouser! — L'épouser, c'est immoral; la renvoyer, c'est cruel. Que diable faire? — Se marier avec une autre, c'est chanceux. — Une maîtresse abandonnée pleure comme un crocodile, rit comme une hyène, dépasse en ruse le singe et le renard, et déploie des férocités de panthère ; elle pénètre partout, et particulièrement chez les beaux-pères qu'on a ; elle fait des scènes horribles ; elle se roule, se jette à terre, grince des dents et s'arrache les cheveux. — Le diable n'est rien à côté de cela. — Il ne se trouve pas toujours, comme dans la pièce du Gymnase, un honnête et débonnaire Savoyard, nommé André, pour l'épouser à votre place. Ces fortunes sont rares.

Madame Dorval a jeté, dans le rôle de Caroline, de fréquents et lumineux éclairs dont elle a seule le secret; elle a été tumultueuse, naturelle, pathétique, touchante, moelleuse comme une chatte, rauque et fauve comme une lionne, la plus adorable femme du monde pour tout autre qu'un amant. On craint à chaque minute que la frêle cage du Gymnase ne se brise sous les bonds désordonnés de ce violent amour.

XXIV

JUIN 1859. — Renaissance : *le Naufrage de la Méduse* (2e édition), paroles de MM. Cogniard frères, musique de MM. Flottow et Pilati, décorations de MM. Devoir et Pourchet. — Les râles d'agonie pris comme motifs mélodiques. — Le radeau de la Renaissance et celui de l'Ambigu. — Perfectionnement des trucs maritimes. — *Quos ego !...* — Opéra-Comique : *Polichinelle*, paroles de MM. Scribe et Charles Duveyrier, musique de M. Montfort. — Le polichinelle français et le polichinelle napolitain. — Porte-Saint-Martin : *le Pacte de Famine*, drame de MM. Paul Foucher et Élie Berthet. — Mélingue.

3 juin.

RENAISSANCE. *Le Naufrage de la Méduse.* — Quand Mascarille des *Précieuses ridicules* disait : « Je veux mettre toute l'histoire romaine en madrigaux, c'est mon talent particulier, » il ne se doutait pas que l'on arriverait à faire des choses encore plus extraordinaires : l'idée d'arranger en opéra le naufrage de la *Méduse* vaut bien celle de mettre l'histoire romaine en madrigaux.

Quel rapport a la musique avec cette effroyable histoire qui surpasse en horreur tout ce que l'imagination des tragiques a pu inventer de plus noir et de plus sauvage! Les cauchemars romantiques sont des rêves couleur de rose à côté de cette réalité; les danses macabres, les charniers, les morgues, les bourreaux et tout l'attirail cadavérique des romans de 1829 n'atteignent pas à cette puissance d'angoisse; des hurlements, des râles d'agonie, des cris de rage et de désespoir, sont d'assez tristes motifs mélodiques ; toute musique est puérile en pareille circonstance, et, si large que soit la convention en matière théâtrale, il est impossible d'admettre les naufragés de *la Méduse*, morts de faim, enragés de soif, dégradés par la souffrance jusqu'à l'animalité et l'anthropophagie, affreusement ballottés sur un radeau sans gouvernail, chantant des duos, des trios et des chœurs. — L'épuisement des sujets et des combinaisons dramatiques peut seul expliquer le choix d'une pareille donnée ; il faut avoir un besoin d'émotions violentes bien forcené pour repaître ses yeux d'un tableau si terrible. Pour nous, nous aimerions mieux tout simplement des combats de taureaux ou de gladiateurs. — Au moins, il n'y aurait ni paroles, ni musique ; — ce serait toujours autant de gagné.

Ces réflexions ne nuiront nullement au succès du *Naufrage de la Méduse ;* — il sera aussi grand à la Renaissance qu'à l'Ambigu-Comique ; car, en dépit de toutes les déclamations esthétiques, philosophiques et morales, l'horrible a son magnétisme comme l'abîme.

La pièce n'existe pas plus à la Renaissance qu'à l'Ambigu-Comique. Il n'y a, en effet, qu'un tableau, celui du naufrage ; les autres actes pourraient être retranchés sans le moindre inconvénient.

Du reste, quand arrive ce tableau qui représente le radeau de sinistre mémoire, on ne trouve plus qu'à louer ; c'est beau, terrible, saisissant ; — Géricault lui-même, s'il pouvait rouvrir sa paupière à tout jamais fermée, serait content de cette reproduction de son chef-d'œuvre ; l'art du décorateur et du metteur en scène n'a jamais été plus loin ; les lames se lèvent, s'abaissent, moutonnent et déferlent avec une vérité surprenante ; ce n'est plus de la toile peinte, c'est de l'eau, de l'écume qui va mouiller le spectateur et éteindre les quinquets de la rampe ; cette décoration sans coulisses, sans bandes d'air, sans repoussoir, qui n'est composée que de deux immensités monotones, le ciel et la mer, fait le plus grand honneur à MM. Devoir et Pourchet. Les groupes du radeau sont arrangés avec beaucoup d'art et de soin ; seulement, nous trouvons les cadavres de l'Ambigu d'une pourriture et d'un faisandé supérieurs ; ceux de la Renaissance sont un peu trop blancs et trop propres. — Le tangage du radeau est bien rendu et donne le mal de mer rien qu'à le voir. En outre, il traverse le théâtre d'un coin à l'autre ; le radeau de l'Ambigu ne fait que se ballotter à la même place, ce qui nuit à l'illusion ; ici, elle est parfaite. Le moyen employé au boulevard pour donner du roulis à l'embarcation est celui qui fait dandiner les *poussahs* et les *prussiens* : sous le plancher du radeau est adaptée une masse de fonte de forme ronde qui sert de centre et de contre-poids à l'oscillation imprimée par des cordes à la machine en équilibre. — A la Renaissance, le mécanisme s'opère au moyen de spirales élastiques comme on en met aujourd'hui dans les divans et les fauteuils, mais d'une force supérieure. — Autrefois, on n'y mettait pas tant de façons : quand on voulait faire la mer, on plaçait une douzaine de polissons à quatre pattes sous un tapis vert, et, quand le moment de la tempête était venu, le directeur activait la fureur des flots avec quelques coups de pied convenablement adressés. Rien n'était plus réjouissant que d'entendre la vague crier aïe ! quand elle était atteinte quelque part par la botte du Neptune théâtral. Il y avait encore une autre façon non moins naïve : on enfilait, comme des mauviettes, six douzaines de flots *vert-bouteille glacé d'argent* dans six longues broches de bois posant par leurs extrémités sur des espèces de chenets, et un nombre égal de petits Savoyards tournaient cela avec des manivelles comme des joueurs d'orgue ou des apprentis rôtisseurs. — On est bien loin maintenant de cette simplicité patriarcale, et la nature n'a plus de miracles que ne puisse reproduire l'art du décorateur.

18 juin.

OPÉRA-COMIQUE. *Polichinelle*. — *Polichinelle* est un tout petit, tout petit opéra-comique fort gentil et fort spirituel, qui dure à peine une demi-heure, attention délicate en ce temps de chaleur sénégambienne, où les claqueurs et les critiques fondent en faisant leur ouvrage, comme des mannequins de cire dans une fournaise.

On entre, on lève la toile, on la baisse, et l'on sort. — Ce n'est pas plus compliqué que cela.

Il n'y a pas même de mariage au dénoûment : les amants sont mariés au lever du rideau, ce qui n'est pas un mince bonheur; on est sûr, du moins, qu'ils ne s'épouseront pas à la fin, car le mariage a cela de bon, qu'il empêche à tout jamais de se marier; c'est son plus grand, et même son seul avantage.

En constatant le succès de *Polichinelle*, nous ferons observer à MM. Scribe et Duveyrier, que le *pulcinella* napolitain n'est pas bossu, et que son habit n'est pas mi-parti de jaune et de vert comme celui du polichinelle français. Le *pulcinella* est entièrement habillé de blanc, à peu près comme le paillasse parisien ; seulement, sa casaque fait plus de plis et se fixe autour de la taille par une ceinture où est passée une batte ; il porte un grand nez noir avec un demi-masque de même couleur, et un chapeau de feutre de forme pointue, comme on peut le voir dans les grotesques de Callot, dont la tradition s'est maintenue très-exactement. Cette chicane n'empêche pas la pièce de MM. Scribe et Duveyrier d'être pleine de gaieté et d'esprit.

23 juin.

Porte-Saint-Martin. *Le Pacte de Famine.* — Nous sommes en 1765, l'administration des blés du royaume est confiée à une compagnie de traitants qui font à leur gré la hausse et la baisse du prix du pain ; le roi Louis XVI a lui-même un intérêt dans cette entreprise, que la population entière flétrit du nom énergique et significatif de *pacte de famine*. — Grâce à cette belle association, les malheureux en seront bientôt réduits à manger de la croûte de pâté et de la brioche, selon le mot si tristement naïf d'une grande dame de ce temps-là, qui ne pouvait concevoir que tout le monde n'eût pas naturellement cent mille livres de rentes. — Un gentilhomme courageux, Prévôt de Beaumont, touché de tant de misère, a conçu le généreux projet de se procurer les preuves de ce marché infâme et de le dénoncer au parlement, qui, jusque-là, n'a épargné les accapareurs que faute de pièces de conviction. Un amour malheureux pour une jeune fille de Rouen, pauvre et de naissance obscure, qui n'a pas voulu l'épouser par délicatesse et qui est partie avec sa mère sans révéler où elle allait, laisse dans son âme un vide qu'il ne peut combler que par de nobles actions. Sa vie sera consacrée tout entière au soulagement du peuple ; le devoir remplacera la passion. — Cela se passe à Rouen et forme le premier acte. — Au second, nous sommes à Paris ; — une année s'est écoulée. — La disette règne dans la ville, le pain y est plus rare que dans une place assiégée. Prévôt de Beaumont tient plus que jamais à son dessein de traduire au parlement les coupables auteurs de cette horrible détresse, et le désir de venger un homme du peuple de ses amis, nommé Bayrel, à qui l'un des accapareurs a enlevé sa fiancée, attise encore son indignation. Il a enfin retrouvé Louise, la jeune fille de Rouen, qu'il avait tant aimée, mais trop tard, hélas! car, dénuée de toute ressource, elle a vu sa mère expirer de faim devant elle sans la pouvoir secourir. — La colère de Prévot de Beaumont est au comble; les tribunaux sont impuissants à punir ce crime, il n'y a que la ruse qui offre le moyen de se venger. Pour en venir à ses fins, Prévot de Beaumont simule une apostasie qui le déshonore, passe du côté des traitants, et monte dans la voiture de Matiffet au milieu des huées et des imprécations de la foule, qui ne peut soupçonner toute la grandeur de ce sacrifice.

Grâce à ce stratagème, Prévot de Beaumont est parvenu à se procurer un double authentique du *pacte de famine*. Muni de cette pièce importante, il forme le projet de faire saisir les registres dans les bureaux et les accapareurs eux-mêmes dans une orgie que doit donner Matiffet; mais un espion nommé Saint-Val s'est malheureusement glissé dans les rangs du peuple et s'est rangé du côté de Prévot de Beaumont, dont le succès lui paraît infaillible. Cet espion a été autrefois amoureux de Louise, qui l'a repoussé et lui a préféré de Beaumont; Louise, que les malheurs passés et le danger que court son mari ont jetée dans une espèce de somnambulisme voisin du délire, apparaît en ce moment; et Saint-Val, qui la reconnaît, jure en lui-même de punir Prévot de Beaumont d'avoir été plus heureux que lui.

Les accapareurs, réunis sans défiance chez Matiffet, sont surpris au milieu de l'orgie par la multitude affamée et furieuse. Prévot de Beaumont leur reproche leurs crimes et fait asseoir à leur place les malheureux qu'ils ont dépouillés. Toutefois, il fait respecter leur vie et ordonne qu'on les conserve à la justice du parlement. — Le triomphe de Beaumont semble assuré, et pourtant il a le pied sur l'abîme.

Louise, trompée par un avis perfide donné par Saint-Val, brûle tous les papiers de son mari, — et, avec eux, la copie du *pacte de famine*. — Plus de preuves. — Prévot de Beaumont est jeté à la Bastille, comme calomniateur et instigateur de sédition. Beyrel et ses amis jurent qu'il n'y restera pas.

Il y reste vingt-deux ans ; car, ainsi que le dit le poëte,

Les murs ont vingt coudées,
Les portes sont de fer, et nuit et jour gardées,

et il est plus facile de descendre dans l'Averne que d'en remonter. — Il y a donc entre le quatrième acte et le cinquième, un espace de vingt-deux ans. — Saint-Val est devenu lieutenant de la Bastille ; il est le geôlier de Prévot de Beaumont ; mais Saint-Val est puni par le même moyen qui l'a fait triompher. Jules de Beaumont, fils de Prévot, se fait, lui aussi, pour un instant, l'espion de Saint-Val, afin de le mieux tromper, et il le tue en duel au moment où le peuple prend la Bastille d'assaut. — Cependant, l'on ne peut découvrir le cachot de Prévot de Beaumont, qu'on a dérobé à tous les yeux avec un art infernal. Un papier saisi sur le cadavre de Saint-Val, et qui donnait l'ordre de se défaire du captif, révèle à la famille et aux amis de Beaumont le cachot du vieillard, qui est rendu à la liberté et sort des ruines de la Bastille avec une énorme barbe blanche.

La mise en scène de ce drame, dû à la collaboration de MM. Paul Foucher et Élie Berthet, est faite avec beaucoup de soin, et son exécution est généralement satisfaisante. Le rôle de Prévot de Beaumont fait beaucoup d'honneur à Mélingue, qui prend place parmi nos bons comédiens. — Mademoiselle Théodorine a déployé toute la grâce et toute la sensibilité que le public admire en elle. Jemma s'est fait distinguer dans un rôle ingrat et difficile, et madame Édelin, la Diane de Waldeck de *Léo Burkart*, a jeté beaucoup de charme sur un petit rôle de grisette assez hasardé, qui eût infiniment perdu à être dit avec moins d'esprit et d'habileté.

XXV

JUILLET 1859. — Opéra : *la Tarentule*, ballet de MM. *** et Corally, musique de M. Gide. — Rentrée de MM. Séchan, Feuchères, Diéterle et Despléchin. — Mademoiselle Fanny Elssler et la tarentelle. — Théâtre-Français : *Il faut que jeunesse se passe*, comédie de M. de Rougemont. — Ce que promettait le titre et ce que la pièce a donné. — Mission du Théâtre-Français. — Renaissance : *le Fils de la Folle*, drame de M. Frédéric Soulié. — Les critiques et les poissons rouges. — Guyon. — *La Jeunesse de Gœthe*, comédie en vers de madame Louise Collet. — Variétés et Vaudeville : *les Belles Femmes de Paris*. — Une cabale. — Appel aux mécaniciens. — Terrible dilemme. — Scène de bain aux Variétés, scène de toilette au Vaudeville. — Opéra : danses espagnoles. — Abomination de la désolation.

1er juillet.

OPÉRA. *La Tarentule.* — Il ne fait pas encore jour; une ombre bleue et veloutée baigne le théâtre. Cependant, un jeune homme, plus matineux que l'aurore, erre déjà, sur la pointe du pied, autour d'une auberge de belle apparence; une vraie auberge italienne, avec son arcade de briques, ses murs réticulaires, ses piliers festonnés de folles brindilles de vigne, son enseigne, et surtout son balcon, pièce d'architecture indispensable à toute action dramatique. — Ce jeune homme, levé de si bonne heure, est naturellement un amoureux : — l'amour est le meilleur réveille-matin. — En sa qualité d'amoureux, il veut donner une sérénade à sa belle; il en a bien le droit, et ce n'est pas nous qui le contesterons. Mais on ne donne pas une sérénade tout seul. Notre jeune homme, que le livret nous assure s'appeler Luidgi (ce qui est une faute par parenthèse), et que nous nommerons Luigi, pour plus de correction, va frapper aux portes de quelques-uns de ses compagnons, pour que l'aubade soit complète. — Ces braves garçons, pleins d'intelligence, arrivent armés de pied en cap de guitares, de triangles, de mandolines, se campent sous la fenêtre de Laurette, la fille de la maîtresse de poste, et s'apprêtent à commencer leur charivari sentimental.

Entre les feuilles des pampres et les guirlandes de fleurs grimpantes qui égayent le balcon, vous voyez poindre un charmant visage, qui s'épanouit comme une fleur vivante aux premiers rayons du jour. Cette fleur, c'est Fanny Elssler, c'est-à-dire Laurette. Elle veut, sans doute, comme la *belle matineuse* qui a donné lieu à tant de sonnets dans le XVIe siècle, faire douter de quel côté le jour se lève, et sécher l'Aurore de jalousie. La belle enfant se penche, voit le groupe musical dont la présence de Luigi lui explique les intentions, et rentre dans sa petite chambrette virginale pour écouter la sérénade plus à son aise.

Pendant que les guitares, les mandolines et les triangles font rage, le jour s'est levé, et nous permet de distinguer les détails de la décoration, qui est fort belle. Ce n'est pas là une de ces décorations qui soulèvent l'enthousiasme facile du vulgaire, un palais de fée avec des jets d'eau et des colonnes de cristal, un souterrain bien noir, ou une apothéose bien bleue; c'est tout bonnement un paysage fort simple; de ce côté, une auberge, de l'autre, une chapelle dont on entrevoit la façade enluminée de ces fresques grossières qui suffisent à la piété de l'Italien; un grand pin en parasol, quelques maisons jetées çà et là et comme au hasard; dans le fond, le chemin qui va à la montagne; la montagne elle-même, avec ses escarpements brusques et bizarres, baignée d'air et de soleil, et le ciel inaltérablement bleu qui sourit à cette belle nature; — c'est tout. — On reconnaît là le pinceau de la *quadrinité* à qui nous devons tant de beaux tableaux; car la décoration, exécutée ainsi, est de la vraie peinture. MM. Feuchères, Séchan, Diéterle et Despléchin ne pouvaient mieux constater leur retour à l'Opéra, dont nous ne savons quel malentendu les avait tenus éloignés trop longtemps.

Tout à coup, on entend claquer les fouets des postillons; à en juger par le tapage qu'ils font, celui qu'ils mènent doit être un personnage de la plus haute importance. Une chaise de poste constellée de tout un système céleste de grains de boue débouche sur la place traînée par deux chevaux damassés de crotte. — La boue et la crotte sont parfaitement imitées, — et M. Duponchel lui-même a scrupuleusement surveillé l'exécution de ce *détail nature*. Toutefois, nous ferons cette observation que, par un si beau climat et par un si beau temps, il serait plus juste de poudrer les chevaux et la chaise de poste que de les crotter; il faut des chemins rompus et des torrents de pluie pour accommoder un équipage de la sorte.

Les postillons déballent très-précieusement de la chaise un petit vieillard guilleret de mine appétissante, le sourire libertin, l'œil vif, emmaillotté d'une douillette de soie puce ouatée, comme en portent les vieillards de la Régence, si bien rendus par Henry Monnier. — Est-ce un duc, un prince, un grand seigneur, un banquier ? Mieux que cela, c'est l'illustre, le savant, le merveilleux docteur Oméopatico, qui tâte le pouls à toutes les monarchies de l'Europe, un homme à cures miraculeuses, qui ne commence à traiter les malades que lorsqu'ils sont désespérés, un médecin qui guérit les morts, bien différent de ses confrères, qui ne réussissent qu'à tuer les vivants.

M. le docteur Oméopatico ne se soucie pas de continuer la route ; il se sent un peu fatigué et prendrait volontiers quelque chose de cordial ; on remise la chaise de poste et l'on ôte les postillons de leurs grandes bottes. La gentillesse de Laurette séduit notre docteur ; elle est si charmante avec son corset de velours rouge galonné d'or ! elle a de si jolis petits pieds, des mains si fluettes, des yeux si pétillants ! Il voudrait bien lui donner une consultation ; mais Laurette prétend qu'elle se porte le mieux du monde et n'a pas la moindre envie de devenir malade ; le vieux drôle fait son vert galant, s'émancipe jusqu'à prendre la taille pour ausculter les palpitations du cœur, la main pour tâter la fièvre ; mais Laurette, peu touchée de ces aménités médicales, lui donne sur les doigts et se sauve en faisant des pirouettes. Le docteur, qui est fraîchement veuf, comme on peut le supposer d'après le crêpe tout neuf qui entoure son chapeau, prend feu comme une étoupe et va jusqu'à proposer le mariage ; Laurette lui répond en lui présentant son fiancé Luigi, qu'elle épouse le soir même. Oméopatico est bien forcé de se résigner ; son vieux museau ne peut lutter contre ce jeune visage.

Les jeunes amies de Laurette accourent en sautillant ; elles sont pressées de danser, les pieds leur démangent, elles n'ont pas la patience d'attendre le bal, et commencent les réjouissances de la noce sans plus tarder. Oméopatico lorgne les petites fort amoureusement en faisant mille coquetteries de vieillard, tendant la jambe pour montrer un mollet bien conservé, secouant les grains de tabac sur son jabot de dentelle, ouvrant sa tabatière enrichie de brillants, don de quelque souverain du Nord, faisant briller le solitaire de son petit doigt, etc. La vue de toute cette jeunesse le ragaillardit.

Bientôt, Laurette elle-même paraît avec son costume de fête. — Un corset vert relevé d'agréments d'argent serre sa taille souple; une jupe de gaze blanche fort courte laisse voir ses délicieuses jambes dignes d'un sculpteur grec; une couronne de fleurs est posée sur sa brune chevelure; des castagnettes babillent au bout de ses doigts. Laurette va danser la tarentelle! — Allons, Luigi, que faites-vous assis sur votre banc? Mon cher Luigi, ne savez-vous pas la tarentelle? Quoi! vous laissez danser votre maîtresse avec un autre! et vous vous dites amoureux! et vous mettez la main sur votre cœur pendant tout un acte! Vous avez très-grand tort, Luigi; d'autant plus que ce jeune drôle qui vous remplace est assez bien tourné et se sert fort adroitement de ses jambes. Vous nous répondrez que c'était mademoiselle Thérèse Elssler qui devait danser avec Laurette, et que mademoiselle Thérèse a mal au pied. — C'est égal, vous n'êtes guère jaloux.

Ce que Laurette a mis de grâce, de légèreté et de précision dans cette tarentelle est inimaginable; c'est quelque chose d'aérien et de vigoureux à la fois, de chaste et d'enivrant qu'on ne peut décrire; l'espièglerie et la passion s'y fondent avec un bonheur rare; la retenue de la jeune fille vient toujours tempérer à propos la fougue toute méridionale de cette danse. — La tarentelle a pris place désormais à côté de la cachucha et de la cracovienne.

Les danses terminées, l'essaim joyeux se dissipe et s'envole. Mais voici que Laurette, pâle, haletante, l'œil effaré, rentre sur le théâtre avec tous les signes de la plus violente terreur; on s'empresse autour d'elle, on lui demande la cause de son désespoir : — Luigi vient d'être mordu par une tarentule. — Vous savez que la tarentule est une espèce d'araignée noire, très-venimeuse, dont la morsure cause des convulsions et des soubresauts que l'on ne peut apaiser qu'au moyen de la musique, et en faisant danser le malade jusqu'à l'extinction de ses forces. La médecine nie cet effet, mais la tradition en est assez populaire pour être acceptée de tout le monde.

La pantomime de mademoiselle Elssler s'est élevée en cet endroit au plus haut degré de sublimité tragique. Elle a rendu avec une effrayante vérité les progrès du mal, et le caractère de plus en plus convulsif de la danse du malade; le récit le plus circonstancié, fait de vive voix, n'aurait pas été si clair que son discours par gestes.

Luigi, retenu à grand peine par ses compagnons, traverse la scène en faisant des cabrioles spasmodiques, et tombe bientôt épuisé entre les bras de Laurette et de sa mère.—Le docteur Oméopatico, qui n'est pas si bon diable qu'il en a l'air, avec sa houppelande raisin de Corinthe, son petit ventre contenu dans un gilet de piqué blanc, et sa montre à breloques, regarde de très-grand sang-froid le malheureux se débattre et se rouler par terre. Dans quelques minutes, tout sera fini. La pauvre Laurette, éperdue de douleur, tâche vainement de fléchir l'impitoyable docteur, qui regarde Luigi comme son rival et ne veut pas laisser échapper une si belle occasion d'en être débarrassé. — Au dernier paroxysme du désespoir, voyant cette chère vie près de s'exhaler, Laurette se résout au suprême sacrifice; elle donnera sa main au docteur Oméopatico, à condition qu'il sauvera Luigi. Oméopatico tire alors d'un petit nécessaire à coins d'or, une petite fiole d'élixir, la met sous le nez de Luigi, qui reprend ses sens, jette autour de lui un œil moins effaré et se dresse sur ses pieds.—Oméopatico épouse Laurette, et Luigi regrette de n'être pas mort.

Nous sommes dans la chambre nuptiale, la chambre de Laurette; voilà le petit lit guirlandé de fleurs, la table à pieds tournés, la chaise, le miroir, le pot bleu pour mettre tremper des roses, tout le modeste ménage de la jeune fille.

On amène la blanche victime; ses habits de fête tombent un à un; elle reste debout en simple corset de basin, en jupe de gaze, avec ses robes affaissées et roulées à ses pieds; elle croise douloureusement les bras sur sa poitrine comme la statue antique de la Pudeur. Cette toilette se fait derrière une bande de mousseline, paravent aérien, interposé par les compagnes de Laurette, entre la chaste nudité de la jeune fille et la pétulance du vieux faune, qui peut à peine se contenir. — Resté seul avec Laurette, l'amoureux Oméopatico veut s'asseoir auprès d'elle et lui prendre la main ; prétention excessivement modeste pour un mari : la pauvre fille recule effarouchée comme une biche qu'un chasseur aurait frôlée en passant. Elle demande à faire sa prière et s'agenouille. En priant, il lui vient sans doute une bonne idée, car elle sourit, relève gaiement la tête et s'approche de la cheminée; tout à coup, elle pousse un cri et porte la main à son pied. Elle a été mordue par la tarentule, et commence par faire les plus jolies cabrioles du monde ; le docteur, qui a son élixir, s'inquiète assez peu de cet accident dont il peut prévenir les suites, et regarde complaisamment la jeune fille voltiger et sautiller par la chambre ; Laurette presse le mouvement de sa danse. Le signor Oméopatico, jugeant le moment venu d'arrêter les effets du venin, cherche à mettre le flacon sous le nez de Laurette, qui le fait très-adroitement voler en l'air et casser en mille pièces. Oméopatico, très-inquiet, tâche vainement de saisir sa femme, qui bondit, tournoie, s'élance avec une prestesse toujours croissante, en lui administrant çà et là quelques petits coups de pied que Debureau ne désavouerait pas.

Oméopatico, hors d'haleine, gémit comme un soufflet asthmatique, s'évente de son mouchoir et se jette sur une chaise, plus haletant qu'une baleine sur le sec. Laurette, de son côté, tombe sur une autre chaise en poussant un grand cri.

Ce cri fait accourir tout l'essaim enjuponné. Les petites filles se pressent autour de leur camarade, qui leur recommande tout bas de ne la contredire en rien. Laurette continue à feindre l'évanouissement ; elle se meurt, elle est morte : voilà qui est dit. Morte, c'est bientôt fait, et les tarentules, surtout lorsqu'elles n'ont mordu personne, sont de terribles araignées. — Les garçons du village, furieux contre Oméopatico, lui donnent une glorieuse roulée de coups de bâton. Il l'a bien mérité, le vieux gredin, le libertin éhonté, qui a fait mourir la plus belle fille de la Calabre !

Oméopatico se sauve ; on emporte Laurette.

Nous voici dans un magnifique paysage : des montagnes admirables, beurrées, dorées, cuites et confites dans le soleil ; cette fabrique, à gauche du spectateur, où l'on monte par une rampe d'une couleur si vraie et si réelle, c'est le monastère de Sainte-Marie, une belle retraite en vérité : — larges terrasses de marbre, plantes grasses d'un caractère magnifiquement africain, vue infinie sur la plaine bossuée de collines et semée de hameaux, — un charmant paradis monastique.

La tête d'un long cortége débouche sur le théâtre : les hommes d'abord, la tête nue, les bras pendants, puis les femmes éplorées; Laurette est morte; la voilà étendue dans ses voiles blancs sur un brancard matelassé de satin et soutenu par quatre porteurs. Une couronne de roses blanches, symbole de virginité, entoure ses tempes diaphanes; les franges de ses beaux cils s'abaissent sur ses joues, où les violettes de la mort ne sont pas trop empressées de remplacer les roses de la vie; elle n'a point trop mauvaise mine pour une défunte. Luigi rencontre le convoi et s'élance vers le brancard, éperdu, les yeux pleins de larmes; il a reconnu sa bien-aimée. — Le voyant si chagrin, la morte soulève gentiment la tête et lui lance le sourire le plus vivant et le plus gracieux du monde, en lui faisant signe de garder le silence et de se tenir au repos.

Le cortége continue à défiler. Les jeunes filles jettent des roses effeuillées sur le corps de leur chère compagne, qui n'a vécu que ce que vivent les roses, l'espace d'un matin; on gravit la rampe qui mène au couvent, et l'on dépose la belle trépassée sur le seuil de la chapelle; dont la porte ouverte laisse voir une splendide illumination de petits cierges à la mode italienne. Tout le monde se retire, et Luigi s'approche de la jolie morte, qui lui saute au cou avec toute la passion de la vie et lui donne un beau et franc baiser de ses lèvres plus vermeilles que jamais. — Oméopatico, qui a remis son habit noir et n'a pas voulu repartir sans verser une larme sur le tombeau de sa femme, hélas! ravie si mal à propos par un destin jaloux, arrive à son tour dans la chapelle, l'œil douloureusement fixé vers la terre. Une petite main lui frappe sur l'épaule, il se retourne, et voit Laurette, sa seconde femme, débarrassée de ses linceuls et le regardant avec un sourire malicieux. — Tout s'explique et s'arrange : Laurette épouse Luigi, son premier mariage étant cassé de fait, et le docteur Oméopatico remonte dans la chaise de poste que les postillons ont négligé de faire laver. — Bon voyage!

Le succès a été complet : Barrez a donné un cachet très-comique au personnage du docteur Oméopatico, et il a sauvé très-habilement ce qu'il pouvait avoir d'odieux : il a su, mérite bien rare, s'arrêter à temps dans les charges, et ne pas dépasser la limite où la pétulance devient du cynisme.

Quant à mademoiselle Elssler, elle a été gracieuse, légère, touchante, spirituelle, terrible comme la pythonisse antique lorsqu'elle exprime les convulsions de son amant piqué par la tarentule, malicieuse comme la Colombine de la comédie italienne lorsqu'elle promène son vieux Cassandre tout autour de sa chambre ; — elle a transformé la parade en comédie et dissimulé avec un tact admirable tout ce que la donnée de ce ballet avait d'impossible et de hasardeux.

La musique est de M. Gide, — voilà notre avis consciencieux.

7 juillet.

THÉATRE-FRANÇAIS. *Il faut que jeunesse se passe.* — *Il faut que jeunesse se passe* est un titre guilleret et folâtre qui promet une suite d'escapades et de tours pendables les plus drôles du monde. On s'attend à voir un jeune fils de famille menant une vie enragée, passant les nuits au brelan, rossant le guet, soupant avec les *impures* de l'Opéra, et faisant chez les usuriers de ces emprunts fabuleux payés moitié en crocodiles, moitié en pistoles rognées, si communs dans les comédies du temps. L'imagination travaille là-dessus, et l'on croit déjà apercevoir, au dénoûment, l'oncle d'Amérique ou le père financier, avec son bel habit mordoré, sa veste à boutons d'acier taillés en pointe de diamant, qui tient, d'une main, une grosse liasse de mémoires acquittés, et, de l'autre, une jeune personne charmante, l'œil baissé, le cœur tremblant, la joue en feu, qui aime en secret le pendard de fils où le coquin de neveu, lequel promet d'être désormais plus sage et de ne vivre que pour Éliane ou Lindamire.

Trompé par ce titre, nous étions tout aise de penser que nous allions revoir ces vieux types que nous aimons et qui sont chaque jour plus nouveaux : le père rabâcheur et moraliste qui gourmande sans cesse son fils et finit par payer ses dettes et lui donner de l'argent, — espèce de père entièrement abolie ; les pères d'aujourd'hui ne font point de sermons, mais ils ne donnent point d'argent ; — le fils toujours amoureux, toujours riant, toujours buvant, toujours jouant, toujours quelque folie en tête ; le valet adroit, impudent, pipeur, ribleur, voleur, mais spirituel, plein de ressources, sans cesse en quête de quelque stratagème pour faire réussir les amours de son jeune maître ; la grande coquette avec son manége, son jeu d'éventail, ses clins d'œil et ses tours de tête ; l'Agnès que le père veut faire épouser ; la petite sœur qui intercède, et tous ces adorables personnages de convention si facilement admis qui laissent tant de liberté à la fantaisie du dialogue et à l'esprit du poëte.

Si nous avions su le nom de l'auteur, M. Balissan de Rougemont, nous nous fussions bien gardé de cette illusion ; mais, ce soir-là, nous n'étions pas mieux informé qu'un simple mortel. Au lieu de la comédie rêvée, nous avons eu un piteux vaudeville sans couplets où la jeunesse ne se passe en aucune manière et dans lequel il se commet un nombre exorbitant de bonnes actions.

M. Balissan de Rougemont a fait, à la Porte-Saint-Martin, *la Duchesse de Lavaubalière*, si célèbre par ses quatre queues. Il est le chef d'école du drame vertueux : c'est un mélange de Bouilly et de Fenouillot de Falbaire qui produit, en somme, un assez fade breuvage dramatique, et il a fallu réellement le besoin de boissons rafraîchissantes qu'avaient causé le poivre, le piment et le gingembre de la nouvelle école pour le faire avaler au public.

Le drame Rougemont était en quelque sorte la tisane théâtrale administrée aux spectateurs échauffés par *Antony* et *la Tour de Nesle*. Les journalistes firent à *la Duchesse de Lavaubalière* un succès de réaction, car le feuilletoniste aime beaucoup le drame vertueux, qui lui fournit de délicieux prétextes d'articles contre les auteurs de ces productions monstrueuses, où l'on ne peut mener ni sa fille ni sa sœur.

Si la nouvelle pièce de M. de Rougemont avait été donnée au Gymnase, au Vaudeville ou à la Porte-Saint-Martin, nous aurions pu lui être indulgent ; mais le théâtre sur lequel elle est jouée lui donne une importance qu'elle n'a pas et nous sommes forcé de la prendre au sérieux.

Nous avions cru jusqu'à présent que la Comédie-Française était une espèce de temple, d'arche de salut, où se conservait la saine tradition des maîtres, et où les ouvrages d'une littérature élevée et sérieuse étaient seuls accueillis ; nous pensions que c'était un refuge ouvert aux Muses, exclues des autres boutiques théâtrales, où les pièces sont des fournitures et les directeurs des marchands en tout semblables aux marchands d'autres drogues. — Nous savons très-bien qu'en notre qualité de peuple le plus spirituel de l'univers, comme nous nous appelons nous-mêmes, nous sommes incapables de prendre aucun intérêt au style, à la poésie, à la science du cœur humain, à l'analyse des passions, et qu'un théâtre qui donnerait des pièces sévères, consciencieuses, étudiées, pensées, écrites avec soin, ne ferait pas d'argent et ne pourrait subsister ; — C'est une vérité incontestable et qui nous fait beaucoup d'honneur ; mais ce cas a été prévu, et la Comédie-Française reçoit, pour représenter les anciens chefs-d'œuvre et jouer les ouvrages littéraires, une subvention de deux cent quarante mille francs ; les pièces en prose ne devraient être admises qu'avec beaucoup de réserve ; il y a bien assez de théâtres pour la prose, car il ne se donne pas, chose honteuse à dire, une pièce en vers par an sur les quinze théâtres de Paris ! La Comédie-Française devrait avant tout être une comédie française et laisser aux débitants dramatiques le patois vulgaire et les pièces de pacotille. Il faut vraiment une grande confiance dans la bonhomie du public pour lui présenter, sur la plus noble scène de l'univers, une berquinade tirée de la *Morale en action* ou de tout autre recueil de ce genre destiné à l'édification de la première enfance.

Dans une œuvre pareille, où est l'art, où est la poésie, où est le style, où est l'enjouement ? — Nous savons bien que les chefs-d'œuvre sont rares ; mais on est en droit d'exiger qu'une pièce soit proprement écrite et raisonnable, qu'à défaut du génie, elle ait du moins la grammaire et le sens commun. — La pièce de M. de Rougemont est tout simplement niaise, et beaucoup de phrases innocentes ont soulevé les ricanements et les sifflets du public. On y voit des amphigouris héraldiques de ce genre : *Redorer des blasons désargentés*, et mille autres incongruités de style que ne se permettrait pas un écolier de troisième.

Nous plaignons réellement les étrangers et les provinciaux qui vont tous les soirs au théâtre de la rue Richelieu pour se former le goût et se fortifier dans la langue; — le français de M. de Rougemont, débité par M. Lockroy, qui prononce *bonhûre, malhûre, jee t'eeeme*, à la gascone, bien qu'il soit Piémontais, par M. Rey, qui parle charabia, et par Samson, qui semble souffler ses phrases avec un bec de canard, leur donneront une haute idée du plus bel idiome du monde!

14 juillet.

Renaissance. *Le Fils de la Folle*. — Le théâtre de la Renaissance s'était mis en toilette pour jouer le drame de M. Soulié. — Le foyer était devenu une véritable orangerie : — un jet d'eau à fleur de parquet, entouré d'un cordon de résédas, d'hortensias, de pieds-d'alouette, de renoncules, en occupait le milieu comme dans les salles arabes de l'Alhambra. La liquide fusée s'élançait jusque dans les grappes de cristaux du lustre et retombait en perles avec un grésillement le plus frais et le plus joli du monde; une flotte de petits poissons rouges, beaucoup plus heureux sous le rapport de la température que les habitants des loges, se démenait et frétillait de la queue dans l'eau transparente; ces chers poissons n'avaient pas l'air de se douter le moins du monde qu'ils fussent dans un théâtre; rien ne les empêchait de se croire dans un bassin des Tuileries.

Ces poissons ont beaucoup occupé toute la critique parisienne, et, avec un drame moins intéressant que celui de M. Frédéric Soulié, ils auraient eu tous les honneurs de la soirée. — Par une lourde chaleur, dans cette atmosphère épaisse où dominent le fumet du claqueur et l'âcre odeur du gaz, on est si heureux de respirer le parfum d'une fleur, de boire la fraîche vapeur de l'eau et de baigner son imagination dans toutes les idées humides et fluviales que suscite la vue de ces bienheureux goujons rouges.

Le Fils de la Folle est emprunté à une nouvelle de M. Frédéric Soulié, insérée dans un journal et, par conséquent, déjà connue du public; à une époque plus littéraire, nous aurions peut-être cherché querelle à M. Frédéric Soulié de tirer ainsi double mouture de son sujet; mais, en ce temps de brigandage intellectuel, où chacun prend l'idée des autres où il la trouve, M. Soulié a eu raison de prendre l'initiative et d'être lui-même son plagiaire. — La pièce reproduit assez exactement la nouvelle, qui s'appelait *le Maître d'école ;* le titre seulement a été changé pour rajeunir et raviver la curiosité.

Guyon, qui jouait le maître d'école Fabius, a été noble, pathétique, simple; en un mot, le bel et bon acteur que vous savez. — Madame Moreau-Sainti a eu quelques inspirations heureuses dans le rôle de la folle; et madame Jourdain, qui rappelle souvent madame Dorval pour le jeu et l'organe, a mis dans une figure de jeune fille, que l'auteur avait peut-être un peu trop accentuée, beaucoup de grâce et de charme.

Le même théâtre nous a donné, cette semaine, *la Jeunesse de Gœthe*, comédie en un acte en vers, de madame Collet, née Révoil. — Werther avec son frac bleu et sa culotte jaune n'est pas, dit-on, un être purement imaginaire. La Lolotte qui faisait de si belles et de si touchantes tartines de beurre aux petits enfants a existé, et l'on retrouve dans la jeunesse du grand poëte la vague ébauche de son roman. Madame Collet, née Révoil, a accepté cette donnée et bâti sa pièce en conséquence.

Cette prétendue comédie fourmille de vers désagréables pour la critique. — Ce pauvre Schlegel, qui était pourtant un homme de beaucoup de science et d'esprit, y est excessivement maltraité. Il est vrai que madame Collet, née Révoil, ne fait pas grand cas de l'esprit;

> Car l'esprit est souvent l'indigence du cœur,

dit-elle en un français assez bizarre, dans le dernier vers de sa pièce; en ce cas, le cœur de madame Collet, née Révoil, doit être excessivement riche.

La versification de la *lauréate* est faible, incolore, et d'un goût médiocre : la phrase est pâteuse, sans dessin arrêté, et manque complétement de style. Pour un prix de poésie, — pour une muse couronnée, cela n'est pas fort.

21 juillet.

VARIÉTÉS et VAUDEVILLE. *Les Belles Femmes de Paris.* — Nous sommes en proie aux pièces d'été, aux vaudevilles caniculaires;

c'est-à-dire ce qu'il y a de plus énervant et de plus abrutissant au monde. Il semble qu'il y ait lutte de stupidité entre les directeurs, et que leur vœu le plus cher soit de n'avoir personne; ce vœu est bien rempli. — La solitude la plus champêtre règne dans tous les théâtres, et les lieux renommés par leur isolement, comme la terrasse du bord de l'eau, l'allée du Château-d'Eau au Luxembourg, sont des Capharnaüm et des tohu-bohu à côté des salles de spectacles. Les ermites de la Thébaïde pourraient s'y macérer en toute tranquillité et, des loges, faire des grottes fort convenables : il n'y a maintenant d'autre public que les critiques et les claqueurs.

A propos de claqueurs, nous avons dernièrement plaidé leur cause devant le public, et invoqué en leur faveur les circonstances atténuantes; mais ils ne devaient pas tarder à nous faire repentir de notre indulgence, et nous adresserons ici à ceux du Vaudeville la semonce qu'ils méritent. — Avec des pièces telles qu'on les fait aujourd'hui, l'aide de MM. du lustre est assurément indispensable; car, sans eux, bien peu de représentations iraient jusqu'au bout. Qu'ils emploient leurs mains calleuses à applaudir, puisqu'ils sont payés pour cela, et non à donner des coups de poing; c'est bien assez d'être claqueur, il ne faut pas être assommeur. A la première représentation des *Belles Femmes de Paris*, d'honnêtes gens qui se sont permis de siffler une très-pitoyable et très-indécente scène, ont été injuriés et vilipendés, roués de coups, meurtris et jetés dehors par l'ignoble bande, sous prétexte de cabale; — il n'y a au monde qu'un public parisien pour souffrir de pareilles avanies. — Ces faits se renouvellent assez souvent, à la honte des spectateurs et de l'administration; une salle de spectacle ne doit pas être une salle de boxe; il est fort ennuyeux de rentrer chez soi avec le nez escarbouillé et l'œil en arc-en-ciel; la vue d'un vaudeville ne vaut pas que l'on s'expose à un pareil danger.

Ne serait-il pas possible d'avoir une mécanique avec une roue ou une manivelle qui ferait mouvoir un nombre suffisant de marteaux et de battoirs pour imiter le bruit de la claque aux endroits qu'il conviendrait de chauffer; cela coûterait peu, serait plus propre et puerait moins; quant à l'effet moral, il serait absolument le même, car il n'y a plus un seul badaud de Paris, un seul provincial de

Brives-la-Gaillarde, assez arriéré pour se méprendre aux applaudissements stipendiés : le vrai public n'a pas de redingotes d'alpaga boutonnées jusqu'au cou, de cravates rouges et de carricks de cocher de fiacre au milieu de l'été. — La claque ne fait donc illusion à personne; c'est un moyen usé, immoral et barbare.

Toutes les fois que des violences semblables se renouvelleront, nous les flétrirons comme il convient. Il est révoltant que quelques argousins et quelques marchands de chaînes de similor avinés, insultent ainsi à la dignité du public.

Arrivons aux *Belles Femmes de Paris.*

Un de nos amis a eu cette idée de faire dessiner les portraits des femmes qui passent pour belles en cette bonne ville où nous sommes. — Le portrait lithographié est accompagné d'une notice où les perfections de la dame sont appréciées et discutées tout au long. L'une a le cheveu noir, l'œil vif, la cheville mince, mais son nez est un peu trop busqué, ou elle a au coin de la lèvre cette petite moustache bleuâtre qui montre combien une belle brune est près d'être un beau jeune homme; l'autre est blonde avec une peau de papier de riz, des joues veloutées de satin, mais elle est un peu trop grasse et ses contours sont trop richement remplis, etc., etc. Notre ami, qui est un homme de beaucoup de sang-froid et d'esprit, analyse toutes ces perfections comme nous ferions d'un vaudeville; il dit le fort et le faible, l'éloge comme le blâme, le tout cependant avec cette mesure qui sied à un jeune homme bien élevé et de bonnes manières.

Une publication qui s'adresse à l'amour-propre féminin, le plus féroce de tous les amours, ne peut manquer d'obtenir un grand succès.

Comment! voir sa figure à tous les carreaux de vitre, dans tous les passages, chez tous les libraires; être vendue dix sous, comme la première livraison pittoresque venue; mais c'est épouvantable, monstrueux, inconvenant, ridicule!... Eh! quoi, penser que votre tête encadrée orne la chambre de tout jeune homme enthousiaste qui possède un quart de franc, et que votre amant, à qui vous offrez votre portrait, vous répond : « Merci, j'en ai chez moi une douzaine, six sur papier de Chine, six sur papier ordinaire. »

Certainement, mesdames, rien n'est plus affreux ; mais que diriez-vous par hasard, si vous ne figuriez pas dans cette immorale collection ? Vous pousseriez des cris bien autrement aigus ! — Ce diable d'homme a un terrible dilemme à son service. — Eh bien, votre modestie s'oppose à tant de publicité : vous fuyez l'éclat comme la violette, et ne voulez vous trahir que par votre parfum. Soit, il y a une place pour vous dans les femmes laides. — D'une part, c'est immoral ; de l'autre, c'est humiliant, le choix n'est pas douteux.

Le vaudevilliste, qui est à l'affût de toute nouveauté, *quœrens quem devoret*, comme le griffon de l'Écriture, s'est jeté à corps perdu sur cette idée et a broché là-dessus deux pièces, l'une aux Variétés, l'autre au Vaudeville.

La pièce des Variétés fait tout ce qu'elle peut pour être immorale et allécher le succès au moyen des épaules et des bras nus des actrices. Nous lui savons gré de l'intention, mais elle s'est trompée cruellement, et il n'y a rien de vertueux et de moral comme cette exhibition malheureuse. On voit tous les jours, d'ailleurs, des bras et des épaules, et, dans le premier bal venu, toutes les femmes, pour peu habillées qu'elles soient, sont un peu plus déshabillées que les baigneuses des Variétés. Ce n'est pas que nous eussions voulu en voir davantage ; ce que nous avons vu nous donne une assez pauvre idée du reste, et nous ne concevons guère quel plaisir on peut prendre à voir des araignées ou des potirons en toilette de bain. Cela rentre dans la pathologie et l'anatomie. Cette idée de montrer des femmes au bain sur la scène n'est pas neuve ; et l'on se souvient d'avoir vu, dans le rôle de la chaste Suzanne, au théâtre de la Porte-Saint-Martin, que M. Merle dirigeait alors, une madame Quériot, d'ailleurs beaucoup plus belle que les actrices des Variétés, Suzanne fort peu chaste et découverte jusqu'aux hanches.

La scène du bain est remplacée au Vaudeville par une scène de toilette qui a la prétention manquée d'être voluptueuse, et qui n'est qu'indécente sans grâce ; on y fait de plus une exhibition étrange de toutes sortes d'ustensiles suspects, à l'usage des femmes, tels que faux mollets, corsets ouatés, tournures exorbitantes en bougran piqué, gorgerettes roides d'empois et autres déceptions ; Shakspeare a bien raison de dire que la femme est *perfide comme l'onde*.

M. Karr, si sa modestie ne s'alarme pas de ce rapprochement, n'a pas tort de la comparer à une carafe dont le contenu n'a de forme qu'en se modelant sur l'enveloppe, et qui se répand à droite et à gauche dès que le mince cristal est brisé.

28 juillet.

Opéra. *Danses espagnoles.* — Nous avons été un des plus ardents propagateurs de la danse espagnole; le premier, nous avons rendu à Dolorès la justice qu'elle méritait; nous avons dit comment cette souplesse, cette vivacité et cette passion andalouses étaient supérieures aux poses géométriques et aux écarts à angle droit de l'école française. Dans ce temps-là, les gens du bel air trouvaient la danse de Dolorès bizarre, sauvage, contraire aux saines traditions de l'école et aux règles du bon goût. Le nom seul de *cachucha* faisait redresser les perruques et grincer les pochettes des maîtres de ballet. « En effet, que signifient, s'écriaient les classiques, cette démarche onduleuse et brisée, ces yeux noyés d'amour, ces bras morts de volupté, cette tête qui s'incline comme une fleur trop chargée de parfum, cette taille flexible et cambrée qui se renverse éperdument en arrière de façon à faire presque toucher la terre aux épaules, ces mains agiles et fluettes qui réveillent la langueur de l'orchestre par le pétillant caquetage des castagnettes? C'est de la danse de carrefour et de bohème ! Que diriez-vous d'une pareille barbarie, ombres de Gardel et de Vestris? Parlez-nous des ronds de jambe, des pointes, des ballons, des gargouillades, des flicflacs et des pas de Zéphire, voilà qui est beau, noble, académique, majestueux, français ! Ce sourire stéréotypé n'est-il pas des plus convenables? y a-t-il au monde quelque chose de plus agréable qu'une femme qui tourne sur l'ongle de son orteil avec une jambe parallèle à l'horizon, dans la gracieuse attitude d'un compas forcé ? De cette façon, le goût ne se corrompra jamais. » Tels étaient à peu près les discours de tout le monde; car, en France, on tient beaucoup à la dignité du corps de ballet.

Si mademoiselle Elssler n'avait pas pris la danse espagnole sous son puissant patronage et tempéré, avec sa naïveté d'Allemande et son esprit de Française, ce que la manière de Dolorès avait de trop abandonné et de trop primitif, cet essai d'importation n'eût pas réussi. Traduire comme mademoiselle Elssler, c'est créer, et l'on peut dire en quelque sorte que c'est elle qui a inventé la cachucha.

Depuis ce temps, la danse espagnole est devenue populaire, et tout directeur qui peut faire exécuter à son théâtre le fandango, le boléro, ou le zapateado, est sûr d'une recette plantureuse. — Cette vogue, contre l'ordinaire, est parfaitement raisonnable. Les Espagnols sont les premiers danseurs du monde; ils ont un exquis sentiment du rhythme, un moelleux et une souplesse inimitables, et ils possèdent un grand nombre de pas de caractère très-variés et très-gracieux, qu'ils exécutent à ravir.

El jaleo de Jerès, dansé par mesdames Alexis Dupont et Lise Noblet, dans le divertissement de *la Muette*, avec un entrain et une audace extrêmes, a montré les progrès que le public avait faits dans l'intelligence des furies andalouses. Il y a trois ans, on eût sifflé impitoyablement ce pas, qui provoque aujourd'hui les plus vifs applaudissements.

La dernière représentation de *Don Juan* a été un véritable triomphe pour le genre cachucha : ç'a été un perpétuel cliquetis de castagnettes à réjouir les majos et les majas d'Andalousie les plus déterminés et les plus folles, et qui a dû bien surprendre l'ombre grave et mélancolique de Mozart.

Nous avons eu, d'abord, *las seguedillas de Andalucia*, réglées par madame Manuela Dubinon, la danseuse espagnole qui parut dans les bals de l'Opéra, sous le règne de M. Véron, et dont vous avez probablement gardé un bon et agréable souvenir. La musique est de ce compositeur que l'on appelle communément, en langage humain, *M. Chenecerf*, ou quelque chose d'approchant, et dont le nom est hérissé de tant de consonnes et de lettres baroques, qu'il est impossible à lire et chanceux à écrire, de M. Schneitzhoëffer enfin, l'auteur de la musique de *la Sylphide*, qui est, à coup sûr, une des meilleures musiques de ballet qui existe. — Les danseuses, très-heureusement assorties de taille, d'âge, de beauté et de talent, sont mesdemoiselles Nathalie Fitzjames, Blangy, Albertine et Maria. Leurs costumes, exactement pareils, sont les plus jolis et les plus galants qui se puissent imaginer. La jupe, d'un cerise vif, où les jambes satinées des danseuses se dessinent nettes et légères comme les pistils d'une fleur rouge, est préférable cent fois à ces blouses de gaze semblables à des linceuls où l'on entortille aujourd'hui la vivacité joyeuse et l'allégresse de tous ces petits pieds impatients.

Le pas a été dansé avec beaucoup de vivacité, de précision et de grâce ; tous les mouvements de bras et de jambes sont irréprochables, mais les reins et les hanches manquent un peu de souplesse ; ce n'est pas tout à fait là l'allure cambrée et fière de l'Andalouse : les pieds et les mains sont espagnols, mais le buste est encore trop français. Tous les peuples du Midi dansent autant avec le corps qu'avec les jambes ; il faut donc assouplir et mouvementer le torse si l'on veut arriver à une imitation complète.

Las boleras de Cadix ont été très-vivement applaudies. Madame Alexis Dupont et mademoiselle Noblet, habillées d'un élégant costume de majo, ont exécuté leur pas avec une verve étincelante. Nous reprocherons à madame Alexis Dupont, qui ne sait pas toujours modérer sa fougue, des hochements de tête beaucoup trop brusques, qui rappellent la pétulance du chevreau, et qui ne seraient bien placés que dans un pas styrien. — *Las boleras de Cadix* prouvent encore combien la richesse et la coquetterie du costume ajoutent d'agrément à une danse : exécutées en habits ordinaires, elles perdraient la moitié de leur attrait ; des plumes, des fleurs, du clinquant, des gazes lamées, des paillettes d'or et d'argent, voilà, nous ne cesserons de le répéter, ce qui doit faire le fond de toilette du corps de ballet. La vaporeuse transparence du blanc tout uni ne doit être employée que comme contraste : les oripeaux prennent dans l'agitation de la danse un fourmillement lumineux très-amusant à l'œil, et donnent de la vie à mille détails qui s'estomperaient dans l'ombre. On nous dira que tout cela sent un peu sa danseuse de corde. Eh bien, — une danseuse de corde a son prix.

XXVI

AOUT 1839. — Gymnase : *le Mexicain*, par MM. Laurencin et Maillan. — Bocage et madame Dorval. — Renaissance : *Lucie de Lammermoor*, traduction de l'opéra italien, par MM. Alphonse Royer et Gustave Vaez. — Début de M. Ricciardi. — Madame Anna Thillon. — Un directeur comme on en voit peu. — Porte-Saint-Martin : *la Fille de l'Émir*. — Les bêtes du dompteur Van Amburg. — Théâtre-Français : *Laurent de Médicis*, drame en vers par M. Léon Bertrand. — Le *Lorenzaccio* d'Alfred de Musset. — Les vers de M. Bertrand.

5 août.

GYMNASE. *Le Mexicain*. — La donnée de cette pièce repose encore sur un frère féroce, mais délicat : — il est Mexicain, circonstance aggravante, et s'appelle Manoël; tremblez! — Pour exercer sa profession de frère féroce, il lui faut une sœur; — cette sœur a nom Beatrix, ce qui donne fort à penser; *Manoël, Beatrix*, ce choix de noms romantiques présage les événements les plus sinistres; surtout si l'on songe que Manoël est représenté par Bocage, et Beatrix par madame Dorval : Bocage, cet acteur d'une passion si âpre et si amère; madame Dorval, cette femme malheureuse par excellence, cette reine des sanglots et des larmes! — Beatrix est malade, comme toute femme peut l'être quand elle a un charmant médecin qui s'appelle Arthur. Le brave Manoël, qui s'est constitué comme Saltabadil, le gardien des dames de la ville, découvre ou croit découvrir que le susdit Arthur fait la cour à une jeune personne fort intéressante qui répond au nom de Betzy et a pour profession de tenir compagnie à sa sœur Béatrix : le brave jobard ne voit pas que cette petite n'est qu'une poupée qu'on met en avant pour masquer le véritable amour; il exige des explications et conclut au mariage. Arthur se récrie comme vous pensez bien; mais le vertueux Manoël ne lui donne que vingt-quatre heures pour se décider. — Arthur est tout décidé; il arrange un rendez-vous avec Béatrix; il viendra à minuit, il l'enlèvera, et ils iront dans quelque coin de terre ignorée être obscurément heureux, hors de la portée de ce frère incommode. Malheureusement, la trame est découverte; Manoël est averti par le shérif Nicholson, assez détestable canaille, du projet d'Arthur; il se glisse derrière lui dans le parc, entend tout, et, convaincu du consentement de sa sœur à cette action malhonnête, il tue fort proprement M. le séducteur; puis il emmène sa sœur au Mexique, probablement pour justifier le titre de la pièce, qui n'a rien d'autrement mexicain, se passant en Écosse.

Madame Dorval était costumée avec une grâce chastement anglaise, qui faisait souvenir de la Ketty Bell, sa plus ravissante création. Seulement, il est dommage qu'au lieu de la prose perlée et ciselée de M. Alfred de Vigny, elle n'ait eu à débiter que du français de Gymnase.

O Bocage! ô madame Dorval! que n'êtes-vous à la Porte-Saint-Martin avec un bon grand drame, où vous ayez vos coudées franches!

Les auteurs de cette chose sont MM. Laurencin et Maillan.

14 août.

RENAISSANCE. *Lucie de Lammermoor.* — Le théâtre de la Renaissance vient de *renaître* réellement et de mériter son titre. Depuis *Ruy Blas*, il n'avait pas vu de succès pareil; il vient enfin d'entrer franchement dans la voie qui lui convient. Il faut que ce théâtre soit alternativement un second Opéra et un second Théâtre-Français. Pas de vaudevilles avec flonflons; pas d'opéras-comiques entremêlés de petits airs et de petite musique! — Le drame littéraire, tel que *Ruy Blas*, le drame lyrique, tel que la *Lucie*, peuvent créer à la Renaissance une double clientèle également nombreuse: puisqu'elle a deux troupes, l'une de chant, l'autre de drame, elle peut s'adresser tour à tour à deux sortes de spectateurs.

Cette soirée a été un véritable triomphe; la salle était pleine à rompre, et pleine de très-beau monde. La *Lucie*, accoutumée aux aristocratiques splendeurs de la salle Favart, n'a pas dû se trouver dépaysée: les plus charmantes toilettes fleurissaient et diapraient les loges; les caisses d'orangers embaumaient le péristyle et le foyer, le jet d'eau envoyait au plafond sa pluie diamantée.

Parler de la fable de la *Lucie* serait chose parfaitement inutile; nous ne ferons pas à nos lecteurs l'injure de croire qu'ils ne la connaissent pas; les personnages sont les mêmes que dans la pièce italienne, et les événements ne diffèrent en rien. MM. Alphonse Royer et Gustave Vaëz ont conservé toutes les situations et transporté en français, avec une grande habileté versificative, les rhythmes et les mesures des morceaux italiens. — Écrire de bons vers à mettre en musique, est déjà fort difficile, mais en fabriquer pour de la musique déjà faite est un métier diabolique, une espèce de casse-tête chinois des plus impatientants. Il faut une grande force de volonté et beaucoup d'habitude de la prosodie pour en venir à bout. Ces deux messieurs se sont acquittés de leur tâche d'une manière fort heureuse. Leur version est facile, harmonieuse, sans répétitions fatigantes, sans chevilles ridicules; beaucoup de vers bien frappés et pleins de fraîcheur s'y détachent agréablement et la distinguent de la poésie des libretti ordinaires : des hommes d'esprit et de talent trouvent moyen d'en montrer en traduisant un canevas d'opéra.

Ricciardi, qui débutait dans le rôle long et difficile d'Edgard, a réussi au delà de toute espérance. Il est grand, bien fait, de belle mine et d'apparence très-convenable; sa voix est fraîche, jeune, émouvante : dans les instants pathétiques, elle rappelle quelquefois celle de Rubini, ce qui est le plus grand éloge qu'on puisse faire d'un ténor quelconque. Son jeu, quoique gauche et encore peu réglé, ne manque ni d'élégance ni de passion; il ne faut pas oublier que Ricciardi n'a jamais paru sur aucun théâtre, et qu'il débutait comme acteur et comme chanteur.

Pour madame Anna Thillon, la ravissante Colombine de *l'Eau merveilleuse*, que nous n'avions vue, jusqu'à présent, que dans des rôles gais ou de demi-caractère, elle a montré qu'elle avait, comme tous les talents réels, le double masque de la joie et de la douleur, le rire et les larmes. Il serait difficile de rêver une Lucie plus adorable et plus charmante. Madame Thillon, Anglaise elle-même, se trouve être l'idéal réel du personnage, et, par le hasard le plus heureux, ce rôle semble créé exprès pour elle : l'âge, la taille, la couleur des cheveux, rien n'y manque, pas même un petit accent anglais qui est une coquetterie de plus. Elle a chanté avec beaucoup de grâce, de fraîcheur et de légèreté, de sa jolie voix argentine et claire, la charmante musique de M. Donizetti.

Les chœurs, au lieu d'ouvrir et de fermer la bouche, sans produire de son, comme cela se pratique sur plus d'un théâtre, ont chanté véritablement avec netteté, justesse, ensemble et précision. Qui a pu produire un pareil prodige? L'orchestre s'est transformé comme par enchantement et, sans transition, est devenu l'un des meilleurs de Paris. — Nous sommes vraiment heureux de constater toutes ces merveilles, car il eût été fort triste qu'un charmant théâtre comme celui de la Renaissance ne se fût pas tiré d'affaire.

M. Anténor Joly, par une délicatesse bien rare et qui malheureusement ne trouvera guère d'imitateurs dans ce temps de brigandage intellectuel, où la seule vraie propriété, c'est-à-dire la propriété littéraire, est livrée au pillage le plus scandaleux, a voulu payer à M. Donizetti ses droits d'auteur, quoi qu'il pût s'en dispenser, sa musique étant de la musique étrangère. M. Donizetti ne voulait d'abord pas accepter; mais M. Joly l'a prié de le faire au nom du principe, et le maestro s'est résigné.

18 août.

PORTE-SAINT-MARTIN. *La Fille de l'Émir.* — *Les bêtes de Van Amburg.* — Tout Paris avait dîné de meilleure heure avant-hier, de peur d'arriver trop tard à ce spectacle digne de la Rome des Césars. Les gardes municipaux faisaient manœuvrer les grandes croupes de leurs chevaux dans les flots compactes de la foule; les équipages, les cabriolets de régie, les fiacres, accouraient de tous les coins de la ville, pleins de femmes élégantes, de dandys, de journalistes et de comédiens. Le public ordinaire des représentations extraordinaires se rendait à son poste avec une exactitude admirable. Aucun homme du monde blasé, aucun journaliste excédé, aucune femme sensible, ne voudrait manquer une soirée où l'on a la chance de voir un lion manger un homme.

Dès six heures, la salle était comble; les spectateurs, tassés et encaqués dans les loges frémissaient d'impatience; on s'arrachait les stalles de couloir avec acharnement; des *titis* pleins d'érudition imitaient le chant du coq, d'autres chantaient *la Marseillaise ; — la Marseillaise* appelait les lions : c'était beau.

La pièce de *Victorine, ou la Nuit porte conseil*, qui est pourtant une pièce amusante et spirituelle, protégée par le souvenir de Serres, qui s'y montrait si comique, n'a pu être achevée. « Les bêtes! les bêtes! » tel était le cri général; rien n'était plus bizarre que d'entendre le rugissement sourd des lions et des tigres, que le bruit inquiétait, apparemment, servir de basse au fausset éraillé et grêle du vaudeville; en effet, quel intérêt pouvait-on prendre à une intrigue quelconque, en songeant aux terribles acteurs qui aiguisaient leurs ongles derrière la toile!

Qu'importe que M. Édouard épouse mademoiselle Rose, que Victorine se retrouve ou se perde, que le mauvais sujet devienne marguillier ou galérien? Il s'agit bien de tout cela! — Le lion mangera-t-il l'homme, ou ne le mangera-t-il pas? Voilà ce qu'il importe de savoir. — Jusqu'à ce que cette question soit résolue, nous n'écouterons rien. Au lieu d'un vaudeville, vous nous joueriez un drame de Victor Hugo, un opéra de Rossini, une comédie inédite de Molière, Duprez chanterait un second *Asile héréditaire*, mademoiselle Fanny Elssler, que nous n'avons pas vue cependant depuis un mois, danserait une nouvelle cachucha, que nous crierions ; « Assez! assez! A bas Duprez! à bas Elssler! à bas Rossini! à bas Hugo! Place à Van Amburg! place à la ménagerie! Acteurs, musiciens, poëtes, le lion rugit, taisez-vous!»

Cette attente furieuse avait exaspéré tout le monde; les gens les plus impassibles et les plus convenables trépignaient, vociféraient, martelaient le plancher avec leur canne; les fronts étaient moites de sueur, les yeux étincelaient fiévreusement; quand la toile se leva et que les acteurs commencèrent *la Fille de l'Émir*, un immense soupir de satisfaction sortit de trois mille poitrines haletantes; un *enfin!* modulé sur tous les tons, descendit des frises du théâtre, fit le tour des galeries, voltigea de loge en loge, circula de rang en rang, de banquette en banquette et s'engouffra jusque sous les noires profondeurs des baignoires.

Mon Dieu, mon Dieu, pas encore de lion ! Il n'y a qu'une très-jolie petite fille habillée de blanc à qui sa nourrice met une ceinture rose. — Voici qu'il est bientôt neuf heures et demie ; allez coucher ce cher petit ange, dont les beaux yeux bleus sont gros de sommeil ; une autre fois nous la trouverions gentille, mais aujourd'hui elle nous est insupportable. D'ailleurs, ménagerie à part, nous sommes de ceux qui trouvent charmants les enfants qu'on emporte. A la petite fille succède un Arabe à la mine sinistre, entouré d'une infinité de burnous plus ou moins en poil de chameau. Ahmed-Bermud (c'est son nom) ouvre avec beaucoup de précaution une cachette pratiquée derrière les carreaux de faïence bleue et blanche qui revêtent le mur, et dépose dans cette espèce d'armoire un coffret plein de pierres précieuses. Ces pierres précieuses ont été enlevées par lui au courrier du sultan Abd-el-Salem, dont il a forcé la main mourante, à écrire sur le sable : « Mon assassin est Saïd-el-Maïdir. » Ahmed-Bermud abhorre Saïd-el-Maïdir ; il espère ainsi le perdre et pouvoir rentrer en grâce auprès du sultan. Les diamants volés relèvent sa fortune, on va lui rendre ses honneurs ; il est au comble de la joie. Mais la petite Aïdie, tapie derrière le sofa par folâtrerie enfantine, a vu son père cacher les pierreries ; elle trouve par terre une bague de rubis dont l'éclat l'émerveille et qu'elle emporte pour jouer ; elle essaye même d'arriver jusqu'au trésor en entassant des carreaux les uns sur les autres ; mais elle ne peut trouver le secret qui fait tourner la plaque, et elle renonce à ses recherches.

Voici qu'une musique enragée se fait entendre ; boum ! boum ! turlututu, la grosse caisse et la trompette ; c'est le sultan Abd-ul-Raman qui vient chez Ahmed-Bermud pour lui rendre son estime et le réintégrer dans ses places (ô sultan plein de familiarité !). Il prend effectivement Saïd-el-Maïdir pour l'assassin de son coureur Abd-el-Salem, et charge Ahmed-Bermud de choisir la peine ; vous pensez bien qu'Ahmed profite de l'occasion, il condamne Saïd-el-Maïdir à être livré aux bêtes.

Cette condamnation, quoique injuste, a fait le plus grand plaisir ; un tonnerre d'applaudissements a marqué la satisfaction générale. Les griffes de la ménagerie commençaient à se faire jour à travers le drame. On aurait embrassé ce brave coquin d'Arabe qui, ayant à sa disposition le pal, les crochets, le cordon, l'yatagan, avait eu la complaisance de condamner son ennemi aux bêtes de Van Amburg.

Pendant qu'Ahmed est sorti pour ordonner le supplice, le sultan joue avec la petite Aïdie, qu'il prend sur ses genoux et qu'il questionne. O surprise! il aperçoit dans ses mains la bague du coureur Abdel-Salem si lâchement assassiné : comment cette bague se trouve-t-elle dans la maison d'Ahmed? Un affreux soupçon traverse son esprit. Il presse la petite, qui lui découvre la cachette avec la perfide naïveté de l'enfance; le sultan Abd-ul-Raman fait empoigner et ficeler soigneusement le scélérat Ahmed-Bermud et le condamne à remplacer dans le cirque l'innocent Saïd-el-Maïdir; second tonnerre d'applaudissements. — Ce qui semble dur à l'assassin d'Abd-el-Salem, ce n'est pas tant d'être mangé par les tigres, que d'être livré par sa propre fille. — La nourrice Izlé le rassure de ce côté : Aïdie n'est point sa fille; sa vraie fille est morte de la peste, et, n'osant lui avouer cette perte, elle a volé un enfant pour la remplacer. Aïdie est fille de Saïd-el-Maïdir, comme le prouve ce collier couvert de signes talismaniques; car Saïd-el-Maïdir est un peu magicien. Ahmed serre la petite fille sous son manteau et marche d'un pas ferme au supplice. Il tient sa vengeance en main!

La toile tombe là-dessus. — Des garçons machinistes marchent devant le rideau avec des broches de quinquets qu'ils appendent de chaque côté de l'avant-scène : cette opération excite vivement la curiosité; la rampe effarouche probablement les bêtes féroces, c'est pour cela qu'on les éclaire de côté; les critiques se livrent à mille suppositions plus mystérieuses les unes que les autres. Il est cependant peu probable qu'une rangée de quinquets fumeux fasse vaciller l'œil jaune du lion et l'iris verdoyant de la prunelle du tigre, accoutumés à l'éclat du soleil africain; en effet, voici la rampe que l'on relève.

Encore une ouverture : que le diable emporte la musique et les musiciens! les dieux de l'Olympe à quatre sous crient de leur voix enrouée : « Enlevez le torchon! » Plus d'un jeune homme ganté de beurre frais, malgré le décorum, joint sa voix aux hurlements des *titis* et des *lolos*.

Cette fois, voici les bêtes.—Deux cages juxtaposées occupent toute la largeur du théâtre qui représente une façon de cirque ; derrière les barreaux, assez frêles à l'œil, s'agite et se démène la sauvage famille. Ici, un lion, le menton enfoncé dans sa grande crinière in-folio qui a de vagues ressemblances avec une perruque à la Louis XIV, les pattes croisées sous le poitrail, dans une attitude fière et nonchalante comme un de ces lions privés qui servaient d'accoudoir au pacha de Janina, regarde le public d'un air bienveillant en clignant à demi ses larges prunelles d'or. Un autre lion, dont la crinière est noire et qui porte sous le ventre et aux jarrets des bouquets de poil de la même couleur, se promène avec cette allure de manége particulière aux bêtes fauves encagées. Deux magnifiques tigres rubanés de velours noir sur fond orange comme le pantalon de Saltabadil dans *le Roi s'amuse*, se livrent au même divertissement ; une lionne passe le bout de son mufle et une de ses pattes entre les barreaux ; trois ou quatre panthères et léopards dorment dans un coin, aplatis, allongés et levant le nez de temps à autre pour subodorer la chair fraîche.

Jusqu'à présent, on en voit autant au jardin des Plantes, ou du moins à peu près ; car c'est déjà un fort beau triomphe que d'avoir fait vivre ensemble tant d'espèces rivales qui, dans l'état de nature, ne feraient que s'entre-déchirer.

Où en est donc notre analyse ? que sont devenus Ahmed-Bermud, le sultan Abd-ul-Raman et le brave Saïd-el-Maïdir, dont nous avons eu tant de peine à nous fourrer les noms dans la tête ? Les voici. — On amène Ahmed-Bermud sur la plate-forme des cages ; on va lever la trappe et le jeter aux vingt gueules béantes qui l'attendent. Pour suprême faveur, au moment d'être précipité, il demande à embrasser sa fille. La nourrice l'apporte. Ahmed soulève l'enfant dans ses bras et dit d'une voix tonnante : « Saïd-el-Maïdir, cet enfant est le tien, comme te le prouve ce collier talismanique. Va chercher ta fille dans la gueule des lions et dans les entrailles des tigres, toi que l'on dit si habile magicien. Voilà ma vengeance ! » Sa tirade achevée, il lance l'enfant — c'est-à-dire un mannequin habillé de même — dans la rugissante caverne.

Saïd-el-Maïdir, qui n'est autre que Van Amburg en personne, ne fait ni une ni deux, jette là son burnous, et, par un anachronisme assez bizarre, paraît en costume d'empereur comme le commandeur du *Festin de pierre*, justaucorps en forme de cuirasse, tonnelet et cothurnes. Il saute à bas de la plate-forme, et une espèce de gardien habillé au naturel lui entr'ouvre la redoutable porte.

Van Amburg est un jeune homme de vingt-sept ou vingt-huit ans tout au plus, de grande taille, bien découplé, vigoureux sans atteindre aux énormités athlétiques ; sa figure est douce ; il est blond et porte des favoris sans moustache ; son œil n'a pas l'éclat diamanté et magnétique de Martin ; mais il y a dans toute sa personne un air de sécurité et d'aisance qui rassure tout à fait, qui rassure peut-être trop.

Jamais entrée de Talma, même celle d'Hamlet, où il arrivait à reculons, poursuivi par l'ombre de son père, n'a produit autant d'effet que celle de Van Amburg ; l'angoisse serrait toutes les poitrines, le sang refluait à tous les cœurs.

Le phlegmatique Américain avait à la main une petite houssine comme celle dont on se sert pour monter à cheval ; il en donna quelques coups à droite et à gauche pour s'ouvrir le passage avec une témérité à faire figer la moelle dans les os. — Un tigre cravaché ! quelle singulière alliance de mots ! Ce tigre se dérangea fort humblement, et, s'affaissant sur ses pattes comme un chien de chasse battu souvent, alla s'étendre à plat ventre à l'autre bout de la cage. Van Amburg, s'avançant vers le lion, lui donna une poignée de main aussi cordiale qu'à un caniche bien élevé ; ensuite il lui ouvrit la gueule, y fourra sa main, son bras, sa tête ; puis il le renversa par terre et fit le grand écart sur lui un pied sur la croupe et l'autre sur la tête.

Les autres regardaient avec un air de tendresse jalouse et s'approchaient piteusement, implorant de l'œil et du museau un coup de pied, une caresse ; le tigre, cet animal qui, s'il faut en croire Buffon, ne peut jamais s'apprivoiser, ce brigand de la création, léchait, avec la câlinerie d'un chat en gaieté, la main qui venait de le cravacher ; la panthère se frottait le long de la jambe du maître en faisant le gros dos ; la lionne tâchait de trouver un interstice pour arriver jusqu'à lui, et, ne pouvant y parvenir, attachait sur lui un regard d'une inexprimable douceur, presque lascif, pour ainsi dire.

On aurait dit un père au milieu de sa famille : le tigre avait le bras ; le lion, la tête ; la panthère, la jambe ; la lionne était enfin parvenue à poser amicalement sa patte sur son épaule, comme une maîtresse qui veut faire une confidence ; rien n'était plus intime et plus cordial. Cependant il y avait là des dents terriblement longues, terriblement blanches qui se dessinaient à merveille sur un fond d'écarlate vif très-peu rassurant.

Dans la seconde cage, même soumission, mêmes caresses ; audace poussée encore plus loin. Van Amburg souffleta impunément le monstrueux lion héraldique se tenant d'une patte aux barreaux de la cage et parant de l'autre les coups qu'il lui portait ; tout cela ne se faisait pas sans gronder et sans rugir, comme vous pensez bien ; mais cette colère factice s'apaisait au moindre geste amical du maître. Le tigre de cette cage, plus grand, plus féroce d'aspect que son frère, avait le caractère aussi bien fait ; les léopards dépassaient en servilité les animaux domestiques les plus souples : ils rampaient en décrivant des cercles autour du fascinateur, comme le barbet magique autour de Faust et de Wagner, frétillant de la queue, pliant sur leurs jarrets, balayant la terre du ventre, faisant onduler leur échine avec des mouvements serpentins, abdiquant tout souvenir de griffes et de dents, aussi dociles que s'ils eussent été empaillés.

Non content de cela, pour montrer jusqu'où va la puissance de la volonté humaine, Van Amburg jeta, au milieu de tous ces ongles et de toutes ces gueules, un charmant petit agneau tout effaré, fort tendre et fort appétissant ; le tigre poussa un reniflement rauque et profond en fixant sur Van Amburg son œil verdâtre et phosphorique ; il allongea sa tête plate de couleuvre, mais ne bougea pas ; l'agneau, effrayé, se réfugia dans le sein du lion, qui l'accueillit très-paternellement ; toute la ménagerie se montra d'une sobriété et d'une douceur parfaite, et le pauvre agneau rentra dans la coulisse miraculeusement intact. Cet agneau remplace la petite Aïdie, car la scène de l'enfant au milieu des bêtes, qui s'exécutait en Angleterre, n'a pas été permise en France, où, d'ailleurs, aucune mère n'eût voulu prêter son enfant pour un si terrible jeu. Il faut pour cela le phlegme de la maternité anglaise. Van Amburg reparaît de l'autre côté de la cage, tenant par la main la petite fille, qu'il est censé avoir sauvée.

Daniel et Androclès étaient fort peu de chose à côté de Van Amburg. Par la poignante émotion que donne ce spectacle, nous pouvous comprendre la passion furieuse des Romains pour les jeux du cirque. Que serait-ce si ces lions et ces tigres bondissaient en pleine liberté, s'ils voyaient la lumière de la rampe pour la première fois, si la houssine de Van Amburg était remplacée par la courte épée du gladiateur? La sensiblerie à part, ce devait être une belle chose que ces luttes acharnées où les monstres de l'Inde et de l'Afrique se colletaient corps à corps, où les griffes de la panthère rayaient les flancs lustrés de l'huile du bestiaire gète ou sarmate dont les mains nerveuses lui déchiraient la gueule; où la corne du rhinocéros, imbriqué et cuirassé, ouvrait le ventre bouffi du monstrueux hippopotame; où l'éléphant, fou de douleur, aveuglé de sang, flagellait de sa trompe le tigre cramponné à la peau de sa tête, avec ses vingt ongles et ses quatre formidables crocs; où quarante mille spectateurs, haletants, enragés, l'œil sorti de l'orbite, le cou tendu, les mains crispées, attendaient l'issue de cette terrible tragédie, bien autrement intéressante que les déclamations iambiques de Sénèque.

Cela paraîtra cruel à bien des gens; mais, au moins, ces spectacles inspiraient un noble mépris de la vie, et ne manquaient pas d'une sorte de grandeur sauvage. Selon nous, les vaudevilles qui tournent tout en dérision et font ressortir le côté ignoble des choses, sont beaucoup plus barbares, plus malsains et plus immoraux que les combats du cirque. Le sang est moins immonde que la boue, et la férocité vaut mieux que la corruption.

27 août.

Théatre-Français. *Laurent de Médicis.* — M. Alfred de Musset, l'un des plus élégants et des plus spirituels auteurs de ce temps-ci, a publié, sous le titre du *Spectacle dans un Fauteuil*, une collection de charmantes petites comédies qu'aucun directeur de théâtre ne voudrait assurément représenter, mais qui n'en sont pas moins les plus délicieuses bluettes que l'on puisse imaginer; *les Caprices de Marianne, Fantasio, On ne badine pas avec l'amour, André del Sarte, la Nuit vénitienne* et *Lorenzaccio* forment un répertoire complet. Le Vénitien Gozzi n'a pas le caprice plus vif et plus étincelant, et ce n'est que dans les comédies romanesques de Shakspeare que vous trouverez ce mélange de sensibilité, d'humour et de poésie;

il est fâcheux que *le Spectacle dans un Fauteuil* ne puisse devenir *le Spectacle dans une Loge ;* nous ne nous plaindrions pas tant de notre métier.

Parmi ces pièces, il s'en trouve une qui est une admirable étude dramatique qu'aucun maître ne désavouerait : nous voulons parler de *Lorenzaccio*, dont le sujet est le même que celui du *Laurent de Médicis* représenté au Théâtre-Français.

Le Lorenzaccio de M. Alfred de Musset, espèce de Brutus bouffon, s'est juré à lui-même de faire une action sublime et de délivrer Florence de la tyrannie qui pèse sur elle; cette idée lui est venue une nuit, au Colysée, par un clair de lune plein de fantômes et de souvenirs classiques; depuis cette illumination héroïque, il s'est lié étroitement avec le duc Alexandre, qui est son cousin ; il joue auprès de lui le rôle d'un Méphistophélès sans pied fourchu; il lui souffle mille méchants desseins, le pousse à des débauches incroyables, s'enivre avec lui, l'accompagne dans ses expéditions nocturnes, lui dépiste des femmes et des filles, et se fait le valet de ses mauvaises passions.

Il lui conseille le meurtre et la violence, — ni pitié ni pardon, — on ne saurait frapper trop fort sur le populaire; Alexandre, espèce de gladiateur au poil roux et de bête fauve couronnée, n'est que trop disposé à suivre cette funeste impulsion; Laurent, que l'on nomme par mépris Lorenzaccio, espère que tant de mauvais traitements lasseront la patience du peuple; chaque crime qu'il fait commettre au duc est une prière jetée dans l'urne de la colère publique près de déborder et qui hâte le moment où le flot dépassera ses bords; mais, hélas ! le pauvre Lorenzaccio a si bien joué son rôle, qu'il s'est convaincu lui-même; son masque de corruption s'est attaché à sa figure, il ne peut plus arracher de son corps la robe brûlante qu'il a revêtue; il aime le vin, les dés, les courtisanes pour son propre compte; à ce terrible jeu, il a perdu sa beauté, sa jeunesse; les voluptés honteuses n'ont qu'à tirer le pan de son manteau pour le faire retourner, il est devenu un véritable débauché. Voyez-le traverser la place; ses jambes avinées flageolent, son pourpoint est boutonné de travers; l'ivresse de la veille jase sur ses lèvres épaissies, sa main nerveusement crispée remue au fond de sa poche quelques derniers écus. Il hésite! Va-t-il aller chercher Mamma Rosalia, entrer au cabaret ou retourner au jeu? — Ce spectre au teint plombé, aux yeux caves, aux tempes dégarnies, c'est Lorenzino, le bel écolier qui passait son temps, penché sur quelque livre antique, savourant un hémistiche de Virgile, une strophe d'Horace; — qui le reconnaîtrait aujourd'hui?

Le vieux Strozzi est seul dans le secret, il sait l'héroïque résolution de Laurent et le console de l'abjection où il est tombé : le sang lave toutes les taches, — la mort du tyran l'absoudra. A travers la dissipation de cette vie damnée, Lorenzaccio conserve comme une perle son idée au fond de son cœur gros de vengeance; las de sentir pleuvoir sur sa face les crachats du mépris général, il dresse une embûche au duc; sous prétexte de poser pour un portrait, il parvient à faire dépouiller Alexandre de la fine cotte de maille de Milan qu'il ne quittait jamais; sans faire semblant de rien, il jette la cotte de maille au fond d'un puits, et le duc, qui ne se méfie d'aucune trahison, se rend dans la maison de Lorenzaccio, qui lui a ménagé une entrevue avec sa tante. Au lieu de la belle, Alexandre ne trouve que Lorenzaccio et son maître d'armes Scoronconcolo, qui fondent sur lui l'épée haute et le percent de plusieurs coups à travers les draps et les couvertures; le duc crie en vain au secours, car, depuis longtemps, Lorenzaccio venait faire des armes avec son bravo dans cette chambre pour que le cliquetis des épées ne parût étrange à personne.

Le sacrifice accompli, Lorenzaccio parcourt les rues de Florence, frappe aux volets des chefs républicains et leur crie : « J'ai tué le duc Alexandre, levez-vous et mettez-vous à l'œuvre! » Mais il ne recueille dans sa promenade que des lazzi, des quolibets. « C'est Lorenzaccio qui est ivre, c'est Lorenzaccio qui est fou! Va-t'en, ivrogne! va-t'en, traître! tu veux nous perdre et nous dénoncer. » Tels sont les invectives qui partent comme une artillerie de toutes les portes et de toutes les fenêtres.

Le vieux Strozzi seul ajoute foi à la parole de Lorenzaccio, qu'il embrasse avec effusion, et qu'il proclame le Brutus des temps modernes. Il oublie presque la mort de sa fille, et croit qu'il va voir l'aurore de la liberté se lever sur le ciel florentin. Mais le mouvement est manqué, la garnison allemande est sur ses gardes, et Lorenzaccio n'a que le temps de s'enfuir à Venise.

Sa vie maintenant n'a plus de but ; il a rempli sa mission. Le reste de son âme s'est évaporé dans cet effort ; rien ne remue plus en lui, il se sent plus creux et plus vide qu'une statue de fer-blanc ; cette pensée était comme le sel qui empêchait la pourriture de l'envahir ; maintenant, il tombe en lambeaux, de décomposition morale ; il n'espère plus, il ne croit à rien, et n'a même pas la force de presser le pas pour rentrer chez lui, quand il entend derrière ses talons les gens qui viennent pour le tuer et gagner la récompense promise, car la tête du libérateur de Florence est mise à prix.

Cette analyse rapide ne peut donner une idée, même lointaine, de la manière supérieure dont ce caractère est rendu ; c'est une magnifique étude philosophique, d'un comique terrible et douloureux, qui fait le plus grand honneur à M. de Musset, comme poëte et comme philosophe.

Autour de ce personnage, tout remue, fourmille et s'agite avec une incroyable ardeur de passion italienne ; la Florence du moyen âge respire là tout entière ; les détails sont d'une vérité et d'un caprice vraiment shakspeariens ; il y a une vie, une circulation, une abondance admirables.

Le Laurent de Médicis de M. Léon Bertrand ne ressemble malheureusement pas assez au Lorenzaccio de M. de Musset ; c'est un conspirateur qui ne diffère en rien des tueurs de tyrans ordinaires ; l'intrigue n'a, d'ailleurs, rien de bien neuf et de bien tranchant. Le dénoûment était fourni par l'histoire ; il est le même que dans M. de Musset.

La pièce de M. Léon Bertrand est écrite en vers, mais d'un style tempéré et familier qui tient plus du brodequin que du cothurne ; il y a des coupes maladroites, des rimes négligées, d'une consonnance douteuse, que le perfectionnement matériel du rhythme ne permet plus de supporter aujourd'hui. La phraséologie est sans relief, mal sculptée et n'offre pas assez de saillie pour être vue à distance. Plus que tout autre, le style dramatique a besoin d'être débarrassé des épithètes oiseuses, des phrases incidentes, des comparaisons à longue queue ; il faut qu'il soit bref, significatif, exempt d'afféterie et de mollesse, facile à dire et courant toujours au fait; peu de touches, mais bien en place, des masses larges et bien accentuées, comme dans les décorations. Sans doute, il n'y a que les maîtres les plus éminents qui puissent atteindre à un pareil style; mais il nous semble que M. Léon Bertrand aurait pu serrer davantage la trame du sien.

XXVII

SEPTEMBRE 1859. — Opéra-Comique : *le Shérif*, paroles de M. Scribe, musique de M. Léon Halévy. — *Maître Cornélius, argentier de Louis XI.* — M. Halévy et l'opéra-comique. — La partition du *Shérif*. — *Le poëme.* — Opéra : *la Vendetta*, paroles de MM. Léon *** et Adolphe ***, musique de M. Henri de Ruolz. — Duprez. — Massol.

9 septembre.

OPÉRA-COMIQUE. *Le Shérif.* — Tous ceux qui lisent ont remarqué, parmi les contes drolatiques de M. de Balzac, une délicieuse nouvelle intitulée : *Maître Cornélius, argentier de Louis XI*, dans laquelle il est curieusement raconté comme quoi ledit argentier, somnambule, volait très-adroitement à lui-même, toutes les nuits, ce qu'il avait de plus précieux, et le cachait si bien, que oncques ni lui ni autres ne purent le retrouver; ce qui faisait que, tous les jours, il était en grand émoi pour découvrir le malin voleur qui déjouait invariablement toutes ses précautions les plus assurées, sa surveillance la plus active. Le pauvre Cornélius en était venu à ce point d'inquiétude, qu'il ne dormait plus que juste le temps nécessaire pour se voler chaque nuit ce qu'il avait le plus soigneusement serré, verrouillé, barricadé pendant le jour. Il dépérissait à vue d'œil, et, le bon roi Louis XI aidant, faisait questionner et pendre tous ceux qu'il soupçonnait de déployer leur adresse à son détriment.

Cette nouvelle est on ne peut plus animée, attachante, et présentée d'une façon éminemment dramatique. M. Scribe en a fait un libretto souverainement soporifique. Il a substitué à l'argentier, un honnête shérif de la ville de Londres, entouré de sa fille, de sa cuisinière, de l'amant de sa fille, de l'amant de sa cuisinière, de l'éternel et ridicule futur dont la fille ne veut pas, et d'un immense troupeau de constables. Il a eu grand soin de ne tirer aucun parti des péripéties que pouvaient amener les injustes soupçons du shérif, lesquels n'aboutissent qu'à faire pendre un soi-disant domestique qui, ayant simplement traversé la scène avec une malle sur son dos, avait peu réussi à attirer sur lui l'attention et l'intérêt du public.

M. Halévy est un homme d'un talent incontestable et incontesté ; il possède à fond la syntaxe musicale et sait très-bien écrire ; mais la sévérité même de ses études lui nuit lorsqu'il aborde l'opéra-comique, genre mixte à l'usage des bourgeois et qui n'exige pas un aussi formidable étalage de science. Malgré le délicieux opéra-comique de *l'Éclair*, nous persistons à croire que M. Halévy est plus à son aise rue Lepelletier que place de la Bourse.

Le Shérif a obtenu un succès sans protestation ; mais sa réussite eût été plus complète, si le poëme avait été un peu plus *poétique* ; car c'est étrangement abuser de l'élasticité des mots que d'appeler poëmes ces canevas grossiers sur lesquels les compositeurs brodent les fleurs de leur musique.

23 septembre.

Opéra. *La Vendetta*. — Tout le monde a lu le *Mateo Falcone* de M. Mérimée : *la Vendetta* repose entièrement sur cette donnée ; seulement, MM. Léon *** et Adolphe *** (que leur livret leur soit léger !) ont considérablement adouci la férocité primitive de la nouvelle.

L'auteur de la musique, M. Henri de Ruolz, était déjà connu par une scène de *Lara*, qui renfermait des morceaux très-remarquables. Cette œuvre, si notre mémoire n'est pas infidèle, a été jouée avec assez de succès à Naples, il y a quelques années. Elle indiquait chez M. de Ruolz un sentiment vrai des situations dramatiques. *La Vendetta* tient amplement les promesses de *Lara* : M. de Ruolz conserve un juste milieu entre l'école italienne et l'école allemande ; il penche cependant plus vers Rossini que vers Meyerbeer, ce dont nous le félicitons, malgré toute l'admiration que nous ressentons pour ce dernier. M. de Ruolz sait très-bien conduire les voix, mérite trop négligé maintenant que la mélodie est sacrifiée à l'harmonie et le chanteur à l'orchestre. La partition de *la Vendetta* est travaillée avec beaucoup de soin et lutte énergiquement contre un poëme malheureux. Le style est sévère, simple et dégagé de toute recherche de mauvais goût : on y désirerait seulement plus d'originalité et de nouveauté, quelque chose de plus vif et de plus saisissant.

Duprez, qui remplissait le rôle de Paolo, paraissait fatigué et ne donnait qu'avec peine les notes de tête. C'est Massol qui a eu les honneurs de la soirée.

XXVIII

OCTOBRE 1839. — Variétés : la salle restaurée. — *L'Amour*, comédie-vaudeville de M. Rosier. — La robe de Nessus. — Une question difficile à résoudre. — Lafont. — Italiens : début de mademoiselle Pauline Garcia. — La femme et la cantatrice. — Opéra-Comique : *la Symphonie*, paroles de M. de Saint-Georges, musique de M. Clapisson. — Début de Marié. — Renaissance : *la Jacquerie*, paroles de MM. Alboize et Ferdinand de Villeneuve, musique de M. Mainzer. — Retour au moyen âge de confiseur. — Poésie analogue. — La partition de M. Mainzer.

7 octobre.

THÉATRE DES VARIÉTÉS. *Réouverture.* — Le théâtre des Variétés était certes déjà un des plus élégants théâtres de Paris. Il avait même cet avantage très-rare que l'on voyait très-bien de toutes les places, même des bonnes places, qui sont plutôt faites pour être vu que pour voir ; mais il avait le défaut de ressembler à la chambre des députés, colonnes blanches, tentures rouges, ce qui ôtait le sérieux à la chambre des députés, et donnait, par contre-coup, un effet parlementaire aux calembours d'Odry. — On a remédié à tout cela.

Après le carrick des *Saltimbanques*, les bottes de boueux de la *Canaille*, le théâtre des Variétés avait bon besoin de faire sa toilette, et de montrer qu'il avait dans sa garde-robe de beaux habits de velours, des gilets brodés, des dorures, des paillettes ; de la plus extrême misère, il est passé au plus extrême luxe ; de récureur d'égout, il s'est fait marquis, et a changé sa souquenille tigrée de taches contre une veste de brocart d'or.

La pièce nouvelle, c'était la salle. Là était le véritable intérêt ; aussi les lorgnettes se tournaient-elles plus souvent du côté des loges et du plafond que du côté de la scène ; c'est qu'en effet le plafond est charmant ; vous n'en trouveriez de plus gracieusement rococo qu'à Versailles, cette galerie naturelle de la mythologie. Figurez-vous une balustrade à l'italienne avec des pots de fleurs et des draperies nonchalamment jetées comme sur des architectures de Paul Véronèse, et, par là-dessus, un beau ciel ouvert d'un azur tendre et léger, rappelant la cendre bleue et la cendre verte des peintres Louis XV, où nagent, montent et descendent, comme des poissons dans une eau limpide, Apollon, les Muses, les Ris et les Plaisirs, toute la société allégorique qui a pour état dans le monde d'habiter les frises et les plafonds. On voit bien que la quadrinité de MM. Feuchères, Séchan, Diéterle et Desplechin a passé par là.

Nous voici bien loin de M. Rosier et de sa pièce ; mais que voulez-vous ! on voit des pièces tous les jours, mais il est rare de voir une salle propre, neuve, bien peinte et bien éclairée ; car, à vrai dire, le peuple le plus élégant et le plus spirituel de la terre prend son plaisir dans d'horribles bouges enfumés, noirs, puants, où des barbares et des sauvages regarderaient comme une affreuse punition d'être enfermés. — Pour nous qui sommes condamné à perpétuité aux galères théâtrales, cette restauration d'un de nos bagnes est un bienfait administratif dont nous sentons vivement le prix ; aussi féliciterons-nous la nouvelle direction de cette dépense ; c'est de l'argent bien placé.

L'Amour, tel est le titre de la comédie de M. Rosier ; c'est un titre un peu bien général. Vous savez que M. Rosier est possédé d'une manie particulière : — il écrit avec les mots, les phrases, les coupes de style de Beaumarchais. Il ne peut jeter sa propre pensée dans un autre moule ; cette espèce d'obsession se reproduit souvent dans les arts ; elle vient de l'étude trop habituelle, trop fréquente, trop exclusive d'un maître original, d'un type bien tranché ; vous ne pouvez plus vous détacher de l'œuvre du maître ; c'est une vraie robe de Nessus qui vous tient à la peau, et vous arracheriez plutôt votre chair qu'un seul lambeau de la tunique. — Voilà ce qui est arrivé à M. Rosier, qui est cependant un homme de beaucoup d'esprit ; mais précisément parce qu'il était un homme de beaucoup d'esprit, il a si bien compris Beaumarchais, si profondément étudié le mécanisme de son style, que cet esprit, que cette phrase sont devenus son esprit et sa phrase ; il ne peut plus parler autrement ; les bras de Figaro s'agitent malgré lui dans ses manches. — Il a le Beaumarchais au corps ; nous ne savons qui le délivrera de cette obsession. — Après tout, M. Rosier pourrait être possédé par un diable moins recommandable et moins ingénieux.

Le but de la pièce est de savoir par quel moyen l'on réussit le mieux auprès des femmes, par le cœur, par l'esprit ou par l'argent ; par les trois moyens à la fois ! Qu'est-ce que l'argent sans esprit, et l'esprit sans cœur ? mais aussi il faut avouer que le cœur sans argent *est un meuble inutile :* si vous voulez être aimé, soyez passionné, spirituel et riche, c'est le plus sûr, et encore il ne serait pas impossible que vous fussiez supplanté par un sot, un lâche et un misérable ; cela se voit tous les jours. « Perfide comme l'onde ! » dit Shakspeare ; « Amère comme la mort ! » dit Salomon ; « Impénétrable comme le sphinx, scellée avec neuf sceaux comme le puits des enfers ! » disent une multitude de sages, de mages chaldéens, syriaques et autres ! — Avec la femme, il n'y a ni moyen, ni manière ; il n'y pas de logique possible, il y a le hasard, le caprice, le formidable *je ne sais quoi.* Là où Lovelace échoue, Chérubin réussit ; le faquin ténébreux dont vous ne voudriez pas pour valet de chambre, fera mourir de chagrin d'angéliques créatures, qui l'adoreront et qu'il battra ; un cuistre sera bien accueilli, un grand poëte repoussé ; heur et malheur : en fait de femme, la science est toujours à recommencer, l'expérience ne sert à rien ; on va de l'inconnu à l'inconnu ; don Juan n'avait pas de recettes, et nous ne croyons pas que la pièce de M. Rosier éclaircisse beaucoup la question.

Lafont, qui *débutait* aux Variétés par le rôle du perruquier Louisille, a joué avec talent ; il ne paraissait pas très-tr ublé ar l'émotion de son *début*; nous ne vous ferons pas un plus long détail de ses défauts et de ses qualités, car il y a longtemps que vous connaissez les uns et les autres.

La pièce, bien que d'une gaieté un peu triste et trop quintessenciée pour l'endroit, a réussi : des mots heureux, des détails piquants, ont décidé le succès ; les décorations neuves, les beaux costumes et la restauration de la salle, ont fait le reste.

14 octobre.

Italiens. *Débuts de mademoiselle Garcia.* — La quinzaine a été des plus splendides en fait de débuts lyriques ; il y a eu une conjonction d'astres mélodieux qui ne se reproduira pas de longtemps dans le ciel musical. — Une étoile de première grandeur, une étoile à sept rayons, a fait briller sa charmante lueur virginale aux yeux ravis des dilettanti du Théâtre-Italien ; un nom qui est une auréole luisait autour de cette jeune tête ; le nom de Malibran Garcia, si heureusement morte au plus beau jour de sa vie, écrasée sous les fleurs et les couronnes du public, cet autre Héliogabale, et remontée dans sa gloire, avec le transparent linceul de Desdemona, toute blanche sur un fond d'or, comme l'apparition divine dont parle Dante.

Cette préoccupation planait sur toute la salle, et l'entrée de Pauline Garcia était attendue avec une anxiété frémissante.

Une salve d'applaudissements lui a montré, dès son premier pas sur la scène, que la gloire de sa sœur morte n'était pas oubliée, et que la dynastie des Garcia régnait toujours sur les oreilles.

Mademoiselle Garcia, avant qu'elle eût ouvert la bouche, avait déjà un avantage énorme ; elle était arrangée avec un goût bien rare aux Italiens, qui semblent s'habiller au vestiaire des chiens savants. Des manches justes en brocart avec des crevés, des aiguillettes et des passequilles ; un corsage à pointe, relevé de cordelières de pierreries ; un cercle d'or et des perles dans des cheveux nattés en corne d'Ammon, à la manière du XVIe siècle ; une jupe ample et puissante d'une étoffe à plis cassants d'où la taille s'élance frêle et mince comme un corselet de guêpe, formaient un costume d'une originalité délicieuse ; on eût dit une de ces fresques naïves comme en faisaient Pinturiccio, Ghirlandajo, et les maîtres gothiques de l'école florentine. La simplicité d'attitudes, la finesse des mouvements, la sveltesse de galbe, naturelles à mademoiselle Pauline Garcia, ajoutaient à l'illusion et la complétaient. — Il y a loin de là aux poses théâtrales, aux gestes télégraphiques et aux grands airs des actrices ordinaires. — C'est la nature et la vérité même; — une certaine gaucherie juvénile et charmante rehausse encore tous ces avantages.

Maintenant, mademoiselle Pauline Garcia est-elle belle? Nous avons entendu dire qu'elle n'était pas jolie; mais ce n'est pas notre opinion : elle est bien faite, élancée, avec un cou souple, délié, une tête attachée élégamment, de beaux sourcils, des yeux onctueux et brillants dont la petite prunelle noire fait plus vivement encore ressortir la nacre limpide, un teint chaud et passionné, une bouche un peu trop épanouie, peut-être, mais qui ne manque pas de charme; ce qui constitue une beauté théâtrale très-satisfaisante.

Voilà pour le physique; passons maintenant à l'essentiel — à la voix.

Elle possède un des instruments les plus magnifiques qu'il soit possible d'entendre. Le timbre en est admirable, ni trop clair ni voilé. Ce n'est point une voix métallique comme celle de Grisi; mais les tons du *médium* ont je ne sais quoi de doux et de pénétrant qui remue le cœur. L'étendue est prodigieuse. Dans le point d'orgue de l'*andante* de la cavatine (tirée de l'*Elisabetta*, de Rossini, et intercalée), elle a accusé deux octaves et une quinte, du *fa* grave du ténor à l'*ut* aigu du soprano. Mais le timbre du *fa* et la facilité avec laquelle elle attaque l'*ut*, qu'elle a souvent reproduit dans le cours de l'ouvrage, accusent nettement, au moins, trois octaves pleines qui, de sa chambre, se produiront plus tard sur le théâtre. Dans les rôles de contralto, tels que Tancrède, Arsace et Malcolm, qu'elle abordera, dit-on, elle nous donnera la mesure exacte de sa voix grave, qui devra sans doute acquérir un jour plus de force, sinon plus d'étendue. Quant aux notes aiguës, elle fera bien de ne jamais les forcer et de n'en point abuser, d'ici à ce qu'elle ait pris son développement physique.

Sa méthode est celle de Garcia, c'est tout dire. Elle a toute cette ampleur qui met l'auditeur à l'aise en ne lui faisant jamais craindre d'accident dans le trait. Sa voix est merveilleusement posée ; l'intonation pure et juste. La note est toujours attaquée avec une grande netteté, sans hésitation ni port de voix ; cette dernière qualité est rare et précieuse. Elle est excellente musicienne ; son oreille délicate et exercée se préoccupe avec justesse des détails de l'accompagnement, comme nous l'ont prouvé plusieurs recommandations et remarques aux répétitions.

Elle aurait tort de chercher à produire de l'effet par de la complication et de l'originalité dans les points d'orgue. Grâce à sa belle diction, à sa parfaite entente de la valeur des mots, à sa pantomime expressive et spontanée, un petit nombre de notes lui assureront plus de succès que toutes les roulades les plus enchevêtrées du monde.

Le succès de mademoiselle Garcia a été complet, on l'a fait revenir à chaque acte, et Lablache l'a très-paternellement embrassée. — O rusé Lablache, qui fait semblant d'être gros et d'avoir des cheveux gris pour embrasser les jolies femmes !

21 octobre.

OPÉRA-COMIQUE. *La Symphonie.* — L'Opéra-Comique n'a jamais été plus prospère ; chaque jour, il découvre un nouveau filon d'or dans un terrain que l'on croyait épuisé. — Il a trouvé Mocker, il a inventé Masset et conquis Marié, espèce d'Hélène musicale que le théâtre de la Renaissance lui disputait devant les tribunaux : — trois ténors, sans compter Roger et Couderc, qui ont aussi du talent ! Voilà un théâtre bien approvisionné, trois ténors, tout autant ! et vous savez qu'il n'y en avait plus. Ajoutez à cela madame Damoreau, et Jenny Colon, qui est blonde, rare mérite, et bientôt madame Borghèse, que nous ne connaissons pas, et madame Castellane, que nous voudrions connaître ; assurément, l'on ne peut rien désirer de mieux. — Il n'y manque plus maintenant qu'un théâtre, des pièces et de la musique. Tout cela viendra.

M. de Saint-Georges est l'auteur de *la Symphonie*, pièce de début de M. Marié. M. de Saint-Georges ne manque pas d'un certain esprit poétique, assez rare dans les faiseurs de libretti. — Il a moins de trait que M. Scribe, mais plus de sentiment, ce qui vaut mieux pour la musique, plus habile à exprimer la passion que l'esprit. *La Sym-*

phonie a une petite tournure romanesque assez nouvelle au théâtre de la place de la Bourse.

Le principal personnage est un musicien fantasque et nerveux, dans le goût des maîtres chanteurs et des Kreissler, d'Hoffmann; — il a nom maître Albert; ce maître Albert a composé une symphonie admirable et transcendentale qui fait honte aux plus belles œuvres de Beethoven, et doit mettre le sceau à sa réputation; il n'est cependant pas si occupé de sa musique, qu'il n'ait trouvé le temps de devenir éperdument amoureux de l'adorable comtesse Hermance. Or, un soir, en faisant exécuter sa symphonie devant le grand-duc, il n'a pu retenir un transport de rage à la vue de la comtesse qui causait familièrement avec un beau jeune cavalier. Le grand-duc, irrité de cet esclandre, a fait jeter maître Albert dans un cachot, où la violence de son désespoir ne tarde pas à égarer sa raison.

Sa folie consiste à prendre sa cousine Emmeline pour la comtesse Hermance; aussi, lorsque celle-ci, à la mort du grand-duc, vient lui offrir sa main et son cœur, ne la reconnaît-il pas et se répand-il en discours incohérents qui la navrent de douleur. A partir de la soirée fatale, il n'a plus voulu revoir sa symphonie et l'a enfermée dans un coffre dont il a donné la clef à son hôte Fridolin; cependant, un jour, en laissant errer ses doigts sur le piano, il cherche à se rappeler quelques passages de son œuvre; mais la mémoire lui manque, les notes sont remontées au ciel d'où elles venaient; surmontant sa faiblesse, il va au coffre pour en tirer la partition : ô rage! ô désespoir! elle n'y est plus! tout est perdu! tout est fini! Déshérité de son amour et de sa gloire, il n'a plus qu'à mourir; mais une céleste harmonie se fait entendre; c'est la symphonie elle-même que les élèves de maître Albert, voulant lui faire une surprise, exécutent à grand orchestre sous ses fenêtres; ils ont demandé la clef du coffre au bon Fridolin, qui n'a pu la leur refuser. Au même instant, les battants de la porte s'ouvrent avec fracas et la comtesse Hermance entre avec les élèves qui rapportent la partition; maître Albert retrouve en même temps sa raison, son amour et son chef-d'œuvre.

M. Clapisson a brodé sur ce poétique canevas une musique élégante et passionnée qui ne peut que confirmer la réputation que ce jeune compositeur s'est déjà acquise par sa *Figurante*.

La voix de Marié est claire, pleine, sonore ; ses cordes hautes sont d'une rondeur et d'une puissance rares ; il va du *si* grave au *si* naturel de poitrine ; sa tête a du caractère et de la noblesse, et se prête aisément à l'expression pathétique : c'est un tragédien lyrique qui rappelle Nourrit. — Son succès a été complet.

RENAISSANCE. *La Jacquerie.* — Nous avions cru que le moyen âge de confiseur, le moyen âge à redingote abricot bordée de velours noir, était décidément mort et enterré ni plus ni moins que feu Malbrouck ou M. de la Palisse. Nous nous étions trompé : l'opéra de MM. Alboize et de Villeneuve nous ramène à l'heureux temps des damoiselles, des tourelles, des hauts barons, des châtelains, des vilains taillables et corvéables à merci, etc., etc. Il y est beaucoup question du droit de cuissage et de noçage, priviléges immoraux qu'il est urgent de signaler à la vindicte publique ; on y chante une *Marseillaise* perpétuelle, sur la nécessité d'assommer les tyrans et d'abreuver les *sillons* du sang des *bataillons;* des bûcherons ingénieux s'y livrent à cette réflexion agréable, qu'il faut vingt coups pour abattre un arbre, mais qu'il n'en faut qu'un pour abattre un seigneur !

Le sujet est tiré d'un drame-chronique de M. Mérimée, remarquable par la franchise, l'énergie, et la vérité crue du style ; mais tout cela est arrangé en vers de Berthellemot, avec une poésie de jour de l'an qui figurerait très-bien autour de mirlitons ou de diablotins.

Quant à la partition, nous y avons remarqué un motif délicieux, celui de la romance du saule d'*Otello;* nous l'avons écouté avec beaucoup de plaisir ; seulement, nous ne savions pas que Rossini prît des phrases tout entières à M. Mainzer.

Les chœurs ou plutôt le chœur, car la pièce n'est qu'un chœur perpétuel, sont loin de tenir ce qu'on attendait de M. Mainzer ; ils sont à deux ou trois parties tout au plus, et d'une faible combinaison harmonique ; l'orchestration trahit souvent un manque de science surprenant dans un critique aussi habile. M. Mainzer avait la ressource d'être inintelligible ; il pouvait se réfugier dans les plus noires profondeurs de l'esthétique ; il a fait, au contraire, une pièce d'une si transparente médiocrité, que l'œil le moins clairvoyant peut compter sous l'onde avare les bien rares perles mélodiques qui sèment le fond de son œuvre.

XXIX

NOVEMBRE 1839. — Italiens : *la Cenerentola, la Sonnambula*. — Cendrillon sans pantoufle. — Rossini. — Mademoiselle Pauline Garcia. — Lablache. — Tamburini. — Rubini. — Pauvreté de la langue admirative. — Début de Mario aux Bouffes. — Opéra : *la Xacarilla*, paroles de M. Scribe, musique de M. Marliani. — Madame Stoltz. — Théâtre-Français : début de mademoiselle Doze, ou rajeunissement de mademoiselle Mars. — Aux interprètes de Molière. — Renaissance : *le Proscrit*, par MM. Frédéric Soulié et Thimothée Dehay. — Madame Dorval. — Ambigu : *Christophe le Suédois*, par M. Bouchardy. — Variétés : *le Chenapan*, par M. ***. — *Fragoletta*, par MM. Bayard et Vanderburch. — Gymnase : *M. Breteuil*. — Palais-Royal : *les Avoués en vacances*, par M. Bayard. — Opéra : débuts de mademoiselle Augusta Maywood.

4 novembre.

ITALIENS. *La Cenerentola*. — *La Sonnambula*. — Cette fois, Desdemone avait quitté son blanc suaire pour la robe grise de Cendrillon; Perrault remplaçait Shakspeare; Perrault et Shakspeare, ce sont deux génies, et il faut beaucoup de talent, de cœur et d'esprit pour réaliser une de leurs créations. — Cendrillon vaut Desdemone, et la pantoufle de *vair* (et non de verre, matière peu propice aux pantoufles) ne nous semble pas un moyen dramatique inférieur au mouchoir d'Otello.

La pantoufle de Cendrillon, si mignonne, si petite, où son imperceptible pied est encore trop à l'aise, n'est-ce point là une invention poétique et nouvelle? Eh bien, dans la *Cenerentola*, croiriez-vous qu'il n'est pas question le moins du monde de la pantoufle? — Cendrillon sans pantoufle, ô ciel! Jamais la nonchalance italienne des faiseurs de libretti n'a été plus loin. Prendre un conte à Perrault, son meilleur, et laisser justement de côté la particularité charmante, le détail ingénieux et coquet! — Il y a en place un banal bracelet aussi stupide que l'anneau de l'Astrate, qui choquait si fort Boileau ; un bracelet, cela est tellement horrible, que l'on passe entièrement la scène où il en est question, quoiqu'il soit impossible de comprendre un mot à l'action, cette scène ôtée. Mais, aux Bouffes, on n'y regarde pas de si près ; qu'importent, après tout, l'action, le sens commun, l'intrigue, la clarté, les paroles et même la musique, lorsque c'est Rubini, Lablache, Tamburini, Persiani et Pauline Garcia qui chantent ! Vous donneriez à ces gens-là de la musique de M. Mainzer, qu'ils en feraient une chose admirable ; et qu'est-ce donc quand ils chantent du Rossini, et *la Cenerentola* encore !

La Cenerentola est la musique la plus heureuse, la plus gaie et la plus aisément charmante qu'on puisse rêver ; l'allégresse et la pétulance italiennes exécutent sur les portées de la partition les gambades les plus joyeusement extravagantes en faisant babiller au bout de leurs doigts, comme des castagnettes, des grappes étincelantes de trilles et d'arpéges. Comme tout rit et tout chante ! à chaque instant, un jet de mélodie s'élance en l'air comme une fusée et retombe en pluie argentine. Dans ce bienheureux opéra, les motifs se pressent, se succèdent ; le flegmatique basson lui-même gazouille comme une fauvette ou une petite flûte, le rauque ophicléide adoucit l'éclat mordant de son gosier d'airain et roucoule les phrases les plus délicates : la corde, le bois et le cuivre chantent aussi mélodieusement dans l'orchestre que Rubini sur le théâtre. C'est un flot intarissable, un trésor sans fond, une prodigalité effrénée plongeant ses bras jusqu'au coude dans des monceaux de pierreries et jetant au hasard des poignées de diamants et d'escarboucles.

L'Allemagne aura beau faire, avec son esthétique, ses théories et son algèbre, l'Italie, malgré son laisser aller, sa facilité banale, ses répétitions, sa tendance à l'improvisation creuse, sera longtemps encore la reine de la mélodie comme elle l'a été de la peinture. Sans doute, le travail fait beaucoup, mais la nature a bien son prix ; la pensée est bonne, mais la passion vaut mieux, surtout en art, et nous trouvons qu'aujourd'hui l'on ne fait pas assez cas de ces dons, qui ne peuvent s'acquérir ; c'est une consolation de l'envie humaine que de surfaire le talent pour déprécier le génie ; car l'un vient de la patience et l'autre vient de Dieu.

Aussi Rossini, quoi qu'en puissent dire les virtuoses difficiles et mystérieux, dépasse-t-il de toute la tête la cohue des compositeurs modernes.

Il n'est pas musicien, il est la musique elle-même.

De la bonne musique à mademoiselle Pauline Garcia, la transition est des plus naturelles ; n'en cherchons pas d'autre, et disons tout de suite qu'elle a été charmante dans le rôle de la Cenerentola ; il est impossible d'être plus espiègle, plus mièvre, plus moelleusement soumise, plus petite fille et jeune chatte que mademoiselle Garcia, dans ce personnage si différent de la création tragique où elle s'est d'abord présentée. Elle a de petites contenances humbles et sournoises les plus ravissantes du monde devant ses deux grandes méchantes sœurs et son gros brutal de père ; elle souffle le feu, assise sur le coin de sa jupe dans les cendres, avec des façons tout à fait intimes qui satisferaient Perrault lui-même, s'il pouvait sortir de la tombe avec sa grande perruque à la Louis XIV et venir s'asseoir dans une stalle d'orchestre ou de balcon ; et, à la fin, quand elle devient reine, quelle joie enfantine, quel bon sourire épanoui, quel enivrement de bonheur, quel tendre empressement autour des pauvres délaissées, quel regard de doux reproche à son père ébahi! mais aussi quel oubli profond de la misère passée, de la pauvre robe grise et du coin du feu, du refrain de la bouilloire et de la grêle complainte du grillon ! — Comme toute la femme est là ! — comme elle s'est vite faite à son rôle nouveau, et comme elle nage aisément dans l'or, la soie et le velours, ces éléments naturels de la femme ! Mademoiselle Pauline a rendu avec une grâce et une délicatesse infinies toutes ces nuances difficiles, elle s'est montrée comédienne et cantatrice consommée ; de sincères et de nombreux applaudissements lui ont marqué la satisfaction du public. Nous lui donnons seulement le conseil de se livrer à une pantomime moins compliquée pendant le grand morceau : *Questr'è un nodo avviluppato*, qui est plus musical que dramatique. Elle attire trop exclusivement l'attention sur elle et préoccupe les yeux par des gestes trop fréquents, plus en rapport avec le sens des paroles qu'avec celui du chant, qui est vague et, pour ainsi dire, plus instrumental que modelé sur la situation. Cette observation minutieuse montre le soin avec lequel nous étudions mademoiselle Garcia, dans laquelle, outre une cantatrice de premier ordre, nous prévoyons une admirable actrice. Ses attitudes sont justes, fixes, naïves; ses gestes sont vrais, naturels et n'ont rien de convenu, rien d'appris; ils lui viennent avec le hasard et la spontanéité des talents de bon aloi.

Quant à Lablache, c'est à la fois le plus gros et le plus grand chanteur du monde; une seule fleur de son prodigieux habit de lampas vert et blanc couvrirait facilement deux hommes ordinaires : chaque année, il devient plus énorme et plus vif, son poids augmente sa prestesse; il va, vient, gambade et frétille avec une monstrueuse légèreté; c'est un vrai papillon éléphant; sa voix s'élargit et s'arrondit avec son ventre; les mugissements de la basse sont à côté comme des bourdonnements de moucheron, et cependant cette voix immense jouit d'une agilité sans pareille, elle dépasse en volubilité le caquet de la femme la plus bavarde, et le joyeux oiseau du printemps n'a pas un gazouillement plus allègre; — c'est un inimitable don Magnifico. Qu'il y a loin de cette colossale bouffonnerie et de cette formidable hilarité, aux maigres grimaces et à la gaieté convulsive des comiques français! — C'est ainsi que les Titans devaient se réjouir et jouer l'opéra buffa.

Tamburini et Rubini sont tous les deux des chanteurs stupéfiants; mais il est bien douloureux qu'ils s'obstinent à arrêter les caniches instruits qui passent dans la rue pour leur prendre leurs habits de troubadours à taillades de satin : qu'ils demandent à Lablache et à mademoiselle Pauline, qui s'habillent avec tant de goût, des dessins de costumes; ils ne leur en refuseront pas, nous en sommes sûr.

Après *la Cenerentola* est venue *la Sonnambula*. Que pourrions-nous ajouter?

Rien n'est plus embarrassant que d'avoir à parler de virtuoses comme Rubini. — La critique n'a rien à voir à la perfection; et ne peut que poser une longue suite de points d'exclamation!!! Tous les superlatifs sont épuisés : admirable est faible; sublime, bien pâle; pyramidal, ébouriffant, superbissime, suffisent à peine. La langue française n'est pas riche en formules d'admiration, et il faudrait recourir à l'exubérance italienne si sauvagement démonstrative. C'est, pour nous autres Parisiens flegmatiques, un spectacle bien curieux que ces bravos frénétiques, ces convulsions d'enthousiasme, ces cris, ces hurlements, ces bis perpétuels; cette passion musicale, poussée jusqu'à la rage et l'épilepsie; les claqueurs les plus allumés sont de neige et de glace à côté de pareils amateurs. — Sans doute, Rubini, ou *Roubine* comme on l'appelle dans l'endroit, n'a pas de rival au monde; toutes les capitales l'ont salué empereur du chant, roi des ténors présents, passés et futurs; — mais est-ce bien du véritable dilettantisme que d'applaudir un grand chanteur, de façon qu'on ne puisse l'entendre? — Un religieux silence ne vaudrait-il pas mieux? Nous soumettons timidement cette observation aux furieux musicaux; car nous aurions peur de nous faire appeler *âme entièrement dépourvue de sensibilité, esprit prosaïque, oreille française,* par ceux qu'un *si* de poitrine fait tomber en pâmoison de deux jours l'un.

Contentons-nous de dire, avec simplicité, que Rubini a été inimitable dans le rôle d'Elvino. Madame Persiani a chanté avec sa perfection ordinaire et, de plus, fort bien joué le rôle d'Amine; dans la scène de l'imprécation, qui termine l'acte, elle a pris une pose de suppliante antique très-touchante et très-bien dessinée, la nuance était rendue avec beaucoup de finesse : ce n'est pas ainsi qu'une coupable demande grâce, et son innocence éclatait jusque dans sa prière. Morelli a chanté convenablement le colonel; mais il faudrait qu'il s'animât un peu, qu'il fît exprimer un sentiment quelconque à sa figure froide et régulière. — Son immobilité lui donne l'air d'un automate à musique, et c'est dommage, car il a une belle voix, bien égale et bien posée.

Mario a débuté cette semaine dans le rôle de Nemorino de l'*Elisir d'Amore*. Beaucoup plus à l'aise qu'à l'Opéra, chantant dans sa langue naturelle, n'étant pas obligé de remplir et d'animer une scène gigantesque, il s'est montré sous son jour le plus favorable avec toutes ses qualités et tous ses défauts. Il a dit avec une grande expression le passage *Vinti scudi*, et chanté de la manière la plus suave *Una furtiva lagrima;* il a été fort applaudi, et on a redemandé le morceau. — Madame Persiani s'est surpassée elle-même; nous ne lui ferons pas l'injure de lui dire qu'elle a chanté comme un rossignol, cela serait trop flatteur pour les rossignols, qui chantent horriblement faux. — Lablache est toujours le Dulcamara le plus bouffon qu'on puisse voir.

Opéra. *La Xacarilla.* — *La Xacarilla,* voilà un charmant titre, bien espagnol, bien andalous, qui résonne comme un cliquetis de castagnettes, qui répand une bonne odeur de jasmin ou d'oranger; nom trompeur, affiche menteuse! rien n'est plus ennuyeux et plus soporifique que *la Xacarilla :* cela dépasse les innocences de Berquin et de Florian. O Séraphin, Bobino et M. Comte, comment avez-vous pu manquer un poëme semblable! sans doute, vous l'aurez trouvé trop faible! — Comment M. Scribe, qui est un homme d'esprit, a-t-il pu tirer une pareille platitude de la charmante nouvelle de M. Paul de Musset?

Nous plaignons sincèrement M. Marliani, compositeur distingué et honorablement connu dans le monde musical, d'avoir été obligé de broder les fleurs de sa musique sur un canevas si pauvre et si filandreux.

La Xacarilla est une chanson qui sert de mot d'ordre à des contrebandiers. — Au moyen de cette chanson, qu'il a entendue par hasard, Lazarillo, jeune marin dont le navire est en rade, trouve bon souper, bon gîte et le reste; là, il chante *la Xacarilla,* on le prie d'entrer dans l'hôtellerie; il la rechante, on lui sert un excellent souper et on le gorge de piastres et de quadruples. Oh! la bonne chanson que *la Xacarilla* et que nous regrettons de ne pas la savoir ! — La fille du logis se trouve tout justement être une ancienne maîtresse du jeune Lazarillo, et toujours, au moyen de *la Xacarilla,* le mariage s'opère parfaitement bien, en dépit du papa, qui ne se soucie guère de donner sa fille à ce drôle d'allure si fringante qu'on appelle madame Stoltz; ajoutez pour épice à ce fade ragoût un corrégidor imbécile comme tous les corrégidors possibles, et vous aurez une idée fort exacte de la chose.

L'air de madame Stoltz est un des meilleurs morceaux de la pièce : il est vif, bien coupé, d'un bon mouvement; il est vrai de dire que madame Stoltz le chante merveilleusement bien. — Le duo entre Lazarillo et la jeune fille, représentée par madame Dorus Gras, est dramatique et d'une bonne facture. — Nous reprocherons de la monotonie et de la pesanteur au chœur des contrebandiers; il aurait fallu de la verve, de l'entrain, quelque chose de joyeux et de pétulant, d'espagnol enfin : la couleur manque complétement. Le motif de *la Xacarilla*, qui se reproduit souvent, dans le cours de l'ouvrage, a bien la teinte locale et produit des effets heureux ; l'ouverture, quoique travaillée avec beaucoup de soin, n'a rien de bien saillant ; la science instrumentale y remplace souvent l'inspiration, et il s'y fait un grand abus de traits de violon ; cependant, tel qu'il est, l'opéra de M. Marliani n'est pas un début malheureux ; avec un poëme moins faible, le succès eût été complet.

Madame Stoltz remplit le rôle de Lazarillo avec une aisance, un esprit et une grâce qui n'appartiennent qu'à elle ; madame Stoltz excelle dans les rôles travestis, comme Ascanio et le page Isolier en font foi ; ce qui ne veut pas dire qu'elle ne soit charmante également sous les habits de son sexe. Quelle délicieuse Rosalinde elle ferait dans *Comme il vous plaira*, cette ravissante comédie de Shakspeare ! la belle voix et la jolie jambe ! cheville mince, pied cambré, une jambe ronde et fine comme celle d'un jeune dieu grec ! — Ce qui nous plaît surtout dans la manière dont madame Stoltz rend les rôles travestis, c'est qu'elle s'abstient de ces mignardises équivoques et de ces ambiguïtés d'hermaphrodite qui font activement récurer leurs lorgnettes aux vieillards de l'orchestre ; elle est tout franchement un charmant garçon vif, pétulant, spirituel, avec des allures romanesques et cavalières, un drôle hardi que personne ne s'étonne de voir courtiser une jolie fille. — Il ne fallait pas moins que toute la gaieté de madame Stoltz pour donner un peu de vie à cette action languissante.

9 novembre.

Théatre-Français. *Débuts de mademoiselle Doze.* — Mademoiselle Doze a seize ans. Voilà à nos yeux une de ses plus belles qualités ; — seize ans ! c'était un nombre fort estimé des Égyptiens, qui en faisaient l'emblème de la volupté dans leur écriture hiéroglyphique ; nous sommes là-dessus, bien que Français vivant sous le régime de la charte, tout à fait du même avis qu'un prêtre d'Isis contemporain d'un pharaon plus ou moins Nechao. — O jeunesse si rare, sois la bienvenue en la personne de mademoiselle Doze !

C'est une bonne fortune, charmante pour nous autres pauvres diables, obligés de voir sans manquer un seul jour ces vieux masques décrépits, plâtrés, fardés, sillonnés de rides, aux tempes veinées, aux sourcils grisonnants, qui sont chargés de représenter la passion, la beauté et l'amour, que d'avoir, une fois en notre vie, affaire à quelque chose de frais et de printanier. Quel miracle, en effet, une jeune première qui a des dents, des cheveux, des cils, qui marche sans canne, et n'a pas besoin, lorsqu'elle est à genoux dans la grande scène, que deux garçons de théâtre la viennent remettre sur pieds ! cela ne s'est pas vu souvent dans la ville de Paris ! Ce qui nous étonne, c'est qu'on ne lui fasse pas jouer les duègnes.

Comme si cela n'était pas assez d'être jeune, mademoiselle Doze est très-jolie. Vous ne sauriez imaginer un visage plus mignon et plus fin ; c'est une blancheur qui dépasse la pâleur argentée du camellia, le velouté soyeux du papier de riz ; le satin est grossier à côté de cette peau-là : l'onglet d'une feuille de rose peut seul en donner une idée ; l'ovale se dessine très-purement, l'œil brille d'un éclat ingénu, la bouche est petite, trop petite peut-être, charmant défaut envié de toutes les femmes, les cheveux sont d'un blond doux et chaud ; le cou, frêle et rond, joue librement sur ses attaches, et se réunit aux épaules par une belle ligne serpentine. Quant aux bras, ils sont beaucoup plus blancs, plus nourris et plus formés que cela n'est ordinaire aux toutes jeunes filles ; nous insistons beaucoup sur ces perfections physiques, parce que la beauté est, après le génie, la seule chose que l'argent et le travail ne puissent procurer ; dans ce monde où tout se vend, il n'y a pas de marchés pour ces denrées-là.

Mademoiselle Doze, et l'on en fait grand bruit, est élève de mademoiselle Mars ; elle ne pouvait avoir une maîtresse plus savante et plus expérimentée ; nous ne sommes pas de ceux qui renient l'école et la tradition, — nous croyons peu aux talents sans devanciers. « On est, dit Bridoison, toujours fils de quelqu'un, » et cela est aussi vrai dans la genèse de l'art que dans la genèse charnelle. — Il faut vénérer les anciens sans adoration stupide, et profiter de ce qu'ils ont fait ; on doit se servir d'eux et non les copier. Mademoiselle Doze, dont nous approuvons l'admiration bien légitime pour mademoiselle Mars, a dépassé, ce nous semble, la limite qui sépare l'étude de l'imitation ; on peut bien s'inspirer d'un maître, mais c'est aller bien loin que de décalquer les figures et les transporter telles quelles sur une toile. Mademoiselle Doze, c'est mademoiselle Mars daguerréotypée.

Même voix, mêmes intonations, mêmes gestes, mêmes attitudes, l'incarnation est complète ; mademoiselle Mars doit être bien surprise de se voir jouer en personne, un peu rajeunie il est vrai, à quelques pas devant elle, sous le feu de la rampe et des applaudissements : cela est effectivement singulier d'entendre sa propre voix sortir d'une autre bouche, et de se répondre à soi-même. — Mademoiselle Mars a réalisé cette anecdote si connue d'une femme admise dans les carrosses de la cour pour la première fois et qui s'écriait : « Mon Dieu, que je voudrais être à une fenêtre pour me voir passer ! » Mademoiselle Mars s'est dit : « Mon Dieu que je voudrais être dans une loge et me voir jouer sur le théâtre ; » et elle a inventé mademoiselle Doze.

Nous ne ferons pas ici l'analyse du talent de la débutante, qui a paru, il y a déjà quelques lustres, sous le nom d'Hippolyte Mars, au théâtre des Jeunes-Élèves ; elle n'a rien de nouveau, rien qui lui appartienne, pas un seul cri, pas un seul geste ; les bras de sa maîtresse font remuer ses manches : elle ne possède en propre que sa beauté et ses seize ans. Mademoiselle Mars, qu'elle imite en tant de choses, voudrait bien l'imiter en cela !

Nous ne voulons pas dire, cependant, que mademoiselle Doze soit une comédienne médiocre ; il faut beaucoup d'intelligence, d'esprit, de volonté et de moyens naturels pour être tout d'un coup une excellente copie ; — mais ce n'est pas tout : l'Italie est pleine de peintres d'un talent merveilleux qui faisaient des doubles de Raphaël à tromper les plus fins connaisseurs ; qui se souvient cependant de Thimothée d'Urbin, de Pellegrin de Modène et de François Penni, ces admirables copistes ? Un seul tableau original vaut mieux que tout cela !

Pour notre part, nous eussions mieux aimé que mademoiselle Doze fût un peu plus mademoiselle Doze et pas tant mademoiselle Mars ; nous aurions voulu qu'elle eût creusé plus avant dans son esprit pour en faire jaillir sa propre individualité ; il est vrai que, dans les arts, la dernière chose dont on s'avise, c'est d'être soi; l'homme et même la femme sont plus modestes que l'on ne le pense. Sans doute, elle a une tenue parfaite, une diction sûre, une prononciation nette, des gestes mesurés; elle sait marcher, art difficile, et rester en place, art plus difficile encore; elle ne se livre pas à des exercices télégraphiques, elle est maîtresse de ses bras comme une vieille comédienne qu'elle est. Tout cela, c'est beaucoup; mais, en vérité, nous eussions préféré qu'elle se fût pris les pieds dans sa robe, qu'elle eût rougi ou pâli, ou perdu contenance, et qu'elle eût eu un accent de nature, une intonation de jeune fille, un mouvement parti de l'âme, quelque chose d'imprévu, de hasardé qu'on n'eût pas entendu encore; cette perfection sent trop la serinette; la vie manque tout à fait; elle sourit des lèvres et non du cœur; ses yeux reçoivent la lumière et ne la lancent pas; voilà pourquoi, malgré toute sa gentillesse, mademoiselle Doze laisse le spectateur sans émotion; elle n'en éprouve pas elle-même : dans ses meilleurs moments, elle se souvient, au lieu d'écouter son esprit et son âme.

Telle qu'elle est, mademoiselle Doze n'en est pas moins le début le plus important qui ait eu lieu depuis mademoiselle Rachel, cette grande amertume, ce sarcasme sans pitié, cette implacable férocité tragique! — Voyez Rachel, mademoiselle Doze; elle n'a pas eu la route aplanie comme vous l'avez eue. Une actrice adorée ne l'a pas présentée par le bout de la main, en disant au public : « Applaudissez ma voix au timbre d'or, mon sourire pétillant, mon incisive malice, ma beauté d'autrefois, applaudissez tout cela dans cette jeune fille; en ma qualité de sultane, sûre de moi-même et de vous, en vertu de l'habitude qui nous lie et qui me fait paraître toujours belle à vos yeux, je vous permets cette distraction. Criez bravo, battez des mains à votre aise, sans crainte, cela ne me fera pas de peine, je ne serai pas jalouse, c'est toujours moi que vous applaudissez. Je n'ai pas voulu mourir sans postérité dramatique, et, puisque, depuis cinquante ans, vous me trouvez si spirituelle et si charmante, vous allez encore, pendant cinquante autres années, jouir de mon esprit et de ma beauté. Vos grands pères m'ont admirée, vos petits-fils m'admireront. Je veux dépasser Galeria Coppiola, l'actrice éternelle. »

Mademoiselle Rachel n'avait que son fiel et son grincement de dents, mais ce fiel et ce grincement de dents lui appartenaient.

Mademoiselle Doze a joué Agnès avec une perfection de ressemblance extraordinaire, au dire des anciens habitués de l'orchestre qui se souviennent d'avoir vu mademoiselle Mars représentant ce rôle dans une de ses jeunesses. Cependant nous lui ferons, comme à sa maîtresse, le reproche de ne pas comprendre Molière ; — elles y mettent toutes deux trop de finesse. — Molière n'est pas si fin que cela ; Marivaux, à la bonne heure. Molière, c'est le bourgeois de la Fronde, plein de jovialité turbulente, quelquefois même un peu grossière ; franc de parler, hardi jusqu'à la licence, qui ne recule devant aucune situation, ni devant aucun mot. Il a le formidable bon sens de madame Jourdain, et il n'est guère facile de lui en faire accroire ; sa versification chaude, brusque, se rapproche, pour la franchise du ton, des crudités de Régnier ; il appartient bien plus à Louis XIII qu'à Louis XIV ; et, malgré quelques efforts d'imitations latines, il n'en est pas moins Gaulois de vieille roche. Aussi Boileau ne l'aime-t-il guère et se contente-t-il de lui faire ce maigre éloge, qu'il eût peut-être de son art remporté le prix,

> Si, moins ami du peuple, en ses doctes peintures,
> Il n'eût point fait souvent grimacer ses figures,
> Quitté pour le bouffon l'agréable et le fin,
> Et sans honte à Térence allié Tabarin.

Molière a la brutalité du génie, sa plume coupe le papier ; — il procède toujours par grandes masses, et ne dit pas deux mots là où il n'est besoin que d'un. Pour bien dire de pareils vers et de pareille prose, il ne faut pas faire la petite bouche ; il faut parler comme la muse antique, *ore rotundo*. Il est inutile de multiplier les nuances et les intentions, quelques grandes teintes générales suffisent ; les détails sont accusés si nettement dans le texte, que l'auteur n'a, en quelque sorte, autre chose à faire que de réciter avec clarté, et sur une mélopée convenable, la parole du maître. C'est un tort de donner une réalité trop actuelle à tous ces personnages à la fois si raisonnables et si fantasques, si vrais et si fous qui gambadent dans l'impossible comédie de Molière.

En dépit de l'inimitable perfection de son jeu, considéré en lui-même, nous croyons que mademoiselle Mars n'a pas pris Molière dans son vrai sens. Sa manière est trop nette, trop propre, trop certaine, trop cristalisée; Molière est plus raboteux, plus anguleux que cela; il n'est pas, malgré ses familiarités avec Louis XIV, d'aussi bonne compagnie que mademoiselle Mars veut bien le faire; elle lui ôte l'arrogance castillane et la fierté empanachée de sa marche; en un mot, elle le joue en robe à taille courte avec des jockeys et des torsades, ni plus ni moins qu'une vignette de Chasselat.

Ne quittons pas la Comédie-Française sans constater le succès qu'y obtient en ce moment la reprise de *Marion Delorme*. — Faire l'éloge de *Marion Delorme* est maintenant une chose superflue : quatre-vingts représentations et trois éditions successives valent le meilleur panégyrique du monde; ce beau drame réunit la gravité passionnée de Corneille et la folle allure des comédies romanesques de Shakspeare; quelle variété de ton, quelle vivacité charmante et castillane! comme tous ces beaux seigneurs, qui ne font que traverser la pièce pour y jeter l'éclair de leur épée et de leur esprit, parlent bien la langue cavalière et superbe du xviie siècle! quel sincère accent de comédie! Voyez! voyez ce Taillebras, ce Scaramouche et ce Gracioso! Scarron lui-même, l'auteur de *Don Japhet d'Arménie* et de *Jodelet*, ne les eût pas dessinés d'un trait plus vif et plus libre; et comme les larmes de Marion, perles divines du repentir, ruissellent limpidement sur tous ces masques grimaçants ou terribles! Quel charmant marquis que ce mauvais sujet de Gaspard de Saverny! quelle mâle, sévère et fatale figure que ce Didier *de rien!* Marion Delorme est une des pièces de M. Hugo où l'on aime le plus à revenir; c'est un roman, une comédie, un drame, un poëme, où toutes les cordes de la lyre vibrent tour à tour.

11 novembre.

RENAISSANCE. *Le Proscrit.* — *Madame Dorval.* — Madame Dorval est sortie radieuse de son tombeau du Gymnase; elle-même semblait douter qu'elle fût vivante encore et n'osait plus espérer de soulever l'avalanche de vaudevilles qui pesait sur elle en manière de pierre funèbre; elle s'est retrouvée tout entière, et, sans coup férir, elle est rentrée en possession d'elle-même; c'est la Dorval de *Peblo*, de *Sept heures*, du *Joueur*, de l'*Incendiaire*, d'*Antony*, de *Marion Delorme* et d'*Angelo;* la vraie Dorval, enfin, la plus grande passion tragique de l'époque, la digne émule de Frédérick, avec qui elle forme un couple dramatique admirablement assorti que l'on ne devrait jamais désunir ! Voilà ce que nous avons revu l'autre soir au théâtre de la Renaissance. Nous qui pleurions notre sublime actrice à jamais perdue, quelle n'a pas été notre joie en assistant à cette résurrection inespérée !

On jouait probablement une pièce de Frédéric Soulié ; mais nous convenons en toute humilité que nous n'y avons guère pris garde ; nous avons vu seulement que c'était une cage dramatique assez spacieuse pour que madame Dorval pût y remuer à l'aise avec ses allures rapides et ses bonds de lionne.

Quelques situations fortes, quelques soupirs d'angoisse, quelques exclamations insignifiantes qui deviennent de magnifiques révélations de l'âme ! il ne lui en faut pas davantage pour se composer un rôle admirable.

« Quoi ! disait à côté de nous une personne qui ne l'avait jamais vue, c'est là cette grande actrice dont vous parlez tant ; mais elle est petite, chétive ; elle se tient mal, elle a l'air d'être brisée et ployée en deux ; ses yeux, d'un bleu presque effacé et surmontés de sourcils pâles, n'ont ni expression ni regard ; ces petites mains veinées et fluettes n'auront jamais la force de soulever le poignard du dénoûment, et puis quelle voix incertaine et troublée ! comment peut-on supporter un pareil organe après avoir entendu le timbre d'argent de mademoiselle Mars, cette Damoreau qui ne chante pas ? »

Nous laissions notre voisin s'exclamer, tellement persuadé de sa conversion prochaine, que nous ne prenions pas le soin de le contredire. Nous étions sûr de ce qui allait arriver. Madame Dorval avait déjà captivé et dompté la salle ; des journalistes excédés, des dandys haut montés sur cravate, des actrices envieuses, de grandes dames qui ne regardent qu'elles-mêmes, le public le plus dédaigneux et le plus difficile que l'on puisse imaginer. — Un regard inquiet, une main portée au front, un ou deux soupirs comprimés avaient suffi pour cela.

Notre ami, qui ne dort jamais mieux qu'au théâtre, était singulièrement attentif.

« Eh bien, qu'en dites-vous? Le bout de votre fil sympathique est déjà accroché; la bobine sera dévidée complétement, vous verrez.

— Laissez-moi donc écouter, nous répondit d'un ton fort peu aimable notre ami furieux. Vos interruptions sont insupportables, je vous livre au garde municipal si vous ne vous tenez en repos. »

Une ou deux scènes plus loin, nous regardâmes notre ami; une larme en train de germer lustrait et moirait ses yeux.

« Vous pleurez, très-cher; il n'y a pourtant là rien de bien attendrissant; la scène est même assez ridicule. — *Mon Dieu, que je suis à plaindre! Est-ce que je sais ce qu'il faut faire, moi?* sont les phrases les plus simples et les plus triviales du monde; vous avez entendu avec une sécheresse de pierre ponce les tirades les plus lamentables, car vous manquez principalement d'humidité sentimentale; êtes-vous malade aujourd'hui, et qu'avez-vous bu à votre dîner?

— Je ne comprends pas, en vérité, comment cela se fait; car vous savez combien j'aime peu cet intérêt vulgaire et brutal, ces scènes violentes et forcées écrites à coups de hache, cette habileté mécanique que l'on appelle la science des planches, et à laquelle on sacrifie la pensée, la poésie, l'observation, le style, tout ce qui donne de la valeur à une œuvre intellectuelle. Si jamais homme fut rebelle à l'émotion dramatique, assurément c'est moi; je n'ai jamais pris grand plaisir à voir entrer et sortir avec plus ou moins de régularité des poupées vivantes par les ouvertures symétriques d'une charpente bien ajustée : en fait de marionnettes, j'aime mieux Polichinelle et son chat; les évolutions des comédiens célèbres m'ont presque toujours laissé froid; mais, ici, c'est de la passion vraie, c'est le cri de l'âme qui désespère et de la chair qui souffre; cette voix tremblante et coupable vibre dans les pleurs comme une harpe mouillée, et va, du râle guttural de la terreur, aux moelleux roucoulements de colombe de l'amour séraphique. Quels gestes naturels et tragiques à la fois! avec quel mouvement sublime elle vient d'arracher de son front les diamants qu'elle cherchait dans son écrin, ne se souvenant plus, dans le délire de son effroi, qu'elle les avait sur la tête; et ces regards pleins d'épouvante, et cette bouche douloureuse, et cet affaissement de victime découragée qui ne lutte plus et se laisse aller au courant de son malheur, comme Ophélie entraînée par le fleuve ; que c'est beau ! que c'est touchant ! Voilà la première émotion que j'aie éprouvée depuis longtemps ; — car, sachez le bien, tout ce qui est grand, vrai, simple et beau, m'arrive aisément au cœur ; la petite passion factice, la fausse sensiblerie de vaudeville, les grimaces larmoyantes glissent sur moi comme sur un marbre.

— Mais elle a des yeux d'un bleu presque effacé, elle se tient mal, sa voix est rauque ! Vous l'avez dit vous-même tout à l'heure.

— Allons donc, ses yeux sont tout noirs et plus brillants que ceux de Médée ; elle est souple, onduleuse, agile comme une couleuvre qui marche en spirale sur sa queue ; elle remplit la scène mieux que les plus énormes colosses tragiques, et n'a besoin que d'un mot pour soulever la salle ; elle est belle comme la pythonisse antique.

— C'est l'inspiration qui opère cette métamorphose. — Regardez cette pauvre fille morne, pâle, souffreteuse, accroupie dans un pan de manteau, au fond du temple ; ses bras désœuvrés pendent à côté d'elle, les mains ouvertes ; sa tête penche et flotte dans un demi-sommeil ; cependant elle se lève et, d'un pas chancelant, se dirige vers le trépied ; la vapeur divine l'enveloppe et la pénètre ; ses nerfs tressaillent, son corps se dresse et frémit ; Apollon approche. — Une clarté magique illumine ses yeux, ses narines se dilatent et aspirent avec force, ses lèvres se desserrent et laissent échapper des chants et des cris sublimes ! — Tout à l'heure ce n'était qu'un enfant malade, maintenant c'est une déesse.

— Vous avez raison, l'inspiration transfigure et l'âme fait la beauté. »

Cette conversation enthousiaste et d'un lyrisme transcendental nous dispense de dire que madame Dorval a été étourdie d'applaudissements, criblée de bravos, écrasée de bouquets : rien n'a manqué à son triomphe ; on aurait dit une de ces belles soirées des premiers temps du romantisme, époque heureuse, où la littérature était la grande affaire, où l'on se passionnait pour un vers ou un acteur ! où il y avait dans l'air une abondance de vie furieuse qui suffisait à tous les enthousiasmes !

Voilà une salle éveillée, attentive, suspendue aux lèvres d'une actrice, de la passion écoutée avec passion ! En vérité, nous n'aurions pas cru le public, blasé comme il est, capable d'une si énergique admiration.

Ambigu. *Christophe le Suédois.* — Vous connaissez M. J. Bouchardy? Qui ne le connaît pas aujourd'hui? Après avoir été un des meilleurs élèves de Reynolds, l'admirable graveur anglais, il lui a pris fantaisie d'essayer du théâtre ; cette fantaisie lui a réussi comme vous savez. *Gaspardo le Pêcheur* a dépassé deux cents représentations ; *le Sonneur de Saint-Paul* en a eu plus de trois cents ; on n'a pas mémoire de pareils succès au théâtre.

Les pièces de M. Bouchardy sont très-surchargées, très-bourrées d'événements ; à chaque scène, il y a une surprise nouvelle. — Chacun de ses actes fournirait l'étoffe d'un mélodrame en cinq actes pour le moins ; peu de dramaturges pourraient venir à bout de retrouver les fils de leur intrigue dans une pareille complication, car c'est surtout par la curiosité qu'il intéresse : les développements de la passion trouveraient difficilement à s'épanouir à travers les mailles d'un tissu si serré ; et il faut vraiment l'extrême adresse dramatique de M. Bouchardy pour se tirer d'un pareil dédale.

Christophe le Suédois est-il, lui aussi, destiné à devenir centenaire? Qui vivra, verra.

Bocage a joué le rôle de Christophe avec cette verve nerveuse et fébrile, cette poésie à la fois exaltée et concentrée qui distingue son talent. — Chilly a rappelé les beaux jours du juif de *Marie Tudor*, où il était d'un comique si vif et si mordant. Quant aux autres acteurs, il n'y a rien à en dire ; ils ont, selon leur usage, crié le plus consciencieusement du monde.

18 novembre.

Variétés. *Le Chenapan.* — *Fragoletta.* — Et d'abord, qu'est-ce qu'un *chenapan*? est-ce plus ou moins que canaille et crapule? Chenapan est plus que canaille et que bambocheur ; c'est le gamin, cette hideuse grenouille des ruisseaux de Paris, passée à l'état d'homme fait, le têtard devenu crapaud ; c'est le soiffeur, le goêpeur, le gobichonneur, le chicard, le badouillard, à sa plus haute puissance, mais augmenté d'une dose assez forte d'escroc et de coupe-jarret; le chenapan côtoie de très-près les récifs dangereux de la police correctionnelle; il ne fait pas encore le vol à la tire, au pot ou à l'américaine. Il ne *rince pas les cambrioles* et ne *pelure pas les oignons;* mais il est un des *forts* de billard et ne se fait aucun scrupule de plumer les *gonzes,* de boire à l'œil et de trouer fréquemment la lune. Il est la terreur des regrattiers, des rogomistes, et surtout des propriétaires, qu'il parvient toujours à mettre dedans en se mettant dehors.

—Voilà, mesdames, un crayon adouci du *chenapan.* — Si vous vous étonnez de l'étrange langue que nous employons pour tracer ce portrait, et nous demandez : « Où avez-vous donc appris toutes ces belles choses? » Nous ne vous répondrons pas comme Bertrand au gendarme : « Dans les sociétés; » mais bien : « Au théâtre des Variétés. » Au bout de deux ou trois jours d'exercice, un malheureux feuilletoniste comprend l'argot tout aussi bien qu'un forçat, et le parle plus couramment que sa langue maternelle, qu'il a eu tout le temps d'oublier en entendant, tous les soirs, cet abominable patois dramatique.

On avait probablement voulu faire le pendant de *la Canaille;* des balayeurs, des récureurs d'égout, ce n'est pas sale : avec quelques seaux d'eau chaude et quelques pincées de chlore, on en est quitte; à la bonne heure; que la déesse *Cloacina,* leur patronne, les préserve de l'asphyxie; ils récurent et balayent leur patrie, — *il n'y a pas d'affront.* Mais le chenapan, — pouah!

Nous félicitons le public de la manière dont il a sifflé. — Bravo, public! éveille-toi un peu, sors de ta torpeur, montre que tu es vivant et que tu comprends ce qui se passe devant toi; mets une fin à toutes ces sottises et crie de ta grosse voix, comme M. Joseph Prudhomme : « En aurez-vous bientôt fini de toutes ces turpitudes? » Le parterre d'une ville de quinzième ordre ne souffrirait pas ce que tu souffres, toi qui te proclames toi-même le public le plus intelligent et le plus spirituel de la terre.

Nous donnerons aussi des éloges à l'administration, qui ne s'est pas fait prier trop longtemps pour baisser le rideau, demandé à grands cris. Les auteurs n'ont pas été nommés. Ils se sont fait justice.

Il y avait cependant deux choses drôles dans ce vaudeville : le chapeau d'Odry et la réflexion suivante, qu'il adresse à un jeune ouvrier, dont il est le Méphistophélès : « Tu payes tes dettes, toi ? Alors ce n'est pas la peine d'en faire. » Cet apophthegme nous paraît souverainement judicieux.

Fragoletta est un titre pimpant, égrillard, croustilleux, qui promet beaucoup de choses très-difficiles à dire, et surtout à représenter ; — *Fragoletta*, c'est... Allez demander ce que c'est à M. Delatouche, qui le sait bien, ou faites un tour au Musée, et regardez, pendant que le suisse aura le dos tourné, cette délicieuse figure délicatement couchée sur un matelas de marbre. Nous qui avons, dans un roman que vous ne connaissez probablement pas, caressé avec un amour de statuaire cette gracieuse chimère, rêve de l'antiquité, nous étions venu aux Variétés, éprouvant une certaine émotion de curiosité, car nous savions par avance les difficultés de ce sujet, qui a fourni des scènes d'une si folle et d'une si charmante poésie au vieux William Shakspeare, dans sa comédie de *Comme il vous plaira*, que tous les directeurs refuseraient aujourd'hui avec un enthousiasme unanime. — Nous avons été trompé assez maussadement, comme cela nous arrive toutes les fois que notre imagination travaille sur un titre : au lieu de la Fragoletta de M. Delatouche, MM. Bayard et Vanderburch nous ont montré une petite fille quelconque qui se travestit en homme pour avoir le droit de se battre avec un Arthur qui l'a calomniée et qu'elle finit par épouser. Mademoiselle Mayer joue, d'ailleurs, fort gentiment et fort spirituellement ce rôle à deux faces : elle est très-jolie en femme et pas trop laide en homme.

Gymnase. *M. Breteuil*. — Pendant que *le Chenapan* tombait beaucoup aux Variétés, *M. Breteuil* tombait suffisamment au Gymnase : la mousqueterie des sifflets s'entendait d'un théâtre à l'autre. — Seulement, *M. Breteuil* s'est maintenu sur l'affiche, bon gré mal gré. Tant pis pour lui ! — Ce vaudeville est bâti sur une pointe d'aiguille diablement fine, si pointe il y a. — Un menuisier, nommé Breteuil, ancien soldat de Napoléon (qui n'a pas été soldat de Napoléon et un peu tué à Waterloo ?) possède une boutique fort bien achalandée et fait très-bien ses affaires. — Un autre homme qu'un menuisier et qu'un soldat de Napoléon serait très-content de son sort, *contentus suâ sorte*, comme dit le rudiment ; point du tout, cet enragé de

Breteuil est très-grognon, et fait la mine la plus maussade du monde. Il aime une comtesse (il n'est pas fier, ce gredin-là!); la comtesse lui rend amour pour amour et ne demande pas mieux que de l'épouser, trop heureuse qu'un menuisier, ancien troupier, un homme du peuple enfin, veuille bien descendre à une pareille mésalliance. Pour toute condition, elle demande que Breteuil, en signant sur le contrat, ajoute à son nom le *de* sacramentel; ce qui prouve que la comtesse n'est pas forte en nobiliaire, le *de* étant, au contraire, la marque d'un anoblissement de fraîche date et trahissant l'adjonction d'un nom de terre à un nom bourgeois. — Le farouche Breteuil s'emporte, déchire le contrat, et se laisse aller à toutes sortes d'invectives contre la pauvre comtesse; il ne veut pas se dégrader. Ne voilà-t-il pas un étrange menuisier?... — Rabotte tes planches et ton caractère; fais des copeaux, animal! — Quant à nous, si jamais une comtesse, jeune, jolie et riche voulait nous épouser, nous la laisserions faire, même à la condition de nous appeler Gautier de n'importe quoi, — fût-ce Gautier d'Aulnay, comme dans la *Tour de Nesle*. Il est vrai que n'étant pas menuisier, et n'ayant pas servi Napoléon, nous n'avons pas le droit d'être si fier.

PALAIS-ROYAL. *Les Avoués en vacances.* — Nous sommes en Suisse, — et quelle Suisse! Voilà l'escalier intérieur, la galerie à rampe de bois, les grosses poutres apparentes, — c'est une auberge avec circonstance aggravante de chalet; Ketly va paraître tout à l'heure. — O ciel! qu'allons-nous devenir? Ketly paraît en effet, et par toutes les portes débouchent en colonnes serrées des populations d'avoués stupides comme des pots à deux anses. — Ah çà! monsieur Bayard, est-ce que les avoués sont aussi bêtes que cela? En conscience, vous qui êtes vaudevilliste et peintre de mœurs, où avez-vous vu un ramassis pareil de niais, de crétins, de jobards? — Mais les Béotiens de Louis Desnoyers sont des aigles à côté de cela; les avoués ne sont pas des lord Byron, mais ils ont été baptisés, et tous enregistrés à l'état civil comme des créatures humaines; les vôtres sont tout au plus bons à marcher à quatre pattes. — Tous ces avoués veulent embrasser Ketly. — Quels enragés! — Il y en a un surtout qui est plus insupportable à lui seul que tous les autres. — Vous n'avez pas oublié une nouvelle de M. Frédéric Soulié, qui s'appelait

Ginguernet, histoire de rire. — L'avoué du vaudeville répète à toute minute, comme Ginguernet : « Histoire de rire ! » Ces histoires de rire consistent à faire tomber les gens sur le nez en leur tendant des ficelles, à semer du crin dans les lits, à lâcher les robinets des fontaines, et mille autres gentillesses de ce genre. Toutes ces platitudes sont débitées avec une volubilité de saltimbanque vendant de l'eau admirable de Jean-Marie Farina à six sous le litre. — Ajoutez à ce pauvre ragoût un Anglais silencieux et vindicatif qui note sur son carnet les sottises du mystificateur, un juge ridicule qui veut toujours juger, comme le Perrin Dandin des *Plaideurs*, une scène de rendez-vous nocturne imitée de l'opéra-comique des *Treize*, et vous obtiendrez pour résultat une parade fort mélancolique et fort lugubre à voir. Alcide Touzez a fait de vains efforts pour égayer un rôle de garçon de ferme jaloux et sournois. Il n'a pu y réussir. — Vite, monsieur Bayard, une revanche ! Vous avez assez d'esprit pour faire une mauvaise pièce et même deux sans que cela prouve rien contre vous.

25 novembre.

OPÉRA. *Débuts de mademoiselle Augusta Maywood.* — La danse, que l'on avait longtemps négligée à l'Opéra, et que mademoiselle Fanny Elssler soutenait seule sur la pointe de ses petits pieds, semble être remise en honneur ; les débuts heureux se succèdent ; après mademoiselle Lucile Grahn, qui nous vient du Danemark, voici mademoiselle Maywood, qui nous vient d'Amérique. — Chaque partie du monde envoie sa danseuse ; le corps de ballet sera bientôt, si cela continue, le corps le plus cosmopolite que l'on puisse voir : Danoises, Allemandes, Américaines, Anglaises, tout s'y trouve ; c'est une vraie Babel avec ses soixante et douze idiomes. Heureusement, la langue de la danse se comprend partout, et les pieds n'ont pas d'accent.

Mademoiselle Augusta Maywood a un caractère de talent tout à fait tranché ; ce n'est pas la grâce mélancolique, l'abandon rêveur et la légèreté nonchalante de mademoiselle Grahn, qui reflète dans ses yeux l'azur clair et froid du ciel de Norvége, et semble une walkyrie dansant sur la neige ; c'est encore moins la perfection inimitable, la fermeté étincelante, l'allure de Diane antique et la pureté sculpturale de mademoiselle Fanny Elssler ; c'est quelque chose de brusque, d'inattendu, de bizarre qui la met tout-à fait à part. Fille du directeur d'un théâtre de New-York ou de Philadelphie; nous ne savons trop lequel, elle faisait fureur en Amérique, elle dansait les ballets les plus compliqués, chantait, jouait la tragédie, en un mot était un petit prodige ; — elle est venue chercher la sanction de Paris, car l'opinion de Paris inquiète jusque dans leur monde de chemins de fer et de bateaux à vapeur les barbares des États-Unis. — Pour un prodige, mademoiselle Augusta Maywood est vraiment très-bien.

Elle est de taille moyenne, bien découplée, très-jeune, dix-huit ans pour les calomniateurs, les yeux noirs, avec une petite mine éveillée et sauvage qui risque fort d'être jolie ; ajoutez à cela des nerfs d'acier, des jarrets de jaguar et une agilité qui approche de celle des clowns ; du reste, il est impossible d'être moins intimidée d'une si formidable épreuve ; elle est venue là, sous le feu de la rampe et des lorgnettes, qui mettent la peur au ventre des plus intrépides, aussi tranquille qu'une danseuse émérite ; vous auriez cru qu'elle avait affaire tout simplement à son parterre d'Yankees ; en deux ou trois bonds, elle a franchi ce grand théâtre depuis la toile de fond jusqu'au trou du souffleur, en faisant de ces *vols penchés* presque horizontaux qui faisaient la gloire de Perrot l'aérien ; et puis elle s'est mise à gambader, à pirouetter en l'air sur elle-même, à faire des tours de reins avec une souplesse et un ressort dignes de Lawrence et de Redisha; on aurait dit une balle élastique rebondissant sur une raquette ; elle a beaucoup d'élévation et de jet ; ses petites jambes de biche sauvage font des pas aussi *longs* que ceux de mademoiselle Taglioni.

Le costume qu'elle portait le jour de son premier début dans le *Diable boiteux* était d'un goût assez américain. Figurez-vous un corsage rose, avec une jupe rose sans jupons blancs par-dessous, un maillot rose, le tout rehaussé de passequilles et de clinquants de diverses couleurs. — Une toilette à ravir une danseuse de corde (ceci n'est pas un terme de mépris ; nous adorons les danseuses de corde) ! — La seconde fois, c'était dans *la Tarentule* ; elle était habillée en paysanne, avec cet éternel corset noir et ce jupon non moins éternel, si prodigués dans les ballets qui ont des prétentions champêtres ; si l'autre costume était trop sauvage, celui-ci était trop civilisé.

Mademoiselle Augusta Maywood sera une bonne acquisition pour l'Opéra ; elle a un genre à elle, un cachet d'originalité très-remarquable ; des connaisseurs qui ont été aux fêtes du couronnement à Milan, prétendent que mademoiselle Maywood se rapproche beaucoup du genre de mademoiselle Cerito.

Un petit accident a troublé quelques minutes la représentation ; mademoiselle Paquita, qui est une fort belle fille, œil noir et sourcils de jais, s'est laissée tomber tout de son long dans le mouvement d'une tarentelle dont elle était coryphée : mademoiselle Paquita est faite de manière à ce qu'une chute n'ait rien de compromettant pour elle, et, d'ailleurs, tout le monde n'a pas de maillots roses comme mademoiselle Maywood ; mademoiselle Sophie, sœur d'Albertine, qui venait après Paquita, a aussi donné du nez en terre, et nous avons vu le moment où toute la file allait choir comme une rangée de capucins de cartes. On a ri d'abord ; mais, comme, en somme, le public a bon cœur et n'est pas si méchant qu'il en a l'air, on a consolé les deux pauvres filles toutes honteuses et toutes meurtries peut-être (ce qui est humiliant pour des sylphides), par une salve d'applaudissements à demi ironiques.

XXX

DÉCEMBRE 1839. — Italiens : mademoiselle Garcia dans *le Barbier de Séville.* — Le vrai caractère de Rosine. — Gaieté : *le Massacre des innocents,* par MM. Fontan et Maillan. — Cirque-Olympique : *le Lion du Désert.* — M. Carter et ses animaux. — *Roméo et Juliette,* symphonie de M. Hector Berlioz. — Palais-Royal : *les Premières Armes de Richelieu,* par MM. Bayard et Dumanoir. — Renaissance : *la Chaste Suzanne,* paroles de MM. Carmouche et de Courcy, musique de MM. Hippolyte Monpou. — Faut de la chasteté, pas trop n'en faut. — Variétés : *les Maquignons.* — *Arabian Godolphin.* — *Charles Martels,* symphonie de M. Reber. — Revues de l'année.

2 décembre.

ITALIENS. *Le Barbier de Séville.* — Nous n'entrerons pas, à propos du *Barbier de Séville,* dans de longues considérations; il est bien convenu que c'est un chef-d'œuvre; — on a dit là-dessus tout ce qu'il y avait à dire; on vous a conté mille et mille fois comment Rossini s'était servi du même livret que Paesiello, espièglerie de grand homme sûr de lui-même, et, dans son audace juvénile, ne reculant en rien devant la comparaison avec l'œuvre d'un vieux maître. — Vous savez très-bien comment l'opéra fut sifflé pendant trois représentations consécutives par le public du théâtre della Valle, pour châtier l'outrecuidance du jeune maestro, qui fut ensuite porté en triomphe et reconduit chez lui avec des fanfares et des sérénades, etc., etc. — Le seul moyen peut-être de faire du neuf serait de vous démontrer que le *Barbier de Séville* de Paesiello, est bien supérieur à celui de Rossini; mais il fait trop mauvais temps aujourd'hui et nous sommes de trop mauvaise humeur contre la pluie pour soutenir gaiement cette paradoxale bouffonnerie; nous nous bornerons à parler de l'exécution.

Mademoiselle Pauline Garcia, qui a si heureusement abordé les rôles de Ninette de *la Cenerentola* et de Desdemone d'*Otello,* a continué ses débuts par le rôle de Rosine. Les journaux, qui l'avaient accablée d'éloges pour ses deux précédentes créations, l'ont assez peu favorablement traitée cette fois : ils l'ont accusée de n'avoir pas bien compris le caractère du personnage et d'avoir défiguré par trop d'ornements le texte du maître. C'est à tort, selon nous, surtout pour ce qui regarde la première de ces observations.

Ce qui a désappointé le public, ou plutôt les journalistes, c'est l'habitude de voir représenter Rosine comme une soubrette égrillarde, effrontée, qui ne respire que malice et tromperies, ce qui n'est pas le vrai caractère indiqué par Beaumarchais. Rosine est une jeune personne de bonne famille, doucement tourmentée par ses quinze ans, qui s'épanouit comme une rose au premier sourire de l'amour, et qui ne trompe Bartholo que parce qu'il est réellement trop vieux, trop laid, trop ridicule et trop tuteur; sa rouerie est tout à fait innocente et tient à l'espièglerie; elle fait plutôt une niche qu'une perfidie; et croyez bien que, si elle se laisse enlever par Almaviva, c'est qu'elle ne sait trop au fond de quoi il s'agit, et ne voit guère que le plaisir d'attraper un barbon morose et grondeur. — Rosine, devenue comtesse Almaviva, n'est-elle pas, après tout, une honnête femme assez plaintivement vertueuse, et devait-elle être effectivement si leste et si pétulante étant jeune fille? C'est de cette manière que mademoiselle Pauline Garcia a pris le rôle, et nous trouvons qu'elle a eu raison : l'ingénuité, la candeur confiante, l'entraînement heureux et facile, ou, si vous voulez, la légèreté du premier âge, voilà le fond du caractère de Rosine. — Après tout, Bartholo a bien raison de ne pas vouloir que le premier venu lui enlève sa pupille; il l'aime réellement, et c'est au fond un honnête homme qui vaut bien ce grand dadais d'Almaviva, pauvre pantin de satin blanc et d'oripeaux, dont les ficelles sont mises en mouvement par le malheureux barbier, cheville ouvrière de la trilogie.

A la place du *Tanti palpiti*, mademoiselle Pauline a chanté des romances très-originales, de la composition de sa sœur, et un air espagnol très-piquant, en s'accompagnant elle-même au piano. Le public a fort applaudi cette innovation, à laquelle il ne s'attendait pas.

Quant à la question de fidélité au texte musical, on laisse ordinairement aux chanteurs le choix des fioritures, des points d'orgue, des trilles et de toutes ces arabesques capricieuses qui voltigent et s'enroulent autour de la note, sans l'effacer et la faire perdre de vue; toutefois, mademoiselle Pauline s'est peut-être montrée un peu trop prodigue d'ornements, et, quand on chante du Rossini, déjà si fleuri et si abondant par lui-même, il faut en être sobre; mais c'est là un petit péché fort véniel; mademoiselle Pauline sent et comprend les grands maîtres, et sait les rendre dans toute leur pureté originelle; il faut bien lui pardonner cette coquetterie de vocalise, à condition qu'elle recommencera.

GAIETÉ. *Le Massacre des Innocents.* — Voilà un terrible drame en cinq actes, avec chœurs, — et biblique par-dessus le marché; sans compter qu'il se joue à la Gaieté, vers les régions antarctiques et polaires du boulevard du Temple; étoile des mages, conduis-nous !

Mais comment vous narrer cette chose?

Il faudrait, rien que pour rendre la scène du *massacre*, dix pages d'onomatopées à la manière de Rabelais. — Ce sont des cris, des piaulements, des sanglots, des grincements de dents, toutes sortes de bruits enfantins et maternels, dont on n'a pas d'idée.

Il y a bien au moins soixante enfants. — Qui diable a pu fournir toute cette marmaille? On en jette contre les murs, par-dessus les rampes, on en écrase, on en évente, on en met à la broche, on en poignarde, on en coupe en deux, en quatre même ; c'est très-varié. — Les soldats tirent d'un côté, les mères de l'autre, de sorte que les pauvres petits s'allongent comme ces fausses jambes que l'on voit dans les arlequinades des Funambules. « Je l'aurai ! — Tu ne l'auras pas. — Ouf! aïe! holà! » Cela clapote, cela barbote, cela fourmille, cela frétille, on dirait une grenouillère que l'on remue avec un bâton; nous nous attendions à voir reproduire le tableau de Coignet et celui du Poussin, notre attente a été trompée. Cette tuerie est un peu longue, mais elle est bien mise en scène et groupée heureusement.

Par un oubli bien singulier, s'il est involontaire, et d'une bien haute portée philosophique, s'il est fait à dessein, les auteurs ont complétement négligé les pères dans cette pièce où il y a tant de mères et tant d'enfants. Les pères ne paraissent pas et laissent accomplir le massacre avec une admirable insouciance; ils ne sont pas fâchés au fond d'être débarrassés de ces affreux marmots et bénissent *in petto* la férocité d'Hérode.

La décoration où s'exécute la tuerie représente une vue de Jérusalem, par un clair de lune velouté et bleuâtre d'une grande vérité; une constellation d'étoiles, très-heureusement imitées, pique de ses lueurs tremblantes le bleu manteau de la nuit. Cette décoration seule vaut le voyage.

La pièce se termine par une apothéose des saints Innocents, qui montent au ciel portés par des zones de nuages au fond desquels rayonne une croix de lumière, et s'élèvent doucement à travers les frémissements d'ailes, les vapeurs d'encens et les flots de mélodie. Ce sont des anges tout faits, il n'y a plus que les ailes à mettre.

Cirque-Olympique. *Le Lion du Désert.* — *M. Carter et ses animaux.* — Est-ce que M. de Buffon, qui écrivait l'histoire naturelle avec des manchettes et l'épée au côté, se serait complétement trompé sur le compte des animaux dits féroces, sans doute par antiphrase ? Il paraît que, de son temps, on noircissait beaucoup le tigre et le lion, s'il faut en croire les belles pages si harmonieusement cadencées de son volumineux ouvrage.

Ce pauvre tigre surtout, que n'en a-t-on pas dit? on l'a calomnié comme un homme; il tuait sans nécessité, pour le plaisir; il était toujours altéré de sang, et ne pouvait calmer l'ardeur qui le consumait qu'au moyen de limonade rouge, bue à pleins seaux; il finissait par déchirer la main qu'il avait commencé par lécher; les bons traitements l'irritaient, il ne se montrait pas reconnaissant d'être enfermé dans une cage de fer, il avait l'air faux, cruel, lâche, rampant, sournois; enfin, c'était un monstre. — Quant au lion, grâce au souvenir classique d'Androclès et de la mère de Florence, on lui accordait la générosité, la clémence et autres vertus plus ou moins royales.

Cependant le tigre le plus scélérat ne commet pas autant de cruautés que l'homme réputé le plus doux; il n'est pas méchant, il est carnassier, voilà tout; et, comme en Tigrerie les bouchers sont inconnus, il va chercher ses côtelettes et son bifteck lui-même, et les avale crus, faute de gril et de cuisinier pour les faire cuire. — Il sied bien à des gens bourrés de bœuf, de mouton, de marée, de volaille, dont le ventre est le tombeau de la création, d'accabler d'injures un pauvre tigre qui dévore de temps à autre un quartier d'homme ou de cheval ! — Il faudrait savoir le nom que nous donnent les jeunes veaux pleins d'avenir, les bœufs patriarcaux et les innocentes brebis que nous égorgeons si lâchement dans les abattoirs.

Il n'y a pas d'animaux féroces, il y a des animaux qui ont faim : seulement, les uns mangent de l'herbe et les autres de la viande ; tant pis pour vous si vous passez par là à l'heure du repas et que l'on ait besoin d'un plat supplémentaire, parce qu'un lion du voisinage est venu dîner sans façon, — vous êtes ajouté au dîner trop succinct comme une omelette ou un pâté de foies gras, ou une tourte de Félix. Donnez à votre place le moindre agneau, le moindre quartier de chevreuil, il sera accepté avec reconnaissance ; vous n'êtes déjà pas si bon.

Les brahmines, qui ne mangent que des légumes, et encore les moins animés d'entre les légumes, car ils s'abstiennent de fèves à l'instar de Pythagore, ont seuls le droit de traiter les lions et les tigres comme l'a fait M. de Buffon, qui, à coup sûr, ne vivait pas d'épinards au sucre exclusivement.

Ces réflexions sur la mansuétude des bêtes féroces nous sont inspirées par la représentation de M. Carter, où un tigre énorme et un lion colossal souffrent des traitements que ne souffriraient pas le chat le plus familier et le caniche le mieux dressé.

Désormais l'on ne dira plus doux comme un agneau, mais doux comme un tigre !

Quel progrès depuis Van Amburg, qui est pourtant bien près de nous, quoique déjà oublié et dépassé. La police vérifiait les barreaux de la cage de ses bêtes, ne les trouvait pas assez rapprochés ni assez solides ; pour plus de sûreté, les animaux étaient parqués dans deux compartiments qui permettaient au dompteur d'en venir plus aisément à bout. — Ici, plus rien de tout cela : un lion et une panthère exécutent sur le théâtre, plein de figurants et de figurantes (chair trop filandreuse pour les tenter), des exercices aussi forts que ceux des caniches et des singes les plus instruits, et cela, sans que rien les sépare des spectateurs, rien, pas même un simple fil d'archal, pas même une corde habilement dissimulée : ils sont en pleine liberté.

Voici le rôle de la panthère :

L'Arabe Abdallah, épuisé de fatigue et de chaleur, s'est endormi sur le bord du chemin. Le lieu est des plus sauvages ; des arbres sinistres pressent avec les doigts noueux de leurs racines des rochers livides et crayeux ; des broussailles semblables à des coutelas s'entortillent hideusement, des plantes verdâtres rampent partout comme des serpents ; l'Arabe dort dans cette sombre gorge qui ne peut être hantée que par des assassins et des bêtes fauves. Tout à coup, un effroyable rugissement se fait entendre ; on voit briller au fond d'une caverne deux yeux glauques et phosphoriques, une tête plate et tigrée comme celle d'une vipère s'avance, flairant le vent d'un air inquiet et cauteleux ; l'affreuse bête sort une patte et puis l'autre, rampant et s'aplatissant contre terre ; puis, ramassant ses jarrets sous elle, comme la flèche qui jaillit d'un arc, d'un seul bond, d'un seul élan, elle saute sur la poitrine du dormeur, dont elle saisit le cou dans l'étau dentelé de sa mâchoire. — Abdallah s'éveille et alors commence une lutte horrible, quoique simulée ; il étreint le monstre dans ses bras vigoureux, et tous deux roulent en se débattant jusque vers la rampe du théâtre, dont tous les becs dardent simultanément un long jet de gaz d'un pied de haut, dans le but sans doute d'effrayer l'animal, que cette pantomime pourrait bien ramener à ses penchants naturels, et de l'empêcher de sauter d'un second bond au milieu du parterre ; — mais l'Arabe a bientôt le dessus, et la panthère, domptée, le suit l'oreille basse et la queue entre les jambes, au grand étonnement des Bédouins, qui ne savaient pas les panthères d'aussi bonne composition.

Là est le grand effroi et le grand succès de la pièce. — Cette scène, si près d'être vraie, et qui le sera peut-être un jour, fait figer la moelle dans les os ; le reste, quoique très-étonnant, n'inspire pas autant de terreur.

Abdallah-Carter, dans l'acte suivant, rencontre un lion dans le désert : il va droit à lui, le fascine, lui met une bride, une selle, le harnache complètement avec des cordons de laine rouge et le promène, soumis et honteux, comme il a fait pour la panthère.

Il est impossible, du reste, de mettre plus de complaisance à se laisser ficeler que ce brave lion. Il a l'air si doux, si paterne, et roule ses yeux si onctueusement pendant cette opération, qu'il n'inspire pas la moindre crainte; la femme la plus timide pourrait sans pâlir plonger sa main frêle et blanche dans les boucles de sa fauve perruque.

Au dernier acte, c'est-à-dire au troisième, Abdallah rentre dans la ville sainte, sur un char antique traîné par son lion et traverse deux fois le théâtre sur une espèce de rail intitulé voie romaine par le livret, et qui nous a semblé, à nous, une voie aussi égyptienne que possible. Carter, qui est d'une très-haute taille, rappelle dans cette majestueuse apparition les triomphateurs de la période héroïque ou des Césars romains de la décadence, lorsque l'imagination blasée ne savait plus à quels moyens recourir pour sortir de sa torpeur.

Comme le lion n'allait pas assez vite, Carter lui a donné un coup de bâton sur la croupe comme vous n'oseriez pas en donner au cheval de votre tilbury de peur de le faire cabrer. Le lion a ployé les reins très-humblement et marché plus vite! Un lion, attelé, bâtonné, sans grille, sans cage, ne voilà-t-il pas qui est merveilleux? Et, pour pousser les choses à bout, Carter a repassé sur le chemin avec l'animal libre de ses harnais, de son char, dont le poids eût pu le retenir; le lion marchait sur ses talons comme le chien de chasse le mieux dressé; à un certain instant, ayant marché trop près du bord, la patte lui a manqué et il a failli tomber sur l'avant-scène. Carter l'a saisi par la peau du cou et l'a remis sur la route absolument comme les garçons de la barrière du Combat empoignent un dogue qui s'écarte. — En voyant une soumission si parfaite, on s'étonne d'avoir eu peur si longtemps de bêtes aussi pacifiques, et l'on se propose de remplacer son chat par un tigre et son chien par un lion.

A la fin de la pièce, Carter se livre, avec ses animaux réunis dans une cage, à des exercices semblables à ceux de Van Amburg; seulement, il ne les regarde pas de cet œil blanchâtre et verdâtre, illuminé de lueurs blafardes, qui donne à son rival un air si étrangement magnifique; il n'y fait pas la moindre façon et retourne ses bêtes comme des oreillers ou des traversins. Il est impossible d'être moins charlatan.

Carter est plus grand que Van Amburg et d'une carrure plus athlétique ; il a une assez belle figure, plus douce que terrible, et toutes ses manières ont quelque chose d'efféminé et de gracieux qui ne s'accorde guère avec l'idée d'un Hercule néméen et dompteur de monstres.

Après la chute du rideau, il a été rappelé avec des rugissements d'enthousiasme : au bout de quelques minutes, il est revenu accompagné d'une de ses bêtes ; ce qui est fort spirituel.

Maintenant, que pourra-t-on imaginer de nouveau dans ce genre? Avant peu, sans doute, les membres du Jockey-Club et les *lions* de la mode iront au Bois dans un landau attelé de lions véritables. Cela s'appellera le cheval demi-sang ou pur sang. Les remontes se feront dans l'Atlas ; le tigre sera devenu un animal domestique et fera la chasse aux souris dans les maisons, de concert avec le chat, son diminutif; les fauves habitants de l'Afrique et de l'Inde quitteront le désert, et, tout à fait réconciliés avec la civilisation, viendront habiter nos villes. Peut-être, dans vingt ans, verrons-nous sur les murs de Paris une affiche représentant l'intrépide M. *un tel* entrant dans la cage d'un serin canari, et luttant contre un jeune agneau d'une intraitable férocité. Nous avons déjà le hanneton duelliste et le lièvre qui tire des coups de fusil comme un chasseur. — Nos petits-enfants s'amuseront mieux, pour peu que cela continue.

11 décembre.

Concert de M. Hector Berlioz. *Roméo et Juliette.* — Certes, s'il y a jamais eu une volonté inébranlable et persistante, c'est bien celle de M. Hector Berlioz; car il ne suffit pas, en ce temps de polémique et de publicité, d'être un grand talent, il faut encore être un grand courage : faire n'est rien, il faut parvenir, et le chemin est long, de l'œuvre écrite à l'œuvre publiée. Victor Hugo, ce sublime entêté, avait mis pour épigraphe, à son premier volume de vers : *Vox clamantis in deserto,* et les exemplaires d'*Hernani* portaient pour griffe *Hierro,* mot espagnol qui veut dire *fer;* car, il faut bien l'avouer, ce public français, réputé si folâtre, si léger, si vagabond dans sa fantaisie, si amoureux du changement, n'a réellement peur que d'une seule chose au monde, c'est de la nouveauté; la nouveauté fait sur lui le même effet que l'écarlate sur le taureau! Il lui en coûte beaucoup d'augmenter la liste de ses admirations, et il n'aime pas à se donner la peine de formuler un jugement; il est trop grand seigneur pour cela, et charge de cette corvée ennuyeuse les journalistes et les critiques, qui sont ses dégustateurs jurés : artistes, musiciens, poëtes, n'ayez peur que d'être neufs. Le public vous pardonnera de n'avoir ni talent, ni style, il y est fait; mais, pour Dieu, ne hasardez ni un enjambement, ni une cadence, ni un rhythme inusités, ni une idée, ni une scène que l'on n'ait pas vue au moins vingt fois. Ce qu'un parterre français redoute le plus au monde, c'est d'être pris en défaut, et de ne savoir que dire dans le couloir ou dans le foyer de ce qu'il vient d'entendre.

M. Hector Berlioz a trouvé beaucoup d'obstacles aux débuts de sa carrière; avec moitié moins de talent, il eût réussi dix fois plus vite; mais il a essayé des formes musicales nouvelles, il a employé des rhythmes inégaux, chose douloureuse pour un peuple amateur de la période symétrique, et qui entend la musique plutôt avec les talons qu'avec les oreilles. Sa phrase ne s'arrête pas toujours à l'endroit prévu, ce qui déconcerte l'amateur prêt à laisser tomber sa canne. Il produit l'effet que produirait à des gens habitués à la versification de Voltaire, les vers à coupe variée et à césure mobile des premiers poëmes d'Alfred de Musset. — Voilà le grand crime d'Hector Berlioz, il n'est pas carré, — ou du moins il ne l'est pas toujours. — A ce reproche, on ajoute celui d'être incompréhensible : incompris à la bonne heure. Cependant la musique de M. Berlioz nous paraît suffisamment intelligible; mais, pour la comprendre, il faut l'écouter, et l'on écoute peu en France, car tout le monde veut parler. Après tout, cette question de clarté nous paraît d'une maigre importance, l'eau est plus claire que le vin, Dante est plus obscur que Dorat, Rembrandt que Boucher, Beethoven que Musard, et pourtant la pourpre riche et foncée d'un vin généreux l'emporte sur la fade transparence d'une eau bien filtrée; Dante, Rembrandt, Beethoven, les maîtres austères et sérieux valent mieux que Dorat, Boucher et Musard. — Pour notre compte, nous aimons assez l'art hiéroglyphique, escarpé, où l'on n'entre pas comme chez soi; il faut relever la foule jusqu'à l'œuvre, et non rabaisser l'œuvre jusqu'à la foule. Si la pente ne peut être gravie par les intelligences vulgaires, tant pis pour les jambes faibles et les jarrets sans nerfs. C'est une mauvaise raison à donner pour aplanir les montagnes, que les asthmatiques ne les sauraient gravir ; ne vous donnez pas la peine de tailler des marches et des rampes autour du mont Blanc, les aigles voleront toujours bien jusqu'à la cime et poseront leur serre comme un cachet sublime sur la neige éternelle qu'une empreinte vulgaire n'a jamais profanée, afin que Dieu voie en passant que les hauts sommets ont toujours des visiteurs.

Ce que nous aimons dans M. Hector Berlioz, c'est qu'il a pris son art au sérieux, il n'en a pas fait un métier ; il a écrit pour satisfaire son esprit et son cœur, en dehors de toute idée de succès éphémère ; soucieux de se plaire d'abord à lui-même, ne faisant aucune concession, et poussant courageusement sa manière jusqu'au bout comme tous les grands artistes, qui ne craignent pas de passer par un défaut pour arriver à une beauté ; il n'a pas cherché le joli, le léché, le perlé ; il est resté inculte, sauvage, violent, amoureux de la difficulté comme tout homme qui sait à fond le mécanisme de son art, et qui a toujours peur que la main n'aille plus vite que l'idée. Comme Mutius Scœvola, il brûlerait son poing plutôt que d'en laisser tomber un grain d'encens sur les autels du lieu commun et de la banalité.

Quoi qu'en puissent dire ses ennemis, — M. Berlioz a le bonheur d'en avoir, — l'auteur d'*Harold* et de la *Symphonie fantastique* a rendu de grands services à l'art musical : il a donné une âme à chaque instrument de l'orchestre, une expression à chaque note ; il a voulu que chaque phrase eût un sens précis ; cette idée, pressentie par quelques maîtres, essayée par Beethoven, a été fort bien développée par M. Berlioz ; quelques anciens compositeurs avaient tâché d'animer l'orchestre, de le faire vivre et parler ; mais, soit timidité, soit faiblesse des exécutants, ils n'avaient qu'effleuré cette partie de l'art. M. Berlioz a approfondi la question, et il a su trouver des effets dont, avant lui, on n'aurait pu soupçonner l'existence ou la possibilité ; dans sa symphonie de *Juliette et Roméo*, et dans les autres, l'orchestre exprime des pensées et des sentiments. Au lieu de ne faire parler les trombones, les timbales et la grosse caisse, que comme un bâton qui sert à marquer les temps forts de la mesure, il les a rendus significatifs. Chaque instrument dit son mot.

L'idée musicale, mélodique ou harmonique est développée avec un talent supérieur. Quelquefois seulement, emporté par une savante combinaison, par une tournure originale, le musicien arrive à trop compliquer ses effets, et fait disparaître son dessin sous un travail excessif, défaut que nous préférons à la trivialité, et qui est, d'ailleurs, moins fréquent dans cette symphonie que dans les précédentes.

La nouvelle partition renferme des combinaisons harmoniques d'une grande beauté, des idées mélodiques très-originales et des effets de rhythme et d'instrumentation tout à fait neufs.

L'auteur a essayé d'y reproduire la mélopée antique et les chœurs de l'ancienne tragédie, qui interrompent le cours de l'action pour moraliser sur les événements dont ils sont témoins; M. Émile Deschamps, homme de beaucoup d'esprit et poëte distingué, a distribué avec beaucoup d'originalité le livret du compositeur; il a relevé de jolies fleurs poétiques la trame du canevas musical, et satisfait heureusement les doubles exigences de la poésie et de la musique.

PALAIS-ROYAL. *Les Premières Armes de Richelieu.* — Richelieu a quinze ans, juste l'âge de Chérubin; il n'est pas moins vif, moins curieux d'apprendre, moins amoureux de toutes les femmes que l'effronté page de la comtesse Almaviva; justement, on vient de le marier, lui tout petit et tout enfant, avec une belle grande fille qui a trois pouces et trois ans de plus que lui : à mademoiselle de Noailles, fille d'honneur, rien que cela; c'est beaucoup pour un si imperceptible mari. — Ce qui fâche beaucoup le jeune duc, c'est que, le soir même, il va monter dans un carrosse avec l'abbé, son précepteur, pour aller au fond d'une terre attendre sa vingtième année : — se trouver en tête-à-tête avec un vieux pédant lorsque l'on comptait sur une jolie femme, c'est dur, surtout pour un garnement de l'espèce de Richelieu; il s'insurge et ne veut pas partir, prétendant fort judicieusement que ce n'était pas la peine de le marier pour lui faire continuer ses classes. — Il lui déplaît d'autant plus de s'en aller qu'il a découvert qu'un certain chevalier de Matignon, amant de mademoiselle de Nocé, fille d'honneur — pardon pour ce rapprochement de mots qui hurlent de se voir accouplés — faisait simultanément les yeux doux à sa femme et lui écrivait des billets d'un style fort délibéré. — D'ailleurs, il a quinze ans. A quinze ans, César avait déjà cinq à six millions de dettes, et,

>Dans les âmes bien nées,
>La valeur n'attend pas le nombre des années.

Le roi et madame de Maintenon ont daigné lui sourire à sa présentation ; madame la duchesse de Bourgogne l'a nommé sa petite poupée, et lui a promis un beau présent ; le présent arrivé c'est... une boîte de dragées ! « Elle servira pour le baptême de mon premier enfant, dit le petit bonhomme tout furieux. Ah ! ah ! vous le prenez de la sorte, mon grand cousin, ma grande belle-mère, ma grande femme, qui n'avez pas l'esprit de voir, à l'éclat de mes yeux, au feu de mon regard, au battement de mon cœur, au tremblement de ma voix, que je ne suis plus un enfant ? vous me fermez la porte de la chambre conjugale ? Pardieu ! j'irai coucher ailleurs ; les femmes ne sont pas rares, j'en aurai deux, trois, quatre, tant que je voudrai ; j'aurai des duels, je ferai des dettes, je serai plus homme que vous tous ; et, quant à vous, ma grande bégueule de femme, je vous jure bien une chose, c'est que vous serez toujours mademoiselle de Noailles. » Là-dessus, le petit duc se livre au sot pédagogue, d'un air sournois et qui annonce qu'il roule des machinations diaboliques dans sa petite cervelle. En effet, on le voit bientôt reparaître et se glisser dans l'appartement des filles d'honneur, dont la vigilante madame de Navailles ferme précieusement la porte sur lui, après avoir fouillé tous les coins pour voir s'il n'y aurait pas quelque amant caché. — La toile tombe et laisse supposer un entr'acte des mieux occupés.

Quand la toile se relève, le petit Richelieu Fronsac, qui a vu les nymphes d'honneur dans le plus simple appareil nocturne, se donne les airs les plus cavaliers du monde ; il rosse ses gens, berne ses créanciers et prélude à son rôle de don Juan ; il fait décorer son hôtel magnifiquement et tranche de l'Alcibiade ; il parie mille louis avec Matignon que la revêche mademoiselle de Noailles, en dépit de l'article 5 du contrat, viendra le trouver elle-même. En effet, mademoiselle de Noailles vient, et bien d'autres avec elle, et mademoiselle de

Nocé, la fille d'honneur, et madame Patin, devenue baronne de Bellechasse par son mariage avec le grand lévrier du roi; heureusement que l'appartement de Richelieu a été bâti par un architecte prévoyant, les cabinets y abondent, et l'on pourrait y cacher en détail toute l'armée des amazones. Il fait voir d'abord mademoiselle de Nocé à M. de Bellechasse, qui trouve l'aventure fort réjouissante, et montre à M. de Matignon, qui est fort charmé de la plaisanterie, la baronne de Bellechasse tout ébouriffée dans son encoignure; puis il fait voir la femme au mari et la maîtresse à l'amant; voilà deux duels d'un seul coup. Avouez que ce n'est pas maladroit; deux femmes, deux duels; on n'est pas plus homme que cela! Le petit garnement blesse Matignon au bras, et Bellechasse dans quelque endroit ridicule. Mademoiselle de Noailles, éperdue, arrive, et avoue que son mari n'est pas si enfant qu'il en a l'air. « Je vous présente madame de Richelieu, » dit le duc à sa belle-mère, fort surprise de rencontrer la duchesse très-conjugalement assise sur ce sofa, qui sera plus tard le sofa de Crébillon fils. — La duchesse de Bourgogne, qui a suffisamment maté l'orgueil de sa poupée, lui envoie le cadeau qu'elle lui avait promis, un brevet de colonel : noble cadeau! « Je pars ce soir, dit Richelieu officiellement et à haute voix. Je pars demain, » ajoute-t-il à voix basse, et de manière à n'être entendu que de sa femme, qui rougit un peu et sourit en le regardant avec un air de tendre embarras.

Cela s'appelle *les Premières Armes de Richelieu*, et c'est mademoiselle Déjazet qui joue le principal rôle : c'est gai, vif, égrillard, leste de mots, leste d'idée, mais c'est amusant. Les costumes sont d'une grande richesse et d'une grande élégance, et depuis longtemps mademoiselle Déjazet n'avait aussi bien joué. MM. Bayard et Dumanoir ont été nommés au milieu d'applaudissements où les claqueurs n'étaient pour rien. — *Les Premières Armes de Richelieu* auront un succès de vogue. — Monsieur Bayard, sans rancune. *Les Avoués en vacances* sont expiés; remerciez cependant votre collaborateur M. Dumanoir.

30 décembre.

RENAISSANCE. *La Chaste Suzanne.* — En allant écouter l'histoire merveilleuse de Suzanne la Chaste, cet aimable poëme biblique, cette naïve et resplendissante figure qui illumine en ce moment la scène lyrique du théâtre de la Renaissance, nous nous attendions à quelqu'une, de ces grandes manifestations littéraires et musicales qui bouleversent toute une époque. Il nous semblait que, poëtes ou musiciens, tous devaient, en touchant à ces sublimes pages de la Bible, laisser déborder ce feu dévorant de la sainte poésie. Et, tout en applaudissant à cette audacieuse tentative, nous déplorions en secret le sort malheureux réservé d'avance à toute œuvre d'art complète et grandiose, surtout devant un public accoutumé aux élégantes et coquettes imaginations du jour.

Mais, heureusement pour tout le monde, excepté pour nous, les auteurs, gens de tact, connaissent le goût du public, et, désireux avant tout d'assurer le succès de leur œuvre, ont su donner à ce sujet d'une si naïve simplicité, un tour mondain, une allure intéressante, et ce je ne sais quoi qui fait aujourd'hui le succès au théâtre.

M. Hippolyte Monpou, chargé de mettre en musique le poëme de MM. Carmouche et de Courcy, a dû naturellement accepter la donnée du libretto. Cela posé, le compositeur, homme de goût et de talent, a produit une œuvre remarquable de verve et d'imagination.

L'administration a rivalisé avec le compositeur, ils ont lutté tous deux d'originalité, de luxe et d'élégance. La mise en scène est des plus soignées, et, entre toutes les décorations, nous citerons celle du quatrième acte, représentant une place publique de Babylone, tableau vivant, tombé du magique pinceau de Martinn, et qui mérite à elle seule un magnifique succès.

On attendait avec beaucoup d'impatience la scène du bain. Mais madame Thillon, cette *chaste* Anglaise, aux longs cheveux blonds, a dépassé la *chasteté* de Suzanne; elle n'a pas voulu montrer sa jambe seulement jusqu'à la cheville ; elle s'est baignée à sec avec ses brodequins, enveloppée d'une draperie aussi sévère que celle de la Mnémosyne antique, une double tunique traînante; une transparence fort opaque laissait à peine entrevoir l'ombre rose de son maillot ; jamais elle n'a été plus habillée ; pas un seul petit coin d'épaule, pas un petit bout de bras ; certainement nous ne sommes pas partisan des nudités dramatiques, mais cette pudeur nous a semblé un peu trop exagérée. Que diable! on ne met pas son châle pour entrer dans l'eau !

A part ce petit grief, madame Thillon a été charmante de tout point ; son costume oriental lui allait à ravir et elle a chanté avec beaucoup de goût et d'expression.

Variétés. *Les Maquignons.* — Le théâtre des Variétés n'a réellement pas de chance, il semblerait que la toilette somptueuse qu'il a faite lui ait porté malheur : les pièces tombent comme la grêle depuis la réouverture de la salle ; les chutes se succèdent et se ressemblent, à l'encontre des jours qui, dit-on, se suivent et ne se ressemblent pas ; le bouffon, le grivois, le sentimental sont sifflés avec une impartialité touchante ; on dirait que toutes les clefs et tous les aspics de la terre se sont donné rendez-vous au boulevard des Panoramas.

D'où vient cela ?—Est-ce que la direction actuelle vide les cartons de l'administration précédente ? Ces pièces sont-elles imposées et jouées par autorité de justice ? où bien serait-on las d'Odry, cette vieille grimace ? Il y aurait de l'ingratitude, car il vient de donner dans Bilboquet un sublime pendant à Robert Macaire. Il a créé un des types du siècle, Bilboquet vient immédiatement après Mayeux, Robert Macaire et Bertrand, et vous savez comme il est difficile de créer un type. Il faut pour cela un grand talent et un grand bonheur, ces bonnes fortunes-là n'arrivent qu'une fois dans la carrière d'un homme de génie. Cervantès en a fait deux, Odry en a fait un, Frédérick un autre ; Hugo a inventé Quasimodo, ce Mayeux sublime ; Byron n'a pu que rafraîchir don Juan, inventé par Molière. Il faut donc respecter Odry, car c'est un grand homme, et ne pas exposer inconsidérément ce roi du haillon, cette majesté de la guenille.

C'est, d'ailleurs, une chose triste pour un théâtre que cette continuité du sifflet ; on siffle par habitude, comme on rit par habitude. Après avoir sifflé les mauvaises pièces, on siffle les bonnes. Le public est très-routinier ; certains comiques, ennuyeux aujourd'hui, le font rire aux éclats, parce qu'il se souvient qu'autrefois ils étaient fort amusants. Aussi, nous conseillons fort aux directeurs des Variétés de porter la pioche dans un autre sillon, et de ne pas s'obstiner à poursuivre à travers le tuf cette maigre veine de cuivre terreux.

Nous ne croyons pas avoir besoin de faire l'analyse des *Maquignons ;* tout le monde a lu, il y a quelques mois, la charmante nouvelle de M. Eugène Sue, intitulée *Arabian Godolphin*; c'était tout simplement l'histoire d'un cheval méconnu, d'un arabe pur sang indignement attelé à une charrette, comme le génie à la misère ; mais ce cheval, marqué de la balzane et de l'étoile, avait ce qui manque souvent au génie, un ami dévoué, le Maure Agba ; il en avait même deux, le joli chat Grimalkin, dont le portrait dessiné par Stubbs se voit au Jockey-Club de Londres, et qui dormait couché sur son épaule au haras et à l'écurie. A la fin, Arabian, source de la race anglaise, finit par triompher.; Roxane, la superbe cavale, lui donne la préférence sur Hobgoblin, le gras et pesant étalon ; il a une écurie, une stalle d'acajou et son nom écrit en lettres d'or au-dessus de la porte de son palais.

Certes, c'était là un admirable sujet pour le Cirque-Olympique, et nous sommes étonné que cette idée ne soit pas venue à quelque auteur d'hippodrame.

La première chose que les auteurs du vaudeville aient faite, c'est de dépouiller la nouvelle de toute sa poésie ; le vaudeville n'en fait pas d'autres, il est prosaïque de sa nature, et c'est là sa plus grande malice ; Agba est devenu une espèce d'imbécile nommé Daniel, qui n'a ni couleur, ni caractère, et qui est amoureux simultanément de son cheval Muphty et d'une petite fille de cabaretier : quand on aime un cheval, on n'aime pas une femme ; les grands amours sont exclusifs. — Voyez Agba, il ne pense, il ne rêve qu'au pauvre animal dont il est seul à comprendre la valeur ; une petite place dans un coin de son écurie, quelques brins de sa litière, il ne demande pas davantage ; il reste des jours entiers en contemplation devant ses jambes sèches et nerveuses, ses épaules plates et dégagées, ce col frémissant sous son réseau de veines, ces narines mobiles et passionnées, cette longue houppe de crinière, tous ces signes de pure et noble race que ces barbares du Nord qui prétendent se connaître en chevaux ne savent pas distinguer ! Il a bien le temps vraiment de regarder si les filles d'auberge ont de beaux yeux ; les grands yeux fiers et doux d'Arabian valent pour lui toutes les prunelles du monde : Arabian ne pose-t-il pas sa tête sur son épaule avec un hennissement clair et argentin ? n'est-il pas payé de retour ? ce cheval si plein de *défenses* et si féroce pour les autres, n'est-il pas timide et complaisant pour lui comme une gazelle? Le Daniel des Variétés n'est qu'un sot, et Muphty n'est qu'une rosse indigne d'inspirer une passion à un jockey un peu sensé.

Odry a été assez amusant dans le rôle de Gourand, marchand de chevaux; seulement, le carrick de Bilboquet lui tient à la peau comme la tunique du centaure Nessus, il ne peut se séparer de son type; il a bien pu l'évoquer, mais non le faire disparaître; comme l'élève du sorcier, il est poursuivi par les balais qu'il a envoyés chercher de l'eau.

Serres s'est montré un maquignon très-distingué et approchant autant que possible de la réalité. Le rôle du jeune élégant qui achète des chevaux à bas prix pour les revendre très-cher à ses amis, aurait pu être amusant s'il avait été joué avec quelque vraisemblance.

La morale de cette pièce nous paraît être, qu'il faut avoir des amis pour leur vendre ses chevaux poussifs, et qu'en fait de chevaux, on tromperait même son père.

Quelques esprits bienveillants attribuaient les sifflets à une cabale de maquignons et de marchands de chevaux; nous n'en croyons rien, il n'y a pas tant de maquignons que cela.

Concert de M. Reber. —Les plaisirs de l'intelligence sont organisés d'une manière très-incomplète et souvent embarrassante pour la critique. Cela est vrai, surtout pour la musique. Nous avons entendu trois fois la symphonie de M. Berlioz; et, quand, familiarisé avec les beautés neuves et profondes de cette composition, nous sommes arrivé à en jouir sans fatigue, soudain le chant s'arrête, nous ne l'entendons plus. Rien de plus sérieux qu'une symphonie, en fait de musique; rien qui demande pour être senti des auditions plus fréquentes; rien aussi qu'on soit forcé d'étudier plus à la hâte. La symphonie se construit au moyen de combinaisons harmoniques plus ou moins savantes; la plupart des effets destinés à reproduire la pensée musicale sont dus à une orchestration très-calculée; les phrases s'entrecoupent, se croisent, se contournent comme des lierres; elles se perdent comme des ruisseaux dans l'herbe, et tantôt reparaissent en scintillant dans l'ombre comme des lucioles. Il ne s'agit pas d'une mélodie simple et suivie qui coule en ligne droite sur une pente égale, et ce n'est qu'à la longue qu'on peut s'acclimater à la symphonie, s'initier à son langage et s'émouvoir à ses chants. On ne court pas dans une symphonie, on s'y égare; c'est un labyrinthe charmant où l'on entre pendant la nuit. Peu à peu le crépuscule projette ses lueurs, les objets se détachent, les brouillards écartent leurs voiles de gaze rose, le jour creuse des profondeurs sous les feuillages, les points de vue riants se découpent sur l'horizon, les fleurs entr'ouvent leurs yeux d'azur, et le soleil saupoudre d'or le vert tissu des forêts. Mais, pour découvrir ces merveilles, il faut attendre le jour; pour jouir de la symphonie, il faut donner le temps à nos ténèbres intérieures de se dissiper, et, sous ce rapport, nos plaisirs sont fort mal gouvernés. Voilà pourquoi, sans doute, on est si longtemps à deviner le génie des grands symphonistes, pourquoi Haydn, Beethoven, et ce dernier surtout ont été appréciés assez tard, pourquoi enfin M. Berlioz est parfois contesté par la portion la plus légère et la moins artiste du public. Plus nous avons écouté son œuvre, mieux nous l'avons aimée, plus nous y avons trouvé de ces beautés chastes qui se tiennent cachées aux esprits profanes.

Aujourd'hui, notre situation est plus perplexe que jamais. Nous avons à vous parler de M. Henri Reber et d'une symphonie qui, dimanche, a passé devant nous comme un éclair et qui ne reparaîtra plus.

Beaucoup de gens s'obstinent, très-mal à propos, à comparer M. Reber avec M. Berlioz. Aucune rivalité, aucun rapprochement ne sont possibles entre leurs deux manières très-opposées. Autant vaudrait (toutes proportions gardées) mettre en parallèle Corrége avec Michel-Ange. Tous deux sont Italiens, de même que MM. Berlioz et Reber sont Allemands par système ou par organisation naturelle. Mais, comme, en outre, ils sont par eux-mêmes, ils diffèrent d'une manière essentielle.

M. Reber est tourné vers les inspirations douces et tendres. Son style ne s'isole pas aisément d'une mélancolie profonde. Quand il soupire un chant simple et rêveur, personne mieux que lui ne trouve le secret d'émouvoir. Sa romance de la *Captive* (sur les paroles de Victor Hugo), très-bien chantée l'autre jour par Roger, est un chef-d'œuvre en ce genre; on n'est jamais las de l'entendre. *Aï-Luli* et *Bergeronnette* sont de petites merveilles de naïveté coquette. M. Reber a écrit des valses avec lesquelles on ne peut valser, parce qu'en les écoutant, les pieds s'arrêtent, un nuage de tristesse assombrit la gaieté, et l'on se prend d'un désir de poursuivre des songeries. Bien que les deux symphonies de M. Reber nous aient fait un grand plaisir, nous leurs préférons peut-être certains trios, certains quatuors que l'on entendait l'hiver passé chez Alexandre Batta, exécutés à ravir, avec l'aide de M. Seghers, au milieu d'un auditoire d'élite. Ces ouvrages de M. Reber sont dignes de Haydn et de Beethoven, ces maîtres de la symphonie.

Au demeurant, M. Reber a obtenu dimanche au Conservatoire, des applaudissements bien mérités. Sa scène de *Charles Martel* (avec chœurs), chantée par Massol, démontre dans l'auteur le talent de grouper les voix et d'en tirer des effets puissants. L'avenir de ce compositeur est à l'Opéra, pour lequel il achève en ce moment un ballet en deux actes.

Le concert s'est terminé par le chœur des *Pirates*, morceau dans lequel M. Reber a sans doute voulu montrer la flexibilité de son talent, en jetant ces notes pétillantes, légères et ordonnées dans un goût tout français. Il s'est joué sans peine de ce procédé facile, et cette bluette, pleine de verve et de gaieté, a été applaudie et redemandée avec fureur.

LES REVUES DE L'ANNÉE. — Au Palais-Royal, aux Variétés, à l'Ambigu-Comique, à la Gaieté, si loin que vous alliez, vous vous trouvez face à face avec les Revues de l'année, ces maussades chardons que la Saint-Sylvestre fait éclore périodiquement; comme si ce n'était pas déjà une situation assez lamentable que d'avoir une année de plus, sans l'aggraver encore par des vaudevilles, et quels vaudevilles! Il n'y a pas moyen d'y échapper; cela devient un vrai cauchemar : *les Bamboches de l'année, Mil huit cent quarante, Je m'en moque comme de l'an quarante, les Iroquois*, c'est toujours la même bêtise sous un titre peu varié; le même cadre sert pour tous. Un génie quelconque, la Critique (merci du compliment), le Temps ou la Saint-Sylvestre passent en revue les sottises ou les inventions de l'année; la canne à sucre et la betterave, le daguerréotype et les bêtes de Carter, le tournois d'Eglington, la pluie de ténors (ne pas confondre avec celle de crapauds), les deux naufrages de la

Méduse, le Cancan et la Cachucha, personnifiés plus ou moins heureusement, servent d'acteurs à ces monotones parades, relevées, au lieu de sel attique, de gros sel gris de cuisine et de poivre rouge.

Les Revues de cette année ont donc été aussi sottes, aussi niaises, aussi dénuées de l'intelligence de l'époque que toutes les Revues précédentes ; si ces choses-là vont à la postérité, on aura une belle opinion de nous ! Il serait bien temps de renoncer au stupide usage de jeter sur la tombe de l'année défunte ces poignées d'orties, de folle avoine et de bardane en guise de bouquets d'immortelles. Respect aux morts !

La seule chose que nous ayons remarquée dans ce déluge de calembours, de plates bêtises et de pasquinades soporifiques, c'est une espèce de pas chronologique commençant au menuet pour arriver, en passant par la gavotte, à la cachucha qui se danse chez Musard sous le titre prohibé et francisé, de *chahut* (pardon du terme). — Ce pas, dansé très-spirituellement par la grivoise mademoiselle Esther et la gentille petite madame Bressan, a été arrangé par Barrez de l'Opéra, qui a su avec beaucoup de convenance corriger ce que la cachucha parisienne a d'alarmant pour la pudeur des sergents de ville, tout en gardant le caractère de cette danse équivoque et gracieuse qui finira, en dépit des gardes municipaux, par devenir la danse nationale ; les costumes d'Esther et de madame Bressan seront beaucoup portés ce carnaval et feront fureur dans les bals travestis. Il est impossible de rien voir de plus pimpant et de plus coquettement provocateur.

Maintenant, année 1839 à tout jamais tombée dans les limbes de l'impalpable et de l'invisible, sois maudite pour les abominables vaudevilles dont tu as été le prétexte, et que l'oubli te soit léger comme à nos feuilletons et à tous nos chefs-d'œuvre !

FIN DU PREMIER VOLUME.

TABLE DES MATIÈRES

I

JUILLET 1857. — Opéra : *les Mohicans*, ballet en deux actes, de M. Guerra. — La vraisemblance dans les ballets. — Le libretto d'un danseur. — L'Amérique de Cooper et celle de MM. Devoir et Pourchet. — Parenthèse à propos de maillots. — Mademoiselle Nathalie Fitzjames. — Cirque-Olympique : *Transylvain*, cheval sauteur. — Le *hop* de mademoiselle Lucie et le *la* d'Auriol. — La revanche du cheval blanc. — Une péripétie non prévue par l'affiche. — Palais-Royal : danseuses espagnoles. — Décadence regrettable de la paillette et du clinquant. — Quelques mots sur l'état actuel du théâtre. — Engagement de Duprez à l'Opéra. — Les pièces d'acteur. — Bouffé. 5

II

AOUT 1857. — Opéra : reprise de *la Juive*. — Duprez dans le rôle d'Éléazar. — Ses précédents débuts dans le répertoire. — Révélations dues au talent de ce chanteur. — Palais-Royal : *l'Hôtel des Haricots*, vaudeville de MM. Dumanoir et Dennery. — *Le Mémoire de la blanchisseuse*, par MM. Brazier et de Villeneuve. — Ambigu : *le Corsaire noir*, mélodrame de MM. Albert et Labrousse. — Lutte brillante entre les *s* et les *r*. — Cirque-Olympique : Auriol. — Opéra-Comique : *la Double Échelle*, paroles de M. Planard, musique de M. Ambroise Thomas. — Le système d'opéra italien, et le genre national. — Porte-Saint-Martin : *la Guerre des servantes*, gros mélodrame de MM. Théaulon, Alboize et Harel. — Mademoiselle Georges. — Opéra : Début de madame Rosine Stoltz................. 20

III

SEPTEMBRE 1837. — Vaudeville : *Mon Coquin de neveu*, un acte de M. Rochefort.— Lepeintre jeune réduit à lui-même.— Madame Guillemin. — M. Émile Taigny. — Variétés : *le Matelot à terre*, par MM. Fenimore Cooper, Eugène Sue, Édouard Corbière et ***. — Début de M. Félicien. — Le *flambard*. — Palais-Royal : *Bruno le fileur*, vaudeville de MM. Cogniard frères. — Le vaudeville moral. — Opéra : mademoiselle Fanny Elssler. — Sa danse et celle de Taglioni............... 34

IV

OCTOBRE 1837. — Opéra : Reprise de *la Muette de Portici*. — Duprez dans le rôle de Masaniello.— Mesdames Noblet et la cachucha.— Dolorès. — Mademoiselle Fanny Elssler dans le rôle de Fenella. — Le Vésuve de M. Duponchel. — Cirque-Olympique : *Djenguiz-Khan*, drame à spectacle, de M. Anicet Bourgeois. — Opéra : *Nathalie, ou la Laitière suisse*. — Les comédiens d'autrefois et les comédiens d'aujourd'hui. — Trop grande personnalité des acteurs et des actrices. — *La Chatte métamorphosée en femme*, ballet de M. Duveyrier. — Fanny Elssler. — Variétés : *Le Père de la Débutante*, vaudeville de MM. Théaulon et Bayard. — Vernet. — Le vaudeville *bien fait*................. 40

V

NOVEMBRE 1837.—Opéra-Comique : *Piquillo*, paroles de MM. Alex. Dumas et Gérard de Nerval, musique de M. Hipp. Monpou. — Mademoiselle Jenny Colon. — Chollet. — Gymnase : *le Rêve d'un Savant*, problème de MM. Bayard et de Biéville. — Le Balthazar Claës de M. de Balzac. — Palais-Royal : *Ma Maison du Pecq*. — Les chemins de fer pris comme moyen dramatique. — Porte-Saint-Martin : *le Baron de Montrevel*. — M. Victor Hugo contre la Comédie-Française. — Opéra : *le Dieu et la Bayadère*. — Mademoiselle Louise Fitzjames. — Porte-Saint-Martin : Mademoiselle Georges dans la *Sémiramis* de Voltaire........ 60

VI

DÉCEMBRE 1837. — Porte-Saint-Martin : reprise de *Lucrèce Borgia*. — Mademoiselle Georges. — La queue du diable. — Opéra-Comique : *le*

Domino noir, paroles de M. Scribe, musique de M. Auber. — Madame Damoreau.—Italiens : *Lucia di Lammermoor*, libretto du signor Commarano, musique de Donizetti.—Début de madame Persiani dans cet opéra. —L'exécution et la mise en scène.—Les décorations du célèbre Ferri. 75

VII

JANVIER 1838. — Où en est l'art théâtral. — Les collaborations. — Le moule dramatique. — Les directeurs et les auteurs. — M. Alexandre Dumas et son *Caligula*. — M. Victor Hugo et son procès avec la Comédie-Française. — Opéra : la pièce qu'on attend. — Singulier choix du sujet. — Mademoiselle Falcon. — Gymnase : *Vingt Ans après, ou le Précepteur de grande maison*, vaudeville de MM. Paul Duport et Decé. — Théâtre-Français : reprise d'*Hernani*. — La pièce et le public. — Madame Dorval dans le rôle de doña Sol. — Variétés : *la Dame de la Halle*. — Porte-Saint-Martin : *Charles-Quint et François Ier*, drame de M. de Rougemont. — Variétés : *les Saltimbanques*, vaudeville de MM. Varin et Dumanoir. — Le grand Odry. 82

VIII

FÉVRIER 1838. — Odéon : *le Camp des Croisés*, drame en vers de M. Adolphe Dumas. — Ce que doit être la poésie dramatique. — Cirque-Olympique : *Bijou*, féerie. — Un machiniste pris au dépourvu. — Les jongleurs anglais. — Les bals masqués en l'an de grâce 1838. — Ambigu : *l'Élève de Saint-Cyr*, mélodrame de M. Francis Cornu. — Vaudeville : *les Industries forcées*, par M. Cordier.—Pudeur trop rare du public. 99

IX

MARS 1838. — Italiens : *Parisina*, libretto de M. Felice Romani, musique de M. Donizetti. — Mademoiselle Julia Grisi. — Sa beauté. — Tamburini. — Rubini. — Opéra : *Guido et Ginevra, ou la Peste de Florence*, paroles de M. Scribe, musique de M. Halévy. — La pièce et la partition. — Duprez. — Les décorations. — Gymnase : *l'Interdiction*, par M. Émile Souvestre. — Bocage. — Variétés : *Midi à quatorze heures*. — L'auteur dramatique malgré lui. — Encore le vaudeville prédicateur 111

X

AVRIL 1838. — Théâtre-Français : *l'Attente*, par madame de Senant. — Un nouvel emploi dramatique. — Variétés : *Madame Pinchon*, vaudeville de M. Dumanoir. — Vernet. — Madame Jenny Vertpré. — Bobino : *Restons dans nos foyers*. — Discours d'un monsieur en habit noir. — Guet-apens tendu au critique. — Lamentations sur l'indigence dramatique. — Le théâtre et le pot-au-feu. — Les actrices mariées. — Plus de poésie. — Complicité des auteurs. 120

XI

MAI 1838. — Représentation au bénéfice de mesdemoiselles Elssler. — *Le Mariage de Figaro.* — Madame Cinti-Damoreau en Chérubin. — Grand air, que me veux-tu ? — Trois ex-boutons de rose. — Duprez. — *La Volière*, ballet de mademoiselle Thérèse Elssler. — Les danseurs. — Tableaux vivants. — Théâtre-Français : représentation pour le monument de Molière. — *L'École des Maris.* — Palais-Royal : *le Tireur de cartes.* — Achard. — Gaieté : *Lord Surrey*, drame en cinq actes de M. Fillion. — L'auteur improvisé acteur. 129

XII

JUIN 1838. — Porte-Saint-Martin : *Capsali, ou la Délivrance de la Grèce*, ballet de M. Ragaine. — Où sont les neiges d'antan. — Conseils à M. Harel. — Un pas de deux, un pas de trois et un pas de cinq. — L'Opéra de la petite propriété. — Ambigu : *Gaspard Hauser*, canard de M. Méry, pris au sérieux par Albert et Saint-Ernest. — Variétés : *Mathias l'Invalide*, vaudeville de MM. Bayard et Léon Picard. — Vernet. — Vaudeville : *les Impressions de voyage*, annonce en un acte. — Arnal. 136

XIII

JUILLET 1838. — Gymnase : *le Médecin de Campagne*, par MM. Laurencin et ***. — Madame Dorval. — Une face ignorée de son talent. — Palais-Royal : *M. de Coislin, ou l'Homme poli*, par MM. Marc Michel et Lefranc. — Début de Grassot. — Ambigu : *Rafaël*, drame en cinq actes. — Belle maxime à l'usage des criminels. — Variétés : *Moustache*, vaudeville de M. Paul de Kock. — Le fumier d'Ennius retourné. — Cirque-Olympique : Lawrence et Redisha, clowns anglais. 149

XIV

AOUT 1838. — Opéra : début de mademoiselle Lucile Grahn. — Gymnase : *la Cachucha.* — Ambigu : *Un Amour de Molière*, vaudeville de M. Colomb. — Les personnifications impossibles à la scène. — Porte-Saint-Martin : *Peau-d'Ane*, féerie. — Judicieux raisonnement de M. Harel. — Un éléphant tué d'un coup d'épingle. — Le théâtre envahi par les bêtes. — Palais-Royal : acteurs espagnols. — Dona Marianna. — Variétés : *les Bayadères.* — Anxiété publique. 155

XV

SEPTEMBRE 1838. — Opéra-Comique : *la Figurante*, paroles de M. Scribe, musique de M. Clapisson. — Ambigu : *les Chiens du mont Saint-Bernard.* — Réputation surfaite de l'espèce canine. — Énumération des chiens célèbres. — Opéra : *Benvenuto Cellini*, poëme de MM. Auguste Barbier et Jules de Wailly, musique de M. Hector Berlioz. — La Réforme littéraire. — Caractère du talent de M. Berlioz. — Gaieté : *le Vicomte de Chamilly*, un peu par M. Ancelot, beaucoup par M. Saintine. — Opéra : reprise de *la Sylphide*. — Les vieux ballets. — La nouvelle Sylphide. — Les dangers du *vol*. 166

XVI

OCTOBRE 1838. — Cirque-Olympique : *David et Goliath*, exhibition en trois actes. — L'hiver et l'été. — Les ailes d'un ange et la queue d'un nuage. — M. Bihin, géant belge. — Petites misères de la grandeur. — Italiens : *Otello*, *Lucia*. — La musique dramatique. — Nos griefs contre MM. des Bouffes. — Justice distributive. 178

XVII

NOVEMBRE 1838. — Opéra : reprise de *la Fille du Danube*. — Les *elssléristes* et les *taglionistes*. — Éloge des claqueurs. — Opéra-Comique : *le Brasseur de Preston*, paroles de MM. de Leuven et Brunswick, musique de M. Adam. — Dialogue d'amateurs. — Renaissance : *Ruy Blas*, drame en vers de Victor Hugo. — Frédérick Lemaître. — La nouvelle salle. — Porte-Saint-Martin : *Dom Sébastien de Portugal*, drame en vers de M. Paul Fouché. — Renaissance : *Olivier Basselin*, par MM. Brazier et de Courcy. — *Lady Melvil, ou le Joaillier de Saint-James*, paroles de M. de Saint-Georges, musique de M. Albert Grisar. — Début de madame Anna Thillon. — Comme quoi il y a Anglaises et Anglaises. 188

XVIII

DÉCEMBRE 1838. — Variétés : *Tronquette la Somnambule*, vaudeville de MM. Cogniard frères. — La pièce et les acteurs. — Mademoiselle Pigeaire et l'Académie des sciences. — Un mot sur le magnétisme. — Opéra : début de M. Mario (comte de Candia) dans *Robert le Diable*. — M. Duponchel inventeur de ténors. — Italiens : *Roberto Devereux* ou *d'Evreux*, libretto du signor Commarano, musique de M. Donizetti. — Le *God save the king*. — Ovation faite au maestro Donizetti. — Les poëtes et les comédiens. — Cirque-Olympique : la troupe des singes et des chiens savants. — M. le professeur Schneider. 199

XIX

JANVIER 1839. — Le théâtre tel que nous le rêvons. — Italiens : *l'Elisir d'Amore*, opéra bouffe de M. Donizetti. — Il est temps de rire. — Lablache en vendeur d'orviétan. — Dulcamara et Fontanarose. — Madame Persiani. — Tamburini. — Un talent craintif. — *Non bis in idem*. — Opéra : les bals masqués. — Le critique intrigué 211

XX

FÉVRIER 1839. — Opéra : *la Gipsy*, ballet de M. Mazillier, musique de MM. Benoît, Thomas et Marliani. — Mademoiselle Fanny Elssler. — La *Cracovienne*. — L'enthousiasme économique. — Renaissance : *Diane de Chivry*, par M. Frédéric Soulié. — *L'Eau merveilleuse*, paroles de M. Sauvage, musique de M. Grisar. — Gymnase : *la Gitana*, par MM. Laurencin et Desvergers. — Vogue des bohémiennes. — Mademoiselle Nathalie et ses costumes. — Cirque-Olympique : *les Pilules du Diable*, féerie de MM. Anicet Bourgeois et Laurent. — Prodiges sur prodiges. — Porte-Saint-Martin : *le Manoir de Montlouvier*, drame de M. Rosier. — Mademoiselle Georges. 220

XXI

MARS 1839. — A bas les charpentiers ! — Préjugés des directeurs contre les hommes de style. — Voies nouvelles ouvertes aux auteurs dramatiques. — Opéra-Comique : *le Planteur*, paroles de M. de Saint-Georges, musique de M. Hippolyte Monpou. — La pièce et la partition. — Ambigu : *Tiégault le Loup*, drame en cinq actes, de M. Félicien Mallefille. — Les erreurs d'un homme d'esprit. — Nobles et prolétaires. . . . 229

XXII

AVRIL 1839. — Opéra : *le Lac des Fées*, paroles de MM. Scribe et Mélesville, musique de M. Auber, ballet de M. Corally. — Caractère du talent de M. Auber. — Sa nouvelle partition. — Mademoiselle Nau, Duprez, Levasseur. — Le ballet et les décorations. — Renaissance : *l'Alchimiste*, drame en vers de M. Alexandre Dumas. — Mademoiselle Ida. — *Le Vingt-quatre février* de Z. Werner, traduit en vers par M. Camille Bernay. — Porte-Saint-Martin : *Léo Burkart, ou une Conspiration d'étudiants*, drame de M. Gérard de Nerval. 236

XXIII

MAI 1839. — Opéra-Comique : *les Treize*, paroles de MM. Scribe et Duport, musique de M. Halévy. — Ne pas confondre avec *les Treize* de M. de Balzac. — Optimisme des opéras-comiques. — Gaieté : *le Sylphe d'or*, féerie. — Le génie du bien et le génie du mal. — Un ballet de lapins. — Ambigu : *le Naufrage de la Méduse*, drame de MM. Charles Desnoyers et Dennery, décorations de MM. Philastre et Cambon. — Le passage du Tropique d'après M. Biard. — Le radeau des naufragés d'après Géricault. — Théâtre-Français : *le Susceptible*, comédie de M. Amédée de Beauplan. — Question de syntaxe. — Gymnase : *la Maîtresse et la Fiancée*, par M. Émile Souvestre. — Madame Dorval. 254

XXIV

JUIN 1859. — Renaissance : *le Naufrage de la Méduse* (2e édition), paroles de MM. Cogniard frères, musique de MM. Flottow et Pilati, décorations de MM. Devoir et Pourchet. — Les râles d'agonie pris comme motifs mélodiques. — Le radeau de la Renaissance et celui de l'Ambigu. — Perfectionnement des trucs maritimes. — *Quos ego !...* — Opéra-Comique : *Polichinelle*, paroles de MM. Scribe et Charles Duveyrier, musique de M. Montfort. — Le polichinelle français et le polichinelle napolitain. — Porte-Saint-Martin : *le Pacte de Famine*, drame de MM. Paul Fouché et Élie Berthet. — Mélingue. 261

XXV

JUILLET 1859. — Opéra : *la Tarentule*, ballet de MM. *** et Corally, musique de M. Gide. — Rentrée de MM. Séchan, Feuchères, Diéterle et Despléchin. — Mademoiselle Fanny Elssler et la tarentelle. — Théâtre-Français : *Il faut que jeunesse se passe*, comédie de M. de Rougemont. — Ce que promettait le titre et ce que la pièce a donné. — Mission du Théâtre-Français. — Renaissance : *le Fils de la Folle*, drame de M. Frédéric Soulié. — Les critiques et les poissons rouges. — Guyon. — *La Jeunesse de Gœthe*, comédie en vers de madame Louise Collet. — Variétés et Vaudeville : *les Belles Femmes de Paris*. — Une cabale. — Appel aux mécaniciens. — Terrible dilemme. — Scène de bain aux Variétés, scène de toilette au Vaudeville. — Opéra : danses espagnoles. — Abomination de la désolation. 267

XXVI

AOUT 1859. — Gymnase : *le Mexicain*, par MM. Laurencin et Maillan. — Bocage et madame Dorval. — Renaissance : *Lucie de Lammermoor*, traduction de l'opéra italien, par MM. Alphonse Royer et Gustave Vaez. — Début de M. Ricciardi. — Madame Anna Thillon. — Un directeur comme on en voit peu. — Porte-Saint-Martin : *la Fille de l'Émir*. — Les bêtes du dompteur Van Amburg. — Théâtre-Français : *Laurent de Médicis*, drame en vers par M. Léon Bertrand. — Le *Lorenzaccio* d'Alfred de Musset. — Les vers de M. Bertrand. 285

XXVII

SEPTEMBRE 1839 — Opéra-comique : *le Shérif*, paroles de M. Scribe, musique de M. Léon Halévy. — *Maître Cornélius, argentier de Louis XI*. — M. Halévy et l'opéra-comique. — La partition du *Shérif*. — Le poëme. — Opéra : *la Vendetta*, paroles de MM. Léon *** et Adolphe ***, musique de M. Henri de Ruolz. — Duprez. — Massol. 299

XXVIII

OCTOBRE 1839. — Variétés : la salle restaurée. — *L'Amour*, comédie-vaudeville de M. Rosier. — La robe de Nessus. — Une question difficile à résoudre. — Lafont. — Italiens : début de mademoiselle Pauline Garcia. — La femme et la cantatrice. — Opéra-Comique : *la Symphonie*, paroles de M. de Saint-Georges, musique de M. Clapisson. — Début de Marié. — Renaissance : *la Jacquerie*, paroles de MM. Alboize et Ferdinand de Villeneuve, musique de M. Mainzer. — Retour au moyen âge de confiseur. — Poésie analogue. — La partition de M. Mainzer 301

XXIX

NOVEMBRE 1839. — Italiens : *la Cenerentola, la Sonnambula*. — Cendrillon sans pantoufle. — Rossini. — Mademoiselle Pauline Garcia. — Lablache. — Tamburini. — Rubini. — Pauvreté de la langue admirative. — Début de Mario aux Bouffes. — Opéra : *la Xacarilla*, paroles de M. Scribe, musique de M. Marliani. — Madame Stoltz. — Théâtre-Français : début de mademoiselle Doze, ou rajeunissement de mademoiselle Mars. — Aux interprètes de Molière. — Renaissance : *le Proscrit*, par MM. Frédéric Soulié et Thimothée Dehay. — Madame Dorval. — Ambigu : *Christophe le Suédois*, par M. Bouchardy. — Variétés : *le Chenapan*, par M***. — *Fragoletta*, par MM. Bayard et Vanderburch. — Gymnase : *M. Breteuil*.—Palais-Royal : *les Avoués en vacances*, par M. Bayard. — Opéra : débuts de mademoiselle Augusta Maywood. 509

XXX

DÉCEMBRE 1839. — Italiens : mademoiselle Garcia dans *le Barbier de Séville*. — Le vrai caractère de Rosine. — Gaieté : *le Massacre des Innocents*, par MM. Fontan et Maillan. — Cirque-Olympique : *le Lion du Désert*. — M. Carter et ses animaux. — *Roméo et Juliette*, symphonie de M. Hector Berlioz. — Palais-Royal : *les Premières Armes de Richelieu*, par MM. Bayard et Dumanoir. — Renaissance : *la Chaste Suzanne*, paroles de MM. Carmouche et de Courcy, musique de MM. Hippolyte Monpou. — Faut de la chasteté, pas trop n'en faut. — Variétés : *les Maquignons*. — *Arabian Godolphin*. — *Charles Martel*, symphonie de M. Reber. — Revues de l'année 531

FIN DE LA TABLE DES MATIÈRES

TABLE

DES AUTEURS, ACTEURS, ETC., ET DES PIÈCES CITÉS DANS CE VOLUME

A

Achard, 129, 135.
Adam (Adolphe), 188, 193.
Adryane Ritter, 160.
Alarcon, 65.
Albert, 20, 105, 106, 108, 109, 136, 142, 145, 258.
Albertazzi (Mme), 204, 206.
Albertine (Mlle), 283, 331.
Alboize, 20, 29, 501, 508.
Alchimiste (l'), 236, 244.
Amany, 163, 164, 165.
Amour (l'), 301.
Amour (un) de Molière, 155, 159.
Amphitryon, 65.
Amy Robsart, 195.
Ancelot, 166, 174.
Androclès, 294.
Angelo, tyran de Padoue, 86, 157, 321.
Anna Bolena, 79, 112.
Antony, 116, 275, 321.
Aristophane, 50.
Aristote, 103, 153, 159, 168.
Arnal, 34, 51, 132, 148, 149
Arnaud, 90.
Arnould (Sophie), 49.
Attente (l'), 120.
Auber, 40, 44, 75, 78, 198, 236, 242.
Aubert (Anaïs), 132.
Auguste, 190.
Auriol, 5, 11, 12, 20, 25, 26, 139, 210.
Avoués (les) en vacances, 309, 327.

B

Balzac (H. de), 60, 67, 69, 151, 185, 197, 254, 255, 299.
Bamboches (les) de l'année, 349.
Bandoni, 96.
Barba, 153.
Barbier (Aug.), 166, 173.
Barbier (le) de Séville, 331.
Baron (le) de Montrevel, 60, 71.
Barre, 165.

Barrez, 273, 350.
Batta (Alexandre), 349.
Bayadères (les), 155, 162.
Bayard, 40, 56, 57, 58, 60, 67, 71, 156, 309, 326, 327, 328, 331, 343.
Beaumarchais, 196, 229, 302, 303, 332.
Beauplan (Amédée de), 254, 259.
Beauvallet, 101, 105.
Beethoven, 339, 340, 348.
Bellerose, 49.
Belles (les) Femmes de Paris, 267, 278.
Bellini, 79.
Bendemann, 43.
Benoit, 220, 222.
Benserade, 29.
Benvenuto Cellini, 166, 171.
Béranger, 23, 138.
Berlioz (Hector), 166, 172, 173, 174, 331, 338, 339, 340, 347, 348.
Bernard-Léon, 156, 157.
Bernay (Camille), 236, 245.
Berquin, 314.
Berthet (Élie), 261, 266.
Bertin (Mlle) 158.
Bertrand (Léon), 285, 298, 299.
Bétourné, 120.
Biard, 16, 254, 258.
Biéville (de), 60, 67, 71.
Bihin, 178, 180.
Bijou, 99, 101, 228.
Billet (le) de mille francs, 225.
Blangy (Mlle), 283.
Bocage, 32, 48, 111, 115, 116, 143, 150, 285, 286, 324.
Boccace, 87.
Bœuf (le) enragé, 225.
Boileau, 96, 196, 310, 319.
Borghèse (Mme), 306.
Bossange (Adolphe), 244.
Bouchardy (Joseph), 309, 324.
Boucher, 339.
Bouffé, 5, 19, 71, 123, 146, 150, 207.
Boulanger (Louis), 171.
Bourgeois (Anicet), 40, 44, 74, 220.
Bourse (la), 119.
Boutin, 24.
Brasseur (le) de Preston, 188, 192.
Brazier, 20, 101, 188, 196.
Brébeuf, 191.
Bresilia, 7.
Bressan (Mme), 350.
Brévanne, 14.
Brohan (Suzanne), 123.
Bruno le Fileur, 34, 36.

Brunswick, 188.
Buffon, 334, 335.
Burger, 11.
Byron, 24, 111, 327, 343.

C

Cachardy, 89.
Cachucha (la), 155, 156.
Calderon, 65.
Caligula, 82, 86, 197.
Callot, 16, 216, 223, 264.
Cambon, 254, 259.
Camp (le) des Croisés, 99.
Campistron, 86.
Camprubi, 43, 98, 162.
Canaille (la), 301.
Canaletti, 47.
Canaris, 137.
Capsali, ou la Délivrance de la Grèce, 137.
Caravage, 133, 194.
Carmouche, 331, 344.
Carnaval (le) de Venise, 174.
Carter, 331, 334, 335, 336, 337, 338, 350.
Casanova, 78.
Castellane (Mme), 306.
Ce bon M. Blandin, 53.
Cenerentola (la), 309, 310, 331.
Cérès et Proserpine, 133.
Cervantès, 345.
Chalet (le), 26.
Chapelain, 51, 96.
Charles-Quint et François Ier, 82, 93.
Chasselat, 320.
Chaste Suzanne (la), 331, 343.
Chatte (la) métamorphosée en femme, 40, 53.
Chenapan (le), 309, 324.
Chevalière (la) d'Eon, 118.
Chiens (les) du mont Saint-Bernard, 166, 169.
Chilly, 324.
Chollet, 60, 68, 78.
Choron, 35.
Christine de Suède, 84, 222.
Christophe le Suédois, 309, 324.
Chronos, 130, 184.
Cicéri, 101.
Cid (le), 92.
Clapisson, 166, 169, 301, 307.
Clari, 221.
Claveret, 153.
Cléomène, 112.
Clotilde, 244.

TABLE DES AUTEURS, ACTEURS, ETC.

Cogniard frères, 34, 36, 37, 58, 118, 198, 201, 261.
Coignet, 333.
Collet (Mme), 267, 278.
Colon (Jenny), 60, 65, 66, 128, 233, 234, 235, 306.
Commarano, 75, 79, 199, 205, 206.
Comme il vous plaira, 211.
Comtesse (la) d'Escarbagnas, 152.
Concert (le) à la Cour, 131.
Conte (le) d'hiver, 211.
Cooper, 5, 7, 24, 34, 35.
Coquin de neveu (mon), 34.
Corally, 236, 243, 267.
Corbière (Edouard), 34, 35.
Cordier, 110.
Corneille, 85, 118, 231, 232, 320.
Cornu (Francis), 74, 99, 106, 109.
Corrégidor (le) de Séville, 53.
Corsaire (le) noir, 20, 24.
Couderc, 306.
Courcy (de), 188, 196, 331, 344.
Cousins, 197.
Crevel de Charlemagne, 120.

D

Dalayrac, 27.
Dame (la) blanche, 77.
Dame (la) de la Halle, 82, 93.
Damoreau (Mme), 75, 78, 80, 129, 130, 131, 243, 306, 321.
Daniel, 294.
Dante, 304, 339.
David et Goliath, 178.
Debureau, 43, 256, 257.
Decé, 82, 89.
Delhay (Thimotée), 309.
Déjazet (Virginie), 36, 50, 343.
Delacroix (Eugène), 171, 173.
Delaistre, 24.
Delaroche (Paul), 132.
Delatouche (Henri), 326.
Delavigne (Casimir), 152, 170.
Della Bella, 213.
Delrieu, 90.
Denner, 255.
Dennery, 20, 254.
Deschamps (Emile), 18, 203, 341.
Deslandes, 56.
Desnoyers (Charles), 254.
Desnoyers (Louis), 327.
Desplechin, 87, 115, 267, 268, 302.
Desvergers, 220, 224.
Deux Jaloux (les), 27.
Deux Mahométans (les), 72.

Deux Vieux Garçons, 53.
Deveneyagorn, 163, 164.
Devéria, 171.
Devoir, 5, 7, 9, 261, 262.
Diable (le) boiteux, 98, 188, 329.
Diane de Chivry, 220, 222.
Didier, 36.
Diéterle, 88, 115, 267, 268, 302.
Dieu (le) et la Bayadère, 60, 72.
D'jenguiz-Khan, 40, 44, 141.
Dolorès Serral, 14, 41, 42, 98, 282.
Domino (le) noir, 75, 77.
Dom Sébastien de Portugal, 188, 194, 197.
Donizetti, 75, 79, 111, 112, 199, 206, 211, 288.
Don Juan, 18, 283.
Dorat, 339.
Dorus (Mme), 202, 314.
Dorval (Mme), 48, 82, 92, 93, 101, 149, 150, 151, 157, 254, 260, 278, 285, 286, 309, 320, 321, 323.
Double Echelle (la), 20, 26.
Doze (Mlle), 309, 315, 316, 317, 318, 319.
Dubinon (Manuela), 283.
Dubuffe, 133.
Duc (le) de Clarence, 160.
Duchesse (la) de Lavaubalière, 94, 160, 275.
Dumanoir, 20, 82, 98, 120, 162, 331, 343.
Dumas (Adolphe), 99, 100.
Dumas (Alexandre), 50, 60, 82, 84, 86, 136, 147, 148, 236, 244.
Duponchel, 40, 43, 44, 87, 88, 162, 199, 204, 269.
Dupont (Ambroise), 147.
Dupont (Mme Alexis), 40, 44, 244, 283, 284.
Duport (Paul), 82, 89.
Duprez, 5, 18, 20, 21, 22, 35, 40, 41, 43, 44, 111, 114, 115, 129, 130, 189, 204, 207, 236, 243, 289, 299, 301.
Dupuis (Rose), 129.
Duthé (Mlle), 49.
Duveyrier (Charles), 40, 54, 254, 261, 263, 264.

E

Eau (l') merveilleuse, 220, 222.
Ecole (l') des maris, 129, 133.
Edelin (Mme), 266.
Elève (l') de Saint-Cyr, 99, 105.

Elie, 10, 52, 148, 222.
Elisabetta, 305.
Elisir (l') d'amore, 211, 216, 313.
Elssler (Fanny), 14, 34, 58, 59, 40, 42, 43, 44, 54, 55, 56, 98, 129, 131, 152, 157, 165, 175, 176, 177, 188, 189, 190, 198, 207, 220, 221, 267, 268, 271, 274, 282, 283, 289, 328, 329.
Elssler (Thérèse), 14, 129, 131, 132, 222, 270.
Enfants (les) d'Edouard, 17.
Escudero, 161, 162.
Esméralda, 18, 29.
Esther (Mlle), 350.
Euryanthe, 173.

F

Fabiani (Mme), 14.
Falcon (Mlle), 82, 88.
Félicien, 54, 55.
Femmes (les) savantes, 119.
Fenouillot de Falbaire, 275.
Ferri, 75, 81, 113.
Ferville, 59, 116.
Ferville (Mlle), 258.
Feuchères, 87, 115, 267, 268, 302.
Fidelio, 173.
Figurante (la), 166, 307.
Fille (la) de l'air, 256.
Fille (la) de l'Emir, 285, 287.
Fille (la) du Danube, 188, 256.
Fille majeure (la), 123.
Fille (la) mal gardée, 174, 221.
Fillion, 129, 136.
Fils (le) de la Folle, 267, 277.
Finden, 197.
Firmin, 92.
Fitzjames (Louise), 60, 72, 73, 93.
Fitzjames (Nathalie), 5, 10 11, 47, 52, 283
Flore (Mlle), 29, 93, 97, 147, 164.
Florian, 314.
Floridor, 49.
Flottow, 261.
Fontaine (de la), 159.
Fouché (Paul), 188, 193, 261, 266.
Fourberies (les) de Scapin, 223.
Fragoletta, 309, 324.
Franconi (Victor), 209.
Frédérick Lemaître, 52, 54, 48, 50, 150, 151, 188, 193, 207, 321, 345.
Frémolle, 139.
Frétillon, 118.

Furetière, 96.
Furioso, 209.

G

Gabriel, 200.
Galeria Coppiola, 130, 318.
Galilée, 201.
Garcia, 305.
Garcia (Pauline), 301, 304, 305, 306, 309, 310, 311, 313, 331, 332, 333.
Gardel, 282.
Gaspard Hauser, 136, 142.
Gaspardo le Pêcheur, 324.
Gaussin (Mlle), 49.
Gautier (Théophile), 124.
Gazza (la) ladra, 186.
Geffroy, 99, 101.
Geneviève de Brabant, 161.
Georges (Mlle), 20, 28, 29, 52, 48, 50, 51, 60, 74, 75, 76, 87, 220, 229.
Gérard, peintre, 152.
Gérard de Nerval, 60, 66, 142, 236, 246, 253, 254.
Gérard Dow, 67.
Géricault, 254, 257, 262.
Ghirlandajo, 304.
Gibbon, 111.
Gide, 267, 274.
Gipsy (la), 220.
Gitana (la), 220, 223.
Glenarvon, 234.
Gœthe, 151, 193, 224, 236, 253.
Gogo, 119.
Gontier, 55, 59.
Gothi (Prosper), 200.
Goy (Virginie), 157.
Gozlan (Léon), 260.
Gozzi, 295.
Grahn (Lucile), 155, 328.
Grassot, 149, 152.
Grassot (Mme), 157.
Grazzini, 244.
Grignon, 234.
Grisar (Abert), 188, 198, 220, 222, 223.
Grisi (Giulia), 80, 111, 112, 113, 184, 186, 187, 188, 198, 204, 206, 305.
Guerra, 5, 6.
Guerre (la) des servantes, 20, 28.
Guilbert de Pixérécourt, 74.

TABLE DES AUTEURS, ACTEURS, ETC.

Guido et Ginevra, ou la Peste de Florence, 87, 111, 113, 189.
Guillaume Colmann, 195.
Guillaume Tell, 21, 40, 115, 189.
Guillemin (Mme), 54, 55.
Guimard (Mlle), 73.
Gullia (Mathias), 97.
Guyon, 105, 246, 267, 278.

H

Halévy, 21, 111, 113, 114, 254, 255, 256, 299, 300.
Hamlet, 74.
Harel, 20, 29, 33, 77, 94, 105, 136, 137, 138, 141, 155, 159, 162, 195.
Haydn, 548.
Heine (Henri), 236.
Henri III et sa Cour, 84, 109.
Hernani, 82, 84, 87, 90, 128, 338.
Hoffmann, 88, 507.
Homère, 26, 103, 159, 207.
Horace, 23, 244.
Hôtel (l') des Haricots, 20, 23.
Huet (Paul), 102.
Hugo (Victor), 18, 60, 72, 82, 84, 86, 87, 91, 92, 136, 137, 151, 153, 165, 171, 172, 188, 194, 224, 252, 289, 320, 338, 345, 348.
Huguenots (les), 21, 40, 88, 189.
Hyacinthe, 200.

I

Ida (Mlle), 236, 245.
Ile (l') des Pirates, 141.
Il faut que jeunesse se passe, 267, 274.
Impressions (les) de voyage, 136, 147.
Impromptu (l') de Versailles, 152, 159.
Incendiaire (l'), 321.
Industries (les) forcées, 99, 110.
Infants (les) de Lara, 159, 254.
Ingres, 173.
Interdiction (l'), 111, 115, 143.
Iroquois (les), 349.
Ivanhoff, 184, 186, 217.

J

Jacquerie (la), 301, 308.
Jane Vaubernier, 151.

Jarente (de), 73.
Jeanne de Naples, 195.
Je m'en moque comme de l'an 40, 349.
Jemma, 266.
Jeunesse (la) de Gœthe, 267, 278.
Jeux (les) de l'amour et du hasard, 196.
Joanny, 92.
Johannot (Alfred), 171.
Johannot (Tony), 171.
Joly (Anténor), 196, 287.
Jouy, 90.
Jordaens, 69.
Joseph, 14, 35.
Jourdain (Mme), 278.
Juive (la), 20, 40, 115, 185.

K

Karr (Alphonse), 116, 147, 153, 170, 281.
Klein, 157.
Kock (Paul de), 149, 153.

L

Lablache, 105, 184, 186, 187, 211, 217, 306, 309, 310, 312, 314.
Labrousse, 20.
Lady Melvil, ou le Joaillier de Saint-James, 188, 197.
Lac (le) des Fées, 256, 256.
Laferrière, 136, 142.
Lafont, de l'Opéra, 73.
Lafont, du Vaudeville, 51, 301, 303.
Laguerre (Mme), 49.
Lamartine (A. de), 165, 171.
Larancune, 49.
Laurencin, 149, 220, 224, 285, 286.
Laurent, 220.
Laurent de Médicis, 285, 295.
Laverpillière, 72.
Lawrence, 139, 149, 154, 228.
Lefranc, 149, 152.
Léo Burkart, ou une Conspiration d'étudiants, 236, 246.
Lepeintre jeune, 34, 35, 48.
Leroux (Pauline), 132.
Le Sage, 119.
Leuven (de), 188.
Levasseur, 202, 236, 243.
Levassor, 24.
Liance, 224.
Ligier, 93.

364   TABLE DES AUTEURS, ACTEURS, ETC.

Lion (le) du Désert, 331.
Lockroy, 277.
Lope de Vega, 65.
Lord Surrey, 129, 136.
Lorenzaccio, 285, 296.
Lucia di Lammermoor, 75, 78, 112, 130, 178.
Lucie (Mlle), 5, 11.
Lucie de Lammermoor, 286.
Lucrèce Borgia, 71, 75, 86, 87, 91.
Lulle (Raymond), 69.
Luther, 171.
Lysistrata, 30.

M

Madame de Lignerolles, 193.
Madame Gibou et madame Pochet, 16.
Madame Pinchon, 120, 122
Mademoiselle de Belle-Isle, 244.
Maillan, 285, 286.
Mainzer, 301, 308, 310.
Maistre (de), 103.
Maîtresse (la) et la Fiancée, 254, 259.
Malibran (Mme), 80, 113, 157, 304.
Mallefille (Félicien), 229, 234, 235.
Ma Maison du Pecq, 60.
Manoir (le) de Montlouvier, 220, 229.
Mante (Mlle), 127.
Maquignons (les), 331, 345.
Marc Michel, 149, 152.
Marchande (la) de goujons, 118.
Margot, 53.
Maria (Mlle), 244, 283.
Mariage (le) de Figaro, 129.
Marianna (dona), 155, 161, 162.
Marié, 301, 306, 308.
Marie-Antoinette, 29.
Marie Tudor, 86, 87.
Mario, 198, 202, 203, 204, 207, 309, 313.
Marion Delorme, 87, 93, 116, 128, 320, 321.
Marivaux, 54, 151, 196, 202.
Marliani, 220, 222, 309, 314, 315.
Marryat, 24.
Mars (Mlle), 150, 151, 209, 309, 316, 317, 319, 320, 321.
Martin, 293.
Martynn, 180, 344.
Massacre (le) des Innocents, 331, 333.

Masset, 306.
Massol, 299, 301, 349.
Matelot à terre (le), 54, 35.
Mathias l'Invalide, 136, 145.
Matis, 35.
Maurin, 23.
Mayer (Mlle), 326.
Maywood (Augusta), 309, 328, 329, 330.
Mazillier, 220, 222.
Mazurier, 139.
Médecin (le) de campagne, 149.
Mélanchthon, 171.
Mélesville, 256.
Mélingue, 32, 261, 266.
Mémoire (le) de la Blanchisseuse, 20, 35.
Menephtah, 137.
Ménestrel (le), 245.
Mérimée, 300, 308.
Merle, 281.
Méry, 136, 142, 179, 180, 194.
Metzu, 67.
Metsys (Quentin), 69.
Mexicain (le), 285.
Meyerbeer, 17, 88, 203, 207, 300.
Michel-Ange, 103, 172, 348.
Michel et Christine, 36.
Midi à quatorze heures, 111, 116.
Miéris, 67.
Mil huit cent quarante, 349.
Milman, 244.
Misanthrope (le), 119.
Mocker, 306.
Moëssard, 140, 141.
Mohicans (les), 5, 74.
Molière, 17, 19, 65, 118, 127, 129, 132, 133, 154, 159, 189, 197, 223, 251, 289, 309, 319, 320, 345.
Mondonville, 49.
Monnier, (Henry), 12, 269.
Monpou (Hippolyte), 60, 65, 229, 232, 235, 244.
Monrose, 207.
Monsieur Breteuil, 309, 326.
Monsieur de Coislin, ou l'Homme poli, 149, 151.
Montfort, 261.
More (le) de Venise, 188.
Moreau-Sainti (Mme), 278.
Morelli, 187, 313.
Moustache, 149, 153, 161.
Mozart, 150, 283.
Muet d'Ingouville (le), 19.
Muette de Portici (la), 40, 283.
Musard, 339.

TABLE DES AUTEURS, ACTEURS, ETC.

Musset (Alfred de), 153, 171, 196, 285, 295, 296, 298, 359.
Musset (Paul de), 314.

N

Napoléon, 26, 103.
Nathalie, 157, 220, 224, 225.
Nathalie, ou la Laitière suisse. 40, 47.
Nau (Mlle), 236, 243.
Naufrage (le) de la Méduse, drame, 254, 257.
Naufrage (le) de la Méduse, opéra, 261.
Noblet (Alexandrine), 74, 259.
Noblet (Mlle), de l'Opéra, 40, 41, 42, 43, 44, 244, 283, 284.
Nouveau Seigneur (le), 27.
Nourrit, 21, 40, 189, 308.

O

Odry, 34, 48, 82, 95, 96, 97, 98, 132, 148, 207, 301, 326, 345, 347.
OEdipe, 32.
Officier (l') bleu, 195.
Olivier Basselin, 188, 195.
Olivier (Mlle), 122.
Oreste, 77.
Otello, 178, 308, 331.
Otto Venius, 69.
Ours (l') et le Pacha, 156.
Ozanneaux, 137.

P

Pacte (le) de Famine, 261, 264.
Paganini, 209.
Palissy, 57.
Paquita (Mlle), 330.
Paracelse, 69.
Parent (un) millionnaire, 34.
Parisina, 111.
Parny, 23.
Payre (Mathilde), 246.
Peau-d'Ane, 155, 195, 228, 256.
Peblo, 321.
Pellegrin de Modène, 317.
Pensionnat (le) de Montereau, 141.
Penni (François), 317.
Père (le) de la Débutante, 40, 56.
Perrault, 309, 311.
Persiani (Mme), 75, 80, 186, 187, 211, 217, 310, 343.

Phidias, 190.
Philastre, 254, 259.
Philinte, 119.
Philtre (le), 217.
Picard (Léon), 136.
Pied (le) de Mouton, 102.
Pierre, 257.
Pigal, 132.
Pigeaire (Mlle), 198, 201.
Pilati, 196, 262.
Pilules (les) du Diable, 220, 225, 256.
Pinturiccio, 304.
Piquillo, 60.
Piranèse, 115.
Plaideurs (les), 328.
Planard, 20.
Planteur (le), 229, 232.
Plége, 209.
Plessy (Mlle), 121, 132.
Poirson, 150.
Polichinelle, 261, 263.
Postillon (le) de Longjumeau, 26, 192.
Potier, 56.
Pourchet, 5, 7, 9, 261, 262.
Poussin, 333.
Poutret de Mauchamps (Mme), 120.
Précieuses (les) ridicules, 67, 132, 261.
Premières (les) Armes de Richelieu, 331, 341.
Proscrit (le), 309, 320.
Provost, 259.
Psyché, 65.
Puget (Loysa), 157.

Q

Quériot (Mme), 281.
Quinault, 65.

R

Rabelais, 117, 182, 333.
Rachel Félix, 189, 318, 319.
Racine, 74, 86.
Radcliffe (Anne), 71, 143.
Rafaël, 149, 152.
Ragaine, 136, 138.
Ragaine (Mme), 140.
Ramalingam, 163, 164.
Ramgoun, 163, 164, 165.
Raphaël, 26, 317.
Raucourt, 160.

Rébard, 164, 200.
Reber, 331, 347, 348, 349.
Redisha, 139, 149, 154, 228.
Regnier (Mathurin), 319.
Rembrandt, 339.
Remplaçant (le), 27.
Restons dans nos foyers, 120, 124.
Rêve (le) d'un savant, 60, 67.
Révolte (la) au sérail, 141.
Rey, 277.
Reynolds, 324.
Ricciardi, 285, 287.
Richard Savage, 195.
Ricquier, 234.
Rita l'Espagnole, 53.
Roberto Devereux, 199, 204.
Robinson, 197.
Robert le Diable, 171, 199, 202.
Rochefort, 34, 35.
Roger, 306, 348.
Roi s'amuse (le), 17.
Romain de Hooge, 213.
Romani (Felice), 111.
Roméo et Juliette, drame, 114, 222.
Roméo et Juliette, symphonie, 331, 338.
Rosier, 220, 229, 301, 302, 303.
Rossini, 79, 165, 289, 300, 305, 308, 309, 310, 311, 335.
Rougemont (Balissan de), 32, 71, 82, 86, 94, 116, 160, 267, 275, 276, 277.
Rousseau (Jean-Jacques), 23, 89, 175.
Royaumont, 180.
Royer (Alphonse), 285, 287.
Rubini, 22, 81, 111, 113, 184, 185, 187, 205, 206, 217, 287, 309, 310, 312, 313.
Ruines (les) de Babylone, 159.
Ruolz (Henri de), 299, 300, 301.
Ruy Blas, 188, 193, 197, 232, 286.

S

Sacré, 102.
Sacy (de), 180.
Sainte-Beuve, 171.
Saint-Ernest, 24, 105, 106, 136, 142, 145, 152, 171, 258.
Saint-Firmin, 207.
Saint-Georges (de), 188, 198, 229, 301, 306.
Saintine, 103, 166, 174.
Saint-Just, 27.

Saint-Simon, 152.
Saltimbanques (les), 82, 94, 147, 156, 159, 301.
Samson, 122, 259, 277.
Sand (George), 153.
Santeuil, 117.
Saoundiroun, 163, 164, 165.
Saqui (Mme), 209.
Sauvage, 220.
Sauvage (Eugénie), 89.
Savaranim, 163, 164.
Scarron, 520.
Schiller, 253.
Schlegel, 278.
Schneider, 199, 208, 210.
Schneitzhoeffer, 283.
Schubert, 28.
Schubri, 142.
Scribe (Eugène), 15, 26, 41, 53, 60, 75, 78, 87, 111, 113, 114, 153, 154, 166, 168, 173, 205, 256, 254, 255, 257, 261, 263, 264, 299, 306, 309, 314.
Séchan, 87, 115, 267, 268, 302.
Seghers, 349.
Sémiramis, 60, 74.
Senant (Mme de), 120.
Sénèque, 159, 295.
Sept heures, 321.
Serres, 34, 289, 347.
Shakspeare, 19, 85, 114, 151, 174, 185, 197, 204, 232, 281, 295, 305, 309, 315, 320, 326.
Shérif (le), 299.
Sicilien (le), 132.
Simon, 126, 152, 222.
Smithson (miss), 222.
Somnambule (la), 174, 221.
Songe (le) d'une nuit d'été, 38, 211.
Sonnambula (la), 309, 312.
Sonneur (le) de Saint-Paul, 324.
Sophie (Mlle), 330.
Soulié (Frédéric), 220, 222, 244, 267, 277, 309, 327.
Sous clef, 118.
Souvestre (Emile), 111, 116, 254, 259, 260.
Stoltz (Rosine), 20, 33, 131, 245, 309, 314, 315.
Stradella, 115.
Sue (Eugène), 34, 35, 258, 346.
Susceptible (le), 254, 259.
Sylphe (le) d'or, 254, 256.
Sylphide (la), 166, 174, 256, 283.
Symphonie (la), 301, 306.

T

Tabarin, 231.
Taglioni (Marie), 14, 17, 54, 85, 127, 162, 175, 176, 178, 188, 189, 190, 329.
Taigny (Emile), 34, 35.
Tallemant des Réaux, 224.
Talleyrand (de), 259.
Talma, 25, 189, 295.
Tamburini, 80, 111, 113, 184, 186, 187, 206, 211, 217, 309, 310, 312.
Tarentule (la), 267, 329.
Tartufe, 119.
Tékéli, 139.
Tempête (la), 58, 221.
Teuto-Bocchus, 184.
Terburg, 208.
Térence, 118.
Théaulon, 20, 29, 40, 56, 57, 58.
Théodorine, 94, 229, 266.
Théophraste, 230.
Thierry (Augustin), 44.
Thillon (Anna), 188, 197, 198, 225, 285, 287, 344.
Thimothée d'Urbin, 317.
Thomas (Ambroise), 20, 28, 220, 222.
Tiégault le Loup, 229, 234.
Tillé, 163.
Tireur (le) de cartes, 129, 134.
Tonadillas (las), 161.
Tour (la) de Nesle, 71, 116, 275.
Tousez (Alcide), 328.
Treize (les), 254, 328.
Trente ans, ou la Vie d'un joueur, 321.
Tronquette la Somnambule, 199.
Truands (les), 29.
Turcaret, 119.

V

Vadé, 258.
Vaez (Gustave), 285, 287.
Valbrun, 194.
Valentin, 194.

Van Amburg, 285, 287, 289, 292, 293, 294, 295, 355, 358.
Vanderburch, 309, 326.
Van Huysum, 68.
Van Ostade, 208.
Varin, 82, 98.
Védel, 86, 92.
Vendetta (la), 299, 300.
Vernet, 34, 40, 56, 57, 120, 123, 136, 145, 146, 147, 207.
Vernet (Horace), 170.
Véron, 283.
Véronèse (Paul), 302.
Vertpré (Jenny), 55, 120, 123.
Vestris, 282.
Veydoun, 163.
Vicomte (le) de Chamilly, 166, 174.
Victorine, ou la Nuit porte conseil, 289.
Vigneron, 23, 170, 210.
Vigny (Alfred de), 151, 171, 286.
Villeneuve (Ferdinand de), 20, 301, 308.
Vingt ans après, ou le Précepteur de grande maison, 82, 88.
Vingt-quatre (le) février, 236, 245.
Virgile, 39, 153, 159.
Volière (la), 129, 131.
Volnys (Mme), 50, 128.
Voltaire, 23, 60, 74, 339.

W

Wailly (Jules de), 166, 173.
Walter Scott, 79, 176, 224.
Watteau, 160.
Werner, 236, 245.
Winterhalter, 87, 88, 152.

X

Xacarilla (la), 309, 314.
Xixouthros, 150, 184.

Z

Zamboni, 79.

FIN DE LA TABLE DES NOMS

www.ingramcontent.com/pod-product-compliance
Lightning Source LLC
Chambersburg PA
CBHW050307170426
43202CB00011B/1804